ケルト事典

ベルンハルト・マイヤー
Bernhard Maier

鶴岡真弓 監修
平島直一郎 訳

創元社

はじめに

　これまで誰もが「自明のこと」として疑わずに用いてきた，さまざまな「概念」を再検討し，読み直すこと。それは新世紀を迎えた今日，諸科学にますます期待される重要な作業です。

　この『ケルト事典』もまた，その大切な役割を引き受けています。

　今日「ヨーロッパ」ないし「西洋」の歴史・文化を理解するとき，「ケルト」の歴史・文化に関する知識が重要であることは広く知られています。一般に「ケルト語」「ケルト人」「ケルト神話」「ケルト美術」「ケルト音楽」などの言葉が用いられています。本書が，そうした「ケルト」という文化概念の体系をかたちづくっている要素のひとつひとつを，言語，文学，考古，美術，研究史などの分野にわたって，詳細に解説した事典であることはいうまでもありません。

　私たちは，しかし，それぞれの項目を字義通り理解する前に，「ケルト」と呼ばれ得る概念や対象が現在までに体系化されてきた「背景」や「事情」を知っていることがとても大切です。

　なぜなら，あらゆる文化概念がそうであるように，「ケルト」という概念もまた，古代であるにせよ中世であるにせよ，一定の時間を遡って地層を掘れば自動的に「発掘される」素朴な「過去の事実」としてのみあるのではないからなのです。むしろ「ケルト」というテーマは（本書のたとえば「ケルト・イデオロギー」という項目をみてもわかるように），近代ヨーロッパの人々が，19世紀から20世紀にかけて彼ら自身の新しい歴史意識の獲得や，同時代の政治から文化までの社会的要請に従ってつくりあげていった，近代西洋世界のヨーロッパ観ないし人間観の構築のただなかに設けられた枠組みであったということです。

　つまり，ケルトに関する歴史を記すことは，19〜20世紀に行なわれてきたケルトの研究史の再検証から出発しなければなりません。この客観的批判精神に立った事典の特色は，具体的に，「ケルト学」という項目が独自に設けられていることからも，うかがうことができます。

　今日，広義に「ケルト学（ケルティック・スタディーズ）」とは，ケルトの言語学，地名学，碑文学，文献学，文学史，神話学，民俗学，考古学，美術史，社会史など，ケルト文化を解明する学問分野全体を指しているということができます。しかし本書に挙げられた多数の「ケルト学」草創期の研究者の業績をみればとくにわかるように，「ケルト学」の出発点は，ケルト語学およびケルト語の文献学でした。それは19世紀に，まったくの異境であったインド文明の言語とヨーロッパの諸言語が共通性をもつことを明らかにしていったインド＝ヨーロッパ比較言語学の枠組みのなかで，ケルト言語学の貢献が期待されたためです。実際ケルト語学は，ヨーロッパの言語的起源，つまりはヨーロッパ人の社会制度や精神文化の「起源」を解明するため，役割を果たしました。

この「ケルト学」の発展史が物語っているのは,「ケルト学」とは,閉鎖的に「ケルト」のテーマのみの解明なのではなく,むしろその逆に,ケルトに隣接する諸文化との比較や,その言語が示唆する「共通の起源」の問題を解明するために,立ちあがっていたのであったということです。ヨーロッパという広範な時空の物質文化・精神文化の起源を探究するために「ケルト」の学問が立ちあげられたということです。

　この「ケルト事典」は,そうした近代ケルト学の研究史を鋭く検証するという手続を経た事典として優れています。したがって私たちは本書をとおして,「ケルト」に関する個別の知識を得るにとどまらずに,その分野や項目の内容じたいを規定しているところの,「ケルト」という概念を記述し体系化する方法論についても,展望することができます。「ケルト文化とはこれこれの特質を有している」というとき,それはおのずと「ケルトなる文化の概念が,近代西洋社会のいかなる問いに答えるために生まれたのか」ということを明らかにしていることなのです。
「ケルト」が歴史的に担うと一般に考えられている,「先史」や「古代」や「中世」や「伝統」は,まさに19世紀から20世紀にかけて,西洋社会がその「国家」や「民族」の概念を構築するために借り出されていった筆頭のテーマでありました。つまり,「ケルト」は物理的に「古い」歴史,素朴にそのままある「基層」文化なのではなく,それをそのように定義した近代諸科学の目的の先端にある概念であったことを,この事典はあきらかにするはずです。

　なぜ西洋近代はケルトに深く言及し,注目しなければならなかったか,その理由を念頭に置くとき,はじめて「ケルト」という概念をきちんと対象化するスタンスをもちえます。そうして私たちは,あらためて,この事典のなかに,アイルランド神話や,スコットランドの民俗誌や,ウェールズのナショナリズムや,ブルトン語の再生,あるいは古代ギリシア・ローマとケルト世界の関係や,イベリアのケルト的要素や,ドイツのゲルマン世界と古代ケルトの信仰の関係から,ケルト文化の遺産としてある美術や考古まで,さまざまな「ケルト」文化の意味を知ることになるでしょう。著者がドイツ人であることにおいて,「大陸のケルト」文化の項目が充実しているという当然の特色に,「島のケルト」文化への詳細な解説が合体し,さらに上述した近代のケルト研究史の検証がなされているほか,巻末に収められた文献とケルト研究誌もきわめて貴重であります。「ケルト」を切り口として西洋の理解を深める方々だけでなく,わが文化を照らしだす手がかりとして,広く愛読していただけることを願うものです。

　なお,本書の日本語訳にあたって次の方々にたいへんお世話になりました。
　松岡利次,月川和雄,辺見葉子,井上光子,湯川史子,井川恵理,疋田隆康,望月規史（順不同,敬称略）。貴重な御教示と御協力にあつく感謝申し上げます。

鶴岡真弓

原書の序文

ケルト人と私たち
　長い間，ケルト人の文明の遺産と特質は，ドイツ語文化圏においてはギリシア・ローマの古典古代とキリスト教ヨーロッパの成果の影に隠されてきた。しかしながら，過去数年においてケルト人の文明に対する関心は常に高まり，1989／90年の大変革〔冷戦の終結〕以降，ケルト人の文化は大半の西欧諸国と東欧諸国の共通遺産としてさらに熱く注目されるようになった。このことは，いくつかの国際展覧会の他にも，専門書や一般書の出版がもはや俯瞰できないほどの量に及んでいることからも確かである。しかも，ローマ以前の時代やローマ時代の考古学発掘品と，アイルランド語やウェールズ語の中世文学と，近代文学におけるケルト的題材やモチーフの受容とは，同様に関心の中心を占めている。本事典の目標は，読者にこれらすべての領域を，手頃でまとまりのある確実な参考資料によって明らかにすることである。

事典の内容
　この『ケルト事典』は，これまで専門家に問うことなどによってしか知ることができなかった，様々な，一部あまり知られていない作品に関する情報の多くへの道を開くものである。同様に，とりわけケルト人の古代・中世の文明に関して，精神物質両文化の全領域を把握し，ケルト人の考古学的遺産ならびに文学的遺産をも解明する。特に美術や文学におけるケルト的題材の受容や，研究誌やケルト・イデオロギーなど見落とされてきた領域に重点が置かれている。
　これらを紹介するドイツ語著作としては初めて，アイルランド語やウェールズ語の固有名詞や概念に正確な発音記号表示を付けた。使用された発音記号の詳細は後で説明した。
　さらに理解しやすくするため，考古学関連項目の多くには図版を添えた。
　本書の重要部分は，巻末に収めた，各分野ごとに分類した広範囲にわたる主要参考文献である。これは特に学生や学問的な関心を持つ人にとって今日の研究状況へのアプローチを容易にするだろうし，本書の詳細さと時宜にかなった内容を他書に見いだすことは不可能である。
　巻末にはまた重要博物館を一覧できるようにまとめ，現地における手頃な旅行ガイドとして利用できるようにした。

項目の構成と内容
　各項目の見出し語は，アイルランド語あるいはウェールズ語の固有名詞と概念の場合，まず，いずれの言語なのか（*ir.* ＝アイルランド語，*wal.* ＝ウェールズ語つまりカムリ語）を示し，発音記号を付けた。さらにケルトの宗教や文化に関する見

出し語の意味についても説明した。その名残や受容については項目の最後に記し，参考文献に関する言及が続く〔本訳書では各項目に付された参考文献は割愛した〕。

使用の手引

全領域にわたって重要な分野はすべて総合的な項目で大きく取り扱われている。その他の短めの項目の多くは別項参照で明示されている。

予備知識のない読者や一般読者は，《ケルト人》や《歴史》や《言語(ケルトの)》の項目から読まれることをお薦めする。

ケルト人の宗教については，《宗教》と《神話》，さらに《ドルイド》《神と女神》《来世観》《祭祀場》《生贄》《予言》《魔術》が入口となろう。

個々の文化については，《農耕》《食習慣》《交易》《工芸》《狩猟》《軍事》《美術》《医療》《集落》《死と埋葬》《牧畜》の項目で紹介されている。

ケルト人の文化の名残や受容や研究についての情報はまず《アーサー王文学》や《アイルランド文芸復興》や《ケルト学》や《ケルト・イデオロギー》項目にある。

作者不詳で残されたアイルランドやウェールズの中世文学作品の数多くは，それぞれの題名で示されている。関連する引照は《文学》の見出し語で，例えば《アーサー》のような重要な文学上の登場人物はその名前で，また《フィン物語群》《歴史物語群》《マビノギオン》《神話物語群》《アルスター物語群》のような集合項目で見つけられる。

最重要の考古遺跡は個別の項目になっており，項目中に当該発掘品の所蔵先も記されている。これらの保管場所リストの付録を巻末（260ページ）に収め，ケルト／ガロ＝ローマの発掘品のコレクションで最も重要な博物館を国別・都市別に示した。

アイルランド語とウェールズ語の綴り方

多くのアイルランド語やウェールズ語の言葉には，写本においても，また近年の学術的文献においても様々な綴り方がある。この差異は，当該の言語の（あるいは単なる書き方の習慣の）歴史的な展開や，ケルト語の固有名詞や概念が他言語へ翻訳されたときの相違に基づくものである。本事典ではおおむね，該当する言葉はそれぞれ現在知られる最古の綴り方で示した。特にアイルランド語やウェールズ語の固有名詞の英語形，フランス語形，ドイツ語形は相互に参照項目として示されている。これに対してアイルランド語やウェールズ語のあまり見かけない異形は，見出し語を見つけるために不可欠と思われる箇所にのみ付記した。

発音

すべてのアイルランド語とウェールズ語の見出し語には，おおむねそれぞれ遡及できる最古の音声形態に合わせた発音記号を付けた。そこで使用された発音記号と

発音は次のとおりである。〔本訳書においては日本の読者を考慮して、ドイツの読者を念頭において書かれた原書と異なる例を挙げたものもある。〕

a, e, i, o, u　ア、エ、イ、オ、ウのように。

aː, eː, iː, oː, uː　アー、エー、イー、オー、ウーのように。

ə　英語の about の a や、ドイツ語の habe の e のように。

j　ヤ行の最初の半母音（子音）のように。

〔本訳書においては、アイルランド語の発音記号の場合、初学者の便宜を計って、古アイルランド語学習書 Quin, E. G., *Old-Irish Workbook*, Dublin 1975, RIA に倣い、アイルランド語の狭音化した軟口蓋摩擦音は [γ'] とした。〕

w　英語の water の w のように。

v　英語の violin の v のように。

μ　[γ'] の例と同じく上記の古アイルランド語学習書に倣い、軟音化した m の発音記号を [μ] として、軟音化した b [v] と区別した。[μ] は両唇を摩擦させ、さらに同時に鼻音を出す有声音である。

p, b, t, d, k, g　パ行、バ行、タ行、ダ行、カ行、ガ行の子音のように。

l　英語の lust の l のように。

m, n　マ行やナ行の子音のように。

h　ハ行の子音のように。

x　ドイツ語の Nacht の ch のように。

γ　上記の x を有声にした軟口蓋摩擦音、ドイツ南部の r やフランス語の r に似る。

ç　ドイツ語の ich の ch のように。

θ　英語の thick の th のように。

ð　英語の then の th のように。

ʃ　シ、シャ、シュ、ショの子音のように。

s　シを除くサ行の子音のように。

ŋ　ドイツ語の Ring の ng のように。

r　舌先を震わせる、いわゆる巻舌の r。

ɾ̥　ウェールズ語特有の音。巻舌の r と気息音の h を同時に発音する。

ɬ　ウェールズ語特有の発音。〔l を発音するときのように舌先を歯茎に付け、気流が舌の片側の空間を通るように発音する。そのとき舌は動かさない。〕

N, R, L　アイルランド語特有の音。n, r, l を明瞭に発音するか、長く伸ばしているように聞こえる。

- ˈ この記号は続く音節にアクセントがあることを示す。
- ʲ この記号は子音の後ろに付けられ，その子音が狭子音化されていることを示す。つまり，発音器官がその子音の発音の際に，i を発音する際に取る位置に近づくことである。狭音化された [x] はドイツ語の ich の ch のように発音されるので，発音記号はそれぞれ [sʲ=ʃ] と，[xʲ=ç] として示されている。他の子音に対応する狭い子音の後ろに，あるいは子音が語尾に位置するときはその前にかすかに [j] 音を挿入することで発音できる。〔狭い子音については，日本語では例えばサ行のシやタ行のチなど日本語のイ段の子音が他の段と異なる例や，シャシュショ，チャチュチョ，ニャニュニョなどにおける子音が狭い子音であることを考え合わせれば，理解しやすい。〕

見出し項目の解説中に引用された碑文集成の略語一覧

AE	L'Année épigraphique. Revue des publications épigraphiques relatives à l'antiquité romaine (Paris 1948-)
CIL	Corpus Inscriptionum Latinarum (II Hispania, III Oriens et Illyricum, V Gallia Cisalpina, VI Urbs Roma, XII Gallia Narbonensis, XIII Tres Galliae et Germania)
Fi	H. Finke, Neue Inschriften, BRGK 17 (1927) 1-107 und 198-231
ILTG	P. Wuilleumier, Inscriptions latines des trois Gaules (France), Paris 1963 (17. supplément à Gallia)
Ne	H. Nesselhauf, Neue Inschriften aus dem römischen Germanien und den angrenzenden Gebieten, BRGK 27 (1937) 51-134
NeLi	H. Nesselhauf und H. Lieb, Dritter Nachtrag zu CIL XIII, BRGK 40 (1959) 120-229
RIB	R. G. Collingwood und R. P. Wright, The Roman Inscriptions of Britain I. Inscriptions on Stone, Oxford 1965

RIG	Recueil des inscriptions gauloises
	    I Textes gallo-grecs, Paris 1985
	    II, 1 Textes gallo-etrusques; textes gallo-latins sur pierre, Paris 1988
	    III Les calendriers, Paris 1986

Schi	U. Schillinger-Häfele, Vierter Nachtrag zu CIL XIII und zweiter Nachtrag zu Fr. Vollmer, Inscriptiones Bavariae Romanae, BRGK 58 (1977) 477-603
Wa	F. Wagner, Neue Inschriften aus Raetien, BRGK 37/38 (1956/57) 215-264

■凡 例

1. 本書は Maier, Bernhard, *Lexikon der keltischen Religion und Kultur*, Stuttgart, Kröner 1994 の全訳であり，原著者より送付された追加項目が加えられている。

さらに，日本の読者の理解を助けるため最低限必要と思われる次の項目について，平島が執筆し加えた。

アイオナ，ウラド，クロンマクノイズ，コナハト，ミデ，ムウ，ラギン

訳出は，ウェールズ語・文学，アーサー王文学，p-ケルト語関連の項目は小池が，古代民族誌及び古代ケルトの神々と宗教に関連する項目は桜内が，その他のすべての項目，アイルランド語・文学，q-ケルト語，考古学，ケルト学者，ケルト研究，さまざまな概念に関連するものは平島が担当した。訳文と原文との照合や検討は平島が行ない，鶴岡が全項目を監修した。

本文中の〔 〕は訳者および監修者の補注である。ただし，若干のアイルランド文学作品のあらすじについては〔 〕を付けずに原書よりも詳細な説明を補ったところがある。

2. 項目の配列は50音順により，濁音，半濁音は考慮せず，長音は無視し，促音，拗音は一字と見なした。

3. 本訳書本文中に見出し語として収録されている言葉が現われるとき，原則的にアステリスク（*）を付けたが，頻出する場合は本文が読み難くなるのを避けるため付けていない例もある。項目全体に関連する参照項目は→印で示した。

また，同義の別の見出し語のもとに説明文を収載した場合も，→で示した。

例；ブリタニア→プラデイン

4. 固有名詞は原則としてそれぞれの言語に慣用的なカタカナ表記に従った。ギリシア語とラテン語の長音の音引きは省略した。

アイルランド語及びウェールズ語については未だ慣用的なカタカナ表記がないといえる。この二つの言語のカタカナ表記については後で別項を立てて説明している。

5. 見出し語はカタカナによる原語音の表記，必要と思われるものは《 》内に原語の意味，さらに原語表記（ギリシア語の人名は例外），ケルト諸語の場合はさらに発音記号を示している。原書では，古代ケルトの神名については多くの場合，神名が現われる碑文や文献のラテン語形がそのまま使われている。本訳書はそれに倣った。

6. 人名の見出しは，原則として家族名，個人名，洗礼名（頭文字のみ）の順で表記し，原語表記を併記した。ただし，文学作品の登場人物や，個人名から呼ばれることが慣用となっている人名は，個人名から表記した。地名に続けて呼ばれる人名は個人名から始め，地名を個人名の後で（ ）内に表記した。称号も（ ）内に表記した。

例；キャンベル，ジョン・F. Campbell, John Francis

クレティアン・ド・トロワ Chrétien de Troyes
コンホヴァル・マク・ネサ Conchobar mac Nessa
ジェフリー（モンマスの）Geoffrey of Monmouth
グレゴリー，（レディー）オーガスタ Gregory, Lady Augusta

7. さまざまな言語で呼び習わされている人名の見出しの場合は，主に関連している分野で普及していると思われるものを採った。ただし，それぞれの言語における呼称も必要と思われるものは併記し，また別の見出し語を立てて参照項目を指示した。

例；ギラルドゥス・カンブレンシス，ウェールズのジェラルド（ジェラルド・デ・バリ，ゲラスト・ガムロ）

ジェラルド（ウェールズの），ジェラルド・デ・バリ →ギラルドゥス・カンブレンシス

8. 言語の省略語は下記の通りである。

air.	古アイルランド語	*bel.*	ベルギー
dt.	ドイツ語	*eng.*	英語
fr.	フランス語	*gr.*	ギリシア語
hol.	オランダ語	*ir.*	アイルランド語
ita.	イタリア語	*lat.*	ラテン語
wal.	ウェールズ語（カムリ語）		

9. 原書の見出し語（ドイツ語）で不必要と思われるものは訳語のみ収録した。また，原書のドイツ語形の名称より英語形の名称が日本で普及している場合は，訳語の後に英語形を付した。

10. 本文中に現われる地名については原語表記も付した。ただしたびたび現われる地名は原語表記を付けていない場合もある。よく知られていないと思われる地名については，原書では記されていない国名，州名，県名などの地方名を付けた。

11. 文献名や文学作品名の見出しは原則的に邦訳題を『　』でくくり，原語表記を付けた。アイルランド語やウェールズ語の場合は更に発音記号が続く。ただし，国際的に原語名で通用しているものは原題をカタカナで表記し，原題の意味を《　》で示した。

12. 項目中に登場する，詩を除く文学作品と文献名は原則的に邦題を『　』でくくり，一篇の詩やその他の芸術作品名は「　」でくくった。文学作品名の後には原語表記をイタリック体で併記したが，頻出するものに関しては主要箇所以外は原語表記を付けていない。

13. 年代，世紀については，原則的に紀元前のみを明記した。ただし，紀元前後の場合は混乱を避けるため，紀元後についても紀元と付けたものがある。また紀元前後にまたがる場合は，前〜後を付けた。例；紀元前51年　紀元59年　1684年　紀元前6〜4世紀　前3〜1世紀　前2〜後1世紀　8〜9世紀

アイルランド語のカタカナ表記について

　アイルランド語のカタカナ表記については，現在のところ標準化したものがあるとは言い難い。古アイルランド語で表記された固有名詞であるにもかかわらず，現代アイルランド語の発音に従ったり，英語風の発音に従ったりしているものもある。

　本事典の原書に示された発音記号は古アイルランド語の発音に則っており，本事典でもこれを踏襲し，古アイルランド語の発音に則ったカタカナ表記を目指した。

　ただし，当然のことながら，本文中には近代アイルランド語以降の固有名詞も現われており，これらについては現代アイルランド語の発音に則ったカタカナ表記となっている。

　読者に受け入れられやすいように，なるべく簡略化すること，そして煩雑にならないようになるべく原語の音節数に近づけることを心がけた。この表記法が広く受け入れられれば幸いである。

　特に留意する点としては次の3点がある。

1. 古アイルランド語のθ音とð音は，本来t音とd音だったものが，軟音化したものである。先行するアイルランド語のカタカナ表記には英語のカタカナ表記に倣ってサ行，ザ行に置き換えたカタカナ表記もあるが，その結果s音を有する対立語との混同が多くなっている。これに対してタ行，ダ行で置き換えると，混同を招きやすい対立語がはるかに少ない。この理由から，本事典では前者をタ行，後者をダ行のカタカナ表記に置き換えた。

　例；rath [ra:θ]《円形の囲い地》をラースとすると，ras [ra:s]《種族，部族》ラースと区別がつかない。しかし，前者をラートとすると，混同を招く対立語は存在しない。

　　tuath [tuaθ]《部族連合体》をトゥアスとすると，tuas [tuas]《上に，天上の》トゥアスと区別がつかないが，前者をトゥアトとするとやはり混同を招く対立語は存在しない。

　さらに，近現代アイルランド語の場合，thの綴りはh音か，前にある母音を長音化するか，無音化しているので，発音される場合はハ行で，長音化する場合は音引きで表わした。

2. mが軟音化した音[μ]については，序文―発音の項（vページ）を参照されたい。日本語のワ，ウィ，ウ，ウェ，ウォで置き換えた。

　例；flathemon [flaθeμon] フラテウォン

3. 狭い子音，つまり´が後ろについた子音の多くは，日本語のチャ，チュ，チョ，ピャ，ピュ，ピョ，ニャ，ニュ，ニョ，ミャ，ミュ，ミョなどに置き換えることは可能であるが，固有名詞のカタカナ表記が長く煩雑になるのを防ぐため，慣用されているカタカナにとどめた。

ウェールズ語のカタカナ表記について

1. ll, rh の綴りの発音はそれぞれ ɬ, r̥ で表わすが，カタカナ表記ではそれぞれサ行，フ＋ラ行の子音に置き換えた。
   例；llaw サウ　Rhydderch フラゼルフ
2. f, ff, dd, th の発音はそれぞれ v, f, ð, θ であるが，カタカナではそれぞれヴァ行，ファ行，ザ行，サ行で表わした。
3. y の発音は，以下の条件により(a) ə, (b) i または i: となるが，それぞれカタカナでは(a)ア，(b)イまたはイーと表記した。当然，y が子音に続く場合は，それぞれア列，イ列のカタカナで表記される。
   (a) ə となる場合
      (i) y, yr といった，実質語（名詞，形容詞，動詞）ではない単音節語に現われる場合。
         本書では該当例はない。
      (ii) 最後の音節以外に現われる場合。
         例；Sgilti Ysgafndroed スギルティ・アスガヴンドロイド
   (b) 上の(i)(ii)以外の場合は，i または i: となる。
      例；Essyllt エシスト
4. 子音（特に g）の後の w は母音 u，または子音 w の場合があり，前者の場合にはウ列の子音のカタカナで，後者の場合にはウと表記する。
   例；Gwrtheyrn Gwrtheneu（母音の w）グルセイルン・グルセネイ
   　　Gwerthefyr（子音の w）グウェルセヴィル

ケルト事典

Lexikon der keltischen Religion und Kultur
by Bernhard Maier
Copyright © 1996 by Bernhard Maier
Japanese translation rights
arranged with Alfred Kröner Verlag
through Japan UNI Agency, Inc., Tokyo

本書の日本翻訳権は株式会社創元社が保有する。本書の全部ないし一部分をいかなる形においても複製，転載することを禁ずる。

アイオナ Iona　ヘブリディーズ諸島の一つ。560年代にこの島に*コルム・キレが修道院を創設し、*ピクト人に宣教した。その後、この修道院はアイルランド北部とスコットランドにまたがるダール・リアダ王国やサクソン人のノーサンブリア王国と緊密な関係を保ち、アイルランド人修道士によるブリテン島や大陸における宣教活動の拠点となり、盛んになった。*アダウナーンは第9代院長で、『コルム・キレ伝』などを残している。9世紀以降、たび重なるヴァイキングの襲来によりその勢力は衰えた。

アイステッズヴォド Eisteddfod/wal. [eiˈsteðvod]　詩人たちの集会。この集会は、かつてまだ詩人（ベイルズ Beirdd）が口承の掟や規範によって自らの階級を維持していた15〜16世紀に催されたことが実証されている。17〜18世紀になり詩人階級が没落すると、アイステッズヴォドはその本来の意味をほとんど失ってしまったが、19世紀に復興した。その際、エドワード・ウィリアムズ（イオロ・モルガヌグ Iolo Morganwg）の《ブリテン島の詩人の集会》という考え方はこの集会のあり方に決定的な影響を与えた。19世紀後半からアイステッズヴォド国民大会 Eisteddfod Genedlaethol が始まり、文学や音楽の催しも取り入れられることになった。現在、アイステッズヴォドは毎年8月の第1週目に、北部と南部の土地を交互に選んで開催される。

アイフェ Aífe/ir. [ˈaifʲe]　『エウェルへの求婚』に登場する恐ろしい女武者。*クー・フリンとの一騎打ちに敗れ、後に彼の息子を産む。『アイフェの一人息子の最期』では、クー・フリンがこの息子と対決し、我が子を討ち果たす。

『アイフェの一人息子の最期』 Aided Oenfir Aífe/ir. [ˈaðʲeð ˈoinʲirʲ ˈaifʲe]　*アルスター物語群に属する。『レカンの黄書』に最古の稿本が残されている。物語の内容は、*クー・フリンの息子が、父であるクー・フリンに名を告げることも、戦わずに降伏することも拒んだために、真実を知らずにクー・フリンは我が子を決闘で倒す。この父子対決のモチーフは、古高ドイツ語の『ヒルデブラントの歌』Hildebrandslied やペルシアの『シャー・ナーメ』Shahnameh にも見られる。このため、このモチーフのケルト的形態は、古い物語の題材を受け継いでいることを示していると考えられている。あるいは、これは後代のゲルマン語からアイルランド語への移入に関する問題かもしれない。――A.*グレゴリーはこの物語を『ムルテウネのクーフリン』の18章に再話している。W. B.*イェイツによる翻案が、詩『クーフリンの海との闘い』Cuchulain's Fight with the Sea と、戯曲『ベイルの渚にて』On Baile's Strand である。

アイルハルト・フォン・オーベルゲ Eilhart von Oberge　12世紀の中高ド

イツ語詩人。1170年から90年の間に韻文物語『トリストラント』*Tristrant* を創作した。この作品は今日まで完全に保存されている，トリスタン（*ドリスタン）をめぐる伝説の最古の形である。

アイルランド語　アイルランドのケルト語を指す。アイルランド語は*マン島語や*スコットランド・ゲール語と共に島嶼ケルト語のゲール語群を成している。いわゆるオガム文字の碑文はこの言語で残された最も初期のものである。この後に古アイルランド語が続き，特に8〜9世紀のラテン語写本の注釈によって知られている。10〜13世紀の言語は中期アイルランド語と呼ばれる。この時期の言語は，1100年頃から写本による伝承が始まった数多くの文学作品によって知られている。これに続く言語の段階を初期近代アイルランド語（14〜16世紀），更に近代アイルランド語（17世紀以降）と呼ぶ。アイルランド語はその歴史の過程で常に英語によって圧迫されてきた。そして今日，日常語としては西部地方の限られた地域で使用されるのみである。

アイルランド語研修所 The School of Irish Learning　1903年K.*マイヤーによって設立された，アイルランドのケルト学者の研究及び養成機関。1926年まで存続したが，財政的な理由からロイヤル・アイリッシュ・アカデミー Royal Irish Academy に合併された。機関誌の研究誌『エーリウ』*Ériu*（1904〜）もそれ以来ロイヤル・アイリッシュ・アカデミーによって刊行されている。

アイルランド文芸復興　19世紀末期から20世紀初頭にかけて興ったアイルランドの文学運動。英国からの政治的独立への欲求と，顕著なナショナリズムとが結びついて，アイルランド語や中世アイルランド文学に対する新たな関心を生みだした。運動の唱道者には，S. J.*オグレイディやS.*ファーガソンやD.*ハイドなどが挙げられる。運動の重要な代表者はW. B.*イェイツとA.*グレゴリーである。アイルランド語文学の題材を英語に改編した主な作家に，A.*クラークとJ.*スティーブンズがいる。

『アイルランド来寇の書』 Lebor Gabála Érenn/*ir.* ['L'evor 'gavaːlaˈeːrʲeN]
11世紀に創作された虚構のアイルランド史書。1100年頃に成立した二つの異なる稿本が伝わっている。物語は世界の創造に始まり，ノアの孫娘とされる*ケスィルに率いられた最初の入植者から，この作品の成立時代に至るまでの，アイルランドの歴史の変遷を描いている。ページの多くは，相次ぐ6度の来寇の波について割かれている。ケスィルと従者たちに続き，*パルトローン，*ネウェドと従者たち，更に*フィル・ヴォルグや*トゥアタ・デー・ダナンが，そして最後にミールの息子たちがやって来る。この最後の入植者がアイルランド人すべての祖先と見なされ，またノアの息子ヤフェトの子孫とされる。

　この作品は，*キリスト教伝来以前のアイルランドの歴史を聖書の記述に結びつけ，また調和させようとした，中世の聖職者の労苦を証している。キリスト教文学の他にも土着の神話や伝承が採り入れられ，キリスト教伝来以前の神話の登場者は，*エウヘメロスの方法で遠い過去の歴史的人物として描かれている。

アヴァサハ Afallach/*wal.* [aˈvaɬaχ]
ウェールズの系譜によれば，*ベリ・マウル王の子孫を指す。一部の伝承によれば，モドロンの父親を指すとされる。この固有名詞は特にアニス・アヴァサハ

《アヴァサハの島》という地名からよく知られている。この地名は，モンマスの*ジェフリー作『ブリタニア列王史』のウェールズ語訳では，ラテン語名インスラ・アウァロニス Insula Avallonis（アヴァロンの島）に対応するウェールズ語訳である。しかしこの地名が，系譜に記されているようにアヴァサハの名に由来するのかどうかは疑わしい。ジェフリーはその作品『メルリン伝』の中でインスラ・ポモルム Insula Pomorum（林檎の木の島）に言及しているので，むしろアヴァサハの名は「林檎」を意味するケルト語（afall/wal.）と関連があるのではないかと思われる。この推定は，林檎の木の茂る楽園の島を描いたアイルランド航海物語からも裏付けることができる（*エウィン・アウラハ）。

アヴァロン Avalon/*eng.*, *fr.*, *dt.* ラテン語の地名インスラ・アウァロニス Insula Avallonis の英語，フランス語，ドイツ語形。モンマスのジェフリーは『ブリタニア列王史』で，アーサー王が*カムランの戦いで傷ついた後に運び込まれた島をこのように呼んだ。『メルリン伝』ではジェフリーはこの島を，魔法を使う9人の女が傷ついた王を受け取ったインスラ・ポモルム（林檎の木の島）と述べている。

ジェフリーの叙述は，至福の島に関する古代のさまざまなイメージと並んで，やはりケルト人の口碑伝承を反映している可能性がある。中期ウェールズ語詩『アンヌヴンの略奪』の一節はこのような推測に有利な証拠となっている。そこでは，*アンヌヴンの王は大釜を持ち，その釜の火は9人の乙女が吹き込む息で燃え盛っている。更にもう一つの類例が，ローマの地理学者*ポンポニウス・メラの報告に見受けられる。それによると，ブルターニュ西岸沖のサン Sein 島には魔法を使う9人の巫女が住んでいた。アヴァロンという名前のケルト起源は，その中期ウェールズ語の対応語アニス・アヴァサハ Ynys Afallach が有利な証拠となっている。ラテン語形インスラ・アウァロニスが，——アヴァサハと同様に——《林檎》（afall/wal.）を指すケルト語から派生したブルゴーニュの都市名アヴァロン Avallon の影響を受けたかどうか疑わしい。

アヴァロン島の地理的な位置について，モンマスのジェフリーは，彼以降の多くの著述家たちと同じく，詳細を述べていない。12世紀末葉頃からようやくいろいろな著述家がアヴァロンをコーンウォールのグラストンベリー Glastonbury のベネディクト派大修道院と同一視した。その地で1191年にラテン語の碑文が書かれたアーサーの墓を修道士たちが発見したという。もっとも発掘品はその後いつのまにか消えてしまったが，おそらくこれは中世の捏造だろう。

アウィエヌス，ルフス・フェストゥス Avienus, Rufus Festus 4世紀のローマの詩人。『海岸地帯』〔邦題『沿岸周航記』〕*Ora maritima* の表題のもとにブリタニアから黒海までの沿岸の様子を書き記した。しかし現存するのは，スペイン沿岸からガリア沿岸のマルセイユあたりまでを描いた冒頭部（約700行）だけである。叙述が多岐にわたることから，詩人が非常に古い原典資料を用いたと推測される。少なくとも部分的には紀元前6世紀の状況に関連したものもあり，したがってこの作品は西北ヨーロッパの最古の地理的記述のいくつかを伝えている。その中にはケルト人の部族名も見られる。

トルクを着け，あぐらをかいている，鹿の角をもつ神。ゴネストロップの大釜より

アウレルキ族 Aulerci 古代の民族誌によれば，ロワール河とセーヌ河に挟まれた地域にいたケルト人の部族連合であり，*ケノマニ族，*ディアブリンテス族，*エブロウィケス族，ブランノウィケス族の四つの部族から成り立つ。

アエドゥイ族 Aedui, あるいは**ハエドゥイ族** Haedui／**アイドゥオイ族** Aiduoi/gr. 古代の民族誌によれば，ソーヌ河とロワール河に挟まれた地域にいたケルト部族。主邑はビブラクテだった。『ガリア戦記』6-12によると，*カエサルがガリアに入った時，アエドゥイ族は，かつてガリアの諸部族の間で占めていた重要な地位を失い，セクァニ族の支配を受けるようになっていた。カエサルは，ガリア侵攻が進むにつれて，親ローマ的なアエドゥイ族の勢力を回復させ，*ウェルキンゲトリクスの反乱に加担したにもかかわらず優遇した。

アエラクラ Aeracura, あるいは**ヘレクラ** Herecura ローマ帝国の広い地域で，時には単独で，時には冥界の神ディス・パテルの伴侶として信仰された女神。アエラクラ信仰に関する文献資料がなく，また名前の語源もわからないため，詳細は知られていない。

『赤牛の書』 Lebor na hUidre/ir. [′L'evor na ′hiðr'e] 現存する最古のアイルランド語の文学全書的写本で，収録数も多い。1100年頃クロンマクノイズの修道院で制作された。破損したものも含め，羊皮紙67葉が今日も残っている。内容は主に歴史物語群や神話物語群やアルスター物語群の物語から成っている。1844年以来，ダブリンのロイヤル・アイリッシュ・アカデミー付属図書館所蔵。

アガンデッカ Agandecca スコットランド・ゲール語の aghaidh shneachda《雪（白）の顔》に由来。J.*マクファースンの《オシアン作品群》に登場するロホリン（スカンディナヴィア）の腹黒い王*スタルノの娘。敵対するスコットランド王*フィンガルをスカンディナヴィアにおびき寄せるために，スタルノは偽って娘とフィンガルの婚姻を約束する。しかし，アガンデッカはフィンガルを愛し，父スタルノが彼の暗殺をもくろんで

いると警告したため，父に殺される。〔『オシァン（ケルト民族の古歌）』（中村徳三郎訳，岩波文庫）では，アアイ・ネヘカ。〕

アクィタニア Aquitania/*lat.* 古代の*民族誌によれば，ピレネー山脈とガロンヌ河と大西洋を境とする南西ガリア地方（カエサル『ガリア戦記』1-1）。大*プリニウス（『博物誌』4-105）によると，この地方は（ブルターニュと同じく）古くは*アレモリカと呼ばれた。

あぐらをかいた姿勢 ケルトの神像のうち，約30の神格があぐらをかいている。*ブーレ Bouray から出土した青銅の神像や，*ゴネストロップから出土した大釜に描かれた鹿の角をもつ神像が，この姿勢であることは有名である。インド美術ではブッダがしばしば足を組んだ瞑想の姿勢で描写されるので，ケルトの神の座った姿勢が《ブッダの姿勢》と呼ばれることもあるが，インド美術とケルト美術には関連性がない。このようなケルトの図像（作品）は，例えば*ストラボン（『地理誌』4-4-3）が証言している，食卓と椅子を使わず地面に足を組んで座って食事を取るケルト人の風習がもととなったのだろう。

アグリ Agris フランス西部のシャラント県にある。1981〜86年にこの地の洞窟で，紀元前4世紀頃の，*鉄，*青銅，*金，銀を用い，更に珊瑚の装飾で仕上げられた豪華な兜ほぼ一鉢分の破片が発見された。埋葬された形跡がないので，この兜はある神への奉納物としてこの洞窟に安置されていたものと考えられる。現在この兜はアングレーム Angoulême の市立

アグリの兜

博物館所蔵。

アーサー〔アルティル Arthur/*wal.* ['arθir]〕 ブリトン語派ケルト人の伝説上最も重要な人物。この名称はおそらくラテン語名アルトリウス Artorius に遡り、ラテン語文献ではアルトゥルス Arturus として、フランス語やドイツ語の文献ではアルトゥス Artus として現われる。

『カンブリア年代記』はアーサー王を歴史的人物として扱ったおそらく最古の資料である。これによれば、72年——おそらく紀元518年頃——に、侵入してきたゲルマン人に抗してアーサーはバゾンの戦いで勝利を収め、また93年——おそらく紀元539年頃——にカムランの戦いで戦死したとされる。『ブリトン人の歴史』では、アーサーは9世紀に12の戦いに勝利を収めた将軍（連戦の将軍 dux bellorum/*lat.*) とされている。アーサーは『ゴドジン』の中でも言及されているが、同時代のものか、あるいはさらに古く遡るのかについては確証がない。

これらのわずかな歴史的な輪郭の上に、ウェールズ伝承の中で伝説的・民間説話的特徴が大きく上塗りされていく。例えば『ゲレイントの詩』において、アーサーはゲレイント・ヴァーブ・エルビン王の同時代人として登場するが、実際にはこの王はアーサーより数世代後に生きたのだろう。『門番は何者か』や『アンヌヴンの略奪』では、あらゆる驚くべき能力や特徴を備えた勇敢な戦士団を率いる偉大な指導者として現われる。そこでは、ベドウィル・ヴァーブ・ベトラウグやケイ・ヴァーブ・カニルといった英雄が、アーサーの主だった従者に数えられる。この二人は、アーサー王物語群中最古の散文物語『キルフフとオルウェン』においてもアーサーに従っている。アーサーは死の前にかくまわれ、世の終りに戻ってくるという言い伝えは、『キルフフとオルウェン』と同様に古いとされる。

1137年、モンマスのジェフリーの手で全く新しいアーサー王像が描かれた。その『ブリタニア列王史』に描かれているアーサーは、全ブリタニアを征服し、スカンディナヴィア半島やヨーロッパ大陸にまで遠征軍を率いて勝利を挙げた、強大な力を持つ封建君主である。その後、アーサーとその騎士たちは、中世宮廷社会の理想像としてヨーロッパ中で熱狂的賞讃を浴びた（アーサー王文学）。ジェフリーが描き出したアーサーの民話的性格は、彼の作品がウェールズ語に翻案されることにより、ウェールズの伝承に取り入れられることになった。これは特に『エルビンの息子ゲレイント』『泉の貴婦人』『エヴラウグの息子ペレディル』といった中世ウェールズ語散文物語によく表われている。これらの物語では、アーサーは表舞台から退き、騎士たち一人一人に主役の座を譲っている。風刺物語『フロナブイの夢』ではアーサーが中心的役割を果たしている。この作品は古風な特徴を残しているにもかかわらず、ジェフリーやその後継者らの影響が認められる。

「アーサー王の死」 Morte Arthure 1400年頃成立した中期英語の頭韻詩。作者不明。アーサーとローマ皇帝の不和や、ローマへの遠征と華々しい勝利や、裏切者モルドレデ〔モルドレド〕Mordrede（メドラウド）との戦いにおける破滅が、4346行に描かれている。詩の内容の展開は、ほとんどモンマスのジェフリーの作品や、それに加筆したワースやラーヤモンの作品に従っている。その一方で、こ

の作品は特に Th. マロリー卿に影響を与えた。同じく1400年頃成立した中期英語のスタンザ詩「アーサー王の死」*Le Morte Arthur* と混同してはならない。

アーサー王文学　英雄アーサー王（古フランス語、中高ドイツ語ではアルトゥス Artus）をめぐる元々口承された伝説を書き記した物語群。6〜11世紀のウェールズやブルターニュの伝承にアーサー王文学の始まりが見いだされる。その中で6世紀の歴史的人物の記憶が、キリスト教以前のケルト神話から生まれた寓話的題材や名称と結びついた。これら初期の物語は口承のため、ほとんど残されていない。文字に残された数少ない作品には、二つの詩『門番は何者か』と『アンヌヴンの略奪』、更に散文物語『キルフフとオルウェン』がある。これらの作品においてアーサー王は、魔法使いのような性格と能力を持つ、冒険好き戦士団の指導者として描かれている。『墓の詩』や『ブリテン島三題歌』といった作品の中で、現存しない作品が示唆・言及されていることから、実際はアーサー王に関してもっと多くの物語が流布していたことがわかる。

12世紀初頭の宮廷文学の隆盛に伴い、アーサー王とその従者たちに関する物語がケルト諸国の国境を越えて知れわたるようになる。それらは急速に《ブルターニュもの》として、諸民族の歴史やローマの古典文学と並んで、地方語による韻文・散文物語の作者に最も好まれる源泉となった。この並はずれた人気は、ケルト伝承の持つ民間説話的性格によるところが大きいとされるが、これによりフランス語、英語、ドイツ語の作者は、当時の宮廷社会に対する願望を、不特定の過去の物語に理想的な形で投影できるようになった。初期のケルトの物語と異なり、アーサー王は中世キリスト教世界の封建君主として描かれ、その従者たちは冒険好きな戦士の一団というよりは模範的な騎士の集まりとなった。アーサー王伝承のこのような変質には、一方ではモンマスのジェフリーによる（正確な意味で歴史文学とは言い難いが）歴史文学や、ジェフリーの作品を地方語を用いて模倣したワースやラーヤモンによる作品が関わっており、他方ではフランス語詩人クレティアン・ド・トロワによるむしろ民間説話的な韻文物語も関わっている。やがて、ドイツ語詩人アイルハルト・フォン・オーベルゲ、ウルリヒ・フォン・ツァツィクホーフェン、ハルトマン・フォン・アウエ、そしてヴォルフラム・フォン・エッシェンバハが続いた。更に、当時のキリスト教神学思潮に強く特徴づけられた聖杯という題材を用いて、独特な文学が生まれた。アーサー王文学のこの第2期に入る最も重要なケルト語文学作品には、中期ウェールズ語の散文物語『フロナブイの夢』と、いわゆる「三つのロマンス」（『泉の貴婦人』『エヴラウグの息子ペレディル』『エルビンの息子ゲレイント』）がある。15世紀末には Th. マロリーがこの物語群における最後の重要な中世後期の形を作り上げた。

19世紀初頭以来アーサー王文学の復興は今日にまで及んでいる。中世をロマン主義的に再解釈した結果、特に英語圏を中心に、多くの再話や音楽や絵画や遂には映画も生まれた。同時に、ゲルマン語、ロマンス語、ケルト語言語学の発展にともない、アーサー王文学への学問的な取組みが始まった。今日の研究は、英語、フランス語、ドイツ語の詩人が、ケルトの伝承から多くの名称や題材（しかし物

語全体ではない）を借用したということから出発する。その際，原典としてまず第一に，ウェールズ語及びブルトン語の物語が，2言語を使用できる仲介者を通じてフランス人，アングロ＝ノルマン人著述家の間に広まったと考えられる。ウェールズ語とブルトン語の伝承は大部分が失われたため，伝説中の登場人物の名前以外にはなにもわからないことが少なくない。特色ある物語題材は，アイルランドの豊富な伝承の中に多く残っている。かつての研究における〔ケルトの名称や題材は神話から取られたものと見る〕傾向に対し，実際に神話から取られたものはほんの一部にすぎないということは強調されなければならない。それらの多くは明らかに伝説的・寓話的な性格をもつ物語に由来している。

アステリクス Asterix　フランスの漫画シリーズの主人公。漫画では，ガリアのとある村の，侵略者カエサルの軍団に対するさまざまな闘いが描かれる。物語の主人公は，身体は小さいが機転のきくアステリクスと，熊のように強いが頭の弱い友オベリクス Obelix である。このほかに，族長アブララクルシクス Abraracourcix（à bras raccourcis/fr.《力いっぱい》からの造語），バルドのアシュランセトゥリクス Assurancetourix（assurance tous risques/fr.《全災害保険》からの造語）と，ドルイドのパノラミクス Panoramix（panoramique/fr.《パノラマのような》からの造語）等がいる。シリーズ最初の一連のエピソードは，1959年から74年にかけて雑誌『ピロト』Pilote に掲載された。R. ゴシニー Goscinny, René（1926〜77）作，A. ユデルゾ Uderzo, Albert（1927〜）画で，ゴシニーの死後はユデルゾが作画両方を担当。61年以来単行本も刊行されている。

この漫画のケルトやローマ文明に関する描写は，丹念で幅広い資料研究に裏打ちされており，写実的なディテイルの豊かさが魅力になっている。その一方で，読者は現代と関連する滑稽な時代錯誤に絶えずぶつかるが，それらが，ガリア人（フランス人）やゴート人（ドイツ人）やヘルウェティア人（スイス人）やその他の民族の民族性を戯画化しているのである。ガリア人はたいていの場合，狂暴だが本性はお人好しの子供っぽい乱暴者として描かれている。これには現代の*ケルト・イデオロギーの影響が明確に表われている。しかしこれも，またもやユーモア溢れる調子でパロディー化されてしまう。アステリクスの登場する漫画は，人気上昇にともなって多くの言語に翻訳され，世界中で2億部以上販売された。それとともに，20世紀の他のどの作品でもなく，この作品こそがケルト文化の一般的なイメージを決定したのである。

アスバザデン・ベンカウル《巨人の頭アスバザデン》 Ysbaddaden Bencawr /wal. [əsbaˈðaden ˈbenkaur]　『キルフフとオルウェン』のヒロイン，オルウェンの父。ある予言によれば，この巨人は娘が独り身である間しか生きられない。そのため，キルフフのオルウェンへの求婚を，ほとんど達成不可能と思われる課題をたくさん与えて諦めさせようとする。キルフフが従兄弟の*アーサー王の助けを借りてすべての課題を達成した後，アスバザデンはアーサーの従者*ゴレイ・ヴァーブ・キステンニンに斬られる。

アダウナーン Adamnán/ir. [ˈaðamnaːn]　スコットランドのアイオナの修道院の第9代院長。624年頃の生まれ。679年から704年に没するまでこの修道院を

統率する。この期間に修道院の創始者コルンバ（コルム・キレ）について，文学および歴史上重要な伝記をラテン語で書いた。アダウナーン自身の生涯については，10世紀後半に作られたとされる著しく伝説的なアイルランド語の伝記『アダウナーン伝』*Betha Adamnáin* がある。この伝記はアダウナーンをとりわけ奇跡を行なう人，世俗の統治者に対する闘志あふれる対抗者として描いている。彼の名前を題名に使った『アダウナーンの幻想』*Fís Adamnáin* は9～10世紀に成立した。この物語には，洗礼者ヨハネ祭に，彼の魂が天使によって天上界と地獄に導かれて行くさまが描かれている。アイルランド語による異界幻想文学で最も完成した形と見なされている。古アイルランド語の法律書『アダウナーンの法』*Cáin Adamnáin* は，彼の死後，現存する形にまとめられたものであるが，これはとりわけ女性や子供や聖職者への犯罪に対する罰則を扱っている。

アティルネ Aithirne/*ir.* [ˈaθirˈnʲe]
*アルスター物語群に登場するアルスターの詩人。その物欲と誹謗癖のせいで誰からも恐れられていたという。そのため物語では，アルゲサハ Ailgesach《強欲》というあだ名が付いている。アティルネは詩人*フェルヘルトネの息子で，詩人*アワルギン・マク・エギド・サリグの師とされる。『*エーダルの戦い』では，アティルネがアイルランド中を歩き回り，コナハト，マンスター，レンスターの民に次々と恥知らずな要求をしたので，これらの民はアティルネ本人ばかりでなくアルスターの民までも敵視するようになる。

アテスメリウス Atesmerius ケルトの神。この神への信仰は，*メルディ族の主邑だった現在のセーヌ＝エ＝マルヌ県モー Meaux から出土した奉献碑文（CIL XIII-3023）で明らかになった。ポワチエ Poitiers から出土した別の碑文（CIL XIII-1125）の神は，アドスメリウス Adsmerius という名であり，*ローマ風解釈により*メルクリウスと同一視されている。1918年，フランス東部オート＝マルヌ県のコルジュバン Corgebin の森でアテスメルタ Atesmerta という名の女神に捧げられた奉献碑文（ILTG 414）が見つかった。

アテド《駆落ち》aithed/*ir.* [ˈaθʲeð]
娘や女が恋人と駆落ちすることを指す。この言葉は物語録において，そのような駆落ちを伝えた物語区分に用いられている。

アデド《最期》aided/*ir.* [ˈaðʲeð] 人や動物の非業の死を意味する。物語録では，有名な英雄の最期を語る物語区分を表わす。『ケト・マク・マーガハの最期』『ケルトハル・マク・ウテフィルの最期』，『トゥレンの息子たちの最期』『コンホヴァルの最期』『クー・フリンの最期』『ロイガレ・ブアダハの最期』『ムルヘルタハ・マクエルカの最期』『アイフェの一人息子の最期』などがある。

アテナイオス Athenaios ナウクラティス（エジプト）出身の200年頃のギリシアの著述家。『食卓の賢人たち』Δειπνοσοφισταί という表題で唯一現存する著作は，食卓を囲む数日間の歓談という架空の枠組みの中で，様々な分野についての豊かな情報を提供している。アテナイオスによるストア派の哲学者ポセイドニオスの散逸したケルト民族誌からの引用は，特に有名である（『食卓の賢人たち』4-36, 4-37, 4-40, 6-49）。このうち，最も長い一節（4-36）は，ケルト人の飲食の習慣についての精彩に富む描写

である（*食習慣）。

アテフ aithech/*ir.* ['aθeχ] 法律書において，上層階級でない自由農民あるいは〔契約〕小作人を指す。アテフ・フォルタ aithech fortha は上層階級でない自由民で，王(*リー)に対する法廷訴訟に際して王の代理を務め，場合によっては原告に対する補償を行なった。この方法によって，王の《面目》(*エネフ)は失われることなく，公正さは十分に保たれた。

アテポマルス Atepomarus *ローマ風解釈により*アポロと同一視されたケルトの神。この神への信仰は，アンドル県のモヴィエール Mauvières 付近から出土した奉献碑文（CIL XIII-1318）で明らかになった。

アトレバテス族 Atrebates 古代の民族誌によれば，この部族にちなんでアルトワ Artois と呼ばれるようになった地方にいたケルト部族。この名は，おそらく（★Ad-trebates に由来する）《隣の住民》を意味する。紀元前57年，アトレバテス族は*カエサルに征服されたが，この名は，かつてネメタクム Nemetacum と呼ばれたアラス Arras の町にも残っている。

アヌ Anu/*ir.* ['anu] あるいはアナ Ana と呼ばれ，中世の資料によればキリスト教以前のアイルランドの女神の名とされる。コルマク司教の注釈集（『サナス・ホルミク』）は，アヌを《アイルランドの神々の母》としている（Mater deorum Hibernensium）。語源学的な目録『コール・アンマン』はアヌを，マンスターに住んで，その地に恩恵を施している豊饒の女神（bandía in tšónusa）としている。イアト・ナナン Íath nAnann《アヌの土地》はアイルランドの別名としてしばしば詩歌に用いられている。また，キラーニー Killarney 南方のなだらかに傾斜した二つの丘は，ダー・ヒーヒ・ナナン Dá chích nAnann《アヌの両乳房》と呼ばれている。アヌの別称にダヌ Danu や（後代の）ダナン Danann があるが，本来はおそらく別の独立した神話上の存在を指していた。

アヌイル，エドワード Anwyl, Edward（1866～1914）イングランド，チェスター生まれのケルト学者。オクスフォード大学で学んだ後，1892年から死の直前までウェールズ大学アベラストゥイス校でウェールズ語学を，更に1905年から比較言語学も教える。ウェールズ文学に関する多くの研究を発表し，『宗教倫理百科事典』*Encyclopaedia of Religion and Ethics*（1908～26）のケルトの宗教と文化に関する数多くの項目を執筆した。更に1906年には，総括的な著作『キリスト教以前のケルト宗教』*Celtic Religion in Pre-Christian Times* を発表した。

アーネ Áine/*ir.* ['aːnʹe] さまざまなアイルランド文学や民間伝承に登場する妖精の名前。そのうちで最も有名なのは，マンスターのクロク・アーネ《アーネの丘》Cnoc Áine（リムリック近郊のノッカニー・ヒル Knockainey Hill）にまつわるものである。『マグ・ムクラマの戦い』の中では，アーネと父親は，丘の上で夜を明かす*アリル・アウロム王と出会う。伝承によると，王はあらがう妖精を凌辱するが，そのときアーネは王の耳を嚙み切る。その間にアリルの従者はアーネの父親を殺す。様々な異説があることから，アーネの表象するものはキリスト教以前のアイルランドの神話に由来するもので，王がその土地を守護する女神と

聖婚を執り行なったことを表わしているとも解される。

アネイリン Aneirin →ネイリン

アネクストロマルス Anextlomarus
ケルトの神。この名の初めの部分は，古アイルランド語 anacul/air.《守護》と同義であり，アネクストロマルスは《守護神》を意味する。イングランド北部のサウス・シールズ South Shields で発見された青銅器（現在ニューカッスル考古学博物館蔵）の碑文は，この神を*アポロと同一視している。アネクストロマルスの名は，不完全な形ではあるが，ル・マン Le Mans 付近で発見された碑文（CIL XIII-3190）にも現われる。アウェンティクム Aventicum すなわち現在のスイスのアヴァンシュ Avenches で出土した碑文（Fi 94）には，アネクストロマラ Anextlomara の語形が見られる。

アーノルド，マシュー Arnold, Matthew（1822～1888）　イングランド南部，レイラム Laleham 生まれの詩人，文芸批評家。オクスフォード大学で学んだ後，1851～86年までは主に視学官の職務に従事。文学批評及び文化批評の著作を発表し，詩『トリスタンとイズールト（イゾルト）』Tristram and Iseult で英語圏におけるトリスタンを題材とした最初の近代的な形を作り上げた。

1857～67年までオクスフォード大学の詩学教授職を占めていた。ここで1865～66年，ケルト文学について四つの講義を行なう。これらの講義は1866年雑誌『コーンヒル・マガジン』The Cornhill Magazine に掲載され，更に1867年『ケルト文学研究』The Study of Celtic Literature と題して刊行された。講義においてアーノルドは，J. K. *ツォイスによって築かれた*ケルト学の重要性を強調し，英国におけるケルト研究の発展を促した。彼はケルト的本性を，アングロ＝サクソン的なものとノルマン的なものと並ぶ，英国の国民性の三大構成要素の一つと見なしていたからである。このような歴史観に立って彼はもっぱら中世ケルト文学に注意を向け，同時代の作品にはあまり注目しなかった。彼自身はケルト語の知識がなかったため，英語やフランス語の翻訳を援用している。友人だった E. *ルナンの論文『ケルト民族の詩歌に関する試論』Essai sur la poésie des races celtique から強い影響を受けた。

アーノルドはケルト人特有の天分を，小文学作品の形式的・内容的な完全性と，自然の魅力を描く文学的な表現力と，諦念やメランコリーがかもしだす雰囲気の再現に見ている。むろんこの性格付けがその全体的傾向やさまざまな細目について反論されなかったわけではない。今日の視点から見て，とりわけ著者の見解でも，民族的な相違や文学における民族的表現についての学問的根拠はない。それにもかかわらず，ケルト文学に関する最初の比較考察として彼の講義は大きな影響を与え，1877年オクスフォード大学にケルト学の教授職が設置されるきっかけとなった。

アプ　→アプ／アブ

アプ ap（子音の前で）／**アブ** ab（母音の前で）/wal. [ap]/[ab]《～の息子》を意味し（*mac），ウェールズ人名の構成要素として頻繁に現われる。apかabを含むウェールズ語名が英語化されるときに，語頭母音[a]が脱落したり，語末子音[p][b]が後続の父親の名前と結合して一語として綴られることが多い（例：ap Rhysから Price が，また ab Ithelから Bithel が生じた）。

アブノバ Abnoba　古代の民族誌によれば，ドナウ河の水源地である森林山地，すなわち現在のシュヴァルツヴァルト《黒い森》である。名前の語源はわかっていない。地名としてのアブノバは，大*プリニウス（『博物誌』4-79）と*タキトゥス（『ゲルマニア』）に見られる。

ローマ時代には，シュヴァルツヴァルト周辺で，同じ名前の女神アブノバが信仰されていた。この女神に奉献された碑文は，カールスルーエ＝ミュールブルク Karlsruhe-Mühlburg（CIL XIII-6326），プフォルツハイム Pforzheim（CIL XIII-6332, 11721），ヴァルトメッシンゲン Waldmössingen（CIL XIII-6346），レーテンベルク Rötenberg（CIL XIII-6357），シュトゥットガルト＝バート・カンシュタット Stuttgart-Bad Cannstatt（CIL XIII-11746，おそらく11747も），ハースラハ Haslach 近郊のミューレンバハ Mühlenbach（CIL XIII-6283）で発見された。バーデンヴァイラー Badenweiler から出土したもう一つの碑文（CIL XIII-5334）は，1980年に新たに発見された断片によって補完された。最後に挙げた二つの奉献では，アブノバは，*ローマ風解釈により*ディアナと同一視されている。この解釈は，碑文と共に描かれた唯一のアブノバの図像に基づく。すなわちカールスルーエ＝ミュールブルクから出土した砂岩の小彫像のことである（現在カールスルーエの州立バーデン地方博物館に保管）。この女神は，短いキトンを着た女性の立像として表わされ，明らかに兎を捕まえたばかりの犬を連れている。これと似た彫像の破片が，1970年から80年の間に，オッフェンブルク Offenburg の南にあるフリーゼンハイム Friesenheim のローマ風の神殿で発見された（現在フライブルク先史博物館蔵）。

すでに1889年と90年に，ホーホシュヴァルツヴァルトのザンクト・ゲオルゲン St. Georgen に近いブリガハクヴェレ Brigachquelle で石の図像が発見され，この石像はディアナ信仰とさまざまに関連づけられた。56×27センチの大きい多色砂岩のレリーフには，三つの人頭の間に，歩く雄鹿と跳ねる兎と，おそらく鳩と思われる鳥が描かれている。その原物はザンクト・ゲオルゲンの郷土博物館にあり，複製はフィリンゲン＝シュヴェニンゲンのフランツィスカーナー博物館で見ることができる。しかし，この石のレリーフには碑文が付いていないので，それぞれの絵のモチーフが名前がわかっている神々のどれにあたるのか定かでない。

アベルフラウ Aberffraw/wal. [a'berfrau]　ウェールズ北部アングルシー島 Anglesey 西海岸の町。中世初期，ここにウェールズ北部の王国*グウィネズの王が住んでいた。『シールの娘ブランウェン』では，この地で主人公ブランウェンとアイルランド王マソルフ Matholwch の婚礼が執り行なわれる。

アポロ Apollo　ローマの神。紀元前5世紀の初めにギリシアからローマに伝えられた。アポロの名は，ラテン語の碑文や文献の中でケルトのさまざまな神々の名称として現われるが，これらの神々はごく一部しかケルト語の名前が付けられていない（いわゆる*ローマ風解釈）。*カエサルは，ガリア人が*メルクリウス，*アポロ，*マルス，ユピテル，*ミネルウァを信仰しており，他の民族と同様ガリア人もアポロが病を追い払うと信じていると報告している（『ガリア戦記』6-17）。実際アポロは，特にローマ支配下にあっ

たガリアの薬用泉で信仰されていたと思われる。ケルトの神々アマルコリタヌス，*アネクストロマルス，*アテポマルス，ベレヌス，ボルウォ，グランヌス，マポヌス，*モリタスグス，*トウティオリクス，*ウィンドンヌスがアポロと同一視されていたことは，碑文により明らかである。この神の伴侶として，特に女神シロナが碑文に挙げられている。

『アーマーの書』 The Book of Armagh（Liber Ardmachanus/*lat.*）807年に成立したアイルランドの写本で，作成された地にちなんで呼ばれる。聖パトリックに関する著作や新約聖書全編の他に，スルピキウス・セウェルス Sulpicius Severus によるトゥール Tours の聖マルタン Martin 伝も収められている。この写本は17世紀の終り頃，一時個人所有となったが，現在はダブリンのトリニティ・コレッジ蔵。

アマイソン・ヴァーブ・ドーン《ドーンの息子アマイソン》 Amaethon Fab Don/*wal.* [a'maiθon va:b do:n] 『キルフフとオルウェン』に登場する。物語では巨人アスパザデン・ベンカウルが主人公キルフフに課題を与える。それはアマイソンに新しく開墾した畑を耕作させることであった。アマイソンの人物像には，ケルトの農耕（amaeth/*wal.*）の神が隠されているとされるが，これは推測にすぎない。実際，物語の中では名前が簡単に触れられるだけで，彼自身は登場しない。

アマルコリタヌス Amarcolitanus *ローマ風解釈により*アポロと同一視されたケルトの神。この名は《広きを見渡す者》という意味である。アマルコリタヌス信仰は，セーヌ＝エ＝ロワール県のブランジュ Branges で発見された奉献碑文（CIL XIII-2600）が明らかした。

アミュレット（お守り） 身に着けている者を危険から守るという。アミュレットは《厄払い》の機能をもち，幸運をもたらすという積極的な意味で身に着けられるタリスマンと区別される。

ケルト人の文化ではこのアミュレットは特に考古資料によって知られている。文献資料による例証はほとんど皆無だからである。大多数は子供や女性の墳墓から出土した。すべての発掘品を的確に評価するのは難しい。評価の対象となりうるのは細心綿密に記録された発掘だけなので，19世紀の発掘品の多くは評価の対象から除外されねばならない。しかも有機物で作られたアミュレットはごく稀にしか残らず，一方ガラスや琥珀や金属のものは装身具と見分けがつきにくい。

一般的にはアミュレットは，特殊な外見（例：車輪，履物，足，手斧），特別の作られ方（例：未完成の環や指輪，あるいは完成後故意に歪めた環や指輪），または実用性あるいは装飾性の欠如（例：様々な形をした鉄片や化石）によって見分けられる。おそらく，これらの物は，死者個人の所有物のほか，埋葬に際して死者に手向けられたものも少なくないだろう。このような場合，アミュレットは死者を守るというよりも，むしろ生者たちをその死者から守ったといえる。アミュレットはしばしば，例外的な場所に埋葬されたり，人骨に異常な取り扱いの痕が残っている死者と共に見つかっている。

アラウン Arawn/*wal.* ['araun] 『ダヴェドの王プイス』に登場する，*アンヌヴンから来た王。アラウンは姿を変えてダヴェドの王プイス Pwyll として，ダヴェド王国を1年間治めた。その間プイスはアラウンの代りにアンヌヴンの王国

を治め，アラウンの敵ハヴガン Hafgan を破った。またこのときプイスはアラウンの妻に一切手を触れなかったため，アラウンの友情を得る。

アラトル Alator ローマ風解釈により*マルスと同一視されたケルトの神。アラトル信仰は，イングランド北部のサウス・シールズ South Shields の祭壇（RIB 1055）と，ハートフォードシャーのバークウェイ Barkway から出た銀の奉納板（RIB 218。現在ロンドン大英博物館蔵）により明らかになった。アラトルはこの奉納板に，盾と矢を持ち，兜をかぶった戦士の姿で表わされ，＜D(EO) MARTI ALATORI＞*lat.*《翼あるマルスのアラトルの神に》という碑文が刻まれている。

アリアンフロド Arianrhod/*wal.* [ar'janrod]『マソヌイの息子マース』における，双子ダラン・エイル・トンと*セイ・サウ・ガフェスの母親。ドーン Dôn の娘で，マース Math 王の姪とされる。彼女の名前は中世の詩人によって幾度か言及されていることから，他の伝説においてもなんらかの役割を演じていたことが推測される。

アリサヌス Alisanus ケルトの神。名前の語源は明かではない。*アレシアの町名から派生したという説の他に，《岩》を意味するケルト語，★アリソス Alisos という河川名，ハンノキあるいはナナカマドのケルト語の名称との関係も考えられている。アリサヌス信仰は，ディジョン Dijon とアルネ=ル=デュク Arnay-le-Duc 付近で発見された青銅鉢にある二つの碑文（CIL XIII-2843, 5468）で明らかになった。

アリル・アウロム《耳なしアリル》 Ailill Aulom/*ir.* ['al'iL' 'aulom] 歴史物語群の物語に現われる，*コン・ケードハタハ（百戦のコン）王の娘婿となり，3世紀にマンスターを支配したという*エオガン・マールの息子。→アーネ，『マグ・ムクラマの戦い』

アリル・アーネ Ailill Áine/*ir.* ['al'iL' 'a:n'e]『ディン・リーグの殺戮』に現われる，4世紀にレンスターを支配したとされる王。この物語には，彼が叔父*コフタハ・コイルに王位と命を奪われ，息子*ラヴリドが父の仇を討つ次第が描かれている。

アリル・アングヴァ Ailill Anguba/*ir.* ['al'iL' 'anɣuva]『エーダインへの求婚』のエオヒド・アレウ王の兄弟。妖精の王*ミディルは，エオヒドの妃で，前世で自分の妻だったエーダインを連れ去るため，まず魔術でアリルをエーダインに惚れ込ませる。アリルはエーダインを恋い焦がれて重い病となるが，エーダインが夫への貞節を守ったので，ミディルの企みは失敗する。ミディルが魔術を解くとアリルは回復する。

アリル・マク・マーガハ Ailill mac Mágach/*ir.* ['al'iL' mak 'ma:ɣaχ] アルスター物語群に現われる，コナハト女王*メドヴの夫で，タラ（テウィル）王とレンスター王の兄弟。『クアルンゲの牛捕り』の後代の稿本では，コナハトの大軍のアルスター進攻はアリルとメドヴの夫婦の諍いに端を発しているが，物語のその後の展開にはアリルはあまり重要な役割を演じていない。

アルウェルニ族 Arverni 古代の*民族誌によれば，この部族にちなんでオーヴェルニュ Auvergne〔フランス〕と呼ばれるようになる地方にいたケルト部族。彼らの最も重要な城砦はゲルゴウィアであった。紀元前121年アルウェルニ族は

ローマに征服され、王ビトゥイトゥスBituitusは捕虜となった。しかしカエサルによるガリア征服の時代にも、アルウェルニ族は重要な政治勢力を保っていた（『ガリア戦記』1-31）。紀元前52年ウェルキンゲトリクスは、ローマ支配に対するガリア人最後の大反攻へとアルウェルニ族を煽りたてた。

アルウェルヌス Arvernus ローマ風解釈により*メルクリウスと同一視されたケルトの神。この名前は*アルウェルニ族と関係があるらしいが、アルウェルヌス信仰についての確実な証拠は、すべてライン河両岸のゲルマニアから出土している（CIL XIII-7845, 8164, 8235, 8579, 8580, 8709）。アルウェルニ族の居住地にあったピュイ＝ド＝ドームPuy-de-Dôme山頂から出土した別の碑文の解読は、まだ確定していない。

アルウェルノリクス Arvernorix ローマ風解釈により*メルクリウスと同一視されたケルトの神。この名前は、《アルウェルニ族の王》を意味し、おそらくアルウェルヌスの変形であろう。この神への信仰は、ウンターフランケン地方ミルテンベルクMiltenberg付近で出土した唯一の碑文（CIL XIII-6603）で明らかになった。

アルヴデリズ Arfderydd/wal. [arv-'derið] イングランド北西部カーライルCarlisleから北へ数キロメートル離れた場所。『カンブリア年代記』によれば、573年にここで敵対するケルトの王らの戦いがあったとされる。その際、*グウェンゾレイ・ヴァーブ・ケイディアウが戦死し、彼の詩人であった*マルジンは正気を失った。『ブリテン島三題歌』の著者や中世の詩人たちが、この戦いについて幾つか言及していることから、アルヴデリズはウェールズの伝承の中では重要な役割を担っていたと考えられる。しかし、このことを示す物語は消失してしまい、わずかな証拠すら残っていない。

アルスター →ウラド

アルスター物語群 Ulster Cycle 古アイルランド語や中期アイルランド語で書かれた物語群の近代的な呼び方。アイルランドの伝承によれば、これらの物語はキリスト生誕前後の時代に起きた出来事を伝えたものとされる。この名称は、物語群の主な登場人物が、アルスター〔*ウラド〕の《国》（コーゲド）の武者たちと彼らが仕える王コンホヴァル・マク・ネサ、そして最高の英雄クー・フリンであることから来ている。この物語群の中で最も重要で最長のものが『クアルンゲの牛捕り』である。更にこの物語には、他の幾つかの物語が《前話》として関係付けられている。《前話》の重要な物語に『アイフェの一人息子の最期』や『ブリクリウの宴』や『マク・ダトーの豚の話』がある。

長い間、この物語群に属する物語は、キリスト教伝来以前のアイルランド文化を忠実に写したものと信じられていた。これに反し、近年になって、これらの物語は現実と神話の要素がないまぜになったものであることが明らかにされた。日常生活に関する記述の多くも、キリスト教化以前の時代から伝承された物語としてではなく、むしろ物語がそのおかげで書き記されることになった中世修道院文化における経験に基づいたものと理解されなければならない。

アルタイウス Artaius *ローマ風解釈により*メルクリウスと同一視されたケルトの神。この名はおそらく、*マトゥヌス神や女神*アンダルタや女神アルティオ

アルティオ女神像。ベルン近郊ムーリ出土

の名と同様にケルト語の《熊》(*art/ir., arth/wal.) から派生した。アルタイウス信仰は，イゼール県のボークロワッサン Beaucroissant の奉献碑文（CIL XII-2199）で明らかになった。

アルティオ Artio ケルトの女神。この名はケルト語の熊（*artos）に由来する。アルティオ信仰は，ドイツ西部トリーア Trier 付近で発見された碑文（CIL XIII-4113）と，ベルン Bern のムーリ Muri で発見された彫像のある奉献碑文（CIL XIII-5160）で明らかになった。この高さ約20センチの青銅の像は，熊に果物の入った器を差し出しているアルティオの座像である（現在ベルン歴史博物館蔵）。

アルテュス Artus 英語名アーサー，ウェールズ語名アルティルに対応するフランス語形。

アルト Art/ir. [aRt] 歴史物語群に登場するコン・ケードハタハ王の息子の一人。彼のあだ名オイネル Oenfer《一人きりの》の由来は，物語『コンラの異界行』で次のように明かされている。アルトの兄弟コンラが妖精に恋して人間界を去った後，コンのただ一人の息子となったからである。アルトは現在する文学作品では目立った役割を担っていないが，公明正大で理想的な統治者とされている。物語『マグ・ムクラマの戦い』は，アルトが婿の*アリル・アウロムと甥*ルギド・マク・コンの争いの際アリルの側に立ち，戦い半ば倒れるさまを描いている。

アルドゥインナ Arduinna 古代の*民族誌によれば，マース河とライン河の間に広がる森林山地。この名称は，おそらく ard/ir.《高い》や ardd/wal.《高い，高地》と関係がある。この名は，アルデンヌ Ardennes に残っている。

同名の女神への信仰が，碑文により明らかになった。*アブノバと同様，この女神はおそらくその故郷とされる山地に関

係がある。この女神は，デューレン Düren 付近で発見された奉献碑文（CIL XIII -7848）と，ローマで発見された ARDVINNE〔ラテン語《アルドゥィンナへ》〕という碑文のある*ディアナとされる彫像（CIL VI-46）により知られている。最後に挙げた碑文は，3世紀に皇帝の近衛兵でレミ族の M. クアルティニウス・サビヌスが自分の故郷のこの女神に捧げたものである。彫像と碑文は一部壊れており，現在誤解を招きやすい形に修復されているが，本来の外観は古い彫像によって復元することができる。

更に，猪に乗っている小彫像もたいていアルドゥインナとされる（現在サン=ジェルマン=アン=レー国立古代博物館蔵）。しかしその正確な発掘地はわからないし，またこの像の台座には碑文がないので，この女神をアルドゥインナとするのは疑わしい。

アルトゥス Artus 英語名アーサー，ウェールズ語名アルティルに対応するドイツ語形。

アルトシュテッテン Altstetten スイス，チューリヒ郊外にある。1906年，半球形の金の鉢（直径25センチ，高さ10センチ）が鉄道工事の現場で発見された。無地のなめらかな口縁の下に，内から外側に向かって打ち出された水玉模様が一面に施され，太陽と月と牝牡の鹿の三つのモチーフが描かれている。この鉢の重さは910グラムもあり，これは*ホーホドルフと*ヴィクスの墳墓から出土した全ての金を合わせたのとほぼ同じ重さである。この鉢は現地で制作されたものでなく，イベリア半島からもたらされたものと推測されている。副葬品か，神への奉納品なのかは，出土状況が不確かなため明らかでない。現在，チューリヒのスイス国立博物館所蔵。

アルトブルク Altburg ドイツ西部ラインラント=プファルツ州，フンスリュック山地のブンデンバハ Bundenbach 東方の高地の上にある，城壁で固められたケルト人居住地の現在名。1971〜75年の大規模な考古学調査の結果，遅くとも紀元前3世紀から，少なくとも前1世紀中頃まで居住していたことがわかった。城壁内部にあった木材や編み柵は完全に消失していたが〔ガリア壁〕，城壁の位置や規模がその土台坑から少なくとも一部は測定された。住居や貯蔵庫などの多くの建物や防柵が1985〜88年に復元され，現在は屋外博物館として入場できる。

アルネメティア Arnemetia ケルトの女神（*ネメトン）。この名は，ラテン語の地名 Aquae Arnemetiae《アルネメティアの水》に現われる。これは，ダービーシャーのバクストン Buxton 近くにある神聖な泉の古名である。この女神の名は，ダービーシャーのブラフ=オン=ノウ Brough-on-Noe に残るローマ城塞から出土した祭壇の碑文に〈DEAE ARNOMECTE〉*lat.*《女神アルノメクタに》として記されている。

アルビオリクス Albiorix ケルトの神。この名は，おそらく地名*アルビオンと同じく，中期ウェールズ語エルヴァズ elfydd《世界，国》と関係がある。ゆえに本来の意味は《国王》あるいは《世界の王》であろう。アルビオリクス信仰は，ローマ属州ガリア・ナルボネンシスにあった現在のサブレ Sablet から出土した碑文により明らかになった（CIL XII-1300）。このケルトの神は，ローマ風解釈によれば*マルスと同一視される。

アルビオン Albion 古代の民族誌におけるブリタニア島の名称。この名は，

おそらくケルトの神*アルビオリクスと同様に、中期ウェールズ語エルヴァズ el-fydd《世界，国》と関係がある。アルビオンの名は大*プリニウス（『博物誌』4-102）に見られる。アルビオンには、ケルトの言語ではアイルランド語のアルヴ Albu あるいはアルヴァ Alba が対応し、初期文献ではブリタニア全土を、そして後にはスコットランドを意味する。

アルベルス Arberth/*wal.* ['arberθ] ウェールズ南西部の土地。『ダヴェドの王プイス』や『シールの息子マナウアダン』では、*ダヴェド王の都となっている。

アレシア Alesia フランス東部ブルゴーニュ地方、コート＝ドール県のアリーズ＝サント＝レーヌ Alise-Sainte-Reine 郊外にある。最も重要なケルト人の居住地の一つ（*オッピダ）。二つの川に挟まれたオソワ山 Mont Auxois の険しい崖の上にあり、城壁と壕に守られていた。総面積はほぼ100ヘクタールに及んだ。*紀元前52年、カエサルに対する最後の大がかりな反攻のときに、*ウェルキンゲトリクス指揮下のガリア人はこの地に包囲され、兵糧攻めにされた。このアレシアは、他の多くのオッピダと違って、ローマ時代にも住みつづけられ、中世初期に入って放棄された。

ナポレオン三世の提唱により、1861〜65年に最初の組織的な発掘が行なわれた。アレシアの名前は、オソワ山で1839年に見つかったガリア語で書かれたケルトの神*ウクエティスへの奉献碑文の中で、確認されている。

アレモリカ Aremorica 古代の*民族誌によれば、ロワール河口からセーヌ河口に至るガリアの海岸地帯。おおむね今日のブルターニュに相当する。アレ＝モリキ Are-morici という名は、この辺り

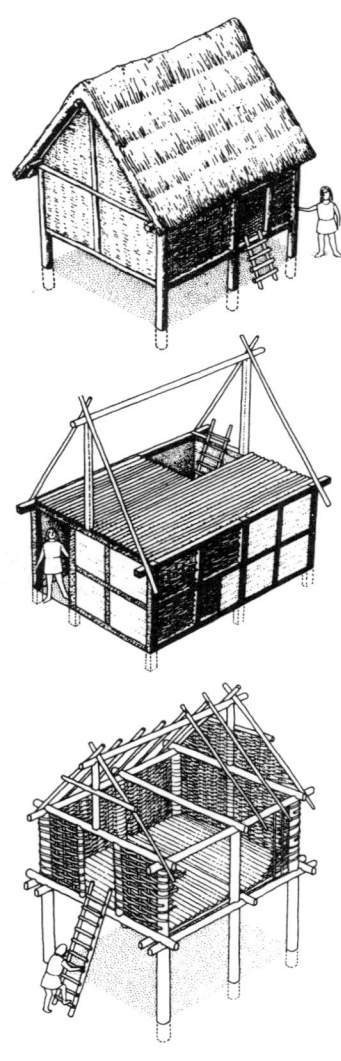

アルトブルクのケルト人住居遺構の復元図

の部族が《海の東に住む人々》であることを表わす。この地名は意味において，ポメルン Pommern（Po-morjane/スラヴ語《海の住民》から派生した）という地名に比べられる。

アレーン Aillén/ir. ['aL'eːn] *フィン物語群に現われる火を吐く怪物。伝承によると，*コン・ケードハタハ王の時代に毎年*サウィンの祭りの際，*テウィル（タラ）の住民を魔法の調べで眠らせ，王の城砦を炎上させた。若い*フィン・マク・クウィルが魔法の調べにも眠ることなく城砦から怪物を追い出し，ついに槍で退治した。

アロブロゲス族 Allobroges 古代の*民族誌によれば，アルプス西部とレマン湖とローヌ河の間の地域にいたケルト部族。この名称は，この部族が《よその土地に住む》人々であったことを示す。これは，ウェールズ語のアスヴロ allfro《よそ者，異人》に対応するガリア語である（*ニティオブロゲス族）。紀元前218年ハンニバルがアルプスから到来し，アロブロゲス族の居住地を横切っていった。紀元前121年，アロブロゲス族はローマ人に征服され，新たに設立された属州ガリア・ナルボネンシスに併合された。この部族の主邑はウィエンナ Vienna（今日のヴィエンヌ Vienne）であり，最北の国境の町はゲナウァ Genava（ジュネーブ）だった。

アワルギン・グルーンゲル Amairgin Glúngel/ir. ['aμar'γ'in' 'gluːnγel] 『アイルランド来寇の書』に現われる，*ミールの息子の一人で，他の兄弟たちに比べ魔術に長けた詩人として，また賢い仲裁者として讃えられる。彼はアイルランド到来の際に，神秘的な詩を作り，自らを自然全体と同一視している。ミールの息子たちが船団を組んでアイルランドに上陸しようとしたとき，トゥアタ・デー・ダナンは魔術で嵐を起こして上陸を阻もうとする。しかし，アワルギンが詩によって疾風と荒波を鎮め，兄弟のアイルランド占領を可能にする。

アワルギン・マク・エギド・サリグ Amairgin mac Ecit Salaig/ir. ['aμar'γ'in' mak 'eg'id' 'saliγ'] *アルスター物語群の*コンホヴァル・マク・ネサ王の詩人（*フィリ）の一人。鍛冶エゲド・サラハ Ecet Salach《汚ないエゲド》の息子で，武者*コナル・ケルナハの父とされる。彼の妻フィンハイウ Finnchaem はコンホヴァル王の姉妹。『レンスターの書』にある物語では，詩人*アティルネが若いアワルギンの才能を妬んで彼を亡きものにしようとし，逆にその罰として彼を自分の里子とし，また弟子として面倒を見なければならなくなる。『クー・フリンの誕生』の後代の稿本では，後にクー・フリンの名でアルスターきっての英雄となる子供シェーダンタの養育をコンホヴァルがアワルギン夫婦に託すいきさつが描かれている。

アンカムナ Ancamna ケルトの女神。*レヌス神と*スメルトリウス神の伴侶として碑文に現われる。

アングルシー島 →モナ島

アンダルタ Andarta ケルトの女神。この名は，おそらくケルト語の熊（art/ ir., arth/wal.）から派生したものであり，《大きな／強大な牝熊》を意味する。アンダルタ信仰は，フランス南部ドローム県の町ディー Die やその付近で発見された七つの奉献碑文（CIL XII -1554～1560）が明らかにした。

アンデカウィ族 Andecavi 古代の*民族誌によれば，ロワール河下流の部族。

この名は，かつてユリオマグス Iulio-magus と呼ばれたアンジェ Angers の町名に残されている。

アンテノキティクス Antenociticus
ケルトの神。この神は，現在のイングランド北部にあるハドリアヌスの長城のベンウェル Benwell 付近にある神殿で祀られていた。ここで，アンテノキティクスに奉献された三つの祭壇（RIB 1327～1329）と等身大神像の頭部とその他の破片が発見された（現在ニューカッスル考古学博物館蔵）。

アンテノキティクス神像頭部。
ベンウェル出土

アンドラスタ Andrasta ケルトの女神。この女神への信仰に関する唯一の証拠は，ローマの歴史家カッシウス・ディオ Cassius Dio〔ディオーン・カッシオス/gr.〕（『ローマ史』62-6）の記述である。それによると，紀元後61年にブリタニア人諸部族が反乱した時，イケニ族の女王ボウディッカはアンドラスタの加護を祈った。アンドラスタは*アンダルタという名前の転訛と考えた著述家もいたが，この推測には確たる証拠がない。

アントルモン Entremont フランス南部，プロヴァンス地方のエクス=アン=プロヴァンス Aix-en-Provence の北約2キロメートルにある，切り立った崖の上の台地に残るケルト人集落跡の現在名。紀元前122年，この集落はローマ人によって破壊され，代わって今日のエクスの基になったアクアエ・セクスティアエ Aquae Sextiae が新しく建設された。紀元前3／2世紀の最盛期には集落はほぼ4ヘクタールを越える面積に広がり，城壁で守られていた。集落の北西部にある聖域の廃墟から，人頭の図像を刻んだ多数の石柱（ステレ）や，等身大の像の破片が見つかった。そのうち五つの頭は一つの手に髪をつかまれ，目を閉じている。また人間の頭蓋骨も15人分発見された。これらは，一部はそのまま残っているが，元々鉄釘で建物に打ち付けられていた。発掘品は現在エクス=アン=プロヴァンスのグラネ博物館所蔵。

アンヌヴン Annwfn/wal. ['annuvn]
目に見える世界に相対する*異界を指す。この語の語源は難解である。この語の後半部は，ウェールズ語の dwfn《深い》，あるいは dwfn《世界》のどちらにも由来すると解釈できるからである。また，An- の意味が《とても》か《〜でない》か《内の》かも不明である。したがって，この語は《大きな深み》とも《負の世界》とも，あるいは《内の／地下の世界》とも解釈できる。最古の文献では，アンヌヴンは人間の世界の向こう側にある島，または地下の国などとされる。後代の文献では，この語は（キリスト教の）地獄の意味で用いられている。『*アンヌヴンの略奪』と『*ダヴェドの王プイス』は，この世の人間がアンヌヴンで繰り広げる冒険を描いている。

『アンヌヴンの略奪』Preiddeu An-

アントルモンの聖域から出土した石柱

nwfn/wal. ['preiðei 'annuvn] 『タリエシンの書』にある詩。*アーサー王が従者たちと共に*プラドウェンと呼ばれる船に乗って*アンヌヴンに渡るさまを描いている。そこでアーサー王は宝石で飾った魔法の大釜を手に入れようとする。その大釜はアンヌヴンの王の手元にあり，ガラスで出来た四角の城砦の中に収められていた。釜の下の炎は9人の乙女の息で保たれる。勇敢な戦士だけがこの釜で料理できるという。この詩の各節の終りにある繰り返しで，詩人はこの冒険から無事戻ってきた騎士はたった7人しかいないと訴えており，冒険は明らかに失敗に終わった。

アンバクトゥス ambactus ローマの詩人エンニウス Ennius と*カエサル（『ガリア戦記』6-15）によると，従者あるいは取り巻きを意味するケルト語。文法学者フェストゥス Festus は，この言葉の語源を《（主人の）まわりを回る者》ambactus id est circumactus/lat. と正しく解釈している。ケルト語のアンバクトス★ambaktosは，ゲルマン語では借用語として古高ドイツ語の単語アンバート ambaht《従僕，奉公人》に代わった。派生語アンバーティ ambahti《奉公》から，新高ドイツ語アムト Amt《職務》が生まれた。《使節》を意味する ambasciata/ita., ambassade/fr., embassy/eng. は，ロマンス語への借用語にさかのぼる。

アンバリ族 Ambarri 古代の*民族誌によれば，*アエドゥイ族と*アロブロゲス族の居住地に挟まれた地域に住んでいたケルト部族。この部族名は，アンビ=アラリ★Ambi-arari/lat.《アラル河の両岸》に由来し，彼らが《アラル（ソーヌ）河の両岸に住む人々》であったことを示している。

アンビアニ族 Ambiani 古代の*民族誌によれば，ソンム河口地帯にいたケルト部族。この部族名は，かつてサマロブリウァ Samarobriva と呼ばれたアミアン Amiens の町名に残っている。

アンビオリクス Ambiorix ガリアの*エブロネス族の王（『ガリア戦記』5-24, 6-5以下，6-29以下，6-43）。彼はもう一人の王カトゥウォルクス Catuvolcus と共に，紀元前54年にローマ占領軍に対して部族の蜂起を指揮した。アドゥアトゥカ Aduatuca（ベルギーのトングレン

Tongeren）あたりでローマの軍団を殲滅したが，その後蜂起は残虐に鎮圧され，エブロネス族の土地は荒廃した。カトゥウォルクスは毒を飲んで自害したが，アンビオリクスはわずかな連れと共にカエサル軍の追跡を逃れた。彫刻家ジュール・ベルタン Bertin, Jules（1826〜1892）は，トングレンの町の依頼でアンビオリクスの青銅像を造った。

アンビガトゥス Ambigatus　ローマの歴史家リウィウス（『ローマ建国史』5-34）によると，アンビガトゥスはビトゥリゲス族の王と言われる。ローマ王タルクィニウス・プリスクス Tarquinius Priscus（紀元前6世紀）の頃，アンビガトゥスは甥のベッロウェスス Bellovesus とセゴウェスス Segovesus の二人をそれぞれ部族の者と共に遣わし，新しい居住地を獲得しようとした。神々の裁定により，セゴウェススはヘルキュニアの山地（ドイツ中部の山地）へ向かい，ベッロウェススはイタリアへ向かった。おそらくこの伝承は上部イタリアにいたケルト系住民の伝説に遡るものであるが，その歴史的背景は今日ではわからない。

アンフルヴィル Amfreville　フランス，ノルマンディ地方ウール県にあり，ルーアン Rouen の南西にあたる。この地のセーヌ河の旧河底から，紀元前4世紀のケルト人戦士の金細工で飾られた兜が発見された。現在，サン＝ジェルマン＝アン＝レーの国立古代博物館所蔵。

イ

イーヴァイン Iwein　ウェールズ語の人名オウェインに相当するドイツ語形。ハルトマン・フォン・アウエによる同名の韻文物語は，ケルトのウェールズ語散文物語『泉の貴婦人』に対応している。

イヴァン Yvain　ウェールズ人名オウェインのフランス語形。クレティアン・ド・トロワによる同名の韻文物語は，ケルトのウェールズ語散文物語『泉の貴婦人』に相当する。

イェイツ，ウィリアム・バトラー Yeats, William Butler（1865〜1939）

ダブリン郊外，サンディマウント出身。アングロ＝アイリッシュの抒情詩人，劇作家。ロンドンとアイルランド西岸のスライゴーで幼年時代を過ごす。ダブリンとロンドンで美術史を学んだのち，1896年からアイルランドに定住し，オーガスタ・グレゴリーと共にアイルランド国民劇場〔アビー劇場〕の創設に尽力した。

著作においてはヨーロッパや非ヨーロッパの伝統文学の多くに手を加えた。故国アイルランドのケルト的素材ではクー・フリンに関する物語に最も持続的な影響を受けた。これらの物語を，『ベイルの渚にて』*On Baile's Strand*（1904）や『緑の兜』*The Green Helmet*（1910）や『鷹の井戸』*At the Hawk's Well*（1917）や『イーマーのたった一度の焼きもち』*The Only Jealousy of Emer*（1919）や『クーフリンの最期』*The Death of Cuchulain*（1939）などの戯曲に仕立て上げた。物語『ウシュリウの息子たちの流浪』は戯曲『デアドラ』*Deirdre*（1907）に翻案した。

詩作においては特に創作活動の初期に中世アイルランド文学を取り上げた。最初の重要な詩作『オシーンの放浪』*The Wanderings of Oisin*（1889）は，物語『古老の語らい』に着想を得ている。物語『アイフェの一人息子の最期』と『バレ・ビンベールラハ・マク・ブアン』は，『クーフリンの海との闘い』*Cuchulain's Fight with the Sea*（1891／92）と『ベ

ールとアーリン』*Baile and Ailinn*(1903)に仕立てられた。詩作『ファーガスとドルイド』*Fergus and the Druid*(1892)は、アイルランド語原典を間接的に引用したもので、直接の原本としたのはS.*ファーガスンの詩作『ファーガス・マク・ロイの退位』*The Abdication of Fergus Mac Roy*である。

イェイツは20世紀初期における最も重要な英語詩人とされる。また、*アイルランド文芸復興の指導的な作家であり、主に彼の作品がきっかけとなってこの文学運動は国際的な注目を浴びた。

イオウァントゥカルス Iovantucarus ケルトの神。この名は、おそらく、古形*Iovantutokaros から生じ、《若者（＝子供）を愛するもの》ほどを意味する。これはこの神が若者たちの特別な守護神であることを表わしているのかもしれない。トーライ Tholey 付近で見つかり現在行方不明の碑文（CIL XIII-4525）は、ローマ風解釈によりイオウァントゥカルスを*メルクリウスと同一視している。それに対し、トリーアで発見された五つの碑文（Fi 15〜19）は*マルスと同一視している。ハイデンブルク・バイ・クラインバハ Heidenburg bei Kreinbach で見つかった銀の指輪（CIL XIII-10024, 6）にこの神の名があったが、その他の記述はない。

異界 特にケルト人を扱った一般図書において、ケルト人の思い描く妖精の世界を指す。英語の otherworld の借用翻訳語であり、目に見える《この》世界とその向こう側にある《他の》世界の対立というキリスト教的世界観に基づくものである。ケルト人〔世界観〕にもこの対立は反映している。例：アイルランド語ケンタル cenntar＝この世／アルタル alltar＝あの世、イーシウ í-siu＝こちら／イータル í-thall＝向こう。これらはむしろキリスト教的文脈においてのみ使われた。これに対して霊〔魂〕の世界は、アイルランド語で*シード、ウェールズ語で*アンヌヴンと称された。ローマの詩人ルカヌスによると、*ドルイドは死者の魂が《orbe alio》で生きつづけると信じていた（『ファルサリア』1-457）。このラテン語の表現 orbis alius は、《異界》というより、むしろ（我々が知る世界の）《他の領域》を指している。

イカウナ Icauna セーヌ河（セクァナ河）の左岸に注ぐ支流ヨンヌ河のケルト語名。同名の女神への信仰が、ローマ時代の奉献碑文（CIL XIII-2921）から明らかになった。この碑文は、18世紀の初めにオセール Auxerre で発見されたが、現在不明。

イケニ族 Iceni 古代の*民族誌によれば、今日のイングランド東部ノーフォーク Norfolk にいたケルト部族。ローマに友好的な態度をとったため、43年ローマがブリタニアに侵略した後も、独立権を十分維持することができた。61年、女王*ボウディッカに率いられたイケニ族は反乱を起こしたが征服された。

生贄 全ての古代宗教でそうであったように、ケルトの宗教でも中心的な役割を担っていた。考古学発掘品の例証と古代の*民族誌によれば、ケルト人は物品も動物も人間も神への供物として捧げた。これらの供物は、捧げられる前に、しばしば破壊されたり折り曲げられたりして使用不能にされた。動物は捧げられた後そのまま焼かれるか埋められた例は少なくないが、儀式的に生贄を食したことも考古学上証されている。

人身御供は、ケルト人に関する古代の

イゲ……イズ

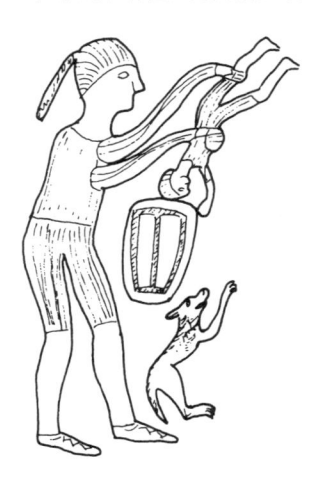

ゴネストロップの大釜にある人身御供の図

文献にしばしば著述され，中には詳細な解説も見られる。*カエサルによれば（『ガリア戦記』6-16），ドルイドは特に戦時や非常時にそのような生贄を行なった。彼らは，人命を助けるためには，人命を代償に差し出さなければ神々を動かすことができない，という考え方だったという。*エススと*テウタテスと*タラニスという神々への人身御供について詩人ルカヌスが残した注釈は有名である（『ファルサリア』1-444〜446)。予言のための人身御供は，シチリアの*ディオドロス（5-31）や*ストラボン（4-4）が言及している。ケルトの生贄の習俗で最も印象的な考古遺物は，*リンドウ・モスで発見された遺骸であろう。

中世アイルランドやウェールズの文学では，おそらく*キリスト教化の結果，生贄については全く言及されていない。

イゲルナ Ygerna　モンマスのジェフリー作『ブリタニア列王史』に登場する*アーサー王の母親。この人名のウェールズ語形は*エイグル。

イシル・ベンドラゴン Uthyr Bendragon/*wal.* ['iθir ben'dragon]　モンマスのジェフリーの作品に登場する，ブリタニアの王コンスタンス Constans の末弟。コンスタンスが殺された後イシルは友人の手によって国外に送り出されるが，やがてブリタニアに戻り，兄弟のアウレリウス・アンブロシウス Aurelius Ambrosius と共に，王位簒奪者ウォルティゲルン Vortigern（*グルセイルン）を破った。アウレリウスの死後，イシルはブリタニアの王となった。彼は魔法使いメルリン Merlin（*マルジン）の手を借りてコーンウォール公に姿を変え，公の留守に夫人イゲルナ Ygerna（*エイグル）を誘惑する。二人の間に生まれたのがアーサー王で，イシルの死後はアーサーが後継者となる。ジェフリーによれば，ペンドラゴン Pendragon は《竜の頭》を意味し，イシルにこのあだ名が与えられたのは，竜の頭の形をした彗星が現われた時に，メルリンがイシルを将来のブリタニア王として歓迎したとされるためである。しかし実際は，ペンドラゴンの意味は《竜の頭》ではなく《戦士（＝竜）の指導者（＝頭）》であろう。『門番は何者か』の中に名前が出てくることから，彼はジェフリー以前にアーサー王に関する伝説で役割を果たしていたことがわかる。しかしそのことに関する物語はすでに全て失われた。

泉／聖なる泉　→シャマリエール，→グラヌム，→ホーホシャイト，→医術，→セクァナ，→シロナ

『泉の貴婦人』 Iarlles y Ffynnawn/*wal.* ['jarɬes ə 'fənnaun]　『三つのロマンス』の一つ。物語では，騎士オウェイン

・ヴァーブ・イリエンが冒険心からアーサー王の宮廷を去り，謎の泉の番人である謎の黒騎士を決闘で倒す。その後，オウェインは黒騎士の未亡人と結婚し，以後3年間黒騎士の代りに泉の番人をすることになる。ある日，アーサー王とその家臣たちに見つかり，宮廷に連れ戻される。オウェインは妻に，しばらくしたら必ず帰ってくると約束する。この約束を守らなかったため妻と不和となるが，様様な冒険の末にようやく仲直りする。

イゾルデ Isolde ウェールズ語名エシストのドイツ語形。

犬 考古学発掘品の例証により，ケルト人にも犬の飼育が普及していたことがわかっている。古代の*著作家の記述によれば，犬は狩猟や戦争にも使用された。犬はしばしば神像にも，医療の神々や母なる神々（マトロナエ／マトレス）や，狩猟と結びついた神性のアトリビュートとして現われる（例：*アブノバ）。ウィルトシャー Wiltshire のネトルトン・シュラブ Nettleton Shrub の聖域は，クノマグルス Cunomaglus《犬の主》と呼ばれる，*ローマ風解釈で*アポロと同一視されたケルトの神を祀ったものである。アイルランドの伝説では《犬》(cú) は《武者》の同義語の一つとしてよく使われた（クー・フリン）。

猪 →豚
イーフェ →アイフェ

衣服 *装身具と同様に，ケルト人が所属する特定の集団や社会的地位を表現するための明白な印の一つだった。このため，時代によって推移したばかりでなく，地域や社会的な差異も明瞭に見られる。

ケルト人の衣服に関する今日の知識は乏しいが，これは皮革や繊維のような有機物は例外的に残っているだけであることや，ケルト人自身による衣服の表現がほとんど存在しないことや，また古代の*民族誌もほとんど通り一遍の記述しかしていないことが原因である。シチリアの*ディオドロスによるケルト人の衣服についてのメモが最も詳しい (5-30)。それによると，ケルト人は目立つ，色とりどりの衣服をまとい，彼らの言語で《ブラカエ》と呼ぶズボンをはいていた（ケルト人とゲルマン人の文化関係）。その上に縞や格子の多色織りのマントをはおり，留め金（フィブラ）で留めていた。地誌学者*ストラボンの証言によると，社会上層に属する者は金糸を縫い込んだ衣服を身にまとっていた。

*ハラインのデュルンベルクで出土した，紀元前5世紀の青銅のフィブラに描かれた図像（シャツのような肌着と，ゆったりとしたズボンと，体にぴったりと合わせた，燕尾服を思わせるマント）は，ケルト人の衣服を表わしている。

イプスウィッチ Ipswich イングランド南東部サフォーク Suffolk にある。1968年と70年建築工事と庭仕事の際に，紀元前1世紀に作られた金の*トルク合計6個が見つかった。これらは現在ロンドンの大英博物館所蔵。

イムラウ《航海》immram/ir. ['imraμ] この言葉は本来は船を漕ぐことを意味し，それから転じて航海や船旅を指す。この言葉は，二つの*物語録のうちの一つにおいて，人間の住む世界から離れた不思議な島への航海について伝える物語区分として使われている。同じような物語区分に*エフトラ《異界行》がある。ラテン語で伝わる『聖ブレンダンの航海』*Navigatio Sancti Brendani*（ブレンダン）もこのイムラウのジャンルに属する。

イリエン Urien/wal. ['irjen]　6世紀後半にイングランド北西部のケルト人王国フレゲドを治めた王。『ブリトン人の歴史』では，イリエンは他の3人の王と共に，東から進出してきたアングル人と戦ったとされている。メドガウズ Medgawdd 島（今日のリンディスファーン）包囲の際，対抗者モルガント Morgant の陰謀の犠牲となり命を落とす。

『タリエシンの書』にはイリエンを称える頌歌が8篇残されており，これらの詩は彼の存命中に詩人*タリエシンの手で書かれた可能性がある。9／10世紀の成立と思われる幾つかの詩が，『ヘルゲストの赤書』やその他の写本を通じて伝えられている。それらの詩は，おそらく本来は話の筋が散文で描かれたか，あるいは皆が話の筋をよく知っている物語の，劇的クライマックスの部分を描いたものだろう。『ペン・イリエン』 Pen Urien《イリエンの首》という作品は，3行詩14節から成る最も長い詩である。その中で詩人は，切り落とされた王の首を戦場から運び出しながら，深い悲しみと陰鬱な予感を物語る。『ケライン・イリエン』 Celain Urien《イリエンの亡骸》では，詩人は自らを死んだ王の従兄弟と称して，王の屍が埋葬される様子を描く。『アエルイド・フレゲド』 Aelwyd Rheged《フレゲドの暖炉の火》は，今は亡き王が存命中に客人らを寛大にもてなした館の，わびしく荒廃した様子を描いている。以前の研究では，これらの詩や他の詩の幾つかは*サワルフ・ヘーンに関する物語の一部を成していたと見なされていた。しかしこの見方は近年の研究では当然のことながら疑問視されている。『ブリテン島三題歌』の中では，イリエンは《ブリテン島の三将軍》の一人として扱われている。そこでは王の殺害者の名はソヴァン・サウ・ジヴォ Llofan Llaw Ddifo とされる。

　医療　ケルト文化のこの分野についてはわずかしか知られていない。他の分野と同様に医療の知識ももっぱら口承で伝えられたからであり，同じ理由で前ローマ時代のものも残されなかった。個々の事例として人骨の人類学調査研究により疾病あるいは傷害を類推できる場合もあるが，このような発掘品からは治療方法は全く不明である。紀元前3〜前1世紀の多くの墳墓では，*青銅や鉄の医療器具が死者に手向けられており，その中には開頭用ノコギリも見つかった。しかし，それらの使用によってどのような治療効果が得られたのかは不明である。

　ローマ時代のガリアにおける医療についての重要な知識は，例えば*シャマリエールや*グラヌムや*ホーホシャイトにある泉の聖域，あるいはセーヌ河水源地（セクァナ）の考古学発掘調査に負っている。特に興味深いのは，奉献碑文はともかく，神に捧げられた奉納物であり，疾病や傷害の頻度について情報を与えてくれる。つまり奉納物はしばしば患部の臓器や四肢をかたどったものだからである。

インスブレス族 Insubres　古代の民族誌によれば，上部イタリアのケルト部族。*ケノマニ族の居住地の西方に住み，主邑はメディオラヌム Mediolanum，今日のミラノであった。紀元前231年インスブレス族は*ボイイ族と連合してローマと戦ったが，紀元前225年にテラモン岬でローマ軍から壊滅的な打撃を受けた。第2次ポエニ戦争（紀元前218〜201年）ではハンニバルの軍に加わり，紀元前197年と196年にカルタゴ人が敗北した後，最終的にローマ人に征服された。

インタラブス Intarabus　ケルトの神であるが，語源はわからない。インタラブス信仰は，ベルギーのフォイFoyから出土した奉献碑文（CIL XIII-3632）と，＊トレヴェリ族の居住地があった現在のトリーア付近から出土した奉献碑文（CIL XIII-3653, 4128, 11313 ; Fi 2 ; Schi 21）により明らかになった。CIL XIII-3653の碑文では，インタラブスは＊ローマ風解釈により＊マルスと同一視されている。

インデフ・マク・デー・ドウナン Indech mac Dé Domnann/*ir.* ['ind'eχ mak d'e: 'doμnaN]　『マグ・トゥレドの戦い』に登場する＊フォウォレの王。＊トゥアタ・デー・ダナンの＊オグマを討ち取るが，その後＊ルグとの戦いに敗れて討たれる。

インバス・フォロスナ imbas for-osna/*ir.* ['imbas for'osna]　詩人（＊フィリ）がとり行なうものとされた予言の仕方の一つ。コルマク司教による『サナス・ホルミク』の説明によれば，このインバス・フォロスナは次のように行なわれた。詩人は豚か犬か猫の生肉を嚙んでから，呪文を唱え，神々に祈りを捧げる。そして両手のひらを頰にあてたまま眠りにつく。すると，詩人が予言したいことは何であろうと夢の中に啓示された。コルマクはこのインバスを，詩人が予言に至る過程で手のひら（bas）を頰に（im）あてることから来ていると説明している。しかし，インバス・フォロスナはすでに聖＊パトリックによって禁止されていたというから，コルマクの時代にこの予言の方法について正確な記述が可能であったかどうかは疑わしい。

インボルグ Imbolc/*ir.* ['imbolg]　アイルランドの暦で春の始まりを指す（2月1日）。この日は聖＊ブリギッドの祭日として，とりわけアイルランドの田舎のあちこちで，今日まで祝われてきた。

◆ ウ ◆

ヴァイスキルヒェン Weiskirchen　ドイツ西部，ザールラント Saarland 州のメルツィヒ＝ヴァーデルン Merzig-Wadern 郡にある。この近くで1851年と66年に，紀元前5／4世紀のケルトの＊首長の墳墓2基が発掘された。このとき

ヴァイスキルヒェンの首長の墳墓から出土した青銅のバックル

ヴァイスゲルバー, レオ Weisgerber, Leo (1899〜1985) 当時独領ロートリンゲン地方のメッツ Metz〔現在フランスのロレーヌ地方, メッス〕生まれ。言語学者, ケルト学者。ボンとミュンヒェンで学んだ後, 1927年から38年までロストック Rostock 大学で比較言語学とサンスクリット語の教授だった。その後, 一般言語学と印欧語比学の教授としてマールブルクへ招かれた。42年から67年まではボン大学で一般言語学とケルト学を教えた。ケルト学者としては大陸ケルト語に取り組み, とりわけ, ライン地方のローマ時代の人名や, ケルト語とゲルマン語の言語接触に注目した。これらの研究の一部は, 1969年『ゲルマン=ケルトのライン地方』*Rhenania Germano-Celtica* という書名で新たに出版された。

ヴァーグナー, ハインリヒ Wagner, Heinrich (1923〜1988) チューリヒ生まれ。言語学者, ケルト学者。特に J. ポコルニーのもとで学んだのち, 最初はユトレヒト, やがてバーゼル大学で古ゲルマン語学を教えた。1958年から79年まで, ベルファストの大学でケルト言語学と比較言語学の教授だった。その後, ダブリンのケルト研究所に招聘された。主著は, 言語地理学研究『ブリテン諸島の諸言語における動詞』*Das Verbum in den Sprachen der Britischen Inseln* (1956) と『アイルランド語方言の言語地図と概観』*Linguistic Atlas and Survey of Irish Dialects* (1958〜1969) 4巻である。その他にケルト人の宗教史や文化史に関する論文を数多く著した。これらの論文において, 特にケルト語以前の*基層言語や, 太古におけるケルト人と古代ヨーロッパに住んだ他の民族との間の文化接触の諸問題と取り組んだ。

ウアタハ Uathach /ir. [ˈuaθaχ] クー・フリンの嫁取りを描いた『エウィルへの求婚』に登場する, 女武者*スカータハの娘。スカータハの城砦を訪れたクー・フリンをもてなし, その夜母親の命で彼と褥を共にする。

ウァテス vates /lat. (複数形, *οὐάτεις*/gr.) 地理学者ストラボンの証言によれば, ケルト人社会で*バルドや*ドルイドとならんで最高の敬意を受け, 自然現象の解釈や*生贄の供犠に携わった階級の構成員 (『地理誌』4-4-4)。歴史家アンミアヌス・マルケッリヌスによる同様の記述もある (『事蹟 (歴史)』*Res Gestae* 15-9)。この名称は古代ケルト語の ★wātis (単数形) に遡ることができ, おそらく本来は霊感を受けた予言者を指したのだろう。

言語史的には, ゴート語 wods《憑かれていること》と古ノルド語 óðr《詩》と同語源の言葉である。ラテン語 vates《予言者, 詩人》もおそらく同様に同語源かもしれないが, ケルト語からの借用もありうる。この言葉に対応するアイルランド語はファート fáith である。この語は中世の文献では, キリスト教以前の予言者も占い師も, また聖書の預言者も表わす。

ヴァル・カモニカ Val Camonica ブレシア Brescia 北方にあるイタリア・アルプス山地の渓谷地帯。カーポ・ディ・ポンテ Capo di Ponte 付近で, 岩の上に描かれた数百に及ぶ石器・青銅器・鉄器時代の壁画が発見された。大きさ60×90センチの, 直立する角の生えた画像 (いわゆる*ケルヌンノス) は有名で, 紀

元前5世紀のものと推測される。

ヴァルデンブーフ →シュタインブロン

ヴァルトアルゲスハイム Waldalgesheim　ドイツ西部，ライン河畔のビンゲン Bingen 西方5キロメートルにある。ここで紀元前4世紀中葉のケルトの首長の墳墓が発見された。副葬品には，とりわけ金の首環1個，金の腕環2個，青銅の管状水差し1個や二輪の車両の金属部品の残骸とそれに付属する馬具が含まれていた。現在ボンのライン地方博物館所蔵。これらの発掘品にちなんで，P. ヤーコプスタールはケルト美術史における第2期を《ヴァルトアルゲスハイム様式》と名付けた。

ヴァンドリエス，ジョゼフ Vendryes, Joseph（1875〜1960）　ケルト学者，言語学者。パリ出身。特に*ダルボワ・ド・ジュバンヴィルや*トゥルナイゼンらのもとで学んだのち，クレルモン＝フェラン Clermont-Ferrand やカーン Caen で古典文献学を教えた。1907年以降パリ大学のケルト言語学と印欧比較言語学の教授だった。研究誌『ケルト研究』*Études celtiques*（1936〜）の創刊者として強い影響力を発揮した。この研究誌の前身は*ゲドスによって創刊された『ケルト評論』*Revue celtique* である。更にその他に『古アイルランド語語源事典』(*Lexique étymologique de l'Irlandais Ancien*, 1959〜）に着手し，ケルトの言語史や文学史や宗教史に関する研究を数多く発表した。その一部が1952年，パリ言語学会 Société de Linguistique de Paris によって『言語学およびケルト研究選集』*Choix d'études linguistique et celtique* という書名で新たに出版された。

ヴィクス Vix　フランス東部ブルゴーニュ地方コート＝ドール県のシャティヨン＝シュル＝セーヌ Châtillon-sur-Seine 近く。1953年1月，セーヌ河畔のすぐ近くで，紀元前5世紀の手つかずのままのケルトの首長の墳墓が発見された。墳墓にはおそらく女性と思われる保存状態の悪い遺骨1体と，幾つかの装身具と，四輪車両の残骸と膨大な数の飲料器具が収められていた。最も印象的な発掘品は，重さ480グラムの金の首環と，高さ1.64メートル，重さ208.6キログラムの青銅のワイン混酒器（クラテル）である。地中海域から輸入されたこの壺は容量1100リットルを誇り，古代から残るこの種の容器では最大である。

すでに19世紀に，ヴィクスの付近で更にケルトの首長の墳墓4基が発見されていた。しかし，このとき収容された副葬

ヴァル・カモニカの岩壁に描かれた角の生えた神（いわゆるケルヌンノス。紀元前4世紀）

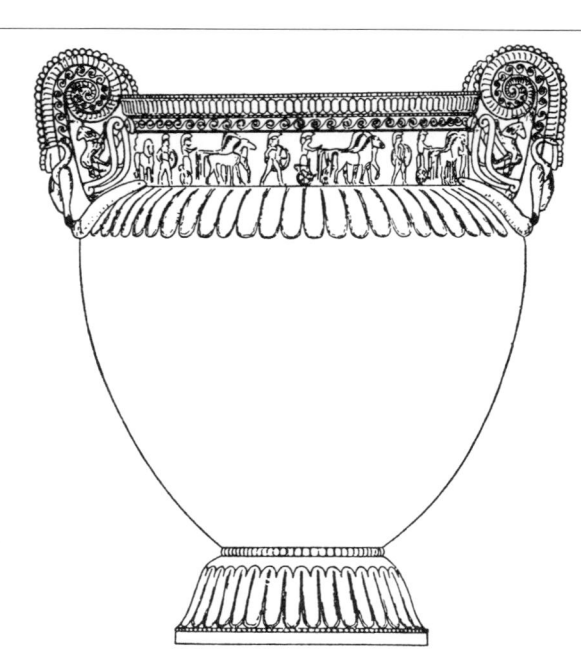

ヴィクスの墳墓から出土した混酒器（クラテル）

品は，当時の発掘方法に応じて不十分な記録しかない。一般的な見解では，五つの墳墓はすべて，付近の*モン・ラソワで遺構が発見された初期ケルトの首長の城砦に付属するものである。発掘品は現在シャティヨン=シュル=セーヌの市立博物館所蔵。

ウィスキウス Visucius ケルトの神。ボルドーから出土した奉献（CIL XIII-577）と，ローマ属州ガリア・ベルギカの*トレウェリ族と*メディオマトリキ族の居住地から出土した奉献三つ（CIL XIII-3660, 4257, 4478）と，属州ゲルマニア・スペリオルから出土した奉献三つ（CIL XIII-5991, 6347, 6404）の計七つの碑文からこの神への信仰が明らかになった。これらの碑文では，この神はローマ風解釈により*メルクリウスと同一視されている。

ウィリアムズ，イヴォール Williams, Ifor（1881〜1965） ウェールズ北部ベセスダ Bethesda 近郊のトレ=ガルス Tre-garth 出身。最も重要なウェールズのケルト学者の一人。J. *モリス=ジョーンズのもとで学んだ後，1907年から47年までバンゴール大学で教え，初めはウェールズ語と文学の講師を務め，のちに教授となった。『マビノギ四枝』と最古のウェールズ語詩（『カンヴェイルズ』）の校訂出版は，ウェールズ言語学史における里程標となった。

ウィリアムズ，エドワード Williams, Edward（1747〜1826） ウェールズ南部サンカルヴァン Llancarfan 生まれ。詩人，写本収集家，古代研究家。主に石

工としてイングランドやウェールズで働いた。ロマン主義的なケルト文化への回帰志向の中で、イオロ・モルガヌグの筆名で発表し、当時のウェールズ語詩と、ケルトの*バルドや*ドルイドの伝統との間の連続性を立証しようとした。その目的のために、死後かなり経ってから初めて明らかになる文学的な偽造にいそしんだ。1792年ロンドンで、他の数名の同好の士と共に《ブリテン島の詩人の集会》Gorsedd Beirdd Ynys Prydein を開催した。これはウェールズ語詩人と音楽家の集会であり、今日も異なった形で存続している。

ヴィンディシュ，エルンスト Windisch, Ernst (1844〜1918) ドレースデン出身の言語学者、ケルト学者。ハイデルベルクとシュトラースブルクとライプツィヒの大学でサンスクリット語と比較言語学を学ぶ。スコットランド人 J.*マクファーソンの作品に取り組んだことから、ケルト諸言語と文学の分野に関心を持った。その後、古代インドや中世インドの言語領域について数多くの研究を発表するかたわら、繰り返し中世アイルランドの文学と取り組む。1880年から1905年の間 Wh.*ストークスと共に5巻に及ぶ選集『アイルランド語文献――翻訳及び辞書付き』 *Irische Texte mit Übersetzungen und Wörterbuch* を出版した。最も重要な弟子は K.*マイヤーである。

ウィンドンヌス Vindonnus ケルトの神。この神への信仰は、コート=ドール県エサロワ Essarois から出土した三つの奉献碑文 (CIL XIII-5644〜5646) が明らかにしている。この神は、そのうちの二つの奉献碑文では*ローマ風解釈によりアポロと同一視されている。

ウェテリス Veteris ケルトの神。この名は、イングランド北部から出土した50以上の碑文に異なった綴り方で現われる。ウェテリス／ウィティリス Vitiris／ウェテリス Hveteris 等、単数形もあれば複数形もある。たいてい DEO《神へ》とか DIBUS《神々へ》という補足があることから、おそらく男神と考えられたと推測されるが、二つの碑文 (RIB 1047, 1048) では女神の名になっている。

ウェネティ族 Veneti ブルターニュ南西部に住んでいたケルト部族。*カエサル (『ガリア戦記』3-8) によると、この部族は、広い港や多数の船を有したため、ブルターニュ海岸の部族の中でも最大の権勢を保持していた。紀元前56年ローマ軍によってその船隊が壊滅した後、征服された。彼らの部族名は、かつてダリオリトゥム Darioritum と呼ばれたヴァンヌ Vannes の町名に残っている。

ウェルキンゲトリクス Vercingetorix *カエサルに対するガリア最後の大反攻の指導者。*アルウェルニ族の貴族の息子で、紀元前52年、部族の中の親ローマ派を抑え、信奉者に推されて王位についた。ガリア諸部族の同盟は彼にガリア連合軍の最高指揮権を与えた。ガリア連合軍は焼土戦術によってローマの駐留軍の全滅を図った。ローマ軍によってアウァリクムの町が占領された後、ウェルキンゲトリクスは自分の故郷ゲルゴウィアが包囲された時はカエサルを退却させたが、まもなく自軍と共に*アレシアで包囲され、ローマ軍に降伏した。紀元前46年、ウェルキンゲトリクスはカエサルによって凱旋式のためローマに連行され、おそらくその後まもなく処刑された。

19世紀前半に、悲劇の主人公、ガリア統一の先駆者としてのウェルキンゲトリ

クスへの関心が起こり，特にナポレオン三世の命によるアレシア発掘によって勢いを得た。彫刻家エメ・ミレー Millet, Aimé（1819～1891）は，ナポレオン三世の委託でこのガリアの部族長の巨大な銅像を制作した。この像は，オソワ山のかつて古代アレシアのあった場所に立てられた。フレデリック＝オーギュスト・バルトルディ Bartholdi, Frédéric-Auguste（1834～1904）によるウェルキンゲトリクスの青銅の騎馬像は，1903年古代ゲルゴウィアを継ぐ町，クレルモン＝フェランで公開された。またエミール＝フランソワ・シャトルース Chatrousse, Emile-François（1829～1896），ウジェーヌ＝エルネスト・クレティアン Chrétien, Eugène-Ernest（1840～1909），マックス・クロデ Claudet, Max（1840～1893）によるそれぞれの像は，クレルモン＝フェランのバルゴワン博物館やブザンソンの美術博物館で見られる。ジュール・ベルタン Bertin, Jules（1826～1892），フランソワ・ムーリ Mouly, François（1846～1886），ヴィクトル＝ジョゼフ・セゴファン Ségoffin, Victor-Joseph（1867～1925）による青銅像3基は，ドイツの占領時にそれぞれサン＝ドニ，ボルドー，ロデスで鋳つぶされた。アンリ・モット Motte, Henri（1846～1922）とリオネル・ロワイエ Royer, Lionel（1852～1926）が描いたウェルキンゲトリクス降伏の絵画2点は，ル・ピュイ Le Puy のクロザティエ Crozatier 博物館にある。コンラート・フェルディナント・マイヤー Meyer, Conrad Ferdinand（1825～1898）のバラード「霊馬」*Das Geisterroß* も，ウェルキンゲトリクスの運命に着想を得たものである。

ウェルゴブレトゥス vergobretus
*カエサル（『ガリア戦記』1-16）によると*アエドゥイ族の会議における最高官職（magistratus/lat.《最高行政官》）。カエサルの報告によると，ウェルゴブレトゥスは，貴族から選ばれ，1年間の在職期間には，部族の構成員について生殺与奪の権力を持った。ウェルゴブレトゥスという言葉は，*ビトゥリゲス族の居住地にあったガロ＝ローマ時代の集落アルゲントマグス Argentomagus の発掘で見つかった1世紀の壺に書かれた碑文で明らかになった。

ウェールズ語 ウェールズのケルト語を指す。ドイツ語では《Walisisch》であるが，英語の《Welsh》同様，本来はケルト人を指すゲルマン語から派生した語である。これに対しウェールズ語では，ウェールズ語をカムライグ Cymraeg [kəmraig]，ウェールズ人をカムリ Cymry [kəmri]（★kom-brog-es《土地の人々》から派生）と呼ぶ。

ウェールズ語は，*ブルトン語，*コーンウォール語，*カンブリア語と共に島嶼ケルト語のブリトン語派を構成する。ウェールズ語の歴史は一般的に初期ウェールズ語，古期ウェールズ語，中期ウェールズ語，近世ウェールズ語に時代区分される。初期ウェールズ語は，6～8世紀の幾つかの碑文や，ラテン語文献に見られる人名に残されているのみである。古期ウェールズ語は8世紀末から12世紀までを指し，特に固有名詞や，ラテン語や古英語資料にある語彙集によって知られている。この時代にはまとまった文献は稀で，ほとんどは非常に短い。これに対し，中期ウェールズ語は膨大な文書資料によって知られている。これらの文献は13／14世紀の写本に伝えられているが，一部

はすでにそれ以前に書かれたものである。近世ウェールズ語最古の資料は14/15世紀に成立したと推定されている。

19/20世紀になると、教育における英語重視の傾向、村落の過疎化、英語使用住民のウェールズへの流入により、ウェールズ語人口は著しく減少した。日常語としてウェールズ語が話されているのは、特にウェールズ北部及び西部である。

『ウェールズの四古書』 Four Ancient Books of Wales　2巻本から成る中期ウェールズ語詩の英訳集。1868年、スコットランド人法律家 W.F. スキーンが発表。内容は『タリエシンの書』『アネイリンの書』（ゴドジン）『カイルヴァルジンの黒書』『ヘルゲストの赤書』の四つの写本から収録されている。本書は、特に翻訳部分は古くさくなっているが、ウェールズ語文献学の先駆となる業績として重要な文献である。

ウェルベイア Verbeia　ケルトの女神。この名は、ヨークシャーのウォーフ Wharfe 河に残っている。この女神への信仰は、16世紀にヨークシャー、イルクリー Ilkley のローマ城塞で発見された砂岩製の祭壇（RIB 635）により明らかになった。同様にイルクリーで見つかった、両手にそれぞれ蛇を持つ女性の立像のレリーフが、この女神の図像と推測される。この図像の解釈は、これに対応する碑文がないため確かではない。

『ヴェントリーの戦い』 →『フィントラーグの戦い』

ウォコンティイ族 Vocontii　古代の民族誌によれば、ローヌ河、イゼール河、アルプス、デュランス河に挟まれた地域に住んでいたケルト部族。彼らにとって最も重要な隣接部族は、北のアロブロゲス族と南のサルウィイ族だった。紀元前125/124年、ウォコンティイ族はローマに征服された。彼らの主邑は、ローマ時代のウァシオ Vasio（今日のヴェゾン Vaison）とデア・アウグスタ・ウォコンティオルム Dea Augusta Vocontiorum（今日のディー Die）であった。ディーの町に名を与えた女神（デア Dea）は、おそらくアンダルタのことである。

ウォセグス Vosegus、あるいは（後には）**ウォサグス** Vosagus　古代の民族誌によれば、ガリアの東に長くのびた森林山地。ソーヌ河谷とモゼール河谷からライン河谷まで広がっており、この名前に由来するヴォージュ山地とプフェルツァー・ヴァルト山地を含む。帝政時代には、ウォセグスはローマ属州ガリア・ベルギカとゲルマニア・スペリオルの境界だった。ウォセグス神への信仰は、多くの奉献碑文（CIL XIII-6029, 6059, 6080；NE 73）で明らかになっている。

ウォルティゲルン（ヴォーティガン） →グルセイルン

ウォルティマル（ヴォーティマー） →グウェルセヴィル

ウォルカエ族 Volcae　古代の民族誌によれば、ローヌ河、セヴァンヌ山脈、ガロンヌ河、ピレネー山脈の間にいたケルト部族。ローマの著述家はこの部族を、ネマウスム Nemausum（今日のニーム Nimes）を主邑とするアレコミキ族 Arecomici と、トロサ Tolosa（今日のトゥールーズ Toulouse）を主邑とするテクトサゲス族の二つの集団に区別している。紀元前121年ウォルカエ族はローマに征服され、新たに創設された属州ガリア・ナルボネンシスに組み入れられた。

この部族の名は、ドイツ語の形容詞 welsch《南ヨーロッパの、イタリアの、フランスの》に残っている。ゲルマン人

は，初めにウォルカエ族を，やがてローマ化したガリアのケルト人をこう呼んだが，遂にはロマンス語系民族の総称となった。このため，地中海地域原産だったヴァールヌス Walnus/dt.《クルミ》は，特にガリアで広く栽培され，さらにそこからドイツに移入されたので，もとは Welsche Nus《南欧の木の実》と呼ばれた〔のがなまったものである〕。英語で形容詞 Welsh は，ウェールズとそのケルト系言語を指すが，ウェールズ人は自分たちの言語をカムライグ Cymraeg（*ウェールズ語）と呼んでいる。

ウォルカヌス Volcanus　ローマの宗教における火と稲妻と鍛冶の神。この神名をローマの歴史家ヨルダネス Jordanes（6世紀）は，ケルトの神の名として用いている。彼によると，紀元前222年ガリア人が北イタリアへ侵攻した時，ガリア人の王ウィリドマルス Viridomarus は勝利の際にはローマ軍の武器を捧げることをウォルカヌスに約束したという（『ローマ人』Romana 179）。カエサル（『ガリア戦記』6-21）が，この神への信仰をケルト人ではなくゲルマン人のものとしているのは注目に値する。しかしガリアでも，ウォルカヌスに相当する土着の神が知られていた可能性が大きい。これは，ローマ帝国の他の地域よりもガリアで，ウォルカヌスへの奉献碑文がはるかに頻繁に出土していることから推論できる。またローマ支配時代のガリアで，鍛冶のウォルカヌスとして描かれた図像が知られている。しかしウォルカヌスとして信仰された神のケルト語名はわからない。おそらくその名は，鍛冶を意味するガリア語★gobann-から派生したのだろう。アイルランドやウェールズの伝承に登場するゴヴニウやゴヴァンノンという神話的存在はこれを支持している。ガリアでは，★gobann-から派生した人名ゴバンニティオ Gobannitio が知られており，カエサルによると（『ガリア戦記』7-4），*ウェルキンゲトリクスの叔父はそう呼ばれた。

ヴォルフラム・フォン・エッシェンバハ Wolfram von Eschenbach　12世紀頃の中高ドイツ語詩人。主著はほぼ2万5000行を数える叙事詩『パルツィファル』であり，この作品によって*聖杯伝説をドイツ文学に紹介した。その主要な原典は古期フランス語の韻文物語『ペルスヴァル，または聖杯物語』で，1190年頃*クレティアン・ド・トロワによって書かれた。その他にどのような原本や手本が素材の構成に使用されたのかは，今日まで研究者間で議論が続いている。ケルト語圏では，中期ウェールズ語の散文物語『エヴラウグの息子ペレディル』がパルツィファルに相当する。

ナウタエ・パリシアキの石碑に表現されたウォルカヌス像

ウォロキウス Vorocius　ケルトの神。ヴィシー Vichy から出土した奉献碑文（CIL XIII-1497）では，ローマ風解釈によりマルスと同一視される。この名はおそらく，ヴィシーの北約20キロメートルのヴァレンヌ＝シュル＝アリエ Varennes-sur-Allier 郊外にあたるヴールー Vouroux に関連している。

ウクエティス Ucuetis　ケルトの神。この神への信仰は，1839年に古代のアレシアのオソワ山で見つかったガリア語の奉献碑文（RIG II-L-13）で明らかになった。さらに1908年オソワ山でラテン語の碑文（CIL XIII-11247）が発見され，これにはウクエティスの伴侶として女神ベルグシア Bergusia の名があった。

ウサギ　カエサルによると（『ガリア戦記』5-12），ブリタニア人はウサギを食べることを禁じられていたが，愛玩用に飼われた。この禁忌の理由はわかっていない。ウサギが犠牲獣として用いられたことは，前ローマ時代やローマ時代の祭祀場の発掘で発見された残存物が証明している。歴史家カッシウス・ディオ Cassius Dio によると（『ローマ史』62-6），ブリタニアの女王ボウディッカがローマ軍との戦いに臨んで女神アンドラスタの加護を求めたとき，ウサギを1羽解き放たせたという。ウサギは，例えばアブノバのような狩猟と関わりのあるケルトの神のアトリビュートとして時おり神像に描かれる。

牛　→牧畜

ウシュネフ Uisnech/ir. [ˈuʃnʲex]　ミデ（ミーズ）の丘。伝承によると，丘の頂の石がアイルランドの中心であることを表わしていた。ディンヘンハスによれば，ネウェド最高位のドルイドだったミデ Mide がこの丘の上でアイルランド最初の火を起こしたという。伝説では，その火は7年間燃えつづけ，アイルランドの火は全てそれから取られた。また，この島に古くから定住していた神官たちが不満をあらわにしたとき，ミデは彼らの舌を切り取らせ，丘の下に埋めさせたそうだ。

他のさまざまな中世の文献によれば，ウシュネフは，毎年夏の始まりにモールダール・ウシニグ mórdáil Uisnig と呼ばれる重要な民会が開催される場所だった。キーティングによれば，これはキリスト教以前の時代においては宗教的な性格を帯びた一種の年の市に関係していた。しかしながら，この集会に関連する指摘がアイルランドの年代記にないので，キーティングの記述が古い伝承に基づくものとは信じがたい。実際，ウシュネフが集会及び祭祀場としてどれほど用いられたのかは，もはや確認できない。

文学においてウシュネフのトネリコはアイルランドの最も重要な聖なる樹木の一つとされる。

『ウシュリウの息子たちの流浪』 Longas mac nUislenn/ir. [ˈloŋgas μak ˈnuʃlʲeN]　物語『クアルンゲの牛捕り』の前話の一つ。最古の稿本はおそらく9世紀に成立した。『レンスターの書』と『レカンの黄書』と16世紀初頭の写本の一つに伝わっている。

物語は，年老いたアルスター王コンホヴァルがデルドリウ（デルドレ，デアドラ）という娘を将来妃にしようと，人里離れた農場で育てさせることに始まる。しかしデルドリウはウシュリウの息子ノイシウという若武者に恋をする。〔そして娘は拒むノイシウにゲシュをかけて自分と駆落ちさせる。〕コンホヴァルは怒って追っ手を放ったので，二人はノイシ

ウの兄弟二人と共に国を離れる。コンホヴァルは臣民に強いられ，逃亡者たちにアルスターへ帰るよう申し出る。王は保証人として自分の息子コルマクと，*フェルグスと*ドゥフタハを送る。しかし，ウシュリウの息子たちは，コンホヴァルの城砦への帰途，コンホヴァルの同盟者エオガン・マク・ドゥルタハト王に討たれる。3人の保証人は王の背信に憤り，アルスターと敵対するコナハト王*アリルのもとへ出奔することになる。デルドリウはコンホヴァルに捕らわれるが，食べず，眠らず，笑わず，1年後に自ら命を絶つ。——この題材は，*アイルランド文芸復興期の文学において手を加えられ，ヒロインはケルト人の国々から境を越えて広く知られるようになった。

宇宙論 比較宗教学における世界の起源に関する考え。ケルト人に創世神話があったことは，*ドルイドが特に天体の運行と宇宙や大地の大きさを論じたとする*カエサルの指摘から推測できる（『ガリア戦記』6-14）。ケルト人はしかし，ゲルマン人とは対照的に，*キリスト教化以後にこの考えについて文字に書き残さなかったので，彼らの神話のこの部分は全く闇の中にある。

ウフィニェ Euffignex フランス北東部シャンパーニュ地方，オート＝マルヌ県のトロワ Troyes の東方約55キロメートルにある。紀元前1世紀～後1世紀の間に砂岩で作られた，不完全な形のケルトの神像がここで見つかった。神像の*トルクから下はほとんど四角の石柱（ステレ）となっていて，身体部分は具象的でない。胴体の前面には猪が縦に浮彫りにされ，左側面にはこれも縦に大きな目が浮彫りで描かれている。高さほぼ30センチのこの神像の出土の状況に関する詳

牡猪が縦に浮彫りされた女神像。ウフィニェ出土

細は不明である。現在，サン＝ジェルマン＝アン＝レーの国立古代博物館所蔵。

馬 ケルトの文化と宗教において重要な役割を担った。乗馬や牽引獣として使われ，鞍馬としては2頭ずつ一対として馬車の前方につながれた。これは，土着の図像の他に，特に馬勒や馬具などの出土品や，古代の*民族誌によって検証されている。残された骨から，ケルトの馬は

青銅器時代の馬より著しく大きかったことがわかっており，目的に沿った畜産淘汰や行き届いた飼育が行なわれていたことが推測される。これを証明するように，ケルトの馬はローマ時代に入っても評価が高かった。

祭祀に関する馬の重要性は，頻繁に犠牲獣として使われたことですでに明らかである。馬を埋葬したり，高貴な死者と一緒に葬る習俗も，たまにではあるが検証されている。馬はしばしばケルトの貨幣に描かれている。ローマ帝政時代には，本来ケルトの女神である*エポナが馬の守護神として帝国の広い地域で崇拝された。

ウラド Ulaid/ir. ['ulið]　アイルランド北部にあった王国で，コーゲドの一つ。この語は Ulad の主格複数形で，本来《ウラドの人々》というほどの意味であるが，住民と国土と両方の意味で用いられた。英語名アルスターはこの語から派生した。*アルスター物語群では，アルスター王の所在地はエウィン・ワハとされる。

『ウラドの人々の衰弱（九日病）』

Noínden Ulad/ir. ['Noinďen 'ulað]　あるいは Ces Ulad/ir.。*アルスター物語群に数えられる。『クアルンゲの牛捕り』の始まりにまつわる，その前提となるウラド〔アルスター〕の人々の衰弱状態（ces, noín-den）を取り扱っている。この物語は，多くの部分で一致する稿本が『レカンの黄書』や『レンスターの書』などに三つ残されている。

物語は次のように始まる。豊かな農民クルンフ Crunnchú がアルスター王の前で，自分の妻マハ Macha は王の一番速い馬より速く走れると自慢する。王は農民を捕らえると，出産間近のマハに，ただちに王の馬と競走しないと夫を処刑すると脅す。マハはやむなく承諾し，競走に勝って，最後に激痛の中で双子を出産する。これにちなんでアルスターの首都は*エウィン・ワハ《マハの双子》と呼ばれる。マハはアルスターの住民に，自分が受けた恥辱の報いとして，危急存亡のときには彼らはいつも産褥の衰弱状態に陥ることを予言する。

『**ウラドの人々の病**』 Ces Ulad →『ウラドの人々の衰弱』

『ウラドの武者たちの酩酊』

Mesca Ulad/ir. ['m'eska 'ulað]　アルスター物語群に属する。物語の終りの部分は，古アイルランド語の稿本で『赤牛の書』に，始まりの部分は中期アイルランド語の稿本で『レンスターの書』に残されている。この両テキストをつないだものが，16世紀のスコットランドの手稿に保存されている。

物語は次のように始まる。アルスターの*コンホヴァル・マク・ネサ王は前年，自分の里子フィンタン Fintan とクー・フリンの二人に，それぞれアルスターの3分の1ずつを支配するよう任じたが，1年間はまた王に委ねるように説得した。その1年後，フィンタンとクー・フリンはそれぞれコンホヴァルのために宴を催す。コンホヴァルは二人の気持ちを損ねないように，その夜の前半をフィンタンのところへ，後半をクー・フリンのところへ行くことにする。真夜中，酒に酔った宴客たちは戦車に乗ると荒々しくクー・フリンの城砦を目指して出発した。しかし途中で道に迷ってしまい，早朝，敵対する王クー・ロイの城砦テウィル・ルアハラ Temair Luachra にたどり着く。王は意外な来客たちを，木材で偽装した鉄製の館でうわべはもてなし，日が暮れると館に鎖を巻き付け，火をつけさせた。

アルスターの武者たちはそれでもクー・フリンの助けを得て館から脱出し、テウィル・ルアハラを破壊する。

ウルリヒ・フォン・ツァツィクホーフェン Ulrich von Zazikhoven　詩人、1200年ごろ中高ドイツ語で作品を書いた。唯一現存する著作は韻文物語『ランツェレット』 *Lanzelet* で、*ランスロ〔ランスロット〕伝説のドイツ語最初の作品である。ウルリヒ自身の言葉によると、この物語の下敷きには、イングランド貴族モーヴィルのヒューゴ Hugo of Morville によって1194年にドイツへもたらされたアングロ=ノルマンの物語が使われた。『ランツェレット』の中心は、宮廷文化と主人公の冒険についての叙述が占めている。作者は、登場人物の動機づけを心理的に納得できるようにすることや、全体的な構造をわかりやすく構成することには、あまり注意を払っていない。このため、この作品は、同時代人の*ハルトマン・フォン・アウエや*ヴォルフラム・フォン・エッシェンバハの作品に比べ古めかしく感じられる。

エ

エアストフェルト Erstfeld　スイス中南部ウーリ Uri 州、ザンクト=ゴットハルト Sankt-Gotthard 峠の北方にある。1962年この付近で、なだれ止めの土木工事の際に、紀元前300年頃の腕環4個と首環3個が見つかった。これらの品々は人の通れない崖の斜面にある大きな岩の下に隠されていた。単に隠されていただけか、神への*奉納物として置かれたものかは不明である。

エイグル Eigr/*wal.* [eigr]　モンマスの*ジェフリー著『ブリタニア列王史』のウェールズ語訳に現われる、アンラウズ・ウレディグ Anlawdd Wledig 王の娘で、コーンウォールの将軍グルライス Gwrlais の妃。ある祝宴のさなか、*イシル・ペンドラゴン王がエイグルに魅せられる。おりから夫が出征中だったので、王は*マルジンの助けを得て夫の姿でエイグルに近づく。二人が初めて共に過ごした夜、エイグルは*アーサーを身ごもる。アーサーは父の死後15歳でブリタニアの支配者となる。

衛生　古代後期の歴史家アンミアヌス・マルケッリヌス（15-12-2）によると、ケルト人にとって特に重要であった。これは身体の手入れと関連のある器具が数多く発掘されていることによっても裏付けられる。理髪用ハサミのほか、髭用剃

青銅及び鉄で出来た櫛，ハサミ，カミソリ

エイルズフォードの桶の青銅板の装飾文様

刀やピンセットやスクレイパー，爪切り，耳かき，櫛，鏡などが知られる。様々な道具をそろえた化粧用具のセットが，すでにハルシュタット期の墳墓からしばしば見つかっている。化粧品に関する分野でも，《石鹸》はケルト人の発明であるとする*プリニウスの証言がある（『博物誌』28-51）。石鹸は獣脂と灰から作られ，髪を赤くするために使われるとしている。ケルトの女性についても，肌の新鮮さを保つためにビールの泡で洗うとプリニウスは報告している（同上 22-25）。ただ，*ケルト・イベリア人は尿で歯を磨いたという証言がある（シチリアのディオドロス 5-33，カトゥッルス Catullus 37,39）。

エイルズフォード Aylesford　ロンドン南東のケント州にあり，1886年，この地で紀元前1世紀頃のケルト人の墳墓が発見された。最も重要な発掘品のなかに，薄い青銅板をあしらった木製の桶（直径26.5センチ）があり，様式化された動物や人頭の描写で装飾されている。この桶は墓の一つに骨壺として使われていた。19世紀に桶の消失した木製部分が復元された。この復元された桶は現在ロンドンの大英博物館所蔵。

エヴァンズ，ジョン・グウェノグヴリン Evans, John Gwenogvryn（1852〜1930）　ウェールズ南部に生まれ，神学を学んだ後，1876〜80年イングランドとウェールズのユニテリアン派教会の牧師として活動した。82年にオクスフォード大学のケルト学者ジョン・*フリースの講義を聴講したとき，エヴァンズはすでに健康上の理由から聖職を辞していた。このときからフリースの影響を受けて古文書学に没頭する。1887年から1911年まで，ウェールズ語写本を校訂せず原文そのままに印刷する出版を続ける。これらの出版物は今日に至るまでその正確さで高い信頼を得ている。更に，1898年から1910年まで，現存するウェールズ語写本の広範にわたる目録を作成し，ほぼ900に及ぶ写本の内容を記載している。一部は現在でも研究の基礎資料として役立つ数多くの出版によって，エヴァンズは1903年と05年にオクスフォード大学とウェールズ大学から名誉博士号を受けた。

エウィン・アヴラハ Emain Ablach /ir. ['eμin' 'avlaχ]　*神話物語群において

海神*マナナーン・マク・リルが住むところ。『ブランの航海』では，死すべきものである人間がこの不老不死の楽土を目指して航海する冒険が描かれている。

エウィン・ワハ Emain Macha/*ir.* ['eμin' 'μaχa] *アルスター物語群におけるアルスター王の首邑。現在のアイルランドの都市アーマー Armagh の西方5キロメートルに位置する遺跡ナヴァン・フォート Navan Fort は，この王の居住地と一致すると見なされている。発掘調査の結果，この遺跡における人の居住の痕跡は新石器時代に遡ることがわかった。しかし，紀元後1000年のうちいつごろまでこの地が使用されたかは明らかでない。

エウェル Emer/*ir.* ['eμ'er] *アルスター物語群に登場する，*クー・フリンの妻。『*エウェルへの求婚』と『*クー・フリンの病』では主役を演じる。

エーヴェル Éber/*ir.* ['e:v'er] 『アイルランド来寇の書』に登場する，*ミールの息子。アイルランド占領後，島の南半分に君臨したが，1年後には兄弟エーレウォーンとの戦いに敗死した。

『エウェルへの求婚』 Tochmarc Emire/*ir.* ['toχmark 'eμ'ir'e] 『クアルンゲの牛捕り』の《前話》の一つ。10世紀に成立した稿本の断片と，12世紀成立の大幅に加筆された稿本が完全な形で残されている。物語は，若年の*クー・フリンが妻を娶り，皆に恐れられた女武者*スカータハのもとで武術を学ぶ経緯が描かれている。(『アイフェの一人息子の最期』，『病のクー・フリン』)——この物語は A. *グレゴリーによって著作『ムルテウネのクーフリン』第3章に再話された。

エヴニシエン Efnisyen →ニシエンとエヴニシエン

エウヘメロス説 Euhemerismus 神格化された人間への崇拝から神々への信仰が生じたという理論。この概念は，ヘレニズム時代の（シチリア島の）メッセネの著述家エウヘメロスに遡る。彼は，紀元前300年頃ギリシアの神々への信仰について初めてこのように説明した。このような古代の神々の姿についての解釈は，教父たちの著作によって中世を通じて盛んに行なわれた。中世の学者は，この手本に従い，特にスカンジナヴィアとアイルランドではゲルマンやケルトの神話的存在を，遠い過去の魔術に通じた人間として論じている。アイルランドにおけるこの方法の典型的な例は，『*アイルランド来寇の書』である。

『エヴラウグの息子ペレディル』 Peredur fab Efrawg/*wal.* [pe'redir va:b 'evraug] 『三つのロマンス』の一つ。物語は，無知な若者だった騎士ペレディルがアーサー王の宮廷で尊敬される一人となる人生行路を描いている。幾つかの挿話はゆるやかにしか結びついていない。この作品は多くの点で，クレティアン・ド・トロワの韻文物語『ペルスヴァル』 *Perceval* やヴォルフラム・フォン・エッシェンバハの韻文物語『パルツィファル』 *Parzival* と対応している。これら3作品の原典，及びそれらの相互関係については，今日でも研究課題となっている。

エオガン・マク・ドゥルタハト Eogan mac Durthacht/*ir.* ['eoγan mak 'durθaχt] *アルスター物語群に登場するフェルンマグ Fernmag（今日のモナハン州ファーニー Farney）の王で，*コンホヴァル・マク・ネサ王に臣従した。『ウシュリウの息子たちの流浪』では，コンホヴァルの委任を受け，ウシュリウの息子たちを殺害する。

エオガン・マール Eogan Már/ir. ['eoɣan maːr]〔または**エオガン・モール** Eogan Mór〕*歴史物語群に登場する，2世紀に南部アイルランドを治めたという王。伝承によると，エオガンは若い頃ヌアドゥという棟梁が城壁を造るのを助けたことからムグ・ヌアダト《ヌアドゥの下僕》Mug Nuadat というあだ名で呼ばれた。そのため，後にアイルランドの南半分はレト・モガ《下僕の半分》Leth Moga と呼ばれるようになった。

エオヒド・アレウ Eochaid Airem/ir. ['eoχiðˈarʲeμ] *アルスター物語群に登場する，*エオヒド・フェドレフ王の兄弟で，後継者。『*エーダインへの求婚』では主要な役割を担っている。

エオヒド・オラティル Eochaid Ollathair/ir. ['eoχiðˈoLaθirʲ] *ダグダの別称。オラティルは《偉大な父》を意味する。

エオヒド・フェドレフ Eochaid Fedlech/ir. ['eoχiðˈfʲeðˈlʲex] *アルスター物語群に登場する，キリスト生誕の頃アイルランドを支配したという王。*エオヒド・アレウ王の兄弟で，*メドヴ女王の父。

エオヒド・マク・エルク Eochaid mac Eirc/ir. ['eoχiðmakerʲk] 『*アイルランド来寇の書』に登場する*フィル・ヴォルグ最後の王。*トゥアタ・デー・ダナンとの戦いで倒れたとされる。

エーゲス éces/ir. ['eːɡʲes] 修業を積んだ詩人を指す。おそらく《見る》を意味する言葉に由来し，*フィリと同じく，元来は霊感のある詩人を指した。修業を重ねようとする詩人のための入門書『*学識者のための手引』がある。

エシスト Essyllt/wal. ['essiɫt] ウェールズ伝承に登場する*マルフ王の妻，そして王の甥*ドラスタンの恋人。この名称の古い語形は★Adsiltia であり，《見つめられる女》（ウェールズ語 syllu は《見つめる》）を意味していたらしい。古フランス語，中高ドイツ語の資料では，その代りにイズー Iseut，イゾルト Isolt と綴られている。しかし，これらの名前は上述のケルト語形 Essyllt に由来するのではなく，おそらく似たように聞こえるゲルマン語の名前を代用したものである。

エスス Esus ケルトの神。この名前は，エスネルトゥス Esunertus（おそらく《エススによって力を得る》）や，エスゲヌス Esugenus（おそらく《エススの系統である》）のような多くの合成された人名に見られるが，この名の信頼に足る語源は未だわからない。もし長母音の ē を採るならば，ヴェネト語の aisu《神》との関連を推測できるだろう。もし短母音の e であるとするならば，ラテン語の erus《主人，支配者》と結びつけることができるだろう。

エススは文献では，ローマの著述家*ルカヌス（『ファルサリア』1-444～446）と，ラクタンティウス Lactantius（『神的教理』 *Divinae Institutiones* 1-21-3）に見られる。ルカヌスの証言によると，ガリア人はエススに人身御供を捧げた。ルカヌスの著作の註釈書ベルン・スコリアも，〈四肢が身体から解き放たれるまで〉（本文の正確な意味は不明）これらの生贄は首吊りにして死に至らしめられたと報告している。

碑文では，エススの名は，今のところパリの*ナウタエ・パリシアキの記念碑のみに見られる。（ルズー Lezoux の*メルクリウス神の彫像に書かれた不完全な形で残っているもう一つの碑文は，今日異なった解釈がなされている。）パリの碑

トリーアで出土したエスス神の復元図

文の下方では，この神は広葉樹の傍に職人の衣を着て髭を生やした男として描かれている。左手で木の幹をしっかりとつかみ，右手は木の枝を打ち落とすため小刀を振り上げている〔ナウタエ・パリシアキ図参照〕。エススの彫像のすぐ傍に，1頭の牛と3羽の鶴と，*タルウォス・トリガラヌスという文字が見られる。

　二つの像のもつ意味は明らかではないが，ふつうトリーアで発見された彫像と比較される。それは，メルクリウス神に奉納された石柱のレリーフである（CIL XIII-3656。現在トリーアの州立ライン地方博物館蔵）。このレリーフでは，メルクリウスは職人の衣をまとった髭のない男性の姿で描かれており，斧を持って木を切り倒そうとしている。楢の密集した葉の中には，3羽の鳥と牛の頭が認められる。おそらくパリの二つの彫像と同様にトリーアのレリーフも，エススに関する伝わっていない神話にまつわるものだろう。

エーダイン Étaín/ir. ['eːdainʲ] 『エーダインへの求婚』のヒロイン。

『エーダインへの求婚』 Tochmarc Étaíne/ir. ['toχmark 'eːdainʲe] *神話物語群に属する。*シード出自の王女エーダインが物語の中心となっている。初めに，シードの領主ミディルが里子の*オイングスの助けを借りて彼女を娶る経緯が描かれている。ミディルの妻フアムナハは嫉妬に駆られ，魔術で恋敵を紫色の蠅に変え，嵐を呼び起こす。この嵐によって，エーダインは，ミディルの住まいブリー・レイト Brí Leith〔あるいはブリー・レト Brí Leth〕から武者エーダル Étar の館へと吹き飛ばされた。そこでエーダルの妻が蠅を飲み込み，身ごもる。このようにして，最初の誕生から1012年後エーダインは2めに誕生し，成長すると，*エオヒド・アレウ王の妃となった。ミディルはエオヒドの弟アリル・アングヴァに姿を変えてかつての自分の妻を連れ帰ろうと試みるが，3度失敗する。遂にエーダインをエオヒドの城砦から連れ出し，まったく同じ外見で同じ衣裳を着た女をあてがってエオヒドを欺く。この女は実は，エーダインが連れ去られたのちに産んだエオヒドの実の娘だった。エオヒドは我が娘との間に有名な王となるコナレ・モールの母親〔となる娘〕をもうけた。——J.*スティーヴンズは『青春の国

にて』に再話している。

エタル・アンヴーイル Ethal Anbuail/*ir.* [ˈeθal ˈanvuːilʲ] 『オイングスの夢』に登場するコナハトの妖精の王。オイングスの恋人カイル・イヴォルメトは、エタルの娘。

エダルシュケール Etarscél/*ir.* [ˈedar-ʃkʲeːl] または**エデルシュケール(レ)** Eterscél(e) アルスター物語群に登場する、*エオヒド・アレウ王の娘婿。『ダ・デルガの館の崩壊』によると、エダルシュケールは魔法を使う*メス・ブアハラとの間に*コナレ・モールをもうけ、コナレはエダルシュケールの死後、跡を継いで王となった。

『エーダルの戦い』 Cath Étair/*ir.* [kaθ ˈeːdirʲ] *アルスター物語群に属する。この物語は11世紀に成立したと考えられ、『レンスターの書』と16世紀の写本の一つに残されている。中心人物は、強欲で恐れられた*フィリのアティルネである。彼はアイルランドを左回り〔不吉な方向〕に一巡する旅の途中、恥知らずな要求をして、コナハト、マンスター、レンスターの住民たちを敵に回してしまう。彼が身分の高い人々の妻たち150人をレンスターから連れ去ろうとしたとき、国境のすぐ近くで争いになった。このときアティルネと結んだアルスターの武者たちは戦いに敗れ、エーダルの城砦の中に包囲された。しかしその後レンスターの包囲軍は大きな痛手を受けて退却した。その際レンスター王*メス・ゲグラがアルスターの勇者*コナル・ケルナハと対決して討たれてしまう。コナルは自分の戦車の御者に命じて、メス・ゲグラの脳みそを石灰と練り合わせて玉を作らせる。アルスターの武者たちはこの勝利のしるしを携えて帰国する。

エーティーン Eadaoin →エーダイン

エニド Enid/*wal.* [ˈenid] 中期ウェールズ語の散文物語『エルビンの息子ゲレイント』の女主人公。クレティアン・ド・トロワの韻文物語『エレク』*Erec*では、Enide と綴られている。エニドという名前はおそらく、6世紀にウェロク Weroc（＝エレク Erec）という名の王が治めたヴァンヌ Vannes（ブルトン語でグウェネド Gwened）王国のケルト語名に由来する。もしこの説が正しければ、エレクとエニドの物語は、ウェロク Weroc 王と、女性として人格化された国との結婚の伝説に遡ることができる。おそらくこれは、王位就任を、王と女神との間の*聖婚に見るキリスト教以前の考え方に基づいており、これと類似した伝説は特に広く行き渡っている。

エネフ enech/*ir.* [ˈenʲex] 本来顔を意味し、それから転じてある人物の面目、名誉を表わした。エネフは後者の意味で法律用語の《名誉金》lóg n-enech（lóg は《価値》を表わす）などにも用いられた。この名誉金はある個人の社会的・法的地位を表わし、例えば、ある個人の行なう宣誓の価値や、あるいは個人の権利が犯された場合に支払われるべき損害賠償金の価額を決定した。このような名誉金は自由身分の成年男性にのみ適用された。女性に対する犯罪についてはその夫または家長に、非自由民に対する犯罪についてはその主人に損害賠償がなされた。自由民は、偽りの宣誓が暴かれたとき、あるいは詩人（*フィリ）がその誤った行為を諷刺詩（*アイル）で公に暴露したとき、名誉を失った。ウェールズの法においても、アイルランド語の lóg n-enech と同じ意味の wynebwerth がこれに対

応している（wyneb は《顔》，gwerth は《価値》を意味する）。

エフトラまたは**エフトレ**《異界行》 echtrae/*ir.* ['eχtre]　（冒険的）旅行あるいは冒険を意味する。物語録では，人の住む世界の向こう側にある不思議な領域における体験を描いた物語区分を表わす。エフトラ〔単数形〕の舞台はたいてい，海の向こう側，地中，または魔の霧の中にある異界である。類似したカテゴリーに*イムラウがある。

エブロウィケス族 Eburovices　古代の*民族誌によれば，ロワール河とセーヌ河に挟まれた地域の部族連合*アウェルキ族に属する一部族。この名は一般に《イチイの戦士》という意味とされるが，不明である。この部族名は，かつてメディオラヌム Mediolanum と呼ばれたエヴルー Évreux の町名に残っている。

エブロネス族 Eburones　古代の*民族誌によれば，ライン河とマース河に挟まれた地域に住むケルト部族。*カエサルのガリア征服の間，部族の指導者アンビオリクスとカトゥウォルクス Catuvolcus のもと激しく抵抗し，ほぼ壊滅した。エブロネス族の土地には，のちにゲルマン人のトゥングリ族 Tungri が入植し，その町名は彼らにちなんでトングレン Tongeren となった。

エポナ Epona　元来ケルトの女神であるが，帝政時代にローマ帝国の広い地域で信仰された。この名は，《馬》を意味するケルト語（古代ケルト語*epos, *ir.*/ech）から派生したもので，この女神が馬の守護神であることを明らかにしている。エポナ信仰についての文学における最古の言及は，ローマの詩人ユウェナリス Juvenalis（紀元後 1／2 世紀）に見られる。彼は風刺詩（8-155〜157）で，

マインツ近郊カステルから出土したエポナ像

ローマの上層階層の者が馬丁のようにエポナに誓いを立てるのを嘲っている。2世紀の詩人アプレイウス Apuleius は，『転身物語』〔邦題『黄金のロバ』〕 *Metamorphoses*（3-27-2）において礼拝のためのエポナの彫像に言及しているが，それは厩舎内の梁に取り付けられバラで飾られていた。乗馬や軛馬に関わるエポナ信仰の詳細は，キリスト教護教著述家テルトゥリアヌス Tertullianus（『弁明』 *Apologeticum* 16-5）と，『異教徒について』 *Ad nationes* 1-11）やミヌキウス・フェリクス Minucius Felix（『オクタウィウス』 *Octavius* 28-7）に見られる。エポナの名は，イベリア半島からブリタニア，ガリア，イタリア，そしてバルカン地域にまで及ぶ約60の奉献碑文に現われる。これらの碑文の他にも250以上の彫像があり，エポナは，たいてい乗馬姿か，2頭以上の馬を両脇にして玉座についた姿で表わされる。しばしば手に果物を入れた鉢か宝角を持っている。島嶼ケルト語の伝承では，エポナは特に*マハや*フリアンノンと比較される。

エムリス・ウレディグ Emrys Wledig/*wal.* ['emris 'wledig]　ウェールズ伝承に登場する。サクソン人の征服者との戦いでブリテン島のケルト人を率いた。*ギルダスの作品では，アンブロシウス・アウレリアヌス Ambrosius（＝Emrys）Aurelianus の名で現われ，ローマ化した土着貴族の一門に属する。それに対して，300年以上も後に書かれた『ブリトン人の歴史』の中では，エムリスの姿は明確に寓話的性格を帯びている。ここでは，ブリタニア王*グルセイルンがウェールズ北部で城砦建築を準備する様子が描かれる。何度建てても土台が崩れてしまうので，賢者らは，孤児を人柱として捧げるように進言した。生贄にエムリスが選ばれたが，そこで彼は自分がローマ執政官の息子であることを明かす。彼は王の助言者たちの前ではるかに優れた英知を示し，彼らを恥じ入らせる。そして，土台が崩れてしまう真の理由を明かす。土台下の地中深くに赤白2匹の竜が潜んでいるというのである。赤い竜はブリテン島のケルト人を，白い竜はゲルマン人の侵入者を象徴している。2匹の竜を発見すると竜は戦いはじめ，赤い竜の勝利に終わる。モンマスのジェフリーによって物語は翻案され，『ブリタニア列王史』で主役を演じているのは，エムリスではなく，魔法使いのメルリン Merlin（マルジン）である。それに対し，ジェフリーの作品の中では，エムリスはアウレリウス・アンブロシウス Aurelius Ambrosius の名で，サクソン人との戦いに重要な将帥として登場する。彼は，ブリタニア王コンスタンティン Constantin の息子，そして*イシル・ペンドラゴンの兄とされる。

エラタ Elatha/*ir.* ['elaθa]　『マグ・トゥレドの戦い』に登場するフォウォレの王。息子ブレスは銀の手の*ヌアドゥの退位後に*トゥアタ・デー・ダナンの王に選ばれた。マグ・トゥレドの戦いで，エラタはヌアドゥと戦って負傷し，遂に*ルグ・マク・エトネンに討たれる。

エーリウ Ériu/*ir.* ['eːr'u]　『アイルランド来寇の書』に登場する*トゥアタ・デー・ダナンの女王。アイルランドがミールの息子たちに占領されたとき，エーリウとその姉妹*バンヴァとフォードラは詩人*アワルギン・グルーンゲルから，この島はいつの日か姉妹の名前で呼ばれることになるだろうと約束されたという。

その言葉どおり，現代アイルランド語形エーレ Éire（本来 Ériu の与格形）は，今日までアイルランドそのものを指し，また国家名となっている。また英語でも Ériu からの派生語 Erin（本来属格形）はアイルランドの雅称として用いられる。エーリウは，ミールの息子たちと対した*タルティウの戦いで討たれたとされる。

エルク・マク・カルブリ・ニアド＝フェル Erc mac Cairbri Niad-Fer/*ir.* [eRk mak 'kar'b'r'i n'iað f'er]　『クアルンゲの牛捕り』に登場する，タラ王*カルブレ・ニアド＝フェルとフェデルム・ノイヒリデの息子。コナハト軍に参加した父親が知らないうちに，エルクは父に背き，母方の祖父アルスター王*コンホヴァル・マク・ネサを助けるべくコナハト軍との戦いに駆けつける。しかし父カルブレがコンホヴァルの甥*クー・フリンに討たれると，エルクは父の仇を討つ。→『*クー・フリンの最期』

エルクワル Elcmar/*ir.* ['elkμar]　*神話物語群に登場する，*ボアンドの夫で，妖精の丘*ブルグ・ナ・ボーネの本来の主。『*エーダインへの求婚』に，*ダグダがエルクワルの妻との間に妖精オイングスを

もうけるいきさつと，そのオイングスが奸計によってブルグ・ナ・ボーネを奪取するさまが描かれている。

『エルビンの息子ゲレイント』 Gereint fab Erbin/*wal.* ['gereint vaːb 'erbin]　『三つのロマンス』の一つ。物語の主人公は若い騎士ゲレイントである。アーサー王宮廷から遠く離れた地に冒険に行く途中で花嫁とするべき女性に巡り会い，帰還後に盛大な婚儀の宴を設ける。その後，ある騎士がやって来て，彼が妻への愛から騎士としての生き方をおろそかにしていると非難する。そのため夫婦に不和が生じ，その後幾多の冒険を経てようやく二人は仲直りする。主人公ゲレイントは6世紀末の歴史上の人物だったと推測され，*『カイルヴァルジンの黒書』や『ヘルゲストの赤書』の中の数篇の詩にも登場する。→*『ゲレイントの詩』

エルンワス Ernmas/*ir.* ['ernɱas]　*神話物語群に登場する，戦の女神ボドヴ，*マハ，*モリーガンの母親。この名前は，アイルランド語で武器による死を意味するエルンヴァス ernbas（íarn《鉄》と bás《死》）と一致する。

エーレ Ére　→エーリウ

エーレウォーン Éremón/*ir.* ['eːrʲe-μoːn]　『アイルランド来寇の書』に登場する*ミールの息子の一人。アイルランド占領後，北半分を支配したが，やがて1年後に兄弟の*エーヴェルとの戦いに勝ち，アイルランド全土の支配者となった。

エレク Erec　クレティアン・ド・トロワによる古フランス語の韻文物語と，*ハルトマン・フォン・アウエによるこの物語の中高ドイツ語版の主人公。この2作品は，中世ウェールズ語の散文物語『エルビンの息子ゲレイント』に対応している。

エレン・リイザウグ Elen Luyddawg/*wal.* ['elen 'lijðaug]　『マクセン帝の夢』に登場するブリタニアの王女。ローマ皇帝マクセンティウス Maxentius は，夢に現われたエレンに恋し，ブリタニア征服後に娶る。

エングリン englyn/*wal.* ['eŋlin]　ウェールズ語文学に残る最古の詩節形式。起源は明らかではないが，この形式はおそらく8/9世紀には完成していたとされており，今日でも広く用いられている。エングリンは3行あるいは4行の詩句から成る一つの詩節を指し，それぞれの詩句は互いに厳密な規則に従って脚韻と頭韻で結ばれている。また，一つの詩が一つの詩節だけから成ることも多い。

エントリヒャー語彙集 Endlichers Glossar/*dt.*　ガリア語の17の語彙とそれに対応するラテン語を記した古典古代後期の語彙集で，最初の出版者の名前にちなんで呼ばれる。

◆ オ ◆

オー ó/*ir.* [oː]（古い語形はウア ua，またはオア óa）《△△の孫／子孫》を意味し，しばしばアイルランド語の人名の一部となっている（*マク）。複数形はウイ Uí〔中世後期以降の発音はイー〕。

オイングス Oengus/*ir.* ['oinɣus]　*神話物語群に登場する，*ダグダと*ボアンドの息子。またの名前をマク・インド・オーグ，あるいは（時代が下がって）マク・オーグ《若い息子，少年》と呼ぶ。誕生と青年時代については，『エーダインへの求婚』に述べられる。その中では，悪だくみによってシードの丘*ブルグ・ナ・ボーネを手に入れる次第や，自分の里親ミディルにアイルランド一の美女エーダインを娶らせる話などが描かれている。

物語『*オイングスの夢想』では，*アリルと*メドヴの王夫婦の助けで自ら妻を娶る様子が語られている。『ディアルミドとグラーネの追跡』には，恋する二人の庇護者として登場する。

『オイングスの夢想』 Aislinge Oenguso/*ir*. [ˈaʃˈlinˈe ˈoinɣuso] 『クアルンゲの牛捕り』の《前話》の一つ。15世紀に書かれた写本の一つにのみ伝わっている。物語の内容は，*ダグダと*ボアンドの息子，オイングスが夢の中で見ただけの若く類まれな美女への恋でやつれ果てる。*シードの王*ボドヴとコナハトの王夫妻*アリル・マク・マーガハと*メドヴの助けを得て，オイングスはアイルランド南部でとうとうこの女を見つけだす。すなわち，夢に現われた女は一年のうちのある定まった日に150人の侍女とともに鳥の姿で湖を訪れる。二人は白鳥に姿を変え，三度湖を飛び回ると，そのときからずっと一緒に過ごした。後に，オイングスはこの返礼としてアリルとメドヴに，クアルンゲへ進攻するコナハトの大軍に300人の軍勢を送ることに同意する。——A. グレゴリーの『ムルテウネのクーフリン』の8章とJ. スティーヴンズの『青春の国にて』に，この物語が再話されている。

オイングス・マク・オインゴヴァン Oengus mac Oengobann/*ir*. [ˈoinɣus mak ˈoinɣovaN] アイルランドの修道士で，聖人伝作者。またの名を《隠者》（*ケーリ・デー）と呼ばれた。タラハトTallaght のマイル゠ルアン Máel-Ruain 修道院で学び，レイクス Leix に自ら創建した教会ディーシェルト・オイングサ Disert Oingusa《オイングスの隠遁地》の傍で隠修士として暮らした。830年頃韻文で古アイルランド語の教会カレンダー「オイングスの聖人暦」*Félire Oenguso* を著わした。これは，ローマとアイルランドの聖人たちについて一年間日ごとに一人ずつ簡明に記述したものである。古アイルランド語の年代が判明している言語資料は非常に稀なために，この作品は聖人伝や教会史にとって大きな意義があるばかりか，アイルランド語研究においても重要な価値がある。

王 ケルト人に関する古代の民族誌の報告でしばしば言及される。ケルト人の王たちの呼称として，ギリシア語の著述家たちはバシレウス βασιλεύς《王》かバシリスコス βασιλισκός《小王》を使うことが多いが，ラテン語の著述家たちはたいていレーゲス reges（単数形はレークス rēx）を用いる。王を意味するケルト語は ★rīg-s だった（*リークス，*リー，*ブレニン）。カエサルの個々の指摘から（『ガリア戦記』2-4, 5-24, 5-26, 5-54），ベルガエ人部族の幾つかでは二重王政を布いていたことが推察される。カエサル当時のガリア中部や南部では，王権は広範囲にわたって廃れ，他の政体に取って代わられていた（同上 1-16, 7-33）。神聖王権については，とりわけアイルランドの伝承に事例が見られる（*聖婚）。

オウェイン・ヴァーブ・イリエン Owein fab Urien/*wal*. [ˈowein vaːbˈiljen] フレゲド王イリエンの息子。タリエシンの作として現存するウェールズ語最古の哀歌は，彼のために作られた。アーサー王物語群の人物として，オウェインは中期ウェールズ語の物語『フロナブイの夢』や『泉の貴婦人』に現われる。

牡牛 ケルト人の文化では，*牧畜の占める重要性から，牡牛は大きな役割を担っている。すでにハルシュタット時代後期に図像に描かれ，しばしば犠牲獣とされた。*ドルイドが白い牡牛2頭を生贄に

青銅の牡牛像

するときの*ヤドリギの役割に関する*プリニウスの記述は重要である。

　ローマ支配下のガリアから3本の角を持つ牡牛像約40体が発見されているが、そのほとんどは青銅製である。これらの像はおそらく*奉納物として用いられた。これらの牡牛像の図像上の原形は地中海芸術にあると推測され、そこでは牡牛は時に二つの角の間に止まる鳥とともに描かれた。同様に、ある神像と《3羽の鶴を伴った牡牛》という碑文が書かれたレリーフは、ローマ支配下のガリアのものである（*タルウォス・トリガラヌス）。島嶼ケルト語の伝承で最もよく知られている牡牛は、物語『クアルンゲの牛捕り』で主役を務める2頭、*ドン・クアルンゲとフィンドヴェナハである。

王の物語群 Cycle of Kings →歴史物語群

大釜　青銅器時代に祭祀・儀礼用器具として重要だった。ケルト人の場合、死者埋葬の風習に関連して（*ホーホドルフ）、あるいは犠牲や奉納品として現われる（*ドゥフツォフ）。最も有名で、最も論議を呼んでいるのが、*ゴネストロップのものである。島嶼ケルト文学では、たびたび食べ物を無尽蔵に取り出したり（*ダグダ）、また死者をよみがえらせたり（『シールの娘ブランウェン』）できるものとして現われる。

オガム Ogam/ir. ['oɣam]　最古のアイルランド語表音文字。最も古い形式では、石碑の稜線に沿って刻まれた点や線によって20の音価を表わす。オガム文字が、ラテン文字の影響のもと、アイルランド南部で3〜4世紀頃に成立したことはほぼ間違いない。この文字の仕様を伝える最古の資料は、石に刻まれた短い碑文で、300余りがアイルランドやウェールズやデヴォンやコーンウォールやマン島などの各地で見つかっている。言語上の根拠からこれらの碑文のほとんどは5〜6世紀のものと推測される。これらはアイルランド語最古の言語資料を含んではいるものの、ほとんどが人名や部族名である。オガム文字そのものに関する知識は近世に至るまで失われなかったが、その起源についてはすでに中世に忘れられていた。この文字の発案者はしばしば*オグマ・マク・エラタンとされる。アイルランドの多くの伝説では、オガム文字

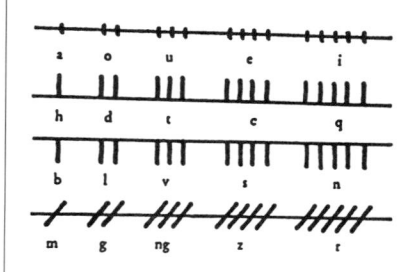

オガム文字のアルファベット

はただ石に刻まれる碑文ばかりでなく，木片に記すのにも使用されている。しかし，これは遠い過去におけるオガム文字本来の使い方について中世に想像されたことを反映していると考えられる。オガム文字がゲルマン人のルーン文字のように呪術の実践にも使用されたということは，今日の研究水準によれば疑わしい。

オカリー，ユージン O'Curry, Eugene（1796〜1862） 古文書学者，歴史学者。アイルランド南部生まれ。1834〜37年J.*オドノヴァンと共にアイルランド地理院の地誌・歴史部に勤務。その後，ダブリンやオクスフォードやロンドンに収蔵されるアイルランド語写本の翻訳・複写・目録作成で生計を立てた。55年ダブリンに新設されたカトリック大学のアイルランド史教授職に招聘された。その最初の講義録は『古代アイルランド史の写本資料に関する講義集』*Lectures on the Manuscript Materials of Ancient Irish History*（1860）と題して出版された。続いて57〜62年の講義は，死後『古代アイルランド人の習俗に関する講義集』*Lectures on the manners and customs of the Ancient Irish*（3巻本，1873）の題で刊行された。

オーク〔カシワ，カシ，ナラの類〕古代の民族誌によると，ケルト〔人〕の宗教で重要だった樹木。すでに*ストラボンがドリュネメトン δρυνεμετον《オークの森》について，小アジアの*ガラティア人が集会する場所として言及している（『地理誌』12-5-1）。大*プリニウスによると，*ドルイドにとって，*ヤドリギとヤドリギが生えるこのオークの木より神聖なものは他になかった（『博物誌』16-249）。プリニウスによれば，ドルイドは祭礼のためにオークの森を大切にし，オークの葉なしに犠牲を捧げることはなかった。プリニウスはこのことから，ドルイドという呼び名はオークを指すギリシア語に由来すると推測した（ドリュス δρῦς/gr.《オーク》，ドリュイデス δρυίδης/gr.《ドルイド》）。『ベルン・スコリア』によると，ローマの詩人*ルカヌスは，ドルイドの名称はオークに由来しており，それは人里離れた森に住んだから，あるいはまた，オークの木の実を食べた後で予言するのを常としたからとしている。ギリシアのテュロスの哲学者マキシモス Maximos（2世紀）は，ケルト人はゼウス神を信仰し，ゼウスのケルト的なシンボルが背の高いオークの木である，と述べる。ロワール地方の法廷審理においてオークが特に重要であったことが，4世紀のラテン語の喜劇「アウルラリア」*Aulularia* に示されている。

これに反して，島嶼ケルト語の伝承では，オークには他の樹木と比べて特に際立った役割はない。ドルイドとオークの特別な関係も，アイルランドやウェールズの文学では明らかでない。→樹木

オグマ Ogma/ir. ['oɣma] *マグ・トゥレドの戦いに登場する*トゥアタ・デー・ダナンの武者。暴君*ブレスは異母兄にあたり，その敵対者*ルグは異父弟にあたる。ブレスの支配下では，*ダグダと同様に卑しい仕事をしなければならなかった。暴君の退位後，マグ・トゥレドの戦いではトゥアタ・デー・ダナンに味方し，ブレスや自分と同族の*フォウォレを相手に戦う。幾つかの中世文献によれば，*オグマはアイルランド最古の文字，オガム文字の創案者とされる。しかし，この伝承は，おそらく中世になって，オガムとオグマという名の類似から成立したと考えられる。ただしオガムもオグマも語源学

的な由来は明らかにされていない。更に，古代の著述にあるガリアの雄弁な神*オグミオスとの関わりの解明も困難である。

オグミオス Ogmios　ケルトの神。この神への奉献碑文は発見されていないが，フォアアールベルクのブレゲンツ Bregenz で見つかったラテン語で呪詛を書いた鉛板（デフィキオ）2枚にオグミオスの名がある（Wa 8,9）。この2枚の鉛板で，この神は，*ディス・パテルと*アエラクラと共に呼びかけられており，冥界の神との関連が推測される。

ギリシア語で著述した旅行家で風刺作家のサモサタのルキアノス Lucianos（2世紀）による，オグミオスに関する描写はよく知られている。『ヘラクレス』'Ηρακλῆς という表題のもとに書かれた彼の有名なプロラリア〔かなり長い説話の序文あるいは序説〕によると，オグミオスはヘラクレスのケルト名である。この著述家はガリアである図像を見た。その像はオグミオスで，獅子の毛皮に棍棒と弓を持った，浅黒い肌で禿頭の老人の姿だった。この図像で最も驚くべきは，この老いたヘラクレスが，金と琥珀で出来た繊細な鎖でおびただしい数の人間を引っ張っていることである。この鎖は，穴を空けられたヘラクレスの舌の先と，後に続く人々の耳に結び付けられている。あるガリア人の説明によると，ギリシア人が雄弁の力はヘルメスに体現されているとしたのと違い，ケルト人は，ヘラクレスの方が更に強力であるため，雄弁の力は彼に体現されていると考えたのである。しかも弁論の能力は年老いてようやく十分に身につくものなので，ヘラクレスは老人として描かれた。

ルキアノスのこの報告を解釈するには，幾つかの難点がある。このギリシアの作家が，重要な特徴に関して全て彼の記述と一致するような図像をガリアで実際に見たのかどうか，もはやわからない。しかもなによりも，この図像を雄弁術のアレゴリーとする解釈を，実際ガリア人から聞いたのか，あるいは彼自身の創作なのか，知ることができない。オグミオスが冥界の神ならば，この図像は，死ぬ運命にある者あるいは死者の先導者としてこの神を表わしているということもできる。しかし，アイルランド伝承において，*オグマ（更に古い形オグマイ Ogmae）という名の伝説上の人物がおそらく文字の発明者であろうとされていることは，オグミオスを雄弁術の神として解釈することを示唆しているらしい。オグミオスの名称が比較的のちにガリア語からアイルランド語に借用されたということは，言語史的根拠から承認される。もしそうでなければ，オグマイではなくオーメ Óme という名になるはずである。しかしこれは，ガリア語からアイルランド語への比較可能な借用語が欠落しているため疑わしい。この神の本質と権能は，あらゆる研究努力にもかかわらず未だ解明されていない。

オグレイディー，スタンディシュ・ジェイムズ O'Graday, Standish James（1846〜1928）　アングロ=アイリッシュの作家。アイルランド南部のカースルタウン・ベアヘイヴン Castletown Berehaven 生まれ。ダブリンのトリニティ・コレッジで学んだ後，最初は法律家となる。1878〜80年，初めての大著，初期アイルランドの歴史を描いた2巻本『アイルランド史』*History of Ireland* を上梓する。その後数年は，アイルランド語の伝説を英語に翻案した多くの作品を著わした。その中には，『フィンとその仲間

たち』*Finn and his Contemporaries* (1892)や『クーフリン登場』*The Coming of Cuchulain* (1894)や『北の門で』*In the Gates of the North* (1901)や『クーフリンの勝利と最期』*The Triumph and Passing of Cuchulain* (1920)などがある。これらの作品によりオグレイディーは*アイルランド文芸復興の最も重要な先覚者の一人となった。

オケルス Ocelus ケルトの神。*ローマ風解釈により*マルスと同一視された。この神への信仰は，カーライル（RIB 949）とウェールズ南部のカイルウェント Caerwent（RIB 309, 310）で発見された三つの奉献碑文が明らかにしている。

オシアン Ossian J.*マクファースンが出版した《オシアン作品群》(1760～1765)の架空の作者。マクファースンの叙述によれば，3世紀にスコットランド高地地方の西部で，スコットランド王*フィンガルの息子として生きた。自分の殺された息子オスカルの婚約者*マルヴィナに付き添われ，オシアンは──マクファースンによれば──白髪で盲目の歌人としてフィンガルとその戦士たちの歌を作った。オシアンの人物像の原型は，本来アイルランドの伝説の主人公オシーンである。

マクファースンの叙述に着想を得た絵画に，ニコライ・アブラハム・アビルゴー Abildgaard, Nicolai Abraham（1743～1809）の「ハープの伴奏で歌うオシアン」(コペンハーゲン国立美術館)や，ジャン・オーギュスト・ドミニク・アングル Ingres, Jean Auguste Dominique（1780～1867）の「オシアンの夢」(アングル・モントーバン美術館 Musée Ingres Montauban)や，フランソワ・ジェラール男爵 Gérard, Baron François（1770～1837）の「オシアン，ローラ河岸においてハープの伴奏で亡霊に誓う」(ハンブルク美術館)や，ジャン=バプティスト・イザベー Isabey, Jean-Baptiste（1767～1855）の「孤独な盲目のオシアン過ぎ去りし時を歌う」(パリ国立図書館)や，アンヌ=ルイ・ジロデ・ド・ルシー・トリオゾン Girodet de Roussy Trioson, Anne-Louis（1767～1855）の「オシアンの最期」がある。更にジロデのもう一枚の絵がナポレオン1世の要請を受けて制作された（現在シャトー・マルメゾン国立博物館 Musée National du Château Malmaison 蔵）。そこには，戦死したフランスの兵士たちの霊が勝利の女神に天上のエリュシオン〔ギリシア神話で，英雄たちが死後幸せに暮らす野〕へと導かれ，そこでオシアンや彼の戦士たちの亡霊に迎えられるさまが描かれている。音楽では，1829年にヘブリディーズ諸島を訪れた F. メンデルスゾーン作曲の「フィンガルの洞窟」あるいは「ヘブリディーズ諸島」のほか，マクファースンの作品群に着想を得たデンマークの作曲家ニルス・ヴィルヘルム・ガーゼ Niels Wilhelm Gade の序曲「オシアンの余韻 Efterklang af Ossian」がある。→マクファースン，ジェイムズ

オシアン物語群 Ossianic Cycle → フィン物語群

オシーン Oisín/*ir.* ['oʃiːnʲ] *フィン物語群に登場する，*フィン・マク・クウィル（フィン・マックール）の息子。母親は一時牝鹿の姿になっていた妖精（*シード）とされる。12世紀の物語『*古老たちの語らい』によると，オシーンと甥の*カイルテは年老いて聖*パトリックと出会う。このエピソードはその後，つい近年までバラードの形で繰り返し新しく再話され

たほど親しまれた。その過程で，オシーンのイメージは武者や狩人から賢明な詩人へと形を変えた。スコットランド高地地方の民間伝承では，オシーンはオシァン Oisean となった。そしてこの名は，J.マクファースンの《オシアン作品群》によって英語の表記*オシアンで広く知られるようになった。

牡猪 →豚（猪）

オスカル（オスカー） Oscar/ir. ['oskar]
*フィン物語群に登場する，*フィアナの中で最も重要な戦士。父親は*オシーンで，祖父は*フィン・マク・クウィル（フィン・マックール）。これに応じ，J.*マクファースン作《オシアン作品群》では，白髪の詩人*オシアンの息子で，スコットランド王*フィンガルの孫となっている。*マルヴィナと婚約するが，王位簒奪者カリバー（*カルブレ・リフェハル）にオスカルが殺された後，彼女は許婚の年老いた父親を世話する。《オシアン作品群》の人気によって，オスカルという名前は19世紀にはケルト人の国々以外でも好んで使われた。

オッピダ Oppida/lat.（単数形オッピドゥム Oppidum） アングロ=サクソン系やドイツ系の考古学で，ラ・テーヌ後期における都市に類似した遺跡を指す。これらの遺跡の調査研究は，当時のケルト人の物質文化に関する知識の主要な拠りどころとなっている。

紀元前6～5世紀の首長の城砦と同じく，オッピダも多くは，連なった丘や山の上や，川が蛇行する地点や，同様に守りやすい土地に設けられた。これらのオッピダは，古い時代のものと新しい時代のものとは，その面積によって区別され，中には数百ヘクタールの規模に及ぶものもある。城壁と城門によって守られたオッピダは，戦時には周辺住民の避難所として，平時には*交易と工芸の中心地として役立った。このため，土地の選択には戦略的に好条件であるばかりでなく，多くの場合地下資源の産出も重要な意味を持ったと思われる。オッピダ建設はおそらく，紀元前4～3世紀にケルト人が民族移動の途上で知った地中海域の都市型居住地が手本となった。

最大級の主要なオッピダに，フランスの*アレシアや*ビブラクテや*ゲルゴウィア，ドイツの*ハイデングラーベンや*マンヒング，東方ケルト圏の*スタレー・ハラディスコや*ザーヴィストがある。

オッロウディウス Olloudius ケルトの神。*ローマ風解釈により*マルスと同一視された。この神への信仰は，グロスターシャーのカスタム・スクラブス Custom Scrubs（RIB 131）とフランス南部のアンティーブ Antibes（CIL XIII -166）で発見された二つの奉献碑文により明らかになった。

オーディリャルガ →デラーギー

オドノヴァン，ジョン O'Donovan, John（1809～1861） 古文書学者，言語学者。アイルランド南部生まれ。E.オカリーと共に，しばらくの間アイルランド地理院の地誌・歴史部に勤務。1840年より多数のアイルランド語写本の校訂や翻訳を公にした。主な作品は，いわゆる『アイルランドの王の年代記』あるいは『四学者の年代記』と呼ばれる，17世紀の膨大なアイルランド語年代記集の対訳出版である。これらは『四学者によるアイルランド王国年代記』*The Annals of the Kingdom of Ireland by the Four Masters*（7巻本，1848～1851）と題して公刊された。

踊り →音楽

牡羊 繁殖力のシンボルとされ，しばしば図像に描かれた。＊羊頭の蛇は典型的なケルトの怪物である。→＊モルティヌス

オブライエン，マイケル・アルフォンサス O'Brien Michael Alphonsus (1892〜1962) ケルト学者。アイルランド南部クロンメル Clonmel 生まれ。ダブリンでは O.＊バーギン，ベルリンでは J.＊ポコルニーのもとで学んだ。1926年ベルファストのクィーンズ大学のケルト学科講師となり，45年より教授職に就く。47年ダブリンのケルト研究所の上級教授職に招聘される。初期アイルランドの系譜に関する主要な研究が1962年死の直前に出版された（『アイルランド系譜集成』*Corpus Genealogiarum Hiberniae*, 1976年改訂，J. V. Kelleher による序文掲載）。

オーブリー，ジョン Aubrey, John (1626〜1697) イングランドの古代学者及び博物学者。ノース・ウィルトシャー North Wiltshire 生まれ。オクスフォード大学で学んだ後，イングランドやウェールズのあちこちで家庭教師として生活する。著作は多かったが，ほとんどは公にされなかった。ブリテン諸島にある新石器時代や青銅器時代の石碑が＊ドルイドの聖域に関係があるという解釈は彼に端を発している。この考えはとりわけ W.＊ステュークリーの著作を通じて一般的になった。しかしながら，実際のところ石碑はケルト人が中部ヨーロッパに出現する以前のものであり，しかもケルト人の宗教においてこれらの遺跡が機能を果たしたことを示すような考古学的証拠は存在しない。

オラウ ollam ['oLaμ] 修業を積んだ詩人が到達できる，七つある詩人階級の最高位。オラウ・フラタ ollam flatha は，支配者の公の詩人であり，支配者とは特別の信頼関係にある。現代アイルランド語ではオラヴ ollamh，（大学）教授を指す。

オラヒリー，セシル O'Rahilly, Cecile (1894〜1980) ケルト学者。同じくケルト学者 T. F.＊オラヒリーの妹。アイルランド南部リストール Listowel 生まれ。ダブリンとバンゴールで（O.＊バーギンや I.＊ウィリアムズなどのもと)，ケルト学とロマンス語学・文学を学ぶ。1956年以降ダブリンのケルト研究所の教授職にあった。『クアルンゲの牛捕り』の対訳校訂版は今日まで基本的なものとして欠かすことができない。

オラヒリー，トマス・フランシス O'Rahilly, Thomas Francis (1883〜1953) ケルト学者。アイルランド南部リストール生まれ。ダブリンのトリニティ・コレッジで学んだ後，1919〜40年ダブリンとコークでアイルランド語学を教えた。41〜47年 O.＊バーギンの後継者としてダブリンの＊ケルト研究所長となり，活躍した。初期の作品では，特に現代アイルランド語方言や現代アイルランド語文学を取り扱った。のちには，アイルランドの先史時代や歴史時代初期についての中期アイルランド語作品に目を向けた。この領域に関する独自の見解を述べた包括的なジンテーゼは『初期アイルランドの歴史と神話』*Early Irish History and Mythology* と冠して公刊された。この作品は資料の豊富さに深い感銘を受けるが，その思弁的な傾向のため利用には注意を要する。

オルウェン Olwen/wal. ['olwen] 『キルフフとオルウェン』のヒロイン。

オルギン orgain/ir. ['orgin'] ある人物の殺害や，ある場所での殺戮を意味す

る。この言葉は、*物語録ではそのような行為について語った物語区分として使われている。

オルゲトリクス Orgetorix　*カエサルによると、ヘルウェティ族の貴族（『ガリア戦記』1-2〜5）。この人物は紀元前61年、部族をスイス中央部の居住地から南フランスへ移動させようと企てた。カエサルの記述によると、オルゲトリクスは独裁への野心のためヘルウェティ族によって投獄されたが、同志の助けを得て裁判を免れた。その後まもなく自殺したという。――カール・フォン・ミュラー＝フリートベルク Müller-Friedberg, Karl von（1755〜1836）、ヨーゼフ・ヴィクトル・ヴィートマン Widmann, Josef Viktor（1842〜1911）と、エーディト・ザールブルク伯爵夫人 Salburg, Edith Gräfin（1868〜1942）が、オルゲトリクスにまつわる戯曲を創作した。

オルドウィケス族 Ordovices　古代の*民族誌によれば、ウェールズ北部のケルト部族。この名は《槌で戦う者》ほどの意味であるが、その由来は明らかでない。ローマ軍の侵攻に激しく抵抗し、紀元1世紀終りにほぼ全滅させられた。

音楽　古代ケルト人の音楽についてはごくわずかしか知られていない。これは、特に、ケルト人自身が音楽に関する記録を残さなかったことと、ギリシアやローマの著述家たちがこの分野に格別の注意を払わなかったことによる。そのほか、楽器に関する考古遺物や具象的な図像表現もまれにしか見られない。一方、古代の著述家たちはたびたび、ケルト人の戦闘ラッパ（*カルニュクス）や、*バルドが吟謡の伴奏に使用するリラに似た弦楽器について言及している（ディオドロス『歴史文庫』5-31-2）。そのような弦楽器

14世紀初めのアイリッシュ・ハープ

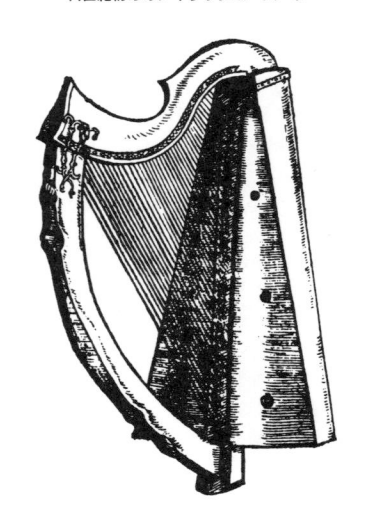

の多少様式化された図がケルトの*貨幣の多くに見られる。

バルドの詩歌については、すでにディオドロスが風刺歌と頌歌の区別を述べている。更に古代の著述家たちは、過去の英雄的行為についての歌や、武器をリズミカルに打ち鳴らしながら歌われる戦いの歌について言及している（アテナイオス『食卓の賢人たち』4-37, 46, 49；*ルカヌス『ファルサリア』1-447〜；リウィウス『ローマ建国史』10-26, 21-28, 23-24, 38-17；ポリュビオス 3-44；ディオドロス『歴史文庫』5-29-4）。多くの祈りや誓言が誦じられたことも大いにありうる。

舞踊も祭礼に一役担っていたことは、*ホーホドルフで発掘された青銅製寝台のキャスターの踊り手像たちや、*ヌヴィ＝アン＝シュリアの青銅像の描写が示している。

中世のケルト語文学においては、歌やその他の音楽の演奏がしばしば言及される。それらは、とりわけアイルランドでは妖精の住む異界（＊シード）や至福の島の特別なしるしである。もっとも、音楽演奏の実際については、記述がしばしば想像力豊かに飾られており、また個々の言葉の厳密な意味もわからないことから、理解が困難である。

　写本や石像に描かれたものは、単に補完的なものとしてのみ引用できる。つまり、画像は古い時代のものでも外国の手本に依拠しているからである。例えばギラルドゥス・カンブレンシスのように、外部の者がケルト人の国々の音楽について自分の経験を書き記しているのは、ごくまれである。

　近代以降に典型的なケルトの楽器と見なされるもので、中世に使用された品は全く残っていない。最古のハープはブライアン・ボルー Brian Boru のハープと呼ばれるが、15／16世紀に作られたものである（現在ダブリンのトリニティ・コレッジ蔵）。バグパイプはアイルランドとスコットランドでは16世紀以降に現われる。この楽器は、おそらく地中海東部地域あるいはバルカン諸国から中欧へ広まったものだろう。これらの地域では12世紀にすでに出現している。

　17世紀になってようやくケルト人の国国の音楽が楽譜に記されはじめる。しかし、多くの場合、楽譜が音楽の実際を忠実に反映したものか、あるいは特定の時代や特定の聴衆の趣向に合わせたものか、もはや確認できない。近年、ケルト人の国々の音楽伝統をレコードやテープ録音によって後世に残す試みがなされている。

　雄鶏　骨の出土や図像で立証されているように、家禽はハルシュタット時代後期に地中海域からアルプス北方に移入された。ケルトの宗教におけるこの家畜の特別な意味については＊カエサルが観察しており（『ガリア戦記』5-12）、それによると、ブリタニア人は鶏肉を食べることを禁じられていた。＊ラインハイムの高貴な女性の墓から発見された、雄鶏の形をした青銅の留めピンは、縁起ものか、またはお守り（＊アミュレット）だったと考えられる。

　フランスの国家のシンボルとしてニワトリが用いられることは、近代に始まるものだが、ラテン語のガッルス gallus（《ニワトリ》及び《ガリア人》）の持つ両義性に基づいている。

カイ Cai →ケイ

カイエ Keie　ウェールズ語名＊ケイに対応するドイツ語形。

ガイ・ボルガ gae bolga/*ir*. [gai 'bolga]　＊アルスター物語群に出てくる，英雄＊クー・フリンの有名な槍。クー・フリンはこの槍で，『クアルンゲの牛捕り』では義兄弟で好敵手の＊フェル・ディアを倒し，『アイフェの一人息子の最期』では自分の息子を手に掛けた。この二つの話から，この槍は水中でのみ使うことができ，多数の鉤(かぎ)によって致命的な深手を与えたことがわかる。

カイル・イヴォルメト Caer Ibormeith/*ir*. [kair 'ivorm'eθ]　『オイングスの夢想』に登場する妖精エタル・アンヴーイルの娘で，主人公＊オイングスの恋人。

『カイルヴァルジンの黒書』 Llyfr Du Caerfyrddin/*wal*. [ɬivr di: kair'vərðin]

108ページに及ぶ写本で，カイルヴァルジン（カマーゼン Carmarthen/*eng*.）で作成されたと考えられていることからこの名が付いた。この写本の一部は12世紀に書かれており，ウェールズ語最古の写本であると長い間考えられていた。しかし今日では古文書学的根拠から13世紀後半に成立したとされる。この書の内容は作者不詳で伝わる詩がほとんどである。宗教詩と並んで，11／12世紀のウェールズ王を賛える詩や，伝説的内容の詩も含まれている。『ゲレイントの詩』や『墓の詩』，詩『門番は何者か』，更に＊マルジンや＊サワルフ・ヘーンにまつわる詩節も含まれている。現在アベラストゥイスのウェールズ国立図書館蔵。

カイルシオン＝アル＝ウィスグ Caerllion-ar-Wysg (Caerleon-on-Usk/*eng*.)　ウェールズ南部の地名。三つのロマンスの証言によれば——すでにモンマスの＊ジェフリーによって裏付けられた——，＊アーサーの宮廷がその地にあった。この伝承発生の要因はおそらく多数の廃墟にあり，その中にはローマ時代から残る円形劇場もある。

カイルテ・マク・ローナーン Caílte mac Rónáin/*ir*. ['kail't'e mak 'Ro:na:n']　＊フィン物語群に現われる，＊フィアナで最も重要な英雄の一人。＊フィアナの指導者＊フィン・マク・クウィルの甥とされ，足の速いことで有名。『古老たちの語らい』では，年老いたカイルテとこの＊オシーンが聖パトリックと出会い，彼と共にアイルランドを流浪し，土地の伝説的また神話的伝承を紹介する。

ガヴァイン，ガウェイン Gawain　ウェールズ語名＊グワルフメイに対応するドイツ語形，英語形。

カエサリウス Caesarius (**アルル** Arles**の**)　カビロヌム Cabillonum, すなわち今日のシャロン＝シュル＝ソーヌ Chalon-sur-Saône で生まれた（470〜542）。レリヌム Lerinum 修道院の修道士であり，502年から没するまでアレラテ Arelate, すなわち今日のアルルの司

教を務めた。書簡や修道規律や幅広い神学的著作の他に200以上の説教を残している。これらの著作は、キリスト教以前の宗教の根強い名残との確執を映しだすものとして興味深い。

カエサル，ガイウス・ユリウス Caesar, Gaius Iulius　紀元前100年頃生まれたローマの政治家，軍人，著述家。紀元前58年から51年にピレネー山脈からライン河に至るガリア全土を征服し，その遠征の公式記録として『ガリア戦記』*Commentarii de Bello Gallico* を著わした。この書は、戦争の経緯に応じて7巻に分けられているが，第6巻第11〜28節には，ガリア人とゲルマン人の風習に関する文化史的に重要な補説がある。カエサルは，そこでガリアの*ドルイド（6-13, 14），*生贄（6-16），*神と女神（6-17, 18）について比較し詳細に記述している。その際彼は先人たちにならい，ギリシア・ローマ神話の神々と，本質的な性格が一致するとローマ人が理解するケルトの神々を同一視している（ローマ風解釈）。カエサルは，ケルトの神々に対応するとされた*メルクリウス，*アポロ，*マルス，*ユピテル，*ミネルウァ，*ディス・パテルについて個々に言及している。カエサルの記述の多くは，考古学的証拠と島嶼(とうしょ)ケルト語の伝承から確認されている。しかしこの作品のプロパガンダ的な意図と，ストア派の哲学者ポセイドニオスの著作への依拠を，つねに念頭に置いておかねばならない。

『学識者のための手引』 Auraicept na nEces/*ir.* ['aurik'ept na 'n'e:g'es]　アイルランド語論文12編を収めた論文集。14〜16世紀の写本に2種類の異なる稿本が伝わっている。バビロンの言語の混乱の結果として起きたアイルランド語の発生について述べた序説に続き，アイルランドの文字（オガム）の説明や文法や韻律の問題について詳細まで論じてある。この作品には，アイルランドの修道僧たちが母国語の考察と記述にラテン語文法の概念を応用しようと試みた労苦が深く刻み込まれている。彼らは，文法家ドナトゥス Donatus（4世紀）やプリスキアヌス Priscianus（5／6世紀）の著書や，セビーリャのイシドルス Isidorus（560頃〜636）の『語源論』*Etymologiae* に範を取っている。

鍛冶　農耕や工芸や軍事において鉄は重要だったので，鍛冶はケルト人の社会では大きな役割を担った。しかも専門知識が必要とされるため，すでにハルシュタット期に，武具師，粗鉄工〔蹄鉄工〕，金属工芸師などに類別されていたこともありうる。オッピダの時代のものは，考古学発掘によって200種を越えるさまざまな鉄器が明らかになっている。また，マンヒングのオッピドゥムだけで，20種以上のさまざまな金属加工用具が見つかった。鍛冶はケルトの*宗教や神話でも重要だったことは，ローマ時代のガリアにおいて*ウォルカヌス神が信仰されたことや，ウェールズやアイルランドの文学における*ゴヴァンノンやゴヴニウをめぐる伝承が証明している。

歌人／歌い手　→バルド

数　推測だが，数はケルト人の*宗教や*美術や，また魔術においても，一定の役割を担っていた。"3"（『ブリテン島三題歌』）や"5"（*コーゲド）や"9 (3×3)"や"30"（時間）は，どうみても特別な価値が置かれている。

カスワサウン・ヴァーブ・ベリ・マウル Caswallawn fab Beli Mawr/*wal.* [kas'waɫaun va:b 'beli maur]　『シールの

娘ブランウェン』と『シールの息子マナウアダン』に登場するブラーン・ヴェンディゲイド王の従兄弟。王の不在中に王権を奪取し，魔法のヴェールを用いてブラーンに任命された代官を殺害する。中世には，紀元前54年に数部族からなる軍隊を率いてカエサルによる征服に対抗したブリタニア王カッシウェラウヌス Cassivellaunus と同一視された（『ガリア戦記』5-11, 18～22参照）。このような伝説は，モンマスのジェフリー著『ブリタニア列王史』のウェールズ語訳や，『ブリテン島三題歌』に収められた詩の一つにも見られる。この詩集の他の2ヵ所で，現存しない伝奇物語が言及されており，その物語の内容はどうみても，カスワサウンが恋人フリール Fflur《花》を求め，靴直しの旅職人に姿を変えてローマに赴いた次第を描いていたらしい。

家族 →クラン，→フィネ，→女性，→近親相姦，→子供，→母系制，→里子

カーティン，ジェレマイア Curtin, Jeremiah (1840頃～1906) アメリカの民俗学者，ウィスコンシン州グリーンフィールド生まれ。ハーバード大学で学んだのち，アメリカやロシアの政府の官職を歴任する。ヨーロッパ，アジア，北アメリカの広範な旅行を通して，さまざまな民族や文化の膨大な口頭伝承を収集した。アイルランドで収録したものは次の作品に発表された。『アイルランドの神話と民間伝承』*Myths and Folklore of Ireland* (1890) 『アイルランドの英雄物語』*Hero-Tales of Ireland* (1894) 『妖精と幽霊の物語』*Tales of the Fairies and of the Ghost World* (1895)。未発表の民間説話は，1942年アイルランドの民俗学者シェーマス・オーディリャルガ Séamus Ó Duilearga (英語名ジェイムズ・ディラーギー) により，『アイルランドの民話』*Irish Folktales* の書名で出版された。

カト《戦い》cath/*ir.* [kaθ] 戦い，あるいは会戦を意味する。物語録では，有名な会戦に関する物語区分を表わす。類似の物語区分に，殺戮を意味するオルギンや，攻囲，破壊を意味するトガルがある。→『エーダルの戦い』，『フィントラーグ（ヴェントリー）の戦い』，『マグ・ムクラマの戦い』，『マグ・ラトの戦い』，『マグ・トゥレド（モイトゥラ）の戦い』

カトヴァド Cathbad/*ir.* [ˈkaθvað] アルスター物語群に登場するドルイドで武者でもある。アルスター王コンホヴァルの助言者で，時にはその父親とされることもある。予言能力を持つ者として物語に登場する。『ウシュリウの息子たちの流浪』の始まりでは，アルスターの武者たちに，未だ生まれていないデルドレがいつか彼らに悲嘆をもたらすだろうと予言する。『クアルンゲの牛捕り』でも彼は同じような役割を演じる。コナル・ケルナハとフィアフ（ル）・マク・フィル・エヴェが『クー・フリンの少年時代』について語ると，カトヴァドはクー・フリンに名前を授け，彼の若き死と永遠の栄光を予言する。

カトゥリクス Caturix ローマ風解釈によりマルスと同一視されているケルトの神。この神の名は，《戦いの王》を意味する (*ir.*/cath《戦い》, rí《王》)。この神への奉献碑文 (CIL XIII-5035, 5046, 5054, 11473；NeLi 40) は，ローマ領だったスイスの数箇所で発見された。またドイツ南西部，ハイルブロン Heilbronn のベッキンゲン Böckingen (CIL XIII-6474) でも見つかった。

カトゥリゲス族 Caturiges 古代の

*民族誌によれば，西アルプス地方にあるデュランスの谷に住んでいたケルト部族。この名は文字通りには《戦いの王たち》というほどの意味であるが，どのように受け取られていたのかは明らかでない。カトゥリゲス族の主邑は，エブロドゥヌム Eburodunum，今日のアンブラン Embrun であった。この部族名は，ショルジュ Chorges の町名に残っている。

カドゥルキ族 Cadurci 古代の*民族誌によれば，ドルドーニュ河とアヴェロン河に挟まれた地域に住んでいたケルト部族。西は*ニティオブロゲス族と，東は*ルテニ族と接していた。カドゥルキ族の主邑はウクセロドゥヌム Uxellodunum であったらしいが，場所は定かでない。そこは，ガリア人の反攻に際して最後の要塞となったが，紀元前51年*カエサルの率いるローマ軍に征服された。カドゥルキ族の名は，かつてディウォナ Divona と呼ばれたカオール Cahors の町名に残っている。

カドベリー・カースル Cadbury Castle イングランド南西部，サマセットにある丘の上の城砦の現在名。この地の考古学調査で明らかになったが，人の住んだ痕跡は新石器時代初期から中世にまで及ぶ。紀元70年頃，ケルト人の城砦はローマ人によって攻め落とされ，一部破壊されたが，5/6世紀頃にしばらくの間使用された。16世紀以来，この丘は*アーサー王にまつわる伝説にある*カメロット城と同一視されてきた。しかし，これは古い伝承に基づくものでなく，むしろたぶん16世紀の学識者の推測に基づくものであろう。

カドワサウン・ヴァーブ・カドヴァン Cadwallawn fab Cadfan/wal. [kad-'waɫaun va:b 'kadvan] 625〜635年の間，ウェールズ北部の王国グウィネズを支配した王。634年，ノーサンブリア王エドウィン Edwin 率いるアングル人を壊滅させるが，それからわずか1年後，マーシア王オズワルド Oswald との戦いで戦死する。彼の勝利を称える詩『カドワサウン讃歌』 *Moliant Cadwallawn* は，おそらく彼の生存中に書かれた。ただし，この詩が残されている写本の成立年代は，18世紀中までしか遡れない。それに対して，カドワサウンに関するもう一つの詩『カドワサウンの哀歌』 *Marwnad Cadwallawn* は，すでに『ヘルゲストの赤書』の中に見られる。この韻文は，カドワサウン王の死後長らく経ってようやく書かれた可能性が高い。この詩の文体や内容には，*サワルフ・ヘーンやフレゲド王*イリエンにまつわる詩と共通するところがある。

カドワラドル・ヴァーブ・カドワサウン Cadwaladr fab Cadwallawn/wal. [kad'waladr va:b kad'waɫaun] 予言詩『ブリテンの予言』に登場する王。その予言の中で，ブリタニアのケルト人はこの王とカナンの指揮のもと，いつかアングロ＝サクソンの征服者の軛(くびき)を脱するとされる。『カンブリア年代記』及び『ブリテン史』の例証によれば，歴史上カドワラドルは父*カドワサウン・ヴァーブ・カドヴァンの後継者としてウェールズ北部の*グウィネズ王国を支配した。モンマスのジェフリー作『ブリタニア列王史』では，カドワラドルはケルト人最後のブリタニア王とされる。

カナン Cynan/wal. ['kənan] 『マクセン帝の夢』に登場する，ブリタニア王女エレン・リイザウグ Elen Luyddawg の兄弟。義兄弟のマクセン Macsen 帝が皇帝の地位を取り戻せるように，ブリタ

ニアから大陸に渡って彼を助け，その後故郷のブリタニアへは戻らなかった。カナンは従者たちと共にブルターニュを占領したらしい。そのとき彼らは，自分たちの言語を純粋に保つため，土地の女性たちの舌を切り落としたとされる（ブルターニュのウェールズ語名はサダウ Llydaw：この語源は通例的には Lled-taw《半ば口が利けない》と解釈されている。正しい語源については*リタウィスを参照）。予言詩『ブリテンの予言』では，カナンは二人の支配者の一人として登場し，その二人の支配者の指揮によって，ブリタニアのケルト人はアングロ＝サクソン人支配の軛を脱するとしている。

カーニー，ジェームズ Carney, James（1914〜1989） アイルランド人。ポート・リーシュ Port Laoise 生まれのケルト学者。ダブリンのユニヴァーシティ・コレッジで O.*バーギンのもとに学び，さらにボン大学の R.*トゥルナイゼンのもとで学んだ。1941年から85年までダブリンの*ケルト研究所に初めは助手，後に教授として在職した。彼の主要な研究テーマには最古のアイルランド語詩や*聖パトリックについての伝承などがある。物語の歴史性に関連して，彼が特に関心を示していたのは，ギリシア・ローマの古典や聖書の物語が土着のアイルランドの題材にどのような影響を与えたかであった。

『カノ・マク・ガルトナーンの話』 Scéla Cano meic Gartnáin/*ir.* [ˈʃkʼeːla ˈkano μikʼ ˈɣaRtnaːnʲ] 歴史物語群に属する。この物語の現存する稿本は11世紀に成立したとされ，『*レカンの黄書』に残されている。

物語によると，主人公のカノ・マク・ガルトナーンは祖父アイダーン・マク・ガヴラーン Aedán mac Gabráin から迫害されたためスコットランドからアイルランドへ逃げなければならなかった。カノはディアルミド Diarmait とブラートワク Bláthmac というアルスターの王たちのもとで客人として歓迎され，ディアルミドの娘に助けられて祖父の新たな攻撃から九死に一生を得る。その後，カノはアルスターからコナハトへ赴く。そこで，彼はグアレ Guaire 王と武者マルカーン Marcán の妻との間に生まれた娘クレデ Créd に恋する。ある宴席でクレデは自分とカノを除く皆に眠り薬を飲ませる。しかし，カノはスコットランド王位に就いたのち初めて彼女の恋人となるつもりだ。カノはコナハトを去るが，自分の愛の証として，彼の命がその石の無事に懸かっているという魔法の石をクレデに与える。カノはスコットランド王になった後，クレデと再会しようとする。しかし，マルカーンの息子コルク Colcu がこれを妨げ，カノは深手を負う。クレデは恋する人が死んだと思い込み，頭を岩にあてて打ち砕く。そのとき魔法の石も砕け，やがて数日後カノは絶命する。

カノン・ヴァーブ・クラドゥノ Cynon fab Clydno/*wal.* [ˈkənon vaːb ˈklədno]

『*ゴドジン』において，カトライス Catraeth への遠征に参加する。カノンは死後，イングランド北部やスコットランド南部の諸王たちと同じく，ウェールズ伝説上の登場人物となった。『*泉の貴婦人』ではアーサー王宮廷の騎士団の一人として登場し，彼の語る不思議な泉についての話と共に物語は進行していく。『*ブリテン島三題歌』は，フレゲド王イリエンの娘モルヴィズ Morfudd に対するカノンの恋に触れている。しかしこの

貨幣 ケルト人は紀元前3世紀初頭に使用しはじめた。考古学発掘品の例証によると、様々な種類の貨幣が使われたが、それぞれの使用地域は常に限られた地域にとどまっていた。城壁で囲まれた都市に似た集落（オッピダ*）では、時々部族の長の発案で貨幣が使われたのは確かなようだ。特定の貨幣と現在知られている部族名とを結び付ける作業は、ガリア以外の地域では難しい。

貨幣の鋳造は、最初に焼き物の鋳型（いわゆる点鋳板）の中に金属（通常金か銀か青銅*）を等量ずつ正確に流し込んだ。こうして出来たいわゆる鋳造板を、手作業で二つの刻印にはさみ、打刻した。

ケルト人がどのような通貨単位を用いていたかは不明である。例えばテトラドラクマやスタテルのような今日一般化している名称は借用されているにすぎず、これはケルトの貨幣が特にギリシアを手本にしていることが証明されていることに基づく。その影響は貨幣に描かれた図像にも表われていて、ギリシアやローマの原型をたいていは独自の仕方で変形したものである。おそらく貨幣の文様の多くは宗教的な意味も持っていただろうが、それに対応する貨幣伝説や同類の文献資料がないので、ほとんど知ることができない。このため、ケルト以後の時代になると、たびたび幻想的な想像のきっかけとなった。（虹の小鉢*）

アイルランドではヴァイキングが初めて貨幣を導入した。

カーマイケル，アレクサンダー Carmichael, Alexander（1832～1912）スコットランドの高地地方、リスモール生まれの民俗学者。徴税吏としてスコットランドの各地で働いた。1855年から99年までに、スコットランド＝ゲール語の祈り、祝福、誓言、呪文や詩歌の膨大な収集を行なった。彼自身は、この収録の一部をスコットランド＝ゲール語と英語で『ゲールの詩歌』 *Carmina Gadelica* と題して出版したが、死後、全コレクションが5巻本に別冊索引を付けて1928年から71年にかけて刊行された。

神と女神 神や女神は、ケルト人の宗教の原初から重要な役割を果たしている。印欧語の《神と女神》を意味する言葉（*deivos, *deivā, そこからラテン語のdeus, dea が生じた）が、全てのケルト語でよく検証されていることからも見てとることができる。ガリアの言語とブリタニアの言語（ブリトン語系）では、語幹*devo-またはその異形*divo-が、多くの地名*と人名*に現われる。よく見られる語形 Deva《女神》は、今日のイングランドとスコットランドに幾つかの河川名ディー Dee として残っている。アイルランド語では、《神》を表わすディア día（複数デー dé）は、キリスト教の唯一神にもまたキリスト教以前の複数の神々にも使われた。ウェールズ語で対応する語は、ディウ duw（古形 dwyw）である。

ケルト人が神や女神をどのように思い描いたか、また神や女神についてどのような神話を伝えたのかはほとんどわからない。最古の時代については、文献と誤解をまねく余地のない図像や彫像が不足している。フランスの宗教学者 G. デュ*メジルは、異なる印欧語族文化から広範な比較資料を引用して、ケルトの神々の世界を再構築しようとした。デュメジルの理論を受け継いで、フランスの考古学者ジャン＝ジャック・アット Hatt, Jean-Jacques（1913～）は、ハルシュタット期とラ・テーヌ期の美術に、後代の資

料で名前が知られている神々についての象徴的表現を確認しようと努めた。二人の取り組みは，大部分憶測に基づくため，専門家の間では一般的に承認されていない。ケルトの神々の名前とその祭祀についての報告は，大部分はようやくローマ時代のものが伝わっている。この際，資料として，古代の民族誌の報告もガリア語やラテン語で書かれた奉献碑文も考慮される。

古代文献は，*アンドラスタ，*ベレヌス，*エポナ，*エスス，*グランヌス，オグミオス，*タラニス，*テウタテスを今日に伝えている。碑文から非常に多くの神名が知られており，ここではケルトの神や女神は，ローマの神々と同一視されている（いわゆる*ローマ風解釈）。更に，ローマの神々*アポロ，マルス，*メルクリウスと名前の上でも同一視された多くの神々がいる。また別の碑文は，ローマの神々と偶然に一致するか，あるいは全く関係がないと思われる名前を伝えている。これらは，*アブノバ，*アンダルタ，*アンテノキティクス，*アルドゥインナ，*アルティオ，*アテスメリウス，ベラトゥカドルス，*ベリサマ，*ベルグシア，ボルウォ，ブリガンティア，ケルヌンノス，*コキディウス，コウェンティナ，*ダモナ，イカウナ，インタラブス，イオウァントゥカルス，ラトビウス，リタウィス，マトロナ，マトゥヌス，モルティヌス，ナントスエルタ，ネメトナ，*ノレイア，ロスメルタ，*ルディアヌス，ルディオブス，セクアナ，*シロナ，*スメルトリウス，ソウコンナ，スケッルス，*タルウォス・トリガラヌス，*ウクエティス，*ウェテリス，ウィスキウス，*ウォセグスである。

ケルト人のキリスト教化以後，いくらかの神々は，死すべき人間へと解釈を変えられた（いわゆる*エウヘメロス説）。これらの神々は，たいていはるか昔の伝説上の人物としてアイルランドとウェールズの中世文学に現われる。キリスト教以前の神話におけるこれらの神々の起源は，伝承で個々にうかがい知ることしかできない。

カムラン Camlan/wal. ['kamlan] *アーサー王による最後の戦いが行なわれたとされる場所。カムランに関する最古の資料は，おそらく同時代に書かれた『カンブリア年代記』である。93年——おそらく紀元539年——の項に，次のように書かれている:《カムランの戦いにおいてアーサー及びメドラウド死亡》。この戦いの原因は，『ブリテン島三題歌』の中の2歌が，アーサー王の妃グウェンフイヴァルとその姉妹グウェンフイヴァハとの確執にあるとしている。モンマスの*ジェフリーが最初に紹介した有名な伝説によれば，アーサー王は甥のメドラウドによる裏切りのために戦わざるを得なくなり，その戦いで両者とも戦死したということである。ウェールズではこの戦いは広く知られており，このカムランという言葉は慣用的に《乱戦》を表わすようになった。

カムリ語 →ウェールズ語

カムルス Camulus ケルトの神であるが，語源は定かではない。この神への信仰は，ローマ (CIL VI-32574)，ランス Reims (ILTG 351)，〔ベルギーの〕アルローン Arlon (CIL XIII-3980)，〔ドイツの〕リンデルン Rindern (CIL XIII-8701)，マインツ Mainz (CIL XIII-11818)，スコットランドのバー・ヒル Bar Hill (RIB 2166) で発見された奉献碑文で明らかになった。ローマ以外の碑文では，カムルスは，*ローマ風解釈によ

りマルスと同一視されている。

カメロット Camelot 中世後期に成立したアーサー王物語群の円卓の騎士団が集まった土地。その所在についてほとんどの著者は詳しく言及しておらず，Th.マロリーが，アングロ＝サクソン王国ウェセックスの首府，イングランド南部のウィンチェスターと同一であるとしているのみである。16世紀以降，カメロットと丘陵の城砦カドベリー・カースルを同一視することは妥当とされる。

ガラス 紀元前6／5世紀のケルト人においては，ほとんど（輸入された）色つきの小玉の形だけが現われる。大多数のガラスの発掘品は女性や子供の墓からであり，同時代の集落の考古学調査では稀にしか発見されない。紀元前4世紀にケルト人初のガラス工房が発生するが，もっぱら装身具（玉や腕環や指輪類）の製造に従事した。食器，鏡，あるいは窓にガラスを使用することは知られていなかった。

カラダウグ・ヴァーブ・ブラーン Caradawg fab Bran/wal. [ka'radaug va:b bra:n] 『シールの娘ブランウェン』に登場するブラーン・ヴェンディゲイド王の息子。ブラーンのアイルランド遠征中，代官として他の6人の男たちとブリタニアにとどまる。ところがブラーンの従兄弟のカスワサウンが王の不在に乗じて王位簒奪を図る。彼は魔法のヴェールを利用してカラダウグ以外の代官をみな打ち倒してしまう。そしてカラダウグも仲間の死を悼むあまり，心臓がはり裂けて死ぬ。

カラダウグ・ヴレイフヴラス Caradawg Freichfras/wal. [ka'radaug 'vreiχ-vras] 『フロナブイの夢』に登場する，アーサー王の最高位の助言者。彼の特徴は，その異名ヴレイフヴラス《剛腕の》（ウェールズ語で breich は《腕》，bras は《強い》を意味する）によって表わされている。いろいろな聖人伝や『ブリテン島三題歌』に見られる記述から，カラダウグはウェールズ文学の中で重要な役割を果たしていることがわかる。更に，カラダウグについてはフランス宮廷文学の中でも言及されている。ここではフランス語に依って《短い腕をした》という新たな異名に変わる（フランス語で bref は《短い》，bras は《腕》を意味する）。クレティアン・ド・トロワの物語の中ですでにカラデュ・ブリブラ Karadues Briebras という名前で登場している。13世紀成立の作者不詳の作品『カラドスの生涯』*Livre de Carados* では，彼は主役を演じている。

ガラティア語 小アジアのアナトリア半島のケルト人の言語。主に古代の著述家によって伝えられた名前や個々の単語によって知られている。これらから，ガラティア語とガリア語の間に多くの共通点が存在することがわかる。ガリア語がいつ絶滅したかは明らかでないが，どうみても3／4世紀にはまだ盛んだったようだ。教会史家で教父の聖ヒエロニムス Hieronymus の有名な指摘がそれを確認している――ガラティア人は，〔現在のドイツ西部〕トリーアの住民の言語とほとんど同一の言語を話す（Galatas...propriam linguam eandem habere-quam Treviros）。なお，この指摘はヒエロニムス自身の観察に基づくことはほとんどありえず，むしろキリスト教護教著述家ラクタンティウス Laktantius の覚書によっている。

ガラティア人 Galatae/lat. 紀元前278年バルカン半島を越えて，小アジア

へ移住したケルト人の名称。古代の*民族誌によると、ガラティア人は、トリストバギイ族 Tolisto(b)agii、トロクモイイ族 Trokmoii、テクトサゲス族 Tectosages の3部族からなり、各部族が四分領（四分治制）に組織され、計12の四分領共同で聖なる森（ネメトン nemeton）で300人の議会を開催した。もともとガラティア人は、ビテュニアの王ニコメデス Nicomedes 一世に援軍としてこの地に呼ばれた。傭兵奉仕が終了した後、彼らは独力で侵略に乗り出し、遂には定住した。ガラティア人は、ペルガモン歴代の王と長期にわたり戦った。王らは一連の美術作品で諸戦の勝利を讃美しようとした。アッタロス Attalos 一世とエウメネス Eumenes 二世の時代の多くの彫刻がローマの大理石の複製に残されている。その中で最も有名なものは、「瀕死のガリア人」である（現在ローマのカピトリーノ博物館蔵）。紀元前189年のローマに対する致命的な敗北の後、アウグストゥス Augustus 帝が彼らの居住地域をローマの属州とする紀元前25年までガラティア人は独立を守ることができた。使徒パウロのガラティア人への手紙は、おそらくこの属州の地方のキリスト教団について述べているのであろう。おそらく紀元後3／4世紀にはその地の住民はまだケルト語（*ガラティア語）を話していた。

カラディーン Calatín/*ir.* ['kaladʲiːn]
*アルスター物語群に登場する武者。『クアルンゲの牛捕り』で、*クー・フリンとの決闘で討たれる。『クー・フリンの最期』では、彼の息子たちが父の復讐のために、呪いによってクー・フリンを死に至らしめる様子が描かれている。

カラドグ Caradog（サンカルヴァン Llancarfan の）/*wal.* 12世紀の聖人伝作者。1130年頃に書いた伝説色の強い*ギルダス伝に、カラドグは、女王グウェンフイヴァルが夫*アーサー王の敵メルワス Melwas によって誘拐されたと記している。

『カラドニアの誤審』Gúbretha Caratniad/*wal.* ['guːvʲreθa 'karadʲniað] アイルランドの法の基本原理から逸れた判決集。この文献は800年頃成立したと推定され、12世紀の写本集に収められている。残存するものには、アイルランドの法律のあらゆる領域に及ぶ51の判決が含まれている。伝承によると、2世紀にコン・ケードハタハ王の法官カラドニア Caratnia によって下されたものだという。

ガリア Gallia/*lat.* 古代の*民族誌によれば、ガリア人の居住地方（*ケルト人）。上部イタリアのケルト人諸部族の居住地をガリア・キサルピナ Gallia Cisalpina あるいはガリア・キテリオル Gallia Citerior/*lat.*《〔ローマから見た〕アルプスのこちら側》と呼んだ。これに対し、ライン河、ピレネー山脈、アルプス、地中海と大西洋の間の地方をガリア・トランサルピナ Gallia Transalpina あるいはガリア・ウルテリオル Gallia Ulterior/*lat.*《アルプスの向こう側》と呼んだ。

上部イタリアのケルト人は、すでに紀元前3／2世紀にローマに支配され、紀元前89年と49年にローマ市民権を得た。紀元前125〜118年にローマ人はフランス南部を征服し、そこにローマ属州ガリア・ナルボネンシスを設立した。紀元前58〜51年、*カエサルは残りのガリアも支配下に置き、三つの属州、アクィタニア Aquitania（南西）、ガリア・ルグドゥネンシス Gallia Lugdunensis（ガリア中心部）、ガリア・ベルギカ Gallia Belgica（北東）に分割された。これらの《三つのガリア》（トレス・ガリアエ Tres Galliae）の中心地は，紀元前43年に建設された植民市ルグドゥヌム Lugdunum（現リヨン Lyon）だった。そこではガリア人の州議会（コンキリウム・ガリアルム Concilium Galliarum）も開かれた。

紀元前1世紀の中頃から，ガリアでは独自のガロ=ローマ文化が発展した。これは，土着と外来の要素が新たに一つに融合した文化である。2世紀からは，ガリアでキリスト教が広まった。3世紀にゲルマン人諸部族に幾度も侵略された後，5世紀にはローマ軍の退却により完全にゲルマン人に征服され，ガリアは，フランク人，アレマン人，ブルグント人，西ゴート人の諸部族に分割された。

ガリア語 中欧のケルト系住民の言語。*ブリトン語や*ガラティア語と多くの共通点があったと推測される。主に名前や単語が，古代の著述家や数多くの碑文を通して知られている。それらの碑文は三つの異なるアルファベットで書き記されている。上部イタリアからエトルリア文字で書かれた紀元前2世紀の碑文がわずかだが見つかっており，フランス南部には1世紀のイオニア=ギリシア文字で書かれた石碑文60余りが残されている。ガリアのさまざまな地方から1〜4世紀に書かれたラテン文字の碑文などが総計100以上も見つかっている。これらのうち最も重要なものは，*コリニーの暦や，*ラ・グロフザンク出土の土器に残された搔き文字や，*シャマリエールや*ラルザクの鉛板などである。

カリブルヌス Caliburnus →カレドヴルフ

カルディー（ズ） Culdees →ケーリ・デー

カルティマンドゥア Cartimandua
1世紀中頃のイングランド北部にいた*ブリガンテス族の女王。*タキトゥス（『年代記』12）によると，51年，ローマに対して反乱を起こしたブリタニア王カラタクス Caratacus は，カルティマンドゥアに保護を求めたが，彼女は王をローマ軍に引き渡した。彼女は，夫ウェヌティウス Venutius の反対にもかかわらず，更にローマ人との協調を深めた。彼女の統治が終わると，ブリガンテス族の居住地はローマ属州ブリタニアに組み入れられた。

カルニュクス Carnyx ケルト人が戦いのときに使ったラッパ。朝顔の部分は金属で動物の頭が象られていた。この楽器については*ポリュビオス（2-29）やシチリアの*ディオドロス（5-30）など古代の著述家が言及している。更に図像（例：ゴネストロップの大釜のレリーフ）や考古学発掘品によっても知られている。

カルヌテス族 Carnutes 古代の民族誌によれば，セーヌ河とローヌ河に挟まれた地域に住んでいたケルト部族。カルヌテス族の主邑はケナブム Cenabum，すなわち今日のオルレアン Orléans であった。*カエサル（『ガリア戦記』6-13）によると，この部族の土地はガリアの中心とされ，そこにあった聖地には毎年*ドルイドが会議のため集まったとされる。この部族名は，かつてアウトゥラ河 Autura（現ウール河 Eure）にちなんでアウトリクム Autricum と呼ばれた町，現在のシャルトル Chartres の町名に残っている。

カルブレ・ニア=フェル Cairbre Nia-Fer/ir. ['karʲbʲrʲe Nʲia fʲer] 『クアルンゲの牛捕り』に登場する*タラの王。コナ

ハト王アリルの兄で、*フェデルム・ノイヒリデと結ばれ、アルスター王コンホヴァルの娘婿となった。『ルス・ナ・リーグの戦い』Cath Ruis na Ríg によると、カルブレは*クー・フリンを相手に戦って討たれる。そのため、彼の息子エルク Erc は呪いによってクー・フリンを殺した共謀者の一人とされる（『*クー・フリンの最期』）。

カルブレ・マク・エーダイネ Cairbre mac Étaíne/*ir*. ['karʲbʲrʲe mak 'e:dainʲe]　『マグ・トゥレドの戦い』に現われる、*トゥアタ・デー・ダナンの詩人（*フィリ）。伝承によると、アイルランドで初めて儀式的な呪詛（諷刺）を掛けた。

カルブレ・リフェハル Cairbre Lifechar/*ir*. ['karʲbʲrʲe 'Lʲifʲeχar]　歴史物語群に現われる、*コルマク・マク・アルト王の息子。*フィアナとの戦いのさなか、投槍でフィンの孫オスカルに致命傷を与えたが、自身も瀕死のオスカルに討たれる。

J. *マクファースン作の叙事詩『テモラ』 *Temora* では、アイルランドの伝承と異なり、カルブレ（カラバル Cairbar の名前で登場）はコルマクの息子ではなく、王を暗殺し、王位を奪った者として登場する。マクファーソンの描写によると、オスカルとカルブレの相討ちは、カルブレが敵対するスコットランド王フィンガルの孫オスカルを亡きものにしようと企み、彼を招待した宴の最中に起こる。〔『タイモーラ　第一の歌』参照、中村徳三郎訳『オシァン』岩波文庫所収。〕

カレドヴルフ Caledfwlch/*wal*. [kaˈledvulχ]　『キルフフとオルウェン』に現われる*アーサー王の剣。この語は、アイルランド語の Calad-Colc または Calad-Bolg に対応する。『*クアルンゲの牛捕り』で、武者*フェルグス・マク・ロイヒの剣はこう呼ばれる。モンマスの*ジェフリーによれば、アーサー王の剣はカリブルヌス Caliburnus（カリュブス

カルニュクスと共に出陣するケルト人。
ゴネストロップの大釜の浮彫りから

chalybs/*gr.*, *lat.*《鋼鉄》から派生）と呼ばれ，その後アーサー王物群が形成される中でエクスカリバー Excalibur となった。

カレドニア Caledonia, または**カリドニア** Calidonia　古代の民族誌でスコットランドのこと。この名称はおそらく，古代の著述家にカレドニイ族 Caledonii あるいはカリドニイ族 Calidonii として伝えられたケルト部族名から派生した。しかしこの部族がスコットランドのどの地域に定住していたのかはわからない。

カレフ・ヴェーリ Caillech Bérri/*ir.* ['kaL'eχ 'vɛːR'i] またはシェンディネ・ヴェーリ Sentainne Bérri《ベアの老女》と呼ばれる，アイルランドの伝承や詩の中の人物。もともとアイルランド南西部のベア Beare 半島にゆかりがあり，この地方の有力家系の始祖と見なされていた。900年頃の詩では，修道院に隠棲する老いさらばえた女として描かれ，王たちに愛される者として過ごした若き日々を哀愁を込めて振り返る。アイルランドの伝承には同類のものが数多く存在することから，この詩はキリスト教伝来以前の神話をキリスト教的に改変したものと推測される。したがってカレフ・ヴェーリは本来土地を守護する女神であり，その時々の王と*聖婚を行なった，という神話であろう。──A.*クラークの詩「ベアの乙女」*The young woman of Beare*（1929）はこの題材の近代的な形である。

カンヴェイルズ Cynfeirdd/*wal.* ['kənveirð]　ブリテン島のケルト人の中で最初に名前を残した詩人たち。『ブリトン人の歴史』によると，*ネイリン，*タリエシン，タルハイアルン Talhaearn，ブルフヴァルズ Blwchfardd，キアン Cian の 5 人だった。彼らは 6 世紀後半，イングランド北部とスコットランド南部に住んでいたらしい。したがって，彼らの用いた言葉はおそらく，今ではわずかしか知られていない*カンブリア語だろう。上述した 5 人の詩人のうち，最後の 3 人については名前しかわかっておらず，どのような作品を書いたのかもまったくわかっていない。ネイリンとタリエシンに関しては，すでに中世において中期ウェールズ語詩の作者と見なされていた（*ウェールズ語）。現代では，これらの詩の大半は，明らかに彼らの時代より後に書かれたものと考えられている。また，これらが上述の詩人によるものと言われるようになったのは，彼らの死後である。その他の作品についても，6 世紀に遡るかどうかは定説がない。同時代の資料が全くないために，当時の詩人や彼らの作品の歴史的背景はほとんどが不明のままである。したがって，当該の詩の成立年代を推定する上で決定的なのは，とりわけ形式，文法，韻律といった，作品で用いられている言語そのものが決定的な内的判断基準となる。しかしこれらの点に関しても，韻文がどのように伝えられたかという問題と同様，非常に異なった解釈がなされる。

カンザラン Cynddylan/*wal.* [kən-'ðəlan]　7 世紀頃，ウェールズの王国*ポウイスを治めたとされる王。カンザランの姉妹ヘレズを主人公として 9／10 世紀に生まれた韻文作品群の中には，カンザラン一族の悲劇的な運命が語られている。

カン=ド=シャトー Camp-de-Château　フランス，ジュラ山地サラン=レ=バン Salins-les-Bains のすぐ西，フュリューズ Furieuse の谷にある丘。頂上で見つかった考古学発掘品や，車両を埋めた付近の墳墓から，この丘には紀元前500

年頃に初期ケルトの*首長の城砦があったことが推測される。

カンブリア語 イングランド北部及びスコットランド南部のケルト系住民の言語を指す。5／6世紀に，*ブルトン語，コーンウォール語，*ウェールズ語と同じく*ブリトン語から分化，発達した。ゲルマン諸部族の進出に伴いカンブリア語は急速に勢いを失い，12世紀にはおそらくもう死滅していた。主な言語資料としては，地名の他に，わずかではあるがラテン語資料に残るものがある。多くの研究者は，*ネイリンや*タリエシン（両者とも550〜600年ごろ）といった詩人たちによって作られた詩の幾つかは，本来カンブリア語で口頭伝承され，のちにウェールズ語で書き留められたと推測する。早い時代にはおそらくカンブリア語とウェールズ語はほとんど区別がなく，この二つの言語共同体の間には密接な文化関係があったことから，それは十分可能である。更に考えられることは，他の多くと同じように，これらの詩は彼らの死後に成立したが彼らに帰せられたにすぎないというものである。

カーン《法》 Cáin/*ir.* [kaːnʹ] アイルランド語の法律用語で，文脈によってさまざまな言葉に翻訳されうる。一般的には，聖職者あるいは支配者によって公布された法令，社会的地位の高い者の役務または義務，あるいは罰金を指す。

『カンブリア年代記』 Annales Cambriae/*lat.* ウェールズの年代記集成。最古の写本は5世紀中頃から10世紀中頃までを扱っている。現存する年代記集の写本はおよそ1100年頃に成立したもので，ロンドンの大英博物館付属図書館のハリー文庫3859に収蔵されている。本書の*バゾンの戦いとカムランの戦いについての指摘は有名である。

キ

キアン Cian/*ir.* [kʹian] 神話物語群に登場するトゥアタ・デー・ダナンの医師*ディアン・ケーフトの息子。『マグ・トゥレドの戦い』によれば，キアンはフォウォレの隻眼の*バラルの娘エトネ Ethne と結ばれた。二人の間に出来た息子がルグ・マク・エトネンである。ルグはマグ・トゥレドの戦いにおいて投石器で放った石で祖父の目をつぶし，首を取る。『トゥレンの息子たちの最期』には，キアンが個人的な恨みのために〔トゥレンの息子たち〕ブリアン Brian，イウハル Iuchar，イウハルバ Iucharba の三兄弟に殺されるさまが描かれている。

キコッルス Cicollus *ローマ風解釈により*マルスと同一視されているケルトの神。おそらくこの名は，《偉大な守護者》を意味する（参照：cich/*air.*《胸，庇護》，oll《偉大な》）。キコッルス信仰は，フランスのディジョン Dijon（CIL XIII-5479），エニェ゠ル゠デュク Aignay-le-Duc（CIL XIII-2887），マラン Malain（CIL XIII-5597〜5599, 5601）から出土した祭壇の碑文や，スイスのアールガウ州ヴィンディシュ Windisch から出土した板金のディアデム《冠》に書かれた碑文（NeLi 54）で明らかになった。女神リタウィスがこの神の伴侶として幾つかの奉献に現われている。

起源伝説 古代ケルト人にはおそらく固有の起源伝説があったと思われる。しかし，彼らは伝説を書き記さなかったので，古典古代の著述家たちによるわずかな言及しか残っていない。それ以前の伝承については失われてしまった。*カエサル（『ガリア戦記』6-18）によると，す

べてのガリア人は*ドルイドの教えに従い自分たちを冥界の神*ディス・パテルの子孫と見なしていた。さらに他のギリシア・ローマの報告は，ケルト人の先史・原史がギリシア・ローマの神話と結び付く傾向にあることを示している。*エウヘメロス説の場合は，神格化された有名な現世の人物が神話の登場者となる。

歴史家アッピアノス（2世紀）は，ケルト人とガラティア人の名称を説明するのに，二人の王《ケルトス》Keltosと《ガラス》Galasを想定し，この二人をキュクロプス〔一眼巨人〕のポリュペモスとその妻ガラテイアの息子たちとしている（『ローマ史』10-1）。ハリカルナッソスのディオニュシオス（紀元前1世紀〜後1世紀）は，ケルトスはヘラクレスとアトラスの娘アステロペの息子であるという伝承を残している（『ローマ古代誌』14-1）。歴史家シチリアのディオドロスによると（5-24），ケルト人とガラティア人の名は《ガラテス》Galatesに由来し，その両親はヘラクレスと土着の支配者の娘であったという。

個々の王家あるいは部族全体が自分たちの起源を，名前の基になった多少あいまいな英雄にまで遡ることは，中欧でははるか後の中世に至るまでよく行なわれていた。その際，土着の題材とモチーフはギリシア・ローマやキリスト教の伝承と混淆され，*エウヘメロスの方法で神話上の存在は歴史上の人物として説明された。アイルランドやウェールズの支配者の多くは自分たちの正統性を神話あるいは伝説に包まれた大昔の王から引き出した。このことがケルトの文学の発展に大きく貢献することになる。つまり，そのような主張をするために，(偽の)歴史物語を作る必要が生じ，幾つかの伝説が書き残されることになったからである。

基層言語 言語学の用語。侵略者や征服者層の言語によって駆逐されても，なお幾らかの単語や地名や慣用句の中に把握できる，ある言語空間の先住民の言語を意味する。ケルト言語学の分野において特に注目されるのは，島嶼ケルト諸語のいろいろな特徴，例えば，動詞の位置が文章の初めに来るのはケルト人以前のヨーロッパ西部にいた住民の言語習慣に由来していると説明されうる，とするような仮説である。ケルト以前の言語のケルト諸語への影響を更に明確にしようとする研究は，とりわけJ.*モリス=ジョーンズやJ.*ポコルニーやH.*ヴァーグナーによって試みられた。しかしながら，この領域における彼らの研究については，ケルト以前の言語がほとんどなにも知られていないため異論がある。

キッソニウス Cissonius ケルトの神。合計10の奉献碑文（CIL XIII-3659, 4500, 5373, 6085, 6119, 6345, 7359, 8237, 11476, 11607）の例証によると，この神は*メルクリウスと同一視されていた。

キーティング，ジェフリー Keating, Geoffrey（1570〜1650頃）／アイルランド名**シャハルーン・ケーティン** Seathrún Céitinn アイルランド，ティパレリー Tipperary 生まれ。フランスのボルドー Bordeaux とスペインのサラマンカ Salamanca で神学を学んだ後，1610年以降，主にアイルランド南部の故郷で聖職者として活動した。彼自身の言葉によると，イングランドの著述家によるアイルランド史があまりにも否定的に記されたことに発奮し，自らアイルランド史を書いた。そこでは，土着のアイルランド人も，12世紀に侵入したアングロ=ノルマンの征服者も公正に取り扱って

いる。その著作『アイルランドについての基礎知識』Foras Feasa ar Éirinn は1633／34年頃完成したが、伝説上の最初の入植からノルマンの侵入までを取り扱っている。また、その中で、今日散逸してしまった多くの資料について言及し、神話や伝説や民間伝承を多数記載している。この作品は古典的近代アイルランド語の手本として19世紀まで数多くの写本に収録され広まったが、完本はようやく今世紀初めに印刷出版された。

ギネヴラ Ginevra　ウェールズ語名グウェンフイヴァルのドイツ語形。

キネザ Cunedda/wal. [kiˈneða]　『ブリトン人の歴史』に登場する、スコットランド南部のゴドジン一族出身の王。8人の息子を連れてウェールズ北部にやって来て定住し、その地に侵入してくるアイルランド人を追い払った。もしこの話が史実に基づくとすれば、4世紀末頃か5世紀中頃の出来事と考えられよう。中世の伝承の中では、キネザは大貴族及び聖人を輩出した家系の始祖と見られた。

キャンベル、ジョン・F. Campbell, John Francis（1822〜1886）　スコットランド人。アイラ Islay 島生まれで、黎明期の多作の民俗学者。エディンバラ大学で学んだ後、スコットランドで英国政府のさまざまな官職を歴任した。北欧学者ダーセント Dasent, George Webbe（1817〜1896）の勧めにより、グリム兄弟にならってスコットランドの高地地方やヘブリディーズ諸島の口碑伝承を収集する。膨大な資料の一部を、英語の『西部高地地方の民話』Popular Tales of the West Highlands（全4巻、1860〜62）と、スコットランド＝ゲール語の『フィアナ〔フィン〕の書』Leabhar na Féinne（1872）として出版した。彼の収集の更に多くの口承伝説が、スコットランド人類学・民俗学会 Scottish Anthropological and Folklore Society に委託された手書きの遺稿から、1940年と60年に『続西部高地地方の民話』More West Highland Tales I-II として公刊された。

キャンベル、ジョン・G. Campbell, John Gregorson（1836〜1891）　スコットランド人。高地地方のキンガーロッホ Kingairloch 生まれの民俗学者。グラスゴー大学で学んだ後、1860年から死に至るまで、内ヘブリディーズ諸島のタイリー Tiree 及びコル Coll 教区で聖職者として生きた。彼が収録した膨大なスコットランド＝ゲール語の口頭伝承は、選集として、一部は彼の死後、次の作品として公にされた。『武者たち』The Fians（1891）『西部高地地方・島嶼地方の伝承と民話』Clan Traditions and Popular Tales of the Western Highlands and Islands（1895）『スコットランドの高地地方・島嶼地方の迷信』Superstitions of the Highlands and Islands of Scotland（1900）『西部高地地方の魔術と予言』Witchcraft and Second Sight in the West Highlands（1901）。

q-ケルト語　ケルト語派が他の印欧語から分かれる以前に共有した*qw音が、そのまま残るか、あるいはk音として残った、ケルトの諸言語。いわゆるp-ケルト語は、これに対してqw音がp音に変化した言語である。古代の大陸ケルト語を見ると、*ケルト・イベリア語はqwだが、*レポント語はpである。*ガリア語では、p音が圧倒的だが、qw(quと書かれた)音のある単語も散発的に見つかっている。よく知られている島嶼ケルト語

については，*アイルランド語と*スコットランド・ゲール語と*マン島語は qw から k へと移行し，*ウェールズ語と*コーンウォール語と*ブルトン語では古い音韻 qw は p に置き換えられた。

ギラルドゥス・カンブレンシス Giraldus Cambrensis/lat., あるいは**ウェールズのジェラルド（ゲラルド・デ・バリ** Gerald de Barri/lat., **ゲラスト・ガムロ** Gerallt Gymro/wal.） 12／13 世紀の教会のラテン語著述家。1146 年ウェールズ西南部で，アングロ＝ノルマン人貴族の父とウェールズ人の血を半分引く母との末子として生まれた。グロスターとパリで神学の学業を積んだ後，1176 年から 79 年までパリ大学で教鞭を取り，84 年から 94 年までイングランド王ヘンリー二世の宮廷で礼拝堂付司祭となる。この時期，ジョン王子のアイルランド遠征（85／86）と，カンタベリー大司教ボールドウィン Baldwin のウェールズ旅行（88）に同行している。セント・デイヴィッド司教になる試みに 2 度失敗した後，1203 年すべての職を辞し，23 年の死に至るまで著述に専念した。彼の作品の中で文化史上最も重要なものとして，『アイルランド地誌』*Topographia Hiberniae* や，ノルマン人によるアイルランド征服の記述『アイルランド征服記』*Expugnatio Hibernica* や，『ウェールズ旅行記』*Itinerarium Kambriae* と『ウェールズ誌』*Descriptio Kambriae* が数えられる。

切られた首（テート・クペ） tête coupée/fr. ケルト*美術における，人間の首（頭）だけを表わして身体部分のないもの（誤解されやすい）名称。

キリスト教化 ケルト人のキリスト教化に関する最古の報告は，すでに 2 世紀に重要なキリスト教団が存在していたローマ支配下のガリアからのものである。初めにガリア南部の町でこの新しい宗教が広まり，4 世紀の終わり頃には北部の農村地帯にも地盤を固め，ローマ民政を手本に国中に司教区が組織された。

すでに 200 年頃，キリスト教護教著述家テルトゥリアヌス Tertullianus が，ブリタニアのキリスト教団について言及している。314 年のアルルの教会会議には，ブリタニアの司教 3 人が出席していたことが文書で明らかになっている。5 世紀初めローマ軍がブリタニアから退却した後も，キリスト教は，この島のローマ化したケルト人に重んじられ，ここからローマ帝国境外へと広まった。*ギルダスの著作は，アングロ＝サクソン人がブリタニアを征服した《暗黒の世紀》についての最も重要な同時代資料である。

アイルランドにおけるキリスト教化は，5 世紀中に起こった。しかし，おそらくすでにそれ以前，特に島の南部にキリスト教団がまばらにあった。後のアイルランド文献は，この改宗を聖*パトリックの布教活動の成果としている。7〜12 世紀にアイルランドで修道院文化が全盛となり，その布教活動はブリタニアとヨーロッパ大陸の精神生活に決定的な衝撃を与えた。

ケルト人の国々のキリスト教化がそれぞれどのように成されたのかは，同時代の文献資料が不足しているため，十分解明されていない。アイルランドの聖人伝には，ゲルマニア北部とは対照的に殉教者が見当たらない。もちろん古い宗教と新宗教との間には確かに対立があっただろう。なぜならケルト人の神官（ドルイド）は，初期アイルランド文学では例外なくキリスト教とは相容れない敵として

描かれている。近年の研究においては，中世の修道士は，文学的あるいは文化史的関心からキリスト教以前の伝統を記録したのではなく，たいてい教訓的，道徳的，政治的目的で著わしたということを前提としている（*起源伝説）。

ギルヴァイスイ Gilfaethwy/*wal.* [gil-'vaiθui] 『マソヌイの息子マース』に登場する，グウィネズ王マース Math の二人の甥の一人。

ギルダス Gildas 6世紀にラテン語で著述したブリタニアの修道士。神学・政治に関わる挑戦的な著作『ブリタニアの荒廃について』*De excidio Britanniae* において，当時のケルト貴族による不道徳な行為を糾弾し，アングロ＝サクソン人による征服を神罰だと断じた。この作品は，匹敵する文献資料が他にないことから，ブリタニア史の当時に関する主な情報源となっている。

キルヒベルク Kilchberg ドイツ南西部テュービンゲン Tübingen 近郊。1968年，ハルシュタット後期の墳墓を考古学調査した際，花崗質砂岩の墓石柱（ステレ）が三つ見つかった。このうち，1柱は完全な状態で，他の2柱は破損していた。墳墓は開発地域にあるが，重要な発掘品のため調査後も破壊を免れて復元され，緑地に守られている。そこでは三つの墓石柱のレプリカも置かれて見物できる。実物はシュトゥットガルトの州立ヴュルテンベルク地方博物館所蔵。

『キルフフとオルウェン』 Culhwch ac Olwen/*wal.* ['kilhuχ ak 'olwen] *アーサー王物語群中最古のウェールズ語作品。表題と同名の主人公キルフフの，巨人アスバザデン・ペンカウルの娘オルウェンへの求婚を取り扱っている。キルフフは，継母がオルウェン以外の妻を娶ってはならないという運命に定めたので，父親の忠告に従って従兄弟のアーサー王に援助を依頼する。キルフフは結婚を申し込むため，アーサー王とその従者たちと共にアスバザデンの要塞まで赴いた。巨人は縁組に同意はしたものの，その代償として40の功業をキルフフに求めた。それらに伴う冒険のうちの幾つかしか詳しく描かれていないが，その中には*マボン・ヴァーブ・モドロンの探索や，*トゥルフ・トルイス狩りがある。最後にアスバザデンは命を落とし，キルフフとオルウェンは結婚する。

金 先史時代には，河川の砂金採りや，鉱脈の露天掘りや坑内採掘によって獲得された。シチリアの*ディオドロス，大*プリニウスや*ストラボンのような古代の著述家たちは，特にイベリア半島やガリア南部やアルプス地域が金に富んでいることを称賛している。ケルト人は金をとりわけ装身具や*貨幣に使用した。製造方法については，文献資料に欠けるため，もっぱら発掘品の調査に基づいている。普通，墳墓（首長の墳墓）や，貯蔵所や，生贄の発掘によるものである。金は，主に彫金細工や打ち出し細工で加工されたことがわかっている。鋳造や熔接やハンダ付け加工や造粒の技術も一部では知られていたが，副次的な役割しか担っていない。

銀 ケルト文化の中では*金に比べると副次的な役割を担った。銀は知られてはいたが，ごく稀に美術工芸に使われただけで，特別の価値はなかった。銀工芸の主要な例に*トリヒティンゲンの環や*ゴネストロップの大釜のパネルがあるが，これらはケルト圏の周縁地域で作られた公算が高い。銀が顕著な経済価値を得たのは，紀元前4／3世紀にケルトの貨幣が

出現したことによる。

禁忌（ゲシュ）geis/*ir.* [geʃ]　絶対的な禁忌あるいはタブーを表わす。これをないがしろにしたり，犯したりすると，破滅的な結果がもたらされるとして恐れられた。中世文学において，ゲシュの幾らかは特定の官職，例えば王と結び付けられているが，多くは特定の人物に関わっている。初期の文献では，あるゲシュは通常運命によって予め決められており，変えることができない。ある英雄が，抜き差しならない状況に迫られて自分のゲシュを破った結果，死に至ることがしばしばある。例えば*クー・フリンは，いかなる状況でも犬（クー cú/*ir.*）の肉を口にしてはならないというゲシュを破ったために死ぬ。これに対して，近世の文献におけるゲシュは，しばしば魔術を使う人物が随意に他の人間に掛けることができる，ある種の魔法のような命令または禁止である。

近親相姦　英雄の生まれについて神話的性質を高めるために，伝説のモチーフとして時おり見られる。例えば，有名な王*コナレ・モール〔の母〕は，*エオヒド・アレウ王とその娘との子である（『*エーダインへの求婚』）。しかし，近親相姦が現実社会で重要な役割を担ったということは，文献では証明できない。

『キーン・ドロマ・シュネフタ』《ドルム・シュネフタの冊子》Cín Dromma Snechta/*ir.* [kʲiːnʲ 'droma 'ʃnʲeχta]　現存しないアイルランド語写本で，8世紀前半に成立したと推測される。この写本を原典として言及している後代の写本によれば，この写本には多数の物語が収録されていた。

ク

クアルンゲ Cuailnge/*ir.* ['kualʲnʲgʲe]　*アルスター物語群における，アイルランド東岸，現在のラウズ Louth 州北東の丘陵地帯。*コンホヴァル・マク・ネサ王の支配地に属し，有名な牡牛ドン・クアルンゲ《クアルンゲの黒牛》の産地。物語『クアルンゲの牛捕り』は，コナハトのアリルとメドヴが大軍勢を率いてこの牡牛を略奪しようとする様子を描いている。

『クアルンゲの牛捕り』Táin Bó Cuailnge/*ir.* [taːnʲ voː 'kualʲnʲgʲe]　*アルスター物語群に属する，最も長く，最も重要な物語。*アリルと*メドヴの王夫婦が大軍勢を動員して，コナハト Connacht の首邑クルアハン Cruachain からアルスターのクアルンゲへ侵入する。コナハト軍の目的は，有名な牡牛ドン・クアルンゲを略奪することである。ちょうどそのとき，アルスターの成人男子は定期的に起きる衰弱状態〔『ウラドの人々の衰弱』〕だったので，少年*クー・フリンだけしか敵に立ち向かうことができなかった。数限りない戦いで彼は幾度も敵軍勢の前進を阻んだが，牛捕りを妨げることはできなかった。しかし，彼の激しい抵抗によってコナハト人の遠征は長びき，アルスターの武者たちは回復して戦いに参加できるようになった。彼らは侵入者に壊滅的な敗北をもたらし，わずかな生存者が略奪した牡牛をコナハトへ連れ帰った。その地でドン・クアルンゲは有名な牡牛*フィンドヴェナハと出会う。この2頭の間に激しい戦いが起こり，両方の牡牛とも死んでしまう。

　この物語の現存する最古の稿本〔第一稿本〕は，『*赤牛の書』と『*レカンの黄書』と，16世紀に成立した他の二つの写本に残されている。この稿本は出所の異

なる更に古い原典を編集したものであるため、数多くの反復や矛盾が含まれている。『レンスターの書』や、17／18世紀に成立した他の稿本に収められた後の稿本〔第二稿本〕では、このようなつじつまの合わない点は改められている。この第二稿本を新たに編集した校本〔第三稿本〕は、15／16世紀に成立した二つの写本に残されている。

グアレ・アドネ Guaire Aidne/*ir.* ['guar'e 'aðn'e] 7世紀の歴史上実在した王。655年から666年までコナハトを治めた。『カノ・マク・ガルトナーンの話』や*『ケラハの戦績』では主要な登場人物となっている。

グィネヴィア Guinevere ウェールズ語名*グウェンフイヴァルの英語形。

クィールチェ Caoilte →カイルテ

グウィオン・バーハ Gwion Bach/*wal.* [gwion ba:χ] (《小さなグウィオン》という意味。) 詩人タリエシンの本名。→『タリエシンの書』

グウィズノ・ガランヒル Gwyddno Garanhir/*wal.* ['gwiðno ga'ranhir] 『キルフフとオルウェン』に登場する、食物が尽きることのない籠の持主。この籠を強奪してくることが、巨人アスパザデンが主人公キルフフに課した功業の一つだった。これより更に後の伝承では、彼はウェールズ北部海岸沖の今は海に沈んでしまった一帯の支配者として登場する。*『タリエシン物語』では、彼の息子エルフィン Elffin がその海岸で幼子タリエシンを発見する。

グウィズブイス gwyddbwyll/*wal.* ['gwiðbuiɫ] 中世ウェールズ物語で言及される、盤上の駒で競う遊びの一種。『マクセン帝の夢』では、帝の夢の中で二人の若い男が銀の盤上で金の駒を使っ

て遊びに興じる。二人の傍らでは、白髪の老人が象牙で作った玉座に座って駒を彫っている。『エブラウグの息子ペレディル』では、主人公ペレディルは、無人の城館で、二揃いの駒がまるで生きもののようにこの遊びを競っているところを目撃する。『フロナブイの夢』ではフロナブイが、英雄アーサー王とオウェインがこの遊びに興じる夢を見る。これらの記述から、グウィズブイスとは競技者二人がそれぞれ駒一揃いを使って行なうゲームであることが読み取れる。グウィズブイスはわかりやすいように《チェス》と翻訳されることもある。アイルランドの物語では、この遊びは（語源的には同一の）フィドヘル fidchell と呼ばれる (gwydd, fid《木》と pwyll, ciall《知恵》)。

グウィディオン Gwydion/*wal.* ['gwidjon] 『マソヌイの息子マース』に登場する、ダヴェド王マースの二人の甥のうちの一人。

グウィネズ Gwynedd/*wal.* ['gwineð] ウェールズ北西地方。5世紀初めローマ軍撤退後、ここにウェールズ最初の独立王国が誕生し、その後拡大を重ねて、13世紀末にイングランドに征服されるまで存続した。今日のグウィネズ州は1974年に、アングルシーシャー、カイルナルヴォンシャー、メリオネスシャーが合併して新設された。

グウィン・ヴァーブ・ニーズ Gwyn fab Nudd/*wal.* [gwin va:b ni:ð] ウェールズ伝承中の人物。彼に関してはわずかなことしかわかっていない。『キルフフとオルウェン』では、この名前は初めアーサー王の従者の一人として挙げられている。物語の他の場面では、乙女*クレイザラドを妻とするため、アーサー王の仲

介により，最後の審判の日まで毎年5月1日に対抗者と戦わなければならなくなったとされる。更に他の場面ではまた，巨人アスバザデンが主人公キルフフに向かって，神がグウィンに*アンヌヴンに棲む鬼神たちの力を与えたので，牡豚*トゥルフ・トルイスを狩るにはなんとしても彼を参加させなければならないと説明している。聖コレン Collen（6世紀）についての伝説では，グウィンはアンヌヴンの支配者として現われる。ただし，この聖人伝の写本による伝承は16世紀までしか遡らない。それ以外の資料には，中世の『カイルヴァルジンの黒書』に幾つかの詩節が残されている。これらの詩節はグウィンと*グウィズノ・ガランヒルとの間の対話を描き，グウィンは恐ろしい戦士として表わされている。グウィンに関する更に後の民俗学的記録は，おそらく古い口頭伝承に由来するものではなく，むしろ19世紀の学者の推測に源を発している。

グウェルセヴィル Gwerthefyr/wal. [gwer'θevir] ブリタニア王グルセイルン（ウォルティゲルン Vortigern）の息子。『*ブリタニア史』によると，グウェルセヴィルはサクソン人の侵入者との戦いで幾度か勝利を収めたとされる。彼は亡くなる前に，自らの遺体を海岸に埋葬するよう親族に命じた。しかし親族はこれを守らず違う場所に埋めたという。モンマスの*ジェフリーも『ブリタニア列王史』に同様のことを書いている。ジェフリーによれば，ウォルティメル Vortimer（＝グウェルセヴィル）は父に代わって王になるようブリタニア人に指名されるが，サクソン人に勝利した後，継母の手で毒殺される。これらの伝承とは異なり『ブリテン島三題歌』では，彼の遺体は国内で最も重要な港に埋葬されたと伝えられている。彼がそこに眠る限り，サクソン人は国内に侵入することはないという。

グウェンゾレイ・ヴァーブ・ケイディアウ Gwenddoleu fab Ceidiaw/wal. [gwen'ðolei va:b 'keidjau] 詩人マルジンを庇護した王。573年アルヴデリズの戦いで戦死したとされる。

グウェンフイヴァハ Gwenhwyfach/wal. [gwen'huivaχ] 『キルフフとオルウェン』に登場する，グウェンフイヴァルの姉妹。また『ブリテン島三題歌』の二つは，グウェンフイヴァハとグウェンフイヴァルのいさかいが*カムランの戦いの原因となったとしている。これらの3作品以外，ウェールズ伝承に彼女の名前は現われない。

グウェンフイヴァル Gwenhwyfar/wal. [gwen'huivar] ウェールズ伝承に登場する*アーサー王の妃。すでに『*キルフフとオルウェン』にも彼女の名前は現われるが，『三つのロマンス』で初めて自分の役割を持って登場する。サンカルヴァンの*カラドグ作『ギルダス伝』Vita Gildae によれば，彼女はアーサー王の対抗者メルワス Melwas という男に誘拐され，1年間監禁される。クレティアン・ド・トロワはこの誘拐という題材を，ウェールズ伝承では知られない人物ランスロと結び付けた。モンマスのジェフリーによると，王妃は王の甥メドラウドと不倫を犯し，彼の死後は修道院でその生涯を閉じたという。

クースクリド・メン・マハ Cúscraid Menn Macha/ir. ['kuːskriðʼ mʼeN 'maχa] *アルスター物語群に登場する，*コンホヴァル・マク・ネサ王の息子で，コナル・ケルナハの里子。あだ名メン・マハは

《マハの吃り》を意味し，『マク・ダトーの豚の物語』によると，コナハトのケト・マク・マーガハが決闘で彼の喉を突いて声帯を傷つけたためであるとされる。

グトゥアテル Gutuater　ローマの歴史家アウルス・ヒルティウス Aulus Hirtius が言及しているカルヌテス族のガリア人。紀元前51年カエサルによって争乱の煽動者として処刑された（『ガリア戦記』8-38）。

またグトゥアテルは，神官あるいは宗教に関わる高官の名称としてローマ属州のガリアの四つの碑文（CIL XIII-1577, 2585, 11225, 11226）に現われる。このため，グトゥアテルという単語を固有名詞とするのは誤りで，実際は称号に関するものと考えられる。この称号の詳しい意味は，その宗教的な機能と同様明らかではないが，アイルランド語の guth《声》を考え合わせると，グトゥアテルという語は神官を機能において（神に）《呼びかける者》として表わしたものと推測される。

クナベティウス Cnabetius　ローマ風解釈によりマルスと同一視されたケルトの神。この名は，語源学的に《身体の一部が損なわれた者》と解釈される。仮説であるが，この名称は，アイルランドのヌアドゥ・アルガドラーウの片腕，あるいはゲルマンの軍神テュール Týr と関係があるかもしれない。この神への奉献碑文は，トーライ Tholey（CIL XIII-4258），ザールブリュッケン付近のヴァールシャイト Wahlscheid とヒュッティクヴァイラー Hüttigweiler（CIL XIII-4507, 4508），バックナング郡のエルプシュテッテン Erbstetten（CIL XIII-6455），オスターブルケン Osterburken（CIL XIII-6572）で発見された。

グニエーヴル Guenièvre　ウェールズ語名グウェンフイヴァルのフランス語形。

クノベリヌス Cunobellinus／lat.
　1世紀前半に南東イングランドのカトゥウェラウニ族 Catuvellauni を支配した王。彼の名前はシェイクスピアの戯曲『シンベリーン』Cymbeline に残されている。『シンベリーン』の筋の展開は，ケルトの伝承とは関わりなく，もっぱらイギリスの年代記編者ホリンシェド Holinshed の著述に基づいている。

首　考古学や文学の例証によると，人頭は，ケルト人の神話や祭礼や，したがって美術においても，突出した役割を担っていた。古代の民族誌の叙述によると，倒した敵の首を斬り取ったり，勝利の記念として保存したりする習俗が広く行なわれていた。歴史家シチリアのディオドロスによれば（『歴史文庫』5-29），ケルト人は討ち取った首を自分の馬の首に提げて運び，身分の高い敵の首はバルサム

討ち取った敵の首をもつケルト人戦士像のある硬貨

漬けにし箱の中に大切に保管した。*ストラボンによると (4-4-5)、討ち取られた首は家の門柱に釘付けにされた。アイルランドでは、英雄伝承の物語にも見られるように、首狩りはおそらくキリスト教伝来後も続けられた（*アルスター物語群）。考古学の分野では、居住地や祭祀場から頭骨や頭骨片が発掘され、人頭の祭礼上の重要性が確認されている（*アントルモン、*ロクペルテューズ）。ケルト美術では頻繁に人の首や顔が描かれる（*切られた首）。また二面、三面の頭像もあるが、その意味するものは不明である。

クー・フリン Cú Chulainn/ir. [ku:'χuliN]　*アルスター物語群に登場する最も重要な英雄。アルスター王*コンホヴァル・マク・ネサの妹（一部の伝承では娘）のデヒティネが母親、妖精*ルグ・マク・エトネンが父親とされる。母親の夫であり彼の養父となったスアルティウ・マク・ロイヒにちなんで、マク・スアルティウ《スアルティウの息子》と呼ばれることもある。クー・フリンの故郷は*マグ・ムルテウネとされる。

クー・フリンをめぐる伝承の最も古い層は、物語『クアルンゲの牛捕り』に保たれている。まだ成人前のクー・フリンが、自分の戦車の御者ロイグ・マク・リアンガヴラを供に、孤立無援でコナハトの*アリルとメドヴの軍勢と戦う。この戦いの叙述の中に、クー・フリンの少年時代やあだ名の由来（『*クー・フリンの少年時代』）などの逸話が挿入されている。その他のクー・フリンにまつわる物語としては、『*クー・フリンの誕生』、求婚譚『*エウェルへの求婚』、妖精の国への異界行『*クー・フリンの病』、クー・フリンが自分の一人息子と決闘する『アイフェの一人息子の最期』などが残されている。

——J.*マクファースンの《オシアン作品群》においては、クー・フリンはクフーリン Cuthullin となっている。クー・フリンにまつわる物語は、*アイルランド文芸復興の作家たちにとって重要な原典であり、特に劇作家 W. B.*イェイツにインスピレーションを与えた。

クフーリン Cuthullin　J.*マクファースン作《オシアン作品群》における、アイルランドの幼王コルマク Cormac の後見人で、軍の総帥。叙事詩『フィンガル』Fingal は、彼がロホリン（スカンディナヴィア）のスワラン王の侵攻を防ごうとする実りなき試みを描いている。コルマクと同盟を結んだスコットランド王*フィンガルがスワランとの一騎打ちに勝ち、ようやく本国に引き揚げさせる。『クフーリンの死』The Death of Cuthullin で、クフーリンは反逆者トーラ Torlath との戦いで死ぬ。アイルランドの伝説上の英雄クー・フリンが、クフーリンの原型となっている。伝承によると英雄クー・フリンは、3世紀のコルマク王の宮廷ではなく、キリスト生誕の頃、アルスターのコンホヴァル・マク・ネサ王の宮廷で過ごしたといわれる。

『クー・フリンの最期』 Aided Chon Culainn/ir. ['aðˈeð χon 'kuliN]　*アルスター物語群に属する。古い稿本が『レンスターの書』に不完全な形ながら残され、後代の改作が17〜19世紀の写本の多くに完全な形で残されている。後代の稿本では、物語は通常『マグ・ムルテウネの大敗』Brislech Mór Maige Muirtheimne と『コナル・ケルナハの血染めの突撃』Dergruathar Chonaill Chernaig の二つの部分に分かれる。物語には、それまで不敗だったクー・フリンが魔術のため命を落とすさまと、彼の乳兄弟コナル

・ケルナハの苛烈な報復が描かれている。——この物語は，A. グレゴリーの『ムルテウネのクーフリン』*Cuchulain of Muirthemne* の18〜19章に英語で再話されている。この話に着想を得た瀕死のクー・フリンのブロンズ像がダブリン中央郵便局のホールにある。この像は彫刻家オリヴァー・シェパード Sheppard, Oliver の作品で，この場所で1916年英国の支配に対して蜂起し弾圧されたアイルランドの犠牲者たちをしのんでいる。

『クー・フリンの少年時代（の功績）』 Macgnímrada Con Culainn/ir. ['mak-ɣ'niːμraða kon 'kuliN'] 物語『クアルンゲの牛捕り』の中のエピソードの題名。アルスターから亡命した武者たちが，*クー・フリンの幼いころを語る。

コナハトの大軍がアルスターに近づいたとき，まず*フェルグス・マク・ロイヒが，クー・フリンがかつて50の3倍の少年たちを相手に球技で打ち負かしたことを話す。続いて*コナル・ケルナハが，クー・フリンの呼び名の由来を話す。少年がまだ本名のシェーダンタで呼ばれていたとき，9人の武者によって3本の鎖で押さえなければならないという鍛冶クラン Culann の猛犬を，やむなく殺してしまう。少年はクランに，以後は犬の代りに彼の家畜を守ると約束したので，クー・フリンつまり《クランの犬》と呼ばれることになった（後代の稿本では*コルマク・コン・ロンガスがこの話を伝える）。

最後に，フィアフ（フィアハ）・マク・フィル・エヴェ Fiachu (Fiacha) mac Fir Febe という武者が話す。クー・フリンは〔数えの7歳で〕討ち取った敵の首三つと，生きた野生の鹿と，白鳥の大群とを自分の戦車に結び付けてアルスターに持ち帰る。冒険の後，少年のさめやらぬ戦いの興奮を鎮めなければならない。王の命令で貴婦人たちが裸になって少年の前に立ち，少年が恥ずかしがって目をそらした隙に，武者たちが闘志で熱くなった彼の身体を冷水の入った大樽三つに次々とほうり込んだ。〔その際，一つめの大樽の冷水は少年の身体の熱気ではじけ散り，二つめは沸騰し，三つめは人が堪えられるかどうかというくらいの熱さになったという。〕

『クー・フリンの誕生』 Compert Chon Culainn/ir. ['kombʲeRt χon 'kuliN'] 『クアルンゲの牛捕り』の《前話》の一つ。内容の異なる稿本が2種類あり，『赤牛の書』や更に後代の写本の多くに残されている。物語は次のように伝えている。*コンホヴァル・マク・ネサ王の妹（異本では娘）が不思議にも身籠もり，男の子シェーダンタ Sétanta を産む。のちに*クー・フリンと呼ばれ，アルスターきっての英雄となる。クー・フリンの母の名はデヒティレあるいはデヒティネと写本に記されている。父親は，古い稿本では，妖精の*ルグ・マク・エトネンとされる。他の伝承では，クー・フリンは母親の夫にちなんで，マク・スアルティウ《スアルティウ Sualtaim の息子》と呼ばれる。——A. グレゴリーの作品『ムルテウネのクーフリン』の第1章はこの物語の再話である。

『クー・フリンの病』 Serglige Con Cualainn ocus oenét Emire/ir. ['sergl'iɣ'e kon 'kuliN' ogus 'oineːd 'eμ'ir'e]〔原題『クー・フリンの衰弱とエウェルのたった一度の嫉妬』〕 アルスター物語群に属する。*赤牛の書』と15/16世紀に成立した手稿に残されている。

物語は，妖精のファン Fann のクー・フリンへの恋について語る。題名はある

日クー・フリンが正体不明の病気になることから来ていて，ファンが彼に恋していることが伝えられると病は癒える。ファンの姉妹，妖精リー・バンからの招きを受け，クー・フリンと彼の戦車の御者ロイグ・マク・リアンガヴラはシードの世界《至福の平原》に行く。そこでクー・フリンは，リー・バンの夫でシードの王ラヴリド・ルアト＝ラーウ＝アル＝フラデヴ Labraid Luath-lám-ar-chlaideb の敵と戦い，勝利を収める。その褒美に彼はひと月の間ファンと褥を共にすることが許される。その後，クー・フリンがこの恋人とアイルランドで逢いびきの約束をしたとき，彼の妻*エウェルはそのことを知り，ファンを亡きものにするため50人の侍女を連れて約束の場所に赴く。そこへファンの夫*マナナーン・マク・リルが突然現われ，妻をシードに連れ戻す。ドルイドたちがクー・フリンとエウェルに魔法の薬を飲ませ，彼は恋人を失った痛みを，彼女は夫への恨みを忘れてしまう。——A.*グレゴリー作『ムルテウネのクーフリン』の第14章にこの物語が再話されている。バクス Bax, Arnold（1883～1953）の交響詩「ファンドの庭」The Garden of Fand はこの物語に着想を得ている。

熊 熊は出土した骨からかつてケルト人の猟獣だったことがわかっている。熊がケルト人の*宗教においてどのような役割を果たしたのかは，古典古代の*民族誌に言及がないので，知ることはできない。熊は肉体的な強さを表わすものとされたにちがいない。そのため熊を意味するアイルランド語はしばしば《武者》の隠喩として現われる。熊を意味する古代ケルト語はアルトス★artos（＝art/ir., arth /wal.）とマトゥス★matus（＝math/ir.）

だった。これらの語から*アンダルタ An-darta, *アルタイウス Artaius, *アルティオ artio, *マトゥヌス Matunus が派生した。更に，★artos と *matus は，例えばマトゥゲヌス Matugenus（＝マトゲン Mathgen/ir.『熊の子孫』）のような人名にしばしば見いだされる。

クラインアスペルクレ Kleinaspergle シュトゥットガルト近郊，ルートヴィヒスブルク郡の町アスペルク南方にある，ケルト人の*首長の墳墓。ホーエンアスペルクにある初期ケルトの首長の城砦と関連して，付近に更に幾つかの墳墓が存在したと推測される。1879年の墳丘の発掘で，中央墓室は徹底的に盗掘されていたことがわかった。しかしながら，副墓室の一つで，多数の装身具や膨大な飲料器具が収められたラ・テーヌ前期の墓が発見された。輸入された陶器もあり，紀元前450年頃のアッティカ式小鉢二つは後から金箔で装飾されていた。すべての発掘品は現在シュトゥットガルトの州立ヴュルテンベルク地方博物館に保管されている。高さ6メートル，直径60メートルの墳丘は，当時の外観の面影を今日もなおよく伝えている。

グラーウ・ディーゲン glám dícenn /ir. [glaːμ ˈðiːgʲeN] 定まった韻を踏む様式化した呪詛で，この呪いをかけられた人物の顔に膿瘍を患わせることができると信じられた。→風刺（アイル）

グラウベルク Glauberg ドイツ中部，ヘッセン州ビューディンゲン Büdingen 西方約8キロメートルの村に隣接する，なだらかな山の背。居住の最初の痕跡は石器時代のものであり，最古の防塁は*骨壺葬文化に遡る。1988年山の南斜面で紀元前5世紀のケルトの*首長の墳墓が発見され，1994年に計画に沿って発掘された。

クラインアスペルクレの首長の墳墓から出土した
アッティカ式小鉢。金箔で装飾されている

発掘品には，エトルリアの品を模範に作られたケルトの青銅の嘴状注ぎ口付水差しや，豊かに装飾を施された金の首環などが含まれる。1996年6月墳墓のすぐ近くで重さ225キロの砂岩石像が見つかった。おそらく亡くなった首長を表わしたものであろう。発掘品の学術調査はヴィースバーデン Wiesbaden のヘッセン州考古学研究機関の管轄下にある。

クラーク，オースティン Clarke, Austin（1896〜1974） ダブリン生まれ，アングロ＝アイリッシュの著作家。ダブリンのユニヴァーシティ・コレッジで学んだ後，しばらくは英文学講師と文芸評論家として活動，その後著作活動に専念した。クラークが古・中期アイルランド語文学に題材を採った作品に次のものがある。詩作『フィンの復讐』The Vengeance of Fionn（『ディアルミドとグラーネの追跡』）『ベゴラへの求婚』The Wooing of Becfola 『西方の剣』The Sword of the West 『コナハトの牛捕り』The Cattle Drive in Connaught（アルスター物語群），戯曲『計画準備完了』The Plot is Ready（『ムルヘルタハ・マク・エルカの最期』）『計画成功』The Plot Succeeds（『モンガーンの誕生』），喜劇『学問の徒』The Son of Learning（『マッコングリニの夢想』）。

グラストンベリー Glastonbury → アヴァロン

クラド＝ミール curad-mír/ir. ['kulað mʲiːrʲ]《勇者の奢り》と呼ばれ，伝説によると，最も勇敢な武者に与えられるべきものであり，肉の最上の部分を指した。『ブリクリウの饗応』や『マク・ダトーの豚の物語』は，この勇者の奢りを要求して起こる争いを描いている。

グラヌム Glanum マルセイユ近くの今日のサン＝レミ＝ド＝プロヴァンス Saint-Rémy-de-Provence の町に近い古代ローマの地名。すでに紀元前6／5世紀には，泉の聖域の傍に集落があり，ここの住民は，ギリシア植民地マッサリ

ア（マルセイユ）と交流があった。紀元前3世紀末，泉の聖域付近にギリシア人の集落グラノン Γλανόν が生じたが，紀元前2世紀末には，ローマ人に征服され，ようやく紀元270年頃この町は廃墟となった。この集落の跡は郊外にあり，サン＝レミ＝ド＝プロヴァンスのオテル・ド・サド Hôtel de Sade で前ローマ時代とローマ時代の多くの考古学発掘品を見学できる。

グラーネ Gráinne/*ir.* ['gra:N'e] 『ディアルミドとグラーネの追跡』のヒロイン。グラーネはコルマク・マク・アルト王の娘で，年老いた*フィン・マク・クウィルの妻だが，若武者*ディアルミド・ウア・ドゥヴネと恋に落ちる。伝承はグラーネのたぐいまれな美しさをほめ讚えるが，この名前は本来《醜い女》を意味している。このことから，グラーネの本性は，他のアイルランド伝承で，正当な統治者との婚姻の前には醜い老女として現われるのに，婚姻の後では若いすばらしい美女として描かれる，人格化された《支配》（フラティウス flathius）の性格を残していると考えられる（聖婚，*カレフ・ヴェーリ）。

クラノーグ crannóg/*ir.* ['kraNo:g] 湖上に作られた水上住居の名称。この様式の住居の多くは初期キリスト教時代のものであるが，一部は既に新石器時代に建てられていたのは確かである。

グラーフェンビュール Grafenbühl ドイツ南西部バーデン＝ヴュルテンベルク州，ルートヴィヒスブルク郡のアスペルク市東部地区にある，ケルトの*首長の墳墓の現在名。付近に散在する幾つかの墳墓とともに，*ホーエンアスペルクにある初期ケルトの首長の城砦と関連があったと考えられる。1964〜65年に実施された墳丘の考古学調査により，中央墓室で30歳くらいの男性人骨と，戦車や飲料用器や地中海域から輸入された様々な家具調度品の残骸が発見された。発掘品は現在シュトゥットガルトの州立ヴュルテンベルク地方博物館に保管。墳墓はすでに古代に盗掘されていたことが明らかである，また，上に建てられた建築物のために現在は完全に破壊されてしまった。

クラン clan/*eng.* アイルランド語のクラン clann（古い語形 cland）から派生した英語形。ウェールズ語ではプラント plant（複数形。単数形はプレンティン plentyn）がこれに相当する。両方ともラテン語のプランタ planta を借用したものであり，《苗》のほか，おそらく《子孫》あるいは《末裔》ほどの意味もあった。最も古いアイルランド法律書では，クランは，聖職について相続の権利を要求できる，一家系の構成員を指している。中世アイルランド語文学ではごく一般的に，ケネール cenél〔子孫，部族などを意味する〕という概念と同じく，クランは同じ始祖の血を引く者の集団を指している。スコットランドの高地地方でも同じ意味をもつ。今日のアイルランド語やスコットランド＝ゲール語やウェールズ語では，クランあるいはプラントは家族の子供を指している。

クラン Culann/*ir.* ['kulaN] *アルスター物語群に登場する鍛冶。*クー・フリンのあだ名は彼の名前に由来する。

グランヌス Grannus ケルトの神。ローマ時代に*アポロと同一視され，ローマ帝国の広い地域で病の際に加護を祈られた。歴史家カッシウス・ディオ Cassius Dio〔ギリシア名ディオン・カッシオス〕（77-15-5）によると，213年皇帝カラカッラ Caracalla もこの神に祈っ

ている。ボンで出土した韻を踏んだ碑文（CIL XIII-8007）ではこの神はグランヌスと呼ばれているが、これ以外には常にアポロ・グランヌスと呼ばれる。オランダのアーネム Arnheim（CIL XIII-8712）、ドイツ西部オイスキルヒェン Euskirchen 近郊エルプ Erp（CIL XIII-7975）、トリーア（CIL XIII-3635）、アルツァイ Alzey（Ne 88）、シュパイヤー Speyer（Ne 71）、アルザスのオルブール Horbourg（CIL XIII-5315）、ノイエンシュタット・アン・デア・リンデ Neuenstadt an der Linde（CIL XIII-6462）、ザウルガウのエンネタハ Ennetach（CIL XIII-5861）、ドナウ河上流のファイミンゲン Faimingen（CIL XIII-5870, 5871, 5873, 5874, 5876, 5881）、シャロン=シュル=ソーヌのブランジュ Branges（CIL XIII-2600）、スコットランドのマスルバラ Musselburgh（RIB 2132）、ハンガリーにあるローマ遺跡のブリゲティオ Brigetio（CIL XIII-10972）、フランスのヴォージュ県のグラン Grand（CIL XIII-5942, ILTG 416）、スペインのアストルガ Astorga でも奉献碑文が発見された。1818年にスウェーデンの墳墓でアポロ・グランヌスに奉納されたローマの青銅製の桶が、また1905年にトルコのエフェソスにあった図書館の東側石塀に217／218年のギリシア語の碑文が見つかった。これによると、この町の功労ある市民がローマ帝国中を通り、アポロ・グランヌスのもとに詣でた。それは、おそらくファイミンゲンかグランにあったこの神の聖域と推測される。またアーヘン Aachen にもグランヌスの聖域があったことが、アクアエ・グランニ Aquae Granni《グランヌスの水》というこの町のラテン語名から推測される。この名は765年に初めて明らかになったが、アーヘンでは未だグランヌスへの奉献碑文は発見されていない。この神の伴侶として幾つかの碑文に女神シロナが現われる。この夫婦神への奉納は、バイエルンのバウムブルク Baumburg の修道院（CIL III-5588）、ローマ（CIL III-36）、ルーマニアのブレテア・ロミーナ Bretea Romîna（CIL III-74★；この碑文が本物かどうか議論の余地がある）でそれぞれ見つかった。おそらくアポロ・グランヌスに関する碑文も幾つかあり、その中ではアポロだけか、アポロとシロナが言及されている。

クーリー →クアルンゲ

クリデンヴェール Cridenbél/ir. [ˈkʲrʲiðʲenvʲeːl]『マグ・トゥレドの戦い』に登場するトゥアタ・デー・ダナンの詩人。諷刺（アイル）によってダグダに禁忌（ゲシュ）をかけて脅し、毎日ダグダの夕食から最高のものを3口分、自分のために残させる。ダグダはオイングスの助言に従って食物の中に金塊を3個隠し、これを食べたクリデンヴェールは死んでしまう。責任を問われたダグダは、自分の持つ真に《最高のもの》をクリデンヴェールに与えたにすぎないと主張し、潔白を認められる。

『クリート・ガヴラハ』《分枝購入》 Críth Gablach/ir. [kʲrʲiːθ ˈgavlaχ] 8世紀初頭の古アイルランド語の法律書。問答形式で、アイルランド社会の諸階層についての詳細や、それぞれの階層に属する権利と義務が述べられる。この書の題名については冒頭で次のように説明されている。個々人はそれぞれの所有物によってしかるべき地位を買うことができる。それぞれの地位は更に枝分かれしている。

グリフィズ, ウィリアム・ジョン

Gruffydd, William John (1881〜1954)
ケルト学者。ウェールズ南部に生まれる。J.*フリース卿らの下で言語学を学んだ後、1906〜46年までカーディフでケルト語学とウェールズ語学を教える。詩や、幼年時代の回想録(『古の想い出』 *Hen Atgofion*, 1936)の他に、ウェールズ文学史の分野でも多くの研究を残す。部分的にはまさしく思弁的な彼の研究は、『マビノギ四枝』の神話的背景について、3巻本から成る『マソヌイの息子マース』 *Math Uab Mathonwy* (1928)、『フリアンノン』 *Rhiannon* (1953)、『マビノギオンにおける民話と神話』 *Folklore and Myth in the Mabinogion* (1958) の中で発表されている。

クルアハン Cruachain/*ir.* [ˈkruaχinʼ]
またはクルアフ Cruachu〔古名〕。*アルスター物語群に書かれたコナハト王の首邑。今日のロスコモン州の遺跡ラークローアン Rathcroghan と一致すると考えられている。

クルイティン Cruithin →ピクト人、プラデイン

グルセイルン・グルセネイ Gwrtheyrn Gwrtheneu/*wal.* [ˈgurθeirn gurˈθenei]
5世紀中頃、異教徒のサクソン人と最初に同盟を結んだとされるブリタニア王。そのために『ブリテン島三題歌』では《ブリテン島の三悪漢》の一人として扱われている。この人物に関する最古の資料に、ベーダ Beda (730年頃) による『アングル人教会史』や『ブリトン人の歴史』とがある。モンマスのジェフリーは彼について最も詳しく記述している。彼の叙述の中では、ウォルティゲルン Vortigern (=グルセイルン) は正当なブリタニア王であるコンスタンス Constans を殺した後、王位につく。そして*ピクト人に対抗するためサクソン人と同盟を結び、サクソン人の王女を娶る。しかしウォルティゲルンはサクソン人を優遇したために、息子のウォルティメル Vortimer (グウェルセヴィル) を押すブリトン人によって退位させられるが、息子の死後支配権を取り戻す。サクソン人によるブリトン人貴族大殺戮の際、彼はウェールズ北部に逃亡する。そこで賢者メルリン Merlin (マルジン) と偶然出会い、近い将来の死を予言される。やがて彼はアンブロシウス・アウレリアヌス Ambrosius Aurelianus (エムリス・ウレディグ) による城塞の攻囲戦で命を落とす。

クールニェ →クアルンゲ

グルネ=シュル=アロンド Gournay-sur-Aronde フランス北部ピカルディー地方、オワーズ Oise 県にある。この地に紀元前3〜1世紀頃ケルトの聖域があった。1975年以来考古学調査が行なわれている。一辺約40メートルの方形の地域から、数えきれないほどの生贄の遺物が発見された。剣や鞘や、盾の真中の星〔鋲〕や、他の多くの鉄器や、道具の破片とともに、少なくとも 200頭分の獣骨 (とりわけ羊と牛と豚) と、12体分の人骨が見つかった。発掘品は現在、コンピエーニュ Compiègne のヴィヴネル博物館所蔵。

クルンフ Crunnchu/*ir.* [ˈkruNχu]
『ウラドの人々の衰弱』に登場する*マハの夫。

クレイザラド Creiddylad/*wal.* [kreiˈðəlad] *『キルフフとオルウェン』に登場する、シーズ・サウエレイントの娘。彼女はグウィシル・ヴァーブ・グレイディアウル Gwythyr fab Greidiawl と呼ばれる戦士の許婚だったが、婚礼の前にグ

ウィン・ヴァーブ・ニーズに誘拐される。このためにグウィシルとグウィンとの間に争いが生じる。*アーサー王の審判により，以後二人は最後の審判の日まで毎年5月1日にクレイザラドを巡って決闘し，終末にこの決闘で勝者となった者が彼女を妻として迎えることになった。

グレウルイド・ガヴァイルヴァウル

Glewlwyd Gafaelfawr/wal. ['gleuluid ga'vailvaur]『泉の貴婦人』『エルビンの息子ゲレイント』『キルフフとオルウェン』に登場する，*アーサー王宮廷の門番。後の二つの物語は，彼が門番としての職務を果たすのは特定の祭日だけであり，普段は幾人かの部下が代理を務めるとしている。断片が残る詩*門番は何者か』は，どう見ても別の伝承に基づいている。その中で，グレウルイドはアーサー王と従者たちが城砦に入れるよう求めた門番として登場する。

グレゴリー，（レディー）オーガスタ

Gregory, Lady Augusta（1852〜1932）アングロ=アイリッシュの作家。イザベラ・オーガスタ・パース Persse としてアイルランド西部に生まれ，1880年セイロン総督ウィリアム・グレゴリー卿と結婚。92年夫の死後，アイルランド独立運動に参加し，W.B.イェイツと共にアイルランド国民劇場〔アビー座 Abbey Theatre〕の創立に努力した。1902年著作『ムルテウネのクーフリン』出版。この作品で，古・中期アイルランド語のさまざまな伝説を芸術的に一体化し，英語の読者層に新たに物語ることを試みた。彼女自身にはアイルランド語の知識がなかったので，著作に際しては，H.*ダルボワ・ド・ジュバンヴィル，K.*マイヤー，E.*オカリー，Wh.*ストークス，E.*ヴィンディシュ，H.*ツィマーなどのケルト学者によりすでに出版されていた翻訳書に拠った。グレゴリーは自分の英語を故郷のアイルランド西部の人々が使う方言に近づけようと努めている。作品の基になるものとして，まず第一に取り上げたのは*アルスター物語群である。*神話物語群や*フィン物語群の伝承は，1904年に出版された『神々と戦士』Gods and Fighting Men に取り込まれた。この作品には，中期アイルランド語文献の翻訳とともに，J.F.キャンベルや J.*カーティンや D.*ハイドの民俗学的収集資料も大いに利用した。更に，ハイドの影響を受けて，自身で収集したアイルランドの口頭伝承集『聖人と奇跡の書』A Book of Saints and Wonders（1906），『キルタータンの歴史書』The Kiltartan History Book（1909），『キルタータンの奇跡』The Kiltartan Wonder Book（1910），『アイルランド西部の幻想と信仰』Visions and Beliefs in the West of Ireland（1920）などを公にした。

クレティアン・ド・トロワ

Chrétien de Troyes 12世紀の古フランス語期の詩人。著作が伝わるだけで，生涯に関する正確な日付や詳しい状況はわからない。文学や哲学についての該博な教養と幅広い社会階層についての正確な知識を併せもっていたことは疑う余地がない。多くの事が，彼が北部フランスばかりでなく，南部イングランドも知っていたことを示している。

クレティアンは，5篇の韻文物語によって*アーサー王文学の事実上の創始者とされ，詩人として今日まで伝わる名声を得た。アーサー王にまつわる人物像は，すでにモンマスのジェフリーとその翻訳者ワースによって，ケルトの伝承からラテン語あるいは古フランス語文学に移入

されていた。しかし、クレティアンは先駆者たちと異なり、作中の登場人物を歴史的・地理的連関からすっかり解き放った。しかも、クレティアンの作品では、アーサー王自身ではなく、むしろ王の従者である騎士の一人が物語の展開の中心になっている。この騎士の試練と証に関する叙述が、詩人の真の関心事であり、アーサーの宮廷はそのための単にきらびやかな背景となっているにすぎない。更に、当時の政治的、社会的、哲学的な理念を加味することによって、巧妙にケルトの題材を同時代化している。

1160年から90年までの間に『エレクとエニド』*Erec et Enide*『クリジェス』*Cligès*『ランスロ、または荷車の騎士』*Lancelot ou Le chevalier de la charette*『イヴァン、または獅子の騎士』*Yvain ou Le chevalier au lion* と、未完におわった『ペルスヴァル、または聖杯物語』*Perceval ou Le conte del graal* が書かれた。諸作品に添えられた献辞によると、上記の1作目から4作目まではマリー・ド・シャンパーニュの宮廷で、そして最後の作品はフランドル伯フィリップの宮廷で書かれた。ケルトの名称・素材・モチーフは上記の全ての作品に見られる。その上に、『エレク』と、『イヴァン』と、『ペルスヴァル』は、中世ウェールズ語の散文物語『エルビンの息子ゲレイント』と、『泉の貴婦人』と、『エヴラウグの息子ペレディル』に正確に対応する。これらのウェールズ語とフランス語の作品は、ケルト伝承を基にした複数のフランス語編纂から個別に派生したと推測される。

クレードネ Crédne/ir. ['kʼrʼeːðʼnʼe] 『マグ・トゥレドの戦い』に登場する、トゥアタ・デー・ダナンの青銅鍛冶。フォウォレとの戦いの間じゅう、武者たちに槍、剣、盾の真中の星、盾の縁取りの鋲などを供給しつづける。

クー・ロイ・マク・ダーリ Cú Roí mac Dáiri/ir. [kuː Roi mak 'daːrʼi] アルスター物語群に登場するマンスターの王。その居城はカティル・コン・ロイ Cathair Conn Roí とされ、アイルランド南西部のトリリー Tralee の西方、ディングル半島のシュリーヴ・ミシュ山地 Slieve Mish Mountains（またはスレーミシュ Slemish 山地）にあるカヘアコンリー Caherconree にあたる。クー・ロイは、『ブリクリウの饗応』や『ウラドの人々の衰弱』や、そのほかにも『クー・ロイの最期』*Aided Con Roí* や、『クー・ロイ頌歌』*Amra Con Roí* の文中などで重要な役割を演じている。またウェールズの伝承でも、『タリエシン物語』の中の哀歌（エレジー）「ダイリの息子コロイの最期」*Marwnat Corroi mab Dayry* に現われる。伝承によると、クー・ロイは妻ブラートナドの裏切りにより、秘密を知った宿敵クー・フリンに討たれる。

黒い森　→アブノバ

クローカー、トマス C. Croker, Thomas Crofton (1798～1854)　アイルランド人。コーク生まれの民俗学者。貿易商のもとで見習い期間を終えた後、1818年から50年までロンドンの英国海軍本部に勤務した。余暇を利用し、故郷の歴史や口頭伝承の研究に取り組んだ。この研究の成果が、最初の著作『アイルランド南部の研究』*Researches in the South of Ireland* (1824) となった。初め匿名で発表されたアイルランド南部の民話集『アイルランド南部の妖精伝説と伝承』*Fairy Legends and Traditions of the South of Ireland* (1825)

は商業的に成功した。この民話集は、出版した同じ年にグリム兄弟によってドイツ語に翻訳され、妖精信仰についての学術的な序論を添えて『アイルランドの妖精伝説』*Irische Elfenmärchen* と題して出版された。1828年刊行『妖精伝説』*Fairy Legends* のドイツ語訳は、ヴィルヘルム・グリムの遺稿を基に、1986年にようやく出版された。クローカーは、収集した伝承を読者の嗜好に合わせて改変したという理由で、しばしば批判された。それにもかかわらず、彼の著作はアイルランド民俗学の分野における先駆的な業績として重要である。

クロトル Clothru/*ir.* ['kloθru]　*アルスター物語群に登場するエオヒド・フェドレフ王の娘で、*メドヴ女王の妹。クロトルの城砦が、ロホ・リー Loch Rí（アスローン Athlone の北にある今日の Lough Ree）に浮かぶイニシュ・クロトラン Inis Clothrann《クロトルの島》にあったという。

グロヌイ・パビル Gronwy Pybyr/*wal.* ['gronui 'pəbir]　『マソヌイの息子マース』に登場する*ブロデイウェズの恋人。

クロムレフ cromlech/*wal.* ['kromlex]　先史時代の石室墳墓（*ドルメン）の名称。

クロンマクノイズ Clonmacnoise　アイルランド中部オファリー州、シャノン河畔にある。ここにあった修道院は、545年聖キアラーン Cíarán によって創設された、アイルランドで最も古い修道院の一つ。聖人の死後、修道院はその墓に詣でる巡礼の一大中心地となった。更に東西南北交通の要衝でもあったことから各地の修道院とも密接な関係を保ち、栄えた。この修道院が初期アイルランド文学や歴史資料の作成によって果たした重要な役割は、ここで書かれた『*赤牛の書』をはじめ現存する多数の写本が明らかにしている。クロンマクノイズには不幸な出来事が続き、たび重なる火災と、ヴァイキングやアイルランド人敵対者やアングロ=ノルマン人による略奪・襲撃を相次いでこうむった。その後1552年遂にイギリス軍によって完全に破壊された。

クワル cumal/*ir.* ['kuµal]　《女奴隷》を意味する言葉。法律書には、しばしば価値単位として現われ、拡大した意味で特定の価格や罰金を表わすのに用いられる。法律書『クリート・ガヴラハ』《分枝購入》では、最上位の王の階層の《名誉金》（エネフ）を、14クワルあるいは乳牛42頭としている。

グワルフメイ・ヴァーブ・グウィアル Gwalchmei fab Gwyar/*wal.* ['gwalx-mei va:b 'guiar]　『*キルフフとオルウェン』に登場するアーサー王の甥。作者は彼を、歩いても馬に乗っても極めて速く、どのような企てでも挫折したことはないと称えている。『フロナブイの夢』では、ウェールズ伝説の他の英雄と共にアーサー王の助言者の一人としている。彼は《三つのロマンス》の中では、これらの物語に対応する古フランス語作品で騎士ゴーヴァン Gauvain が演じているのと同じ役割を果たしている：長い間行方不明になっていた騎士*オウェインを連れ戻して仲間たちと引き合わせたり、新参者のペレディルの友情を得たり、物語を通じてアーサー王の従者の中でも模範的な騎士として描かれている。

軍事　ケルト人の軍事に関しては、古代の著述家の報告や、ギリシア・ローマの美術作品、ケルト人自身による図像や考古学発掘物によって知られている。これらの資料から総合判断すると、ケルト

鞘にケルトの戦士が表現された刀剣。ハルシュタット出土

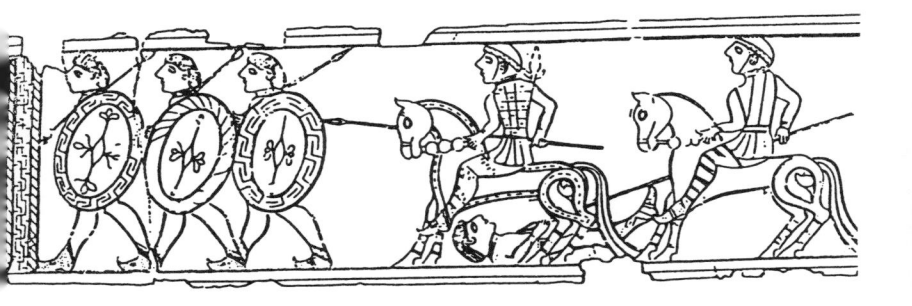

人戦士の大多数は裸足で戦いに臨んだ。ただ社会的地位の高い者だけが、馬上、あるいは軽量の二輪戦車で戦った。戦車には、武装した戦士の他に、御者が乗った。ヨーロッパ大陸部では紀元前225年テラモン Telamon の戦いに戦車が使用されたのが最後の記録である。ガリアでは紀元前1世紀中葉にはすでに戦車は見あたらなくなるが、カエサルの記述によると(『ガリア戦記』4-33)、ブリタニアのケルト人はなお使用していた。アイルランドの物語にも戦車はしばしば登場する(*アルスター物語群)。

ケルトの戦士にとって最も重要な武器は鉄剣だった。鉄剣の刀身は真直ぐで、長さ1メートルに及ぶこともあり、金属製の鞘に入れ、右腰に佩刀した。*ポリュビオスの証言によれば(『歴史』2-30)、ケルト人の剣は切りつけるのに適していたが、刺突には適していなかった。他には鉄の穂を付けた槍や投槍が使われた。飛び道具として、弓矢や革紐で作った投石器も使用した。投石器の飛礫(投弾)には、スモモから卵大の石か粘土が使われた。盾は木材と皮革で作られたので、墳墓ではたいてい盾に付けた金属製の鋲だけが見つかる。兜や胸甲はおそらく社会上層の者しか着けなかった。これらは一部は金属で作られたが、しばしば皮革やその他の有機物で作られた。*ポリュビオス(同上 2-28, 29)や*アテナイオス(『食卓の賢人たち』5-29)は、ケルト人が裸でも戦いに臨んだことを繰り返し記述している。これを証明する大理石像などの美術作品(ケルト人の描写)が、ケルト人特有の金属製首環を着けたケルト人戦士を描いている(*トルク)。

古代の著述家たちの報告から、戦陣の前に立ち敵をののしって一騎打ちを仕掛けるケルト人の習俗もわかっている。倒した敵の首を斬り取る風習もあった。この二つは、中世アイルランドの物語でも重要な役割を担っている。

ケ

ケイ・ヴァーブ・カニル Cei fab Cynyr/*wal.* [kei va:b 'kənir] 『キルフフとオルウェン』に登場する*アーサー王の最も重要な従者。ほとんどの場面で、*ベドウィル・ヴァーブ・ベドラウグと共に現われる。作者はケイを魔法使いとして描いている。彼は9日間水中に潜って息

を止めていられるし、また眠らずに過ごすことができる。ケイの剣によって受けた傷はどんな医者にも治すことができない。彼は世界で一番高い木と同じ背丈になることもできる。また、ケイの身体から放射される熱は周りにあるどのように冷たいものでも温かくしてしまう。この物語の他の箇所では、ケイの心臓と手はいつも冷たく、また彼が運ぶ荷物は目に見えないとされる。そして、ケイのように火の熱さや水の冷たさにも辛抱強く耐えられる者はいない。詩『門番は何者か』によれば、ケイが牛の角を杯にして酒を飲むときは、必ず4杯ずつ飲む。ケイが戦いに臨むと100人殺す。ウェールズ伝承ではケイは《美しき者》gwyn とか《長身》hir とあだ名される。更にモンマスの*ジェフリー作『ブリタニア列王史』の中でも彼は重要な役割を果たしている。ところが、のちのアーサー王文学では、全般的に他の人物を助ける脇役である。すでに*クレティアン・ド・トロワの作品で、ケイは自慢屋で臆病なアーサー王宮廷の司厨長として登場する。近世以降に書かれたアーサー王物語群では、ケイの役割はほとんど目立たない。

経済 →農耕、→牧畜

ケシ・ウィーグ Celli Wig/wal. [ˈkeɬi wiːg] 物語『キルフフとオルウェン』の中では、*アーサーとその従者たちが冒険に出発するコーンウォールの地名。この土地の正確な位置について文献はなにも触れていない。アーサーをめぐる後代のウェールズの物語では、モンマスの*ジェフリーに倣って、ウェールズ南部の町*カイルシオン=アル=ウィスグをアーサー王宮廷の所在地としている。

ゲシュ →禁忌

ケスィル Cesair/ir. [ˈkʲesir] 『アイルランド来冦の書』におけるノアの孫娘。男3人と女50人と共に、大洪水の40日前にアイルランドを獲得した。伝承によると、これらの入植者は*フィンタン・マク・ボーフラ一人を除き大洪水で全滅した。

ゲスト、（レディー）シャーロット・エリザベス Guest, Lady Charlotte Elisabeth (1812〜1895) イングランド北部アッフィントン Uffington でリンゼー Lindsey 伯の娘として生まれ、1835年ウェールズの企業家ジョサイア・ジョン・ゲスト Josiah John (1785〜1852) と結婚した。38年から49年にかけて、言語に長じた多くの人の援助を得て、中世のウェールズ語散文物語から12篇を英訳出版した。これらの物語は、彼女が付けた総称『マビノギオン』で広く知られるようになり、19世紀のケルト文学受容に広範囲にわたる影響を及ぼした。

ケーティン、ケーチン →キーティング

ゲドス、アンリ Gaidoz, Henri (1842〜1932) フランスの民俗学者で、ケルト学者。ゲドスは1870年に、ケルト学最初の研究誌として国際的に高い評価を受けた『ケルト評論』*Revue celtique* (1936年より『ケルト研究』*Études celtiques* と改称) を創刊した。また、著作『ガリア人の宗教試論』*Esquisse de la religion des Gaulois* (1879〜1881) と『ガリア人の神話研究』*Études de mythologie gauloise* (1886) でケルトの宗教と神話に取り組んだ。

ケト・マク・マーガハ Cet mac Mágach/ir. [kʲet mak ˈmaːɣax] *アルスター物語群におけるコナハトの重要な武者の一人。『マク・ダトーの豚の物語』で、ケトは挑発的な言葉で居合わせたアルスターの武者たちの面目をつぶすが、遅れ

てやって来た、彼に勝る*コナル・ケルナハに分を守るよう言い渡される。『クー・フリンの誕生』の稿本の一つでは、ケトはクー・フリンの本名シェーダンタの名付け親となる。この勇者の死は『ケト・マク・マーガハの最期』に描かれている。

『ケト・マク・マーガハの最期』 Aided Cheit maic Mágach/ir. [ˈaðʲeð cetʲ ˈmikʲ ˈmaːɣax] アルスター物語群に属する。16世紀の写本の一つにのみ伝えられている。話は武者*コナル・ケルナハが好敵手*ケト・マク・マーガハを決闘の末に倒すことで始まるが、その際コナル自身も深手を負う。やがてベールフー Bélchú と名乗る男が通りかかり、コナルを家に連れ帰る。最初ベールフーはコナルに向かって、コナルの傷が癒えたら決闘したいと申し出る。ところがベールフーはしだいに怖じ気づき、3人の息子たちに夜になったら寝床のコナルを討ち取るようけしかける。しかし、コナルはベールフー自身がその寝床に入るよう強い、その結果ベールフーは自分の息子たちに槍で突き殺される。それからコナルはベールフーの3人の息子たちを討ち取り、勝利のしるしに父子の首を取り、家路につく。

ゲニイ・ククッラティ genii cucullati/lat. 《フード付き外套の民》 フード付き外套（ククッルス cucullus）を身にまとった姿で描写される無名のケルトの神々のこと。この神々は、個別にもまた三柱一組でも表わされ、時には女神の座像と共に描写される。彼らはしばしば一つの卵や巻き物を手にしている。ゲニイ・ククッラティの重要性については、資料不足のため推測の域を出ない。

ケノマニ族 Cenomani 古代の*民族誌によれば、ロワール河とセーヌ河に挟まれた地域に住んでいたケルト部族連合*アウレルキ族に属する一部族。この部族名は、地方名メーヌ Maine と、その首府ル・マン Le Mans に残っている。部族の一部は、ケルト人の上部イタリアへの侵入に加わり、オッリョ河 Oglio、ポー河、アーディジェ河 Adige に囲まれた地方に入植した。彼らの主邑はブリクシア Brixia、今日のブレシア Brescia であった。

ゲブリニウス Gebrinius *ローマ風解釈により*メルクリウスと同一視された神。1920年代にボンの大聖堂地下の考古学調査で発見された多くの奉献碑文で名前は知られているが、その語源が確定できないため、この神がゲルマンか、あるいはケルト起源なのかわからない。

『ケラハの戦績』 Caithréim Cellaig/ir. [ˈkaθʲreːmʲ ˈkʲeLiɣ] 歴史物語群に属する。二つの稿本が知られ、古い稿本は15世紀の写本に、後代の稿本は『レカンの黄書』と更にもう一つの15世紀の写本とに残されている。物語の舞台は6世紀中葉だが、稿本は両方とも12世紀から14世紀の間に成立したと考えられる。物語の主人公ケラハ Cellach は、コナハト王エオガン・ベール Eogan Bél の息子で、クロンマクノイズの修道院の修道士だった。父がアルスターの軍勢に対する戦いで倒れたとき、思い余ったケラハは修道院長の許しを受けずに修道院を去り、父の跡を継ぐ。修道院長は彼を呪うが、ケラハは敵対者*グアレに攻められたとき弟ムレダハ Muiredach に支配権を譲り、改悛して修道院へ戻る。ケラハは模範的な生活によって遂には司教に任ぜられ、弟の重要な助言者になる。グアレにとってはケラハは目の上のコブのような存在だったので、最も忠実な従者4人にケラ

ハを殺害させる。ムレダハはその4人を討って復讐を果たすが,彼自身もグアレに討たれる。

ケーリ・デー《神の僕》Céli Dé/*ir.* ['ke:li de:]　8/9世紀にアイルランドの大半を巻き込んだ修道士改革運動の支持者たちの自称。この名称（英名はカルディー Culdees）はアイルランドの法律用語から借用されたもので,ケーリはケーレ céle《被護民》の複数形である。法律には,ケーレ《被護民／僕》とフラト flaith《支配者／主》の関係は相互の権利と義務によって厳密に規定されていた。ケーリ・デーの改革に特徴的なことは,禁欲的な傾向と修道院における学問の保護育成への貢献である。このことはアイルランドの教会文学発展に重要な意味を持った。

ケリドウェン Ceridwen/*wal.* [ke'ridwen]　女魔法使。釜に魔法の飲み物を作り,それを飲んだ者は詩を作る力を得る。既に12〜14世紀の詩人たちがこの伝説を揶揄している。『タリエシン物語』で彼女は寓話の中に登場する。フリードリヒ・テオドール・フィッシャー Friedrich Theodor Vischer（1807〜1887）の小説『そしてまた一人』*Auch Einer* の《杭上家屋集落の歴史》*Pfahldorfgeschichte* の中で,この題材が《コリドウェンの童謡》*Märchenlied von Coridwen* に用いられている。

ゲール語　アイルランド,スコットランド,マン島のケルト語を指す。混同を避けるため,*アイルランド語（Gaeilge）,*スコットランド・ゲール語（Gàidhlig）,*マン島語（Gaelg）と呼び分ける。この三つの言語は互いに非常に近い類縁関係にあり,10世紀頃まではほとんど違いがなかった。そのため,これらの言語の初期段階を《共通ゲール語》(Gemeingälisch/*dt.*, Common Gaelic/*eng.*) と呼ぶ。ゲール語より更に古い形はゴイデル語である。ゲール語は歴史時代に入ってこのゴイデル語から発展したと見なされている。ゴイデル語は,インド=ヨーロッパ祖語と同じように,その存在が立証されるものではなく,言語比較の方法によってのみ復元されうるものである。

ゲルゴウィア Gergovia　ガリアのアルウェルニ族の城壁で守られた主邑。今日のクレルモン=フェランの南東にあたる足を踏み入れにくい高原にあり,75ヘクタールの平原に囲まれている。ゲルゴウィアは,*ウェルキンゲトリクスの生まれ故郷であり,ここで紀元前52年,彼の率いるガリア諸部族の反攻軍を*カエサルが包囲したが失敗に終わった。

『ケルズの書』The Book of Kells (Codex Cenannensis/*lat.*)　この写本に関する最初の言及は1007年であり,ケルズ〔現代アイルランド語名キャナナス Ceanannas〕の教会（ダブリンの北西約65キロメートル）から盗まれ,まもなく隠し場所から発見されたときのことである。写本の成立場所は特定されておらず,ケルズの他に北部イングランドや,スコットランド西岸沖の*アイオナ島とも考えられている。後者については,806年のヴァイキングのアイオナ襲来後に修道士の大多数が島を去り,ケルズに庇護を求めたことが,有利な証拠となっている。写本は,修道院が12世紀に解散した後,一時ケルズの教区教会に保存されていた。1661年からダブリンのトリニティ・コレッジの図書館の至宝として所蔵されている。

ケルト・イデオロギー Kelten ideologie/*dt.*（ゲルマン・イデオロギーに対応

『ケルズの書』の装飾

した概念）思想的，あるいは政治的目的のためにケルト人の文化遺産を都合のいいように解釈すること。近代ケルト・イデオロギーの源は，古代民族誌の記述にまで遡る。その中でケルト人は，一方では道徳的意図によって理想化されているが，他方では政治・軍事的な理由で否定的に描かれるか，揶揄されている。

同様に，中世の歴史叙述においてアイルランドは，著者の教会上あるいは政治上の傾向によって，一部は道徳的な模範的《聖者の島》として，一部は植民地化と文明化が必要な後進的地域として現われる。ケルト文化はいずれにせよ（記述者の属する文化の尺度によって）《異なるもの》と見なされ，イングランドとフランス両王国の強大化以降は周縁文化と見なされる。

16世紀からフランスでは，フランス人の祖先をガリア人とする考え方が現われるが，そこには，ただおぼろげにしか知られていない前ローマ時代の過去に，政

治上，思想上，宗教上の願望が恣意的に作り上げた〔近代人による〕理想像が写しだされているにすぎない。同時にケルトの*言語や先史時代の碑文の研究も始まった。このとき，石器時代や青銅器時代の墳墓や聖域（*ドルメン，*メンヒル，*ストーンヘンジ）は誤ってケルトの*ドルイドに属するものとされたが，この説は17／18世紀にとりわけ J. *オーブリーや H. *ローランズや W. *ステュークリーによって代表され，多大な影響を及ぼした。J. *マクファースン作《オシアン作品群》は，ケルト人の*文学や気質に関する18世紀後半における通俗的なイメージを決定したが，ケルトの本物の詩作とはほんのわずかしか共通するものがない。

ケルト文化についての更に正確な知識は，19世紀後半の考古学研究と近代ケルト学の進展によってようやく可能になった。もっとも，同時にケルト・イデオロギーは，ナポレオン戦争や1870〜71年の普仏戦争の結果や，アイルランド独立運動の台頭に誘発され，民族主義の花も咲き誇らせた。その中で，E. *ルナンや M. *アーノルドの著作をきっかけに，*アイルランド復興の著述家たちは偏った観点からケルト人の過去を理想化した。その一方，ドイツやフランスでは当時の政治状況の〔不和の〕根源を，両民族が推定上ゲルマン人，またケルト人であるという起源に求めた。

ケルト・イデオロギーの最近の動向には，ニュー・エイジがケルト人の宗教を捏造し，それが受け入れられている状況や，ケルト人がヨーロッパ統合の理念を具現するものと見なされていることが挙げられる。——漫画シリーズ『*アステリクス』は，1959年以来，〔フランスの〕ナショナリズム的なケルト・イデオロギーを揶揄する優れたパロディーとなっている。

ケルト・イベリア語　イベリア半島のケルト人の言語だが，死滅した。紀元前3〜1世紀にイベリア文字で書かれた碑文や，幾つかのラテン文字碑文によって知られる。最も重要な例証には，*ボトリータの青銅板とペニャルバ・デ・ビリャスタルの岩に書かれた碑文が挙げられる。

ケルト・イベリア人　Celtiberi/lat. 古代の*民族誌によれば，スペイン高地地方の北東に住んでいた諸民族群。数十年もの戦いでローマ人の侵略に対して激しく抵抗したが，紀元前133年彼らの主邑*ヌマンティアが陥落し，ついに征服された。彼らの言語は，わずかに現存する碑文によるとケルト語の特に古い形態をとどめていた（*ケルト・イベリア語）。多くの考古学的発見は，人種，言語，文化的に秩序づけるには確実とは言えないので，彼らの物質的，精神的文化についての知識は不十分である。

ケルト学　言語学や文献学の方法を用いたケルト文化研究。研究領域は，古代から現代に至るまでのケルト系諸民族の言語表現である。

近代ケルト学の起源は16世紀まで遡る。スコットランドの人文主義者ジョージ・ブカナン Buchanan, George（1506〜1582）は当時，島嶼および大陸のケルト語（*ケルト諸語）が同族の言語ではないかと気づいた発見者の一人である。また，現存するケルト諸語の包括的な比較研究は1700年頃，ウェールズ人研究家 E. スイドによって初めて行なわれた。更に，スコットランド人 J. *マクファースンのオシアン詩によって，初めてケルト人地域以外の広い領域でケルト諸語や文学の存在が注目を浴びるようになる。新しく

呼び起こされた興味は，19世紀前半，ロマン主義に誘発された歴史言語研究の飛躍とともにますます広まった。

ケルト諸語の歴史研究の基礎は，印欧語学者 F.*ボップ（1791～1867）によって築かれた。彼は，ケルト語が印欧語族に属し，ゲルマン語やサンスクリット語や古典古代の諸言語と親族関係にあることを初めて証明した。

ケルト学の真の創設者は J. K.*ツォイスで，その著作『ケルト語文法』(1851)は，後続するすべての研究の土台となった。ケルト学初の研究誌は，フランスでは『ケルト評論』(1870～1934年，1936年より『ケルト研究』)，ドイツでは『ケルト言語学誌』(1897年～)である。

最初のケルト学教授職は，イギリスでは J.*フリースが，フランスでは H.*ダルボワ・ド・ジュバンヴィルが，ドイツでは H.*ツィマーが占めた。

ヨーロッパ大陸部のケルト学に今も昔も特徴的であるのは，印欧比較言語学との近い関係である。この専門分野で重要な研究者は，フランスでは G.*ドッタンや J.*ヴァンドリエス，ドイツ語圏では R.*トゥルナイゼン，L.*ヴァイスゲルバー，J.*ポコルニーや H.*ヴァーグナーである。

アイルランドやイングランドでは，むしろアイルランド語やウェールズ語の言語研究が中心となった。古アイルランド語や中世アイルランド語文献多数の出版，翻訳，研究が，ドイツ人 K.*マイヤーと並んで，とりわけアイルランド人 Wh.*ストークス，R. I.*ベスト，O.*バーギン，D. A.*ビンチー，G.*マーフィー，M.*ディロン，J.*カーニーらによってなされた。ウェールズ語や文学の分野の主な研究者は，J.*モリス=ジョーンズや，I.*ウィリアムズ，H.*ジョーンズだった。イングランド人 K. H.*ジャクソンはこの両島嶼ケルトの伝統について研究した最も重要な研究者の一人である。

すでに1903年には，最初の研究および教育所の一つとして，アイルランドのケルト学者のために，*アイルランド語研修所が誕生した。21年にはウェールズに*ケルト研究院，40年にはアイルランドに*ケルト研究所が更なる研究機関として設立された。今日，先述した国々以外に，アメリカ合衆国でもケルト学は大学の専攻学科として認められている。

ケルト-ゲルマン民族の文化関係　考古学や比較言語学や比較宗教学でしばしば問題にされる研究テーマ。

ケルト人とゲルマン人は，古代イタリア人やギリシア人やインド=イラン人など他の印欧語族と，紀元前2000年にまで遡る言語・宗教・文化的共通性をもつ層を共有している。この層に属しているものに，例えば，ラテン語のデウス deus や，古代インド語のデヴァ deva や，ゲルマン語の神名テュール Týr や，ギリシア語の神名ゼウス Ζεύς とともに，共通の印欧語の語源に遡る，《神》を指すケルト語の単語（*dēvos：神々と女神たち）などがある。

これに対して，ケルト人とゲルマン人が他の古代ヨーロッパの諸民族とだけ共有するものは時代の下った層に属する。

ケルト人とゲルマン人との類似は，ローマ以前の鉄器時代に互いの直接接触の中で形成された，更に時代の下ったものである。考古学の領域においては，ケルト人のハルシュタット後期文化とラ・テーヌ文化がゲルマン文化に強い影響を与えたことが指摘される。

言語史の領域でも，例えばアイゼン

Eisen /dt. (イアルン iarn/air.)《鉄》、あるいはアイト Eid /dt. (オイト oeth/air.)《誓い》に見られるような共通の語源の名称は、両文化の緊密な接触を反映している。これに対して、ゴート語の reiks《王》や andbahts《従僕》などはケルト文化からの借用であり（*リー，*アンバクトゥス）、逆に、例えばガリア語の brāca《ズボン》や、ガロ゠ラテン語の camisia《シャツ》はゲルマン文化からケルト文化に借用された。

ゲルマン人とローマ化されたケルト人の間の幅広い接触地域は、紀元1世紀にはローマ帝国境に沿ってライン地方に展開していたが、そこではまた特に宗教の分野で多くの一致が明らかになっている。(*マトロナエ／マトレス)

5世紀以降ブリテン島とアイルランドでは、ケルト人を一方に、アングロ゠サクソン人と、北方ゲルマン人と（800年頃以降）、アングロ゠ノルマン人とを他方に置いた、活発な文化交流が繰り広げられた。これらの接触は島嶼ケルトの*文学や*美術にも反映している。

ケルト研究院 The Board of Celtic Studies　1919年ウェールズでケルト研究促進のために設立された機関。言語、文学、歴史、法律、考古学、ならびに芸術、また1969年からは社会科学の領域も包括する。発行中の刊行物に、『ケルト研究院会報』*Bulletin of the Board of Celtic Studies*（1921～）のほかに、『ウェールズ研究』*Llên Cymru*（1950～）、『ウェールズ歴史評論』*The Welsh History Review*（1960～）、『ケルト研究』*Studia Celtica*（1966～）がある。1950年からは膨大な『ウェールズ語辞典』*Geiriadur Prifysgol Cymru*（*A Dictionary of the Welsh Language*）が分冊の形で〔順次〕発行されている。

ケルト研究所 The School of Celtic Studies　1940年に設立されたアイルランドのケルト研究促進のための施設。とりわけ上級学生の教育や講座や講習や会議の運営を目的とする。その他の重要な活動は、ケルト研究や、アイルランド語、ウェールズ語、ヒベルノ゠ラテン語文献の公刊である。機関誌は研究誌『ケルティカ』*Celtica*（1946～）である。

ケルト語　→言語（ケルトの）

ケルト人　（ギリシア語ではケルトイ Κελτοί、またはガラタイ Γαλάται／ラテン語ではケルタエ Celtae、またはガリイ Gallii.）古代の*民族誌によってこのように呼ばれたヨーロッパ中西部の民族集団。ローマ時代には、彼ら本来の居住地は*ガリア中央部と見なされた。*カエサルによると（『ガリア戦記』1-1）、ケルト人は、ライン河でゲルマン人と、ガロンヌ河でアクィタニア人と、セーヌ河とマルヌ河でベルガエ人と境を接していた。

今日の用語では、ケルト人という概念は、ゲルマン語やラテン語と同系統で、特定の言語特徴によって定義される印欧語に属する一語派の、話者すべてを指す（言語）。このことから、アングロ゠サクソン人による征服以前のブリテン島とアイルランドの住民も、古代の著述家からは一度もそう呼ばれたことがないにもかかわらず、ケルト人とされる。考古学の領域では、まず第一に後期西部ハルシュタット期とラ・テーヌ期の担い手がケルト人だったとされる（歴史、*ハルシュタット、*ラ・テーヌ）。

*ガラティア人は今日では小アジアのアナトリア半島に住んだケルト人を指すが、古代においてはガラタイ（ガラティア人）という概念はケルトイ（ケルト人）

と同じ意味で広く用いられ，特定の地域との関連はなかった。→ガラティア人，ガリア，歴史，ケルト・イベリア人

ケルト人の描写　古代，とりわけエトルリアやギリシアやローマの美術に残されている。多くは戦士が描かれていて，額からまっすぐ後ろに梳き上げた髪と，長く垂れた口髭と，螺旋状の首環（トルク）によって，ケルト人とされる。ケルト人を描いた最も有名な例として挙げられるものに，ヘレニズム世界のペルガモン王が紀元前3～2世紀に小アジアの*ガラティア人に対する勝利を祝って作らせた，いわゆる「瀕死のガリア人」がある。この作品を含む幾つかは，ローマ人が大理石で作らせたレプリカとして残されている。これに反して，*ヒルシュランデンの戦士像のような，ケルト人自身によって描かれた例はごくわずかである。

近代におけるケルト人の描写はすでに16世紀に出現する。その描写は，初めは古代著述家たちの記述に倣ったが，18／19世紀以降は考古学発掘品に従う傾向が強まっている。特に19世紀の民族主義に則ったケルト人の描写は，英雄化やロマン主義的理想化に利用された（*ケルト・イデオロギー）。最も新しいケルト人の描写は，例えば博物館や一般教養の考古学関連図書などでケルト文化についての知識が深まった恩恵を受けているが，一方では，古代民族誌の古典となった記述への強い依存も少なからず見受けられる。

ケルトハル・マク・ウテヒル　Celtchar mac Uthechair/ir. [ˈkʼeltχar makˈuθeχirʼ] または**ケルトハル・マク・ウティディル** mac Uthidir　*アルスター物語群に登場する，アルスターの重要な勇者の一人。『マク・ダトーの豚の物語』はこの男を〈巨大で，白髪交じりの，いかにも恐ろしげな武者〉と描いている。『クー・フリンの病』では，ケルトハルを《ずるがしこい者》と呼んでいる。彼の死は『ケルトハル・マク・ウテヒルの最期』に描かれている。

『ケルトハル・マク・ウテヒルの最期』　Aided Cheltchair maic Utechair/ir. [ˈaðʼeð ˈçeLtχirʼ μikʼ ˈuθeχirʼ]　*アルスター物語群に属する。この話は不完全な形で『レンスターの書』と16世紀の写本に残されている。物語は武者ケルトハルが*ブリウグのブライ Blaí を殺すことから始まる。この罪の償いに，彼はアルスターの住民を3度災いから救い出さねばならない。最初に，アルスターを荒しまわる武者コンガンフネス Conganchnes（《胼胝》の意）討伐を課される。計略によって彼を打ち負かし，殺すことに成功する。次に，毎夜アルスターで人や家畜に襲いかかる恐ろしい犬を退治しなければならない。ケルトハルはこれもやり遂げる。1年後，牛飼いたちがコンガンフネスの墓の中から赤と斑と黒の3匹の仔犬を見つけだす。赤犬はレンスターのマク・ダトーに，斑の犬は鍛冶のクランに，黒犬はケルトハルに贈られる。この黒犬が野生化して牧場の牛や羊を襲って食い殺したとき，アルスターの住民は三つめの償いとして黒犬殺しを要求する。ケルトハルは黒犬を槍で刺し殺すが，黒犬の血が槍を伝って一滴彼の身体に滴り落ち，彼の命を奪う。

ケルト復興　→アイルランド文芸復興
ケルト・マニア　→ケルト・イデオロギー

ケルヌンノス Cernunnos　ケルトの神。この名の語源はわからないが，おそらく（しばしば解釈されるような）《角》を意味するケルト語とは関係がない。そ

パリで出土したケルヌンノス神像の断片

の場合には，言語史的な根拠から〔名前には〕eではなくaが入らねばならない。ケルヌンノスの名と彫像は，ティベリウス皇帝時代（14年～37年）の*ナウタエ・パリシアキの記念碑により明らかになった。しかしこのレリーフは，元来の姿を留めておらず，鹿の耳と角のある髭を生やした男の頭部と肩がある。2本の角の先には，それぞれトルクが飾ってある。下半分は失われているが，釣り合いからいわゆるあぐらをかいた姿勢をとっていると推測される。ケルヌンノスの名は，それ以外の碑文にも文献にもどこにも見つかっていない。しかしケルト研究書ではしばしばこの名前を似たような表現の神像を指すものとして使っている。*ヴァル・カモニカの岩石に描かれた鹿の角とトルクのある直立像の描写や，*ゴネストロップから出土した大釜に描かれた鹿の角を持つ神の描写は，有名な例である。また，角を着脱するための穴が二つあいた頭部をもつ神々の彫刻も発見されている。

ゲルマン人 Germani/*lat.* *ポセイドニオスと*カエサル以来の古代の民族誌によれば，ケルト人の東側に住む隣人。*タキトゥス（『ゲルマニア』2）によると，初めにライン河を渡った部族の名称で，やがてライン河右岸の全ての部族の名称になった。ゲルマン人は，その歴史の中で，ケルト人と多くの共通性を持つようになった。（*ケルト－ゲルマン民族の文化関係）

ゲレイント・ヴァーブ・エルビン → 『エルビンの息子ゲレイント』

『ゲレイントの詩』 Englynion Gereint/*wal.* [eŋ'lənjon 'gereint]　英雄ゲレイント・ヴァーブ・エルビンに関する27詩節から成る詩。この人物は600年頃，イングランド南西部にあったデヴォン王国を支配したという。この詩はおそらく9～11世紀に成立し，『ヘルゲストの赤書』と『カイルヴァルジンの黒書』に残されている。この詩は，話の筋が散文で書かれた物語，あるいは皆がすでに筋を知っている物語の，劇的クライマックスをなすものであった可能性がある。ゲレイントと共にアーサー王も参加したとされる戦いの描写が多くを占める。ここに，様々な起源を持つ歴史上の，あるいは，神話上の人物が，アーサー王物語群の中に取り込まれるという，ウェールズ伝承の特徴が見られる。

言語（ケルトの）　ケルト諸語は，ゲルマン語派やスラヴ語派と同じく，印欧語族の独立した語派の一つを成している。この語派の典型的な特徴には，語頭や母音の前のp音の脱落や（参照：アティル athair/*ir.* とパテル pater/*lat.*《父親》），長母音ēのīへの移行（参照：リークス

rīx/*gall.* とレークス rēx/*lat.*《王》) などが挙げられる。通常ケルト諸語は大陸ケルト語群と島嶼ケルト語群に分けられる。もっとも、この区別は、言語学的観点からというよりも、むしろ主に地理的、時代的、伝承史的観点に基づくものである。

大陸ケルト語群は、碑文や、古代著述家によって書き残された名称や、とりわけロマンス語における基層語を通して知られている。この言語群は更に、*ガリア語（特にフランスやベルギー）と、*ケルト・イベリア語（スペインやポルトガル）と、*レポント語（上部イタリア）と、*ガラティア語（小アジア）とに分けられる。これらの言語は全て、遅くともゲルマン民族大移動末期ごろまでに死滅した。

これに対して、島嶼ケルト語群は文学作品により中世以来知られており、一部は今日も存続している。この語群には、*ブルトン語（ブルターニュ）、コーンウォール語（コーンウォール）、*カンブリア語（北部イングランド）、ウェールズ語（ウェールズ）、アイルランド語、*マン島語（マン島）、スコットランド・ゲール語（スコットランド高地地方とヘブリディーズ諸島）が含まれる。しばしば、アイルランド語とスコットランド・ゲール語とマン島語は、*ゲール語あるいはq-ケルト語とも呼ばれる。これに対して、ブルトン語とコーンウォール語とカンブリア語とウェールズ語は、ブリトン諸語（*ブリトン語）あるいはp-ケルト語と呼ばれる。ケルト諸語は恒常的に英語やフランス語に押され、今日ではアイルランド西部、ヘブリディーズ諸島、ウェールズやブルターニュの幾つかの地方で話されるにすぎない。

コ

ゴイデル語 →ゲール語

ゴーヴァン Gauvain ウェールズ語名*グワルフメイに対応するフランス語形。

ゴヴァンノン・ヴァーブ・ドーン Gofannon fab Don/*wal.* [go'vannon vaːb doːn] 『キルフフとオルウェン』の登場人物。この物語で巨人アスバザデン・ベンカウルは主人公キルフフに、新たに開墾した土地を鋤で耕すという業を課す。そのときキルフフは、この業はゴヴァンノンの助けがなければ果たすことができないと言う。この名前は《鍛冶》を意味するケルト語から派生している。したがってゴヴァンノンはケルトの鍛冶の神に遡ると推測される（*ゴイブニウ、*ウォルカヌス）。

交易 交易と交通はケルト人の経済にとって重要な役割を担っていた。原料も完成品も場合によっては数百キロメートル以上離れたところへ輸送された。すでに紀元前6～5世紀には、ハルシュタット西部文化圏のケルト人と、フランス南部のギリシア植民市やアドリア海北部のヴェネト人や中部及び上部イタリアのエトルリア人との間に、活発な商品交換が行なわれていた。これは、特に首長の墳墓や首長の城砦からの出土品、またケルト美術に見られる地中海の美術様式の影響によって証明される。南方との交易は、紀元前4～3世紀のケルト人の移動期にしばらく停滞するが（*歴史）、前2～1世紀の*オッピダの時代に再び活発になる。その際、ケルト人は青銅容器あるいは*土器のような工芸製品や、珊瑚のような原材料や、ワインのような嗜好品も輸入している。ケルト人がこれらの品物に対して何で支払ったのか、詳細は明らかでな

いが，まず第一に金，鉄，毛皮や奴隷が考えられるだろう。ケルト人の領域においては，特に塩が交換品として鉄と並んで重要だった。品物の運搬には普通水路が使われた。時には地中海域から品物ばかりでなく商人も，アルプス北方のケルト文化の中心地に到来したといってよいだろう。

コウェンティナ Coventina ケルトの女神。この女神は，ローマ領だったイングランド北部，ハドリアヌス長城のカローバラ Carrawburgh 付近の聖域で崇拝されていた。この聖域はすでに1876年に発掘され，そこにある泉付近でおびただしい*奉納物と*生贄が発見された。青銅，壺，1万3000以上ある硬貨の中には，獣が描かれているものもある。さらに14のコウェンティナの名前と泉の精として女神像を描いた碑文（RIB 1522～1535）も見つかった。

工芸 キリスト教以前のケルトの工芸については，考古学発掘品や古代の*民族誌の報告や，ガロ=ローマ文化における図像表現によって知られる。これらの資料は一部補い合っているにもかかわらず，その証言力は総合しても限界があり，工芸に関する知識もそれに比例して不備が多い。例えば，紀元前6／5世紀の首長の墳墓から工芸美術の価値ある作品が見つかった。しかし，その時代の工具や工房についてはほとんど知られていない。逆に，紀元前2／1世紀の都市に似た集落（*オッピダ）では，工芸専用工具が多数見つかったが，それに対応するようなしかるべき副葬品は発見されていない。もちろん金工品は全体的に，木製，皮革製あるいは*繊維製の品に比べはるかに保存状態が良い。反対に，工芸の分野，原材料，工具や工芸品に関わるケルト語名は，前ローマ時代やローマ時代については十分には知られていない。これらの名称は中世以降のアイルランドやウェールズの文献資料にほとんど初めて現われる。それ以前のものは，わずかな例を除き，言語比較により推論された仮説にすぎない。

このような制約にもかかわらず，資料証拠は制作方法について多くをかいま見させる。木工技術は高度に発達していた。というのも，昔から家屋や城壁の建築（*ムルス・ガリクス）や，桶や樽やバケツの製造や造船には高度な技術が必要であったからである。輻付きの車輪を使った軽快な二輪あるいは四輪の*車両は，墳墓の副葬品にもなったが，これも木工技術に関連している。土器作りはすでに紀

奉納物に描かれたコウェンティナ女神の像。イングランド北部カローバラの聖域出土（RIB 1534）

元前5000年期に中欧に存在した。ケルト人が出現する前に、すでに特定の種類の容器は大量生産や規格を統一した製造が行なわれていた（土器）。ガラスについては、紀元前1〜4世紀以降、ケルト人は特にガラス工芸の専門工房で製造した。*鉄、青銅、*金の工芸もまた高度に発達して専業化していたが、銀はまれにケルト人世界の周縁地帯で使用されただけだった。青銅は鋳造され、また板金加工もされた。鉄は常に鋳造された。とりわけ農耕と戦時活動には重要だったので、*鍛冶は需要の多い特殊技能者だったにちがいない。その他の分野の職人の社会的地位は明らかでない。島嶼ケルト文学の中で、職人は近代初期以前はきわだった役割を演じていないが、これは伝承の担い手が上層の人間を相手にしていたためである。

口承伝統 →文学

ゴヴニウ Goibniu/*ir.* [ˈɡovˈnʼiu] *神話物語群に登場する*トゥアタ・デー・ダナンの鍛冶。*マグ・トゥレドの戦いの際、武者たちのために槍の穂や刀剣を作る。

コキディウス Cocidius 特にイングランド北部でローマ軍に崇拝されたケルトの神。この神に奉納された約20の碑文のうち、五つ（RIB 602, 933, 1017, 2015, 2024）はこの神をマルスと、一つ（RIB 1578）はローマの森の神シルウァヌス Silvanus と、さらに一つ（RIB 1102）はケルトの神ウェルノストヌス Vernostonus と同一視している。この神は祭壇のレリーフ（RIB 1207）では、犬と鹿を従えた狩人として、銀の打ち出し細工の奉納板2枚（RIB 986, 987。現在カーライル博物館蔵）では、盾と槍を持った戦士として描かれている。

コギトスス（コジトスス） Cogitosus →ブリギッド【2】

コーゲド cóiced/*ir.* [ˈkoːɡʼeð] アイルランドの特定の支配圏、あるいは《国》を表わす。この語は本来《5分の1》を意味する。この《5分の1》の四つについては、全ての資料が共通に、アルスター、レンスター、マンスターとコナハトとしている。しかし、残りの一つについては、多くの文献はミデ Mide〔ミーズ Meath/*eng.*〕としているが、幾つかの文献はマンスターを二つに分けている。『アイルランド来寇の書』によれば、アイルランドのこの分割は*フィル・ヴォルグまで遡る。

シルウァヌス・コキディウス神の祭壇。イングランド北部ハウススデッズ出土

コース・ヴァーブ・コスヴレウィ Coll fab Collfrewi/wal. [koːɫ vaːb koɫˈvrewi] 『ブリテン島三題歌』に現われる《ブリタニアの三豚飼い》の一人（他の二人はプラデリ・ヴァーブ・プイス・ペン・アンヌヴンとドラスタン・ヴァーブ・タスフ）。牝豚の*ヘンウェンはこの男のもとにあった。

古銭学 →貨幣

コソスス Cososus ケルトの神。この神への信仰は，ブールジュ Bourges 近くで出土した奉献碑文（CIL XIII-1353）により明らかになった。その中で，この神は*ローマ風解釈によりマルスと同一視されている。

骨壺葬文化（火葬墓文化） ヨーロッパの青銅器時代後期（紀元前13～8世紀）の文化。この名称は，この時代に広く行なわれていた埋葬習俗に因んでいて，死者は火葬され，骨灰は土器の骨壺に収められて，大規模な墓地に安置された。民族的あるいは言語的に，この文化の担い手を，ケルト人やあるいは名前が知られている他の古代ヨーロッパの民族グループなどと同一視することは，不可能である。

ゴットフリート・フォン・シュトラースブルク Gottfried von Straßburg ハルトマン・フォン・アウエやヴォルフラム・フォン・エッシェンバハと並ぶ，ドイツ，*シュタウフェン朝期の最も重要な宮廷叙事詩人。13世紀初頭に，トリスタン（*ドリスタン）をめぐる伝説の最も有名な中高ドイツ語形を作り上げた。

ゴドジン〔ゴドディン〕Y Gododdin/wal. [ə goˈðoðin] *ネイリンの作品と伝えられる詩。内容は，スコットランド南部にあったゴドジンの部族から選ばれたケルト軍の潰滅を取り扱っている。彼らは，カトライス Catraeth，今日のヨークシャーのカタリック Catterick への遠征で，ゲルマン人の侵入者との戦いに敗れたとされる。この作品は『アネイリンの書』Llyfr Aneirin に収められている。これは1250年頃に成立し，現在南グラモルガン州立図書館に不完全な羊皮紙写本の形で残る。この写本には，詩「ゴドジン」の二つの異本に加え，更に同じくネイリン作とされる他の四つの詩が収められている。おそらく，これらの詩は全てもっと長かった口頭伝承から書き留められた。しかし，これらの詩の成立状況や伝承の歴史についてはいまだに論じられている。

子供 ケルト人の子供は通常父親の保護下にあった。これについては，*カエサル（『ガリア戦記』6-19）がかつて言及したが，更にアイルランドの*法律の規定でも確認される。カエサルはまた，ゲルマン人の王アリオウィストゥスがセクアニ族の貴族の子弟を人質として自分の保護下に置いたことを記している（同上1-31）。この記述は，アイルランドで広く行なわれた，子供を多少とも親交のある貴族の家庭で養育させる慣習を思い起こさせる（里子）。考古学の発掘では，子供の墳墓の数が少ないのが注意を引く。子供の死亡率が高かったことは疑う余地もないので，死亡した乳幼児の多くは，おそらく宗教上の理由から普通の埋葬地以外のところに，特別の儀式もなく埋葬されたのだろう。現在判明している子供の墳墓はたいていの場合*アミュレットなどの副葬品が多いことが特徴である。この夭折した者たちを特別に守るべきだと信じられていたことは明らかである。ローマ時代から知られるケルト人の神イオウァントゥカルス《若者を愛するもの》

コナハト Connacht/ir. ['koNaχt] アイルランド西部にあった王国で、*コーゲドの一つ。この語は本来《コンの末裔》を意味する。*アルスター物語群でアルスター王*コンホヴァル・マク・ネサの敵対者である、アリル・マク・マーガハと*メドヴはコナハトの王であり女王だった。彼らの王宮は*クルアハンにあったとされる。英語形はコ(ン)ノート Connaught である。

コナル・ケルナハ Conall Cernach/ir. ['konaL 'k'ernaχ] *アルスター物語群に登場する*クー・フリンの乳兄弟。詩人*アワルギン・マク・エギド・サリグと妻*フィンハイウの息子とされる。『フロイヒの牛捕り』では、コナルは、主人公*フロイヒ・マク・イディトが敵対者たちに連れ去られた妻子と牛を取り戻す手助けをする。『マク・ダトーの豚の物語』では、コナルは居合わせたアルスターの武者の中でただ一人、無敵の力量と声望によって、コナハトの武者ケト・マク・マーガハを退け、分を守らせる。後の二人の対決でケトが討たれる様子は『ケト・マク・マーガハの最期』に描かれている。『クー・フリンの最期』では、コナルは、乳兄弟クー・フリンの殺害者たちを倒して仇を討つ。コナルがレンスター王と決闘して兄弟二人の仇討ちを果たすさまは、『エーダルの戦い』に描かれている。

コナレ・マク・モガ・ラーワ Conaire mac Moga Láma/ir. ['konar'e mak 'moγa 'La:μa] *歴史物語群に登場する*コン・ケードハタハ王の息子で、王の跡継ぎとなる。コナレが対抗者ネウェド Nemed によって殺害された後、コンのもう一人の息子アルトがアイルランド王になったという。

コナレ・モール《大コナレ》Conaire Mór/ir. ['konar'e mo:r] 『ダ・デルガの館の崩壊』の主人公。

ゴネストロップ Gundestrup デンマークのユラン〔ユトランド〕Jylland 半島北部にある。ゴネストロップ近くの泥炭湿地で、1891年5月、各部分の保存状態がよい銀の大釜が発見されたが、その表面には打ち出し技法で多くの図像が表現されていた。詳しい調査の結果、この大釜は、元々湿地に沈められていたのではなく、むしろ乾いたところに隠されていたか、神への献納品として安置されていたものとわかった。大釜の底にあたる装飾のない円い銀の鉢の中に、大釜の外縁にあたる管状の部分二つと、大釜の内面と外面を形成する湾曲した正方形の銀板12枚が収められていた。大釜の製作場所と年代は不明だが、紀元前3〜前1世紀頃にケルト人によってか、ケルト人の影響のもとに作られたと推測される。その根拠には、特に、兵士たちの一群に見られる兜飾りや盾や戦闘ラッパ(カルニュクス)や、首環(*トルク)をつけ鹿の角をもつ神(*ケルヌンノス)の図像が挙げられる。しかしながら、多くの様式上の細かな点や、一連の動物たちの描写(中でもライオンやグリュプス〔グリフォン Griffon/eng., fr.〕や象)は、疑う余地もなくオリエントの影響を受けているし、またヘレニズム期の特色を持つトラキアの美術を思わせる。これら全ての根拠から、今日では、この大釜は紀元前2／前1世紀にバルカン半島で制作され、戦利品としてデンマークへ持ち去られたとする見解に傾いている。この大釜は現在コペンハーゲンの国立博物館所蔵。

コノート →コナハト

琥珀 すでに古代において、主として

ゴネ……ゴネ

ゴネストロップの大釜に描かれた神話的情景の図

デンマークのユラン Jylland 半島西沿岸部や，バルト海沿岸部の旧東プロイセンのザームラント Samland で発見された。琥珀の遠隔貿易は，青銅器時代よりイングランド南部からギリシアにわたって行なわれた。ケルト人は琥珀を，特に*ハルシュタット後期からラ・テーヌ前期に，珠玉や環や首飾りや様々な象嵌細工に用いた。琥珀の発掘品はほとんど墳墓から発見され，集落の考古学調査ではごく稀にしか見つからない。数百個の琥珀の玉で作った首飾りが，*ハラインのデュルンベルクの第67墓や，*ホーミヒェレの第6墓や，*マクダレーネンベルクの第97墓で見つかっている。*グラーフェンビュールの盗掘された墳墓には，琥珀の顔面を付けた骨製スフィンクスの傍に，もともと家具に嵌め込まれていたと思われる琥珀小板が多数あった。ホーホドルフの墳墓の発掘調査で，死者の首の周りにあった琥珀の玉5個とともに，加工した琥珀の残り屑も見つかった。このことから，これらの玉は特に埋葬のために製造されたものであり，*装身具として，あるいは*アミュレット（お守り）として死者に手向けられたものではないと推測される。どのような経路をたどって琥珀がケルト人の手に入ったのかはわかっていない。彼らは北海やバルト海沿岸部の住民とは直接接触がなかったから，中間取引者がいたにちがいない。

コフタハ・コイル Cobthach Coel/ir. [ˈkofθax koil] 『ディン・リーグの殺戮』に登場する王で，前4世紀にアイルランドを支配したといわれる。伝承によると，コフタハは自分の兄弟ロイガレ・ロルグ Loegaire Lorc と甥アリル・アーネ Ailill Áine を殺害したので，アリルの息子ラヴリド Labraid によって，自分の従者たちと共に皆殺しにされた。

コメンタ・ベルネンシア Commenta Bernensia →ベルン・スコリア

固有名詞 →地名，→人名，→部族名
暦 →時間

ゴラセッカ Golasecca **文化** イタリアとスイス国境にまたがるマッジョーレ湖 Lago Maggiore の南端から程遠からぬ発掘地にちなんで名付けられた，ロンバルディア地方西部に育まれた初期鉄器時代（紀元前7～4世紀）の一地方文化。この文化の担い手の一部はケルト人であったと推測される。

コリニー Coligny フランス南東部のアン Ain 県にある。この地の近くで，1897年11月，ガロ＝ローマ時代の青銅の*マルス神像の一部と，ガリア語をラテン文字で青銅板に書き付けた碑文の破片約150個が発見された。詳細な調査によると，青銅板は太陽年にして5年分を表わしたガリア人の暦である。

時間区分は，12カ月（7×30＋5×29）から成る355日の太陰年が基になっていた。太陽年に対して生じる誤差は，2年半ごとに一度，つまり30カ月ごとに一度，30日の閏月を設けることで調整された。この暦に描かれた5年間は62カ月にわたり，それぞれの月は15＋15日か15＋14日の二つに分けられている。個々の月に呼び名が付けられ，月の大小（30日か29日）によって，M(AT) または ANMAT と記されている。この付記は，言語史上近縁の中世ウェールズ語の mad《幸福をもたらす》と anfad《不吉な》と同じような意味を持つこともありうる。しかしまた，単にそれぞれの月の《完全であること》，または《不完全であること》を指しているだけかも知れない。

この暦は本来神像と共に聖域に置かれ，

宗教儀式の目的のために供されたものと考えられる。長い間1世紀に出来たものと考えられてきたが、今日では2世紀終りごろとされる。この暦は*シャマリエールとラルザクの碑文が発見されるまで、ガリア語の最大量の例証だった。現在、リヨンのガロ=ローマ文明博物館所蔵。

『コール・アンマン』《名字義》 Cóir Anmann/ir. [koːrʼ ˈanmaN] アイルランドの人名や氏族名の語源的注解で、長さが異なる2種類の稿本が残されている。古い方の、項目をアルファベット順に並べた短い方の稿本は、14〜15世紀の四つの写本に保存されている。後代の拡充された稿本は年代順になっていて、1500年前後の写本に唯一残っている。収録は合計およそ300の名字に及ぶ。著者は、部分的に有名な物語を援用したりして、それぞれの名字の起源や意味を説明しようとしている。

コルブレ Coirbre →カルブレ

ゴルセズ・ベイルズ・アニス・プラデイン Gorsedd Beirdd Ynys Prydein →ウィリアムズ, E.

コルマク・コン・ロンガス Cormac Conn Longas/ir. [ˈkormak koN ˈLoŋgas] *アルスター物語群に登場する、コンホヴァル・マク・ネサ王の息子。母親はエオヒド・フェドレフ王の娘で、*メドヴ女王の姉妹のクロトルとされる。『ウシュリウの息子たちの流浪』によると、コルマクは*フェルグス・マク・ロイヒや*ドゥフタハ・ダイル・ウラドと共に保証人としてウシュリウの息子たちの安全を確約したが、コンホヴァルが彼らを謀殺したので、他の二人の保証人や多くの武者たちと一緒にコナハトのアリル王側に走る。彼のあだ名は《追放された者（longas）の頭（conn）》を意味する。

『クアルンゲの牛捕り』は、コルマクと従者たちが、かつての同胞への同情と友情を隠すことなく、アルスターに敵対するコナハトの軍勢に参加したことを記している。

『コルマクの教え』 →『テゴスカ・コルミク』

『コルマクの語彙集』 →『サナス・ホルミク』

コルマク・マク・アルト Cormac mac Airt/ir. [ˈkormak mak aRʼtʼ] 歴史物語群に登場する、3世紀に生きたとされる王。中世の伝承は、彼を理想の統治者と評し、その在位期間は正義と繁栄と平和の時であったとしている。5〜8世紀に作られた架空の伝記は、諸国に広がっていた民間説話のモチーフを使っているが、その中に王国のあり方や当時の政治動向についてのアイルランド独自の考え方が表われている。この伝記から作られた現存する物語としては、王の誕生から統治の始まりまでを描いた『エオガンとコルマクの物語』 Scéla Eogain agus Cormaic と、最期と埋葬に至るまでの生涯を描いた後代の『コルマクの業績』 Geneamuin Cormaic がある。単独のエピソード、即ち嫁取りについては、『ブヘトの館の歌』 Esnada Tige Buchet が描いている。また、王が妖精の国（*シード）を訪れる話は、『コルマクの異界行』 Echtra Chormaic が取り扱っている。

コルマク・マク・クレナーン Cormac mac Cuilennáin/ir. [ˈkormak mak ˈkulʼeNaːnʼ] カシェル Cashell の司教。902年から908年までアイルランド南部のマンスターの王。語源学的語彙集『サナス・ホルミク』の著者。

ゴル・マク・モルナ Goll mac

Morna/ir. [goL mak 'morna] *フィン物語群におけるフィン・マク・クウィルの最大の敵対者。しばしば、アイド Aed《火、炎》が本名で、ゴル《片目の〔者〕》はあだ名にすぎないとされる。伝承によれば、ゴルはクヌハ Cnucha の戦いでフィンの父を倒したときに片目を失ったという。

コルム・キル →コルム・キレ

コルム・キレ Colum Cille/ir. ['kolum 'k'iL'e] アイルランドの教会で最も重要な聖人の一人で、修道院創設者であり、宣教者だった。名前は《教会の鳩》を意味し、ラテン語資料では通常コルンバ Columba と呼ばれる人物である。聖人の生涯と業績は、*アダウナーンの『コルンバ伝』Vita Columbae、ベーダ Beda の『アングル人教会史』、聖人の死後まもなく作られた『コルム・キレ頌歌』が伝えている。その他にも、伝説的色彩の強い中期アイルランド語の伝記が伝わっている。歴史資料によると、コルム・キレは 520 年頃アイルランド北部で、ウイ・ネール朝の後裔として生まれた。父親フェドリミド Fedlimid は王朝の始祖ニアル・ノイギアラハ Niall Noigiallach の曾孫で、聖人が生まれたときクリウタン Crimthann と名付けた。コルム・キレは 546 年にデリーに、さらに後年ダロウやケルズにも修道院を創設した。565 年頃、数人を伴ってスコットランドに渡り、北方の*ピクト人に宣教した。彼が創設した中で最も重要なものは、ヘブリディーズ諸島にあるアイオナの修道院で、コルム・キレは死後、597 年にこの地に葬られ、スコットランドの守護聖人として崇拝された。

『コルム・キレ頌歌』 Amra Choluim Chille/ir. ['aμra 'χolum' 'çiL'e] アイルランドの宣教者であり、アイオナ等の修道院の創設者、聖コルンバ（コルム・キレ）を讃美した 600 年頃の頌歌。伝承によればこの作品は*ダラーン・（マク）・フォルギルという詩人による。この作品はアイルランド語文学の最古の例の一つで、言語や韻律に難解な点が多い。

コルンバ Columba →コルム・キレ

ゴレイ・ヴァーブ・キステンニン Goreu fab Custennin/wal. ['gorei va:b ki'stennin] 『キルフフとオルウェン』に登場する羊飼いキステンニン Custennin の息子。ゴレイの母親は、既に巨人アスバザデンに息子を 23 人も殺されたので、アーサー王と従者たちが到来するときまでただ一人残る息子を衣装箱の中に隠していた。ゴレイはアーサー王の従者となり、最後には巨人アスバザデンの首を斬って兄弟たちの仇を討つ。

『古老たちの語らい』 Acallam na Senórach / ir. ['agaLaμ na 'ɟeno:raχ] *フィン物語群の中で最も長い物語。1200 年頃のものと、後の 13〜14 世紀に編纂されたものの二つの不完全な稿本が伝わる。半ば散文、半ば韻文で書かれている。作品の主人公は*フィン・マク・クウィルの息子オシーンと甥のカイルテである。彼らは高齢になったときフィアナの生き残り数人と共に、*聖パトリックとその従者たちに出会う。聖人たちはオシーンたちといっしょにアイルランドを流浪するうちに、土地や名所旧跡にからんだ伝奇的、神話的言い伝えを聞き知る。*ディンヘンハスと呼ばれる地名伝承集と共通したところがある。この物語の大きな枠にはめ込まれた多くの物語は、本来さまざまな物語群に由来し、アイルランド文学のさまざまなジャンルの接点となっている。

コロティアクス Corotiacus ローマ

風解釈により*マルスと同一視されたケルトの神。この神の信仰は、サフォークのマートルシャム Martlesham から出土した奉献碑文（RIB 213）ただ一つにより明らかになった。

ゴーロリング Goring　ドイツ西部ラインラント＝プファルツ州，ライン河左岸のコーブレンツ Koblenz の近郊にある，初期ケルトの*聖域の現在名。遺跡は，中心に祭儀用の木柱が立つ直径約200メートルの円形の囲い地で，おそらく紀元前6世紀に作られた。

コーンウォール語　コーンウォールのケルト語を指す。5／6世紀に*ブリトン語から，*ブルトン語，*カンブリア語，*ウェールズ語と共に分化した。既に中世には使用地はコーンウォール半島西部に限られていたらしい。その後は，英語使用住民の流入，また商業において英語の重要性が増したことなどから，*コーンウォール語は更に衰えた。E. スイドが1700年にコーンウォールを旅行したときには住民はすべて2言語使用だったが，18世紀後半には死滅した。コーンウォール語文学は幾つかの宗教文学を除き全く残っていない。

コン・ケードハタハ《百戦のコン》Conn Cétchathach/*ir.* [koN 'k'e:dχaθaχ]　歴史物語群に登場する紀元2世紀に生きたという王。伝承によると，既にコンの誕生には不思議な予兆があった（『*フィーンギンの夜番』）。コンが即位した後，彼のもとに《支配》(flatius) の化身が現われ，妖精ルグ・マク・エトネンが王の治世期間と将来のアイルランド王を予言する（『幻の予言』）。コンは最初*テウィル（タラ）でアイルランドの北半分を治め，南半分はエオガン・モール Eogan Mór 王が治めていた。マグ・レーナ Mag Léna の戦いでエオガンが戦死した後初めて，コンは全土を手中にする。『コンラの異界行』によると，コンラはコン王の息子二人のうちの一人で，妖精（*シード）に恋し，人間の世界から永遠に去っていく。もう一人の息子アルトは，高名な統治者コルマク・マク・アルトの父親とされる。

コンダティス Condatis　ケルトの神。この神の名は，おそらくコンダテ Condate《（二つの河の）合流》という地名と関係があり，特にガリアではこの名称と一致する場所にある集落に広まっていた。この神への信仰は，ヨークシャーのボウズ Bowes（RIB 731）と，ダーリントン Darlington 付近のピアスブリッジ Piercebridge（RIB 1024）と，ダーラム Durham 付近のチェスター＝ル＝ストリート Chester-le-Street（RIB 1045）から出土した奉献碑文が明らかにしている。これら全ての奉献碑文で，コンダティスは*ローマ風解釈により*マルスと同一視されている。

コンノート　→コナハト

コンベルト《誕生》compert/*ir.* ['komb'eRt]　この語は受胎を意味するが，二つの物語録のうちの一つでは，有名な英雄の受胎と誕生についての物語区分を表わしている。

『コンホヴァルの最期』Aided Chonchobuir/*ir.* ['aðeð 'χonχovur]　*アルスター物語群に属する。物語のそれぞれ異なる三つの稿本が，五つの写本に伝わっている。『*レンスターの書』にある最もよく形を残している稿本は，『エーダルの戦い』の続篇になっている。この話は，コナハト人ケト・マク・マーガハが，勝利の記念としてアルスターに保存されていたレンスター王メス・ゲグラ Mes

Gegra の脳みそを盗み出す。コナハトとアルスターの武者たちの戦いの最中に、ケトは石灰で固められて石のように硬くなった脳みそを投石器の飛礫（つぶて）に用い、アルスター王コンホヴァルに深手を負わせる。医師は王に、頭の傷口から飛礫を取り除けば王は必ず死ぬだろうと予言する。それから7年の間コンホヴァルは頭にメス・ゲゲラの脳みそを付けたままだった。ある日、王はキリストが十字架に架けられたことを聞く。この不当な仕打ちに激怒したコンホヴァルは——別の写本は次のように物語の終りを伝えている——キリストの死に復讐するため武器を取る。しかし、この興奮で頭の傷口が開き、メス・ゲゲラの脳みそがはずれ落ち、コンホヴァルは絶命する。このようにコンホヴァルはキリストのために戦おうとしたので、アイルランドの伝承では、アイルランドに福音が伝えられる前に既に神の恩寵を受けた数少ない者の一人と見なされている。

『コンホヴァルの誕生』 Compert Chonchobuir/*ir.* ['komb'eRt 'χonχovur'] *アルスター物語群に属する。最も古い稿本は『レカンの黄書』と『バリーモートの書』に伝わっている。物語は、ドルイドで武者でもある*カトヴァドが、アルスター王エオフ・サールブデ Eochu Sálbuide の娘アサ Asa の12人の養父を襲って殺すことから始まる。その後、アサ《やさしい者》は復讐心から武者の一団の先頭に立つ。このため彼女はニアサ Ni-Asa《やさしくない者》またはネサ Nesa と呼ばれるようになる。やがてカトヴァドはネサを捕らえ、ネサはカトヴァドの妻となることで死を免れる。後に彼らの間に男の子が生まれるが、これがコンホヴァル・マク・ネサで、祖父の死後アルスターを支配する。

コンホヴァル・マク・ネサ Conchobar mac Nessa/*ir.* ['konχovar mak 'N'esa] *アルスター物語群に登場するアルスター王。詩人カトヴァドとその妻、アルスター王エオフ・サールブデの娘ネサの息子とされる（『コンホヴァルの誕生』）。彼の妹はデヒティネで、英雄クー・フリンの母親となる。コンホヴァルは、『ウシュリウの息子たちの流浪』では全く好ましからざる人物に描かれているが、その他のどの物語でも有能で公正な統治者として描かれている。『クアルンゲの牛捕り』では、自軍を率いてアリルとメドヴの軍を破り、軍の有能な総帥であることを示す。王の悲壮な最期は『コンホヴァルの最期』に叙述されている。

コンミウス Commius *アトレバテス族のガリア人。紀元前57年、*カエサルがコンミウスの部族を征服した時、彼は王に任命された。2年後ローマ支配を承認させるためブリタニアのケルト部族のもとにカエサルにより遣わされた。彼と彼の部族は優遇されていたにもかかわらず、紀元前52年ウェルキンゲトリクスの反攻に参加した。アレシア包囲の際、軍を率いて、包囲されたガリア軍を救援しようとしたが、果たせなかった。反攻鎮圧後、コンミウスはゲルマン人と合流したが、のちにブリタニアに逃れた。——アナトール・フランス France, Anatole（1844～1924）はコンミウスに関する古代の報告に着想を得て、小説『アトレバテス人コンミウス』*Komm L'atrébate*（1897）を創作した。

コンラ Connla/*ir.* ['koNla] *歴史物語群に登場する*コン・ケードハタハ王の息子。彼の運命については『コンラの異界行』に記されている。

『コンラの異界行』 Echtrae Chonn-lai/*ir.* ['eχtre 'χoNli] 歴史物語群に属する。伝承によれば、アイルランド王コン・ケードハタハの息子コンラが妖精（シード）に恋い焦がれる。ついには父親の意に反して、妖精に導かれ、水晶の船に乗って人の世を離れ去る。

サ

祭祀場 かつてケルト人居住地域では、ローマによる征服まで、祭祀場に石造建築物が建てられることはほとんどなかった。ガリア南部の*アントルモンや*ロクペルテューズや*グラヌムなど地中海域からの影響がわかる有名な遺跡は、数少ない例外に属する(*神殿)。この周縁地域を除けば、祭祀場は本来建造物はまったくないか(*ネメトン)、あるいは土塁や壕や木柵で聖なる場所を区別した簡単な囲い地である。そして、この遺跡は円形や正方形あるいはほとんど長方形に近い輪郭を形成している(*ゴーロリング、*リベニツェ)。このような囲い地は原則的に世俗の施設と区別がつかないため、祭祀場は考古学的見地からしばしば祭祀行為があったことを証明する痕跡だけを手がかりに確認される。この際、生贄の遺物や、奉納物がまず第一に考察の対象となる。ローマ支配以前のガリアで最も重要な祭祀場に挙げられるのは、1975年以来考古学調査された*グルネ=シュル=アロンドの聖域で、*カエサルの征服以後も存続した。*方形土塁として知られる祭祀場にはある種の継続性が見られるが、これについてはいまだに解明されていない。

ザーヴィスト Závist チェコ、ヴルタヴァ(モルダウ)河 Vltava とベロウンカ河 Berounka の合流地点の南方にある傾斜の険しい丘の上にあった、ケルト人集落の現在名。ここにはすでに紀元前6～5世紀に、ケルトの聖域や土塁と防護柵で守られた場所があった。紀元前2世紀にこの遺跡は、最大時には170ヘクタールに及ぶ、東方ケルトの都市型設備(オッピダ)としては最も重要なものの一つに発展した。紀元前10年期頃にこの地は火事によって破壊され、その後森林におおわれた。1963年以来この遺跡は考古学者によって組織的に調査研究されている。

サウィルダーナハ《百芸に通じるもの》 Samildánach/*ir.* ['saμˈildaːnaχ] 『マグ・トゥレドの戦い』に登場する*ルグ・マク・エトレンのあだ名。考えられうる全ての手工芸師と芸術家の才能と能力を一人で兼ね備えていることに由来する。

サウィン Samain/*ir.* ['saμin'] アイルランドの暦では冬の始まり(11月1日)。その日は新しい年の始まりとして祝われたが、〔日没を一日の始まりとしたので〕10月31日の夜に祭日が始まった。10月31日から11月1日にかかるこの夜は、人間が*シードの世界への入口を見つけることができると信じられたので、伝説と風習の中では重要な役割を担った。〔ハロウィーンはこれに由来する。〕

里子 アイルランドの法律にも物語にもよく言及される。その上、里親を指す古アイルランド語名は、同族言語〔印欧語〕において親に対するうちとけた呼称として使用された名称と対応する(比較：muimme/*air.*《養母》Mama/*dt.* と

mummy/*eng.*。また、aite/*ir.*《養父》、atta/ゴート語《父さん》)。この言葉の使用状況は、里子の多さと、里親と里子の親密な関係を表わしている。そしてまた、里子同士や〔里子と実子との〕関係も親密だった(*アルスター物語群に登場する*クー・フリンと里親フェルグス・マク・ロイヒと乳兄弟*フェル・ディアドとの関係)。

この里子制の目的は、二つの一族間で親交関係を強化しようとすること、または敵対関係を絶とうとすることにあった。その他にも、契約によって取り決められる報酬をもらって里子を引き受ける機会もあった。

『サナス・ホルミク』《コルマクのささやき》、または『コルマクの語彙集』 Sanas Chormaic/*ir.* ['sanas 'χormik] 900年頃成立した語源論的な語彙集。法律用語や詩語の古めかしい、あるいはあまり使われない言葉や、また一連の地名や人名の説明を試みたもの。作品の名前は、その著者、アイルランド南部の司教であり、マンスター王だった*コルマク・マク・クレナーンにちなんで付けられた。コルマクの語源論的な注釈は、セビーリャのイシドルスの『語源論』に拠っている。それは、現代言語学の立場から見ると、大部分が誤りである。しかし、この語彙集のアイルランド文学史における価値は高い。なぜなら、今日でははるか後の時代のものしか伝わっていない文学作品が、語彙集の中の引用文によりコルマクの時代にすでに書き記されていたことが確かめられるからである。その上、幾つかの記載事項は、9～10世紀に生き、ラテン語教育を受けた聖職の著述家が、キリスト教以前のアイルランドの宗教や神話についてどのように考えていたかを示す、興味深い情報となっている。

サヘイ Llacheu/*wal.* ['ɬaχei] 『フロナブイの夢』に登場する*アーサー王の息子。『ブリテン島三題歌』において、ブリタニアの《三天才》及び《三豪傑》の一人として登場する。それ以外にも、サヘイの名は詩『門番は何者か』や12～14世紀の諸詩人の作品に登場する。サヘイはアーサー王物語群中の現存する物語ではほとんど役割がないので、詳細はわからない。

サルイ人 Sallui、あるいは**サルウィイ人** Salluvii (サリエス族 Salyes, Sallyes/*gr.*) 古代の*民族誌によれば、ローヌ河とマリティム・アルプス(リグリア海に近いアルプス山脈の南西端)の間に住んでいたケルト人とリグリア人の複合民族。紀元前600年頃、ギリシアのフォカイア人が彼らの地域に植民地マッサリアすなわち現在のマルセイユを設立した。サルイ人は紀元前122年にローマに征服され、主邑アントルモンは破壊され、彼らの土地は、新たに建設されたローマ属州ガリア・ナルボネンシスに組み入れられた。

サワルフ・ヘーン Llywarch Hen/*wal.* ['ɬəwarχ heːn] ウェールズの伝説中の人物で、フレゲド王イリエンの従兄弟。6世紀末にケルト人の住むブリタニア北部に生きたとされる。しかし、後の時代の伝承では、彼にまつわる思い出はウェールズ北部の地名や環境と結びつけられた。『ヘルゲストの赤書』やその他の幾つかの写本に伝わる9～10世紀に成立したとされる詩群では、サワルフ・ヘーンとその息子たちの運命が主題となっている。「老人の歌」*Cân yr Henwr* と呼ばれる詩では、詩人サワルフが自らを、悲しみにうちひしがれ、病める孤独な老人

として描いている。別の詩では，サワルフに強いられて出征し戦死した24人の息子たちの死を嘆いている。おそらく，この難解な部分のある詩は，話の筋が散文で描かれた物語，あるいは皆がすでに筋をよく知っている物語の，劇的なクライマックスをなす部分だった。

三機能理論 →デュメジル，ジョルジュ

サントネス族 Santones　古代の*民族誌によれば，シャラント河 Charente 下流地域に住んでいたケルト住民。この部族名は，かつてメディオラヌム Mediolanum と呼ばれたサント Saintes の町名に残っている。

三部作パトリック伝 Vita Tripartita　聖*パトリックを扱ったアイルランド最古の聖人伝は三つの部分から成り立っているためにこう呼ばれる。

シ

シー　→シード

シェーダンタ Sétanta/ir. [ˈʃeːdaNta]　クー・フリンの本名。物語『クー・フリンの誕生』によると，実父*ルグ・マク・エトネンからこの名前を授かる。シェーダンタがどうしてクー・フリン《クランの犬》というあだ名で呼ばれるようになったかは，物語『クー・フリンの少年時代』に描かれている。

ジェフリー（モンマスの） Geoffrey of Monmouth　ラテン名はガルフリドゥス・モネムテンシス (Galfridus Monemutensis)。12世紀前半のラテン語著述家。彼の名はもっぱらその著作によって広く知られているが，彼自身の生涯は全く闇に包まれている。おそらくジェフリーはブルターニュ系の一族の後裔としてウェールズ南部に生まれた。1129年から51年にかけてオクスフォードにいたことは文書に残されている。1152年にウェールズ北東部のセント・アサフ St. Asaph 司教に任じられた。ウェールズの年代記によると，ジェフリーは1155年に没した。

1130年代にジェフリーは主著『ブリタニア列王史』*Historia Regum Britanniae* を著わした。この書はブリタニア王の歴史を，その始まりからアングロ＝サクソン人によってブリテン島が征服されるまで伝えている。ジェフリーは，トロイアの英雄アエネアスの曽孫とされる*ブルートゥスをブリタニア王の神話的始祖としている。しかしこの著作の主人公は実質上アーサーで，輝かしい統治者，ローマ帝国と対等に渡り合う対抗者として描かれている。ジェフリーは著作の資料に，*ギルダスの作品やベーダの教会史や『ブリトン人の歴史』や，ウェールズやブルターニュの口頭伝承を用いた。作品の目的は，12世紀のアングロ＝ノルマン王権の正統性を偽史によって裏づけることにあったと推測される。ジェフリーが伝承を幻想ゆたかに構成したため，すでに彼に後続する世代の歴史家から批判されたが，その作品は大いに普及し，12～13世紀の宮廷文学に持続的な影響を与えた（*アーサー王文学）。

『ブリタニア列王史』によって知られる予言者メルリン Merlin（*マルジン）の生涯を，ジェフリーは韻文叙事詩『メルリン伝』*Vita Merlini*（1150頃）にも著わしている。しかしこの作品はほんの少ししか広まらず，完全な写本が一つだけ残されている。

ジェラルド（ウェールズの），ジェラルド・デ・バリ　→ギラルドゥス・カンブレンシス

『シェンハス・マール』《偉大な伝承》

Senchas Már/*ir.* [ˈʃenχas maːr] または『シェンハス・モール』Senchas Mór. 古アイルランド語の最も重要な法律論集。8世紀前半にアイルランド北半部で成立したと推測され、アイルランドの法律のさまざまな分野について約30の論文が収められている。

シェンハ・マク・アレラ Sencha mac Ailella

/*ir.* [ˈʃenχa mak ˈalʲeLa] *アルスター物語群に登場する、*コンホヴァル・マク・ネサ王の詩人(*フィリ)。常に調停に努め、毒舌家*ブリクリウや*ドゥフタハ・ダイル・ウラドのような登場人物と好対象をなしている。

塩

先史時代には特に肉の貯蔵に使用された。中欧では紀元前10世紀頃から需要が増大していることが明らかであり、これはおそらく気候条件の変化に関連している。岩塩産出の中心地は*ハルシュタットとハライン近郊のデュルンベルクだった。ハラインは荷の積み替え地から裕福な集落へと発展した。

鹿

図像からも明らかなように、鹿はすでに石器時代や青銅器時代の宗教でも、ヨーロッパを越えた広範な地域にわたり大きな意味を持っていた。ケルトの美術では、鹿は時には単独で、時には神の使いあるいはアトリビュートとして現われる。その他にも、鹿の角が生えた人間の姿をした神像もある。このような像は、碑文などによる確かな呼び名がわかっていないにもかかわらず、近代文学においてしばしばケルヌンノスと呼ばれる。島嶼ケルトの伝承では、鹿はとりわけ*フィン物語群で重要である。狩人を人里離れた見知らぬ所へおびき寄せたり、人間に化身することができる鹿が重要な役割を担う。この種の島嶼ケルトの伝説は、ケルト人の地以外にも対応するものがある。

時間

ケルト人の時間概念については、古代の*民族誌の著述家の指摘や、*コリニーの暦や、アイルランドやウェールズの資料によって、おぼろげな像を描くことができる。ケルト人は昼ではなく夜を目安に時間を区切っていた。すでに*カエサルはガリア人について、〈誕生日や朔日や元旦を、彼らは昼が夜に続くものとして数える〉と報告している(『ガリア戦記』6-18)。このような時間の区切り方は、今日のウェールズ語のウィスノス wythnos《週》(本来8夜)やピュセヴノス pythefnos《2週》(本来15夜〔すなわち半月〕)にもまだ見られる。そのためまた、ケルト人は太陽の周期ではなく、月の周期により一年を定めた。同じような指摘は、大*プリニウスがヤドリギの神聖さについて記した有名な一節にも見られる。彼によれば、ケルト人にとって新月は朔日であり元旦であり、同じく——30年周期で変わる——時代の始まりであった(『博物誌』16-249〜251)。《時代》について述べる際にプリニウスは、ラテン語のsaeculumと言語史的に同根であるケルト語 *saitlom を指していたと考えられる。この言葉はウェールズ語のホイドル hoedl《一生、寿命》として生き残っており、本来は(saeculumと同じく)《世代》ほどのものを表わしたと見なすことができる。30年の期間の他にも5年という期間が特別の意味を持ったと思われる。これは5年を一まとめにしている*コリニーの暦が示している。この暦では、30日の閏月が2度、それぞれ太陰年2年半ごとに入り、太陽年とのずれを修整している。

ケルト人は一年を最初は冬と夏に二分した。中世アイルランドの資料で初めて

四季に分けられるが、その始まりは特別の祭りによって祝われた。コリニーの暦は、それぞれの月を完全にあるいはほぼ同じに二分している。それに対して七曜の週は*キリスト教化によって初めて導入された。そのため、アイルランド語の《週》にあたる言葉や、アイルランド語とウェールズ語の七曜それぞれの名称は、ラテン語に由来する。

『シーズとセヴェリスの物語』 Cyfranc Lludd a Llefelys/wal. ['kəvraŋk ɬiːd a ɬe'velis]　*マビノギオンとして知られる物語群中最も短い作品。物語の内容は、ブリタニア王*シーズが兄弟の*セヴェリスの協力を得て、ブリタニアを三つの災いから救うというものである。一つ目はコラニアの民 Coranieid の災いである。この民は話される言葉を決して聞き逃さない。二つ目は竜で、その凄まじい叫びのため人間も動物もみな子を産まなくなってしまう。三つ目は、毎晩シーズの宮廷から食物をすべて盗んでいく魔法使いだった。G. *デュメジルは『神話と叙事詩』 Mythe et Epopée (1968) の第1巻で、この物語を印欧語族の神話を反映したものと解釈している。

シーズ Lludd/wal. [ɬiːð]　ベリ・マウル王の長男で後継者。『シーズとセヴェリスの物語』は、弟のセヴェリスと共にブリタニアを三つの苦難から救うさまを描いている。

シーズ・サウエレイント Lludd Llawereint/wal. [ɬiːð ɬauˈereint]　*キルフフとオルウェン』に登場する*クレイザラドの父親。サウエレイントというあだ名は《銀の手の》を意味し、アイルランドのヌアドゥ・アルガトラーウに対応している。そこから、シーズという名前も、ニーズ Nudd (=ヌアドゥ) からサウエレイントの語頭との同化によって生じたのではないかと推測される。Nudd や Nuadu の更に古い語形の一つは*ノドンスという神の名で、碑文で確認されている。おそらくキリスト教伝来以前のケルト神話登場者の記憶が、アイルランド伝承とウエールズ伝承とでそれぞれ他とは無関係に保存された。しかし、彼についての言及は『キルフフとオルウェン』を除けば他にはなにも残っていない。シーズ・サウエレイントと、彼と同様あまり知られていない伝説上の人物シールとの関連については、いろいろと推測された。しかし、時々写本にこの両人の名が取り違えられていることを除けば、この説を肯定する確固とした証拠はない。

シード síd/ir. [ʃiːð]　*神話物語群に出てくる、神話の太古にアイルランドに住んでいたものたちが住むという地下の異界。この異界は、自然の山や丘の中のほか、ケルト人到来以前に先住民が作った墳陵の中にもあると考えられた。このシードの住民は、シーデ síde (複数形)、あるいはフィル・シーデ／ムナー・シーデ／アイス・シーデ fir/mná/áes síde 《シードの男たち／女たち／人々》と呼ばれた。彼らは、新しく入植したケルトの部族を逃れて地下に住むようになったとされる*トゥアタ・デー・ダナンとたびたび同一視される。〔日本では現代アイルランド語 sí／sídh の発音から《シー》と表わされることもあり、またその住民は《妖精》と翻訳されたりしている。〕

死と埋葬　考古学的発見と古代の*民族誌の証言によれば、独特のそして一部は非常に豪華な宗教儀式が行なわれた。死後の生への信仰(異界観)は広く知れわたっていたが、死者の埋葬の風習には多くの地域的・時代的・社会的制約による

違いが見られる。外見上は，前ローマ時代については，古い時代の墳丘と後代の平塚式墳墓に区別され，個々の地域でそれぞれ異なるが，速やかに移行していった。墳丘は，一部は一回きりの埋葬のために造られ，一部は中央墓とそれに従う複数の埋葬（*殉死）のために造られた。ハルシュタット後期とラ・テーヌ前期は，土葬が支配的だった。その際，死者は自然な安眠姿勢で埋葬された。ラ・テーヌ中期には，*カエサル（『ガリア戦記』6-19）が記したように，火葬の風習がしだいに浸透した。副葬品を死者に手向ける習わしは広く行なわれた。副葬品は，初期ケルトの*首長の墳墓の場合には，非常に豪華なものとなった。したがって，副葬品を分析することにより，その時代の物質的および精神的文化について貴重な帰納的推論が得られる（*アミュレット）。

社会　ケルト人の社会秩序に関しては，女性についてと同様に，一般的に言えることはごくわずかしかない。これは，ケルト諸民族の政治機構が特にさまざまな形に発展したことによる。ケルト社会は，*農耕と牧畜の経済的意義が大きかったため，また都市的な中心が著しく欠如していたため，おおむね農村的・農業的性格がきわだっていた（*オッピダ）。ケルト社会の構成要素は個人というよりはむしろ氏族（*フィネ）であり，その成員たちには共有する権利と義務が数多くあった。更に高い段階では部族共同体（*トゥアト）の単位があり，政治的単位として最大・最高のものだったこともまれではない。その他の点では，ケルト社会は決して平等ではなく，それどころかむしろ厳密な身分で組織構成されていた。その頂点に王（*リー）あるいは部族の貴族階級が立ち，非自由民（奴隷）が最下層を成

していた。社会のその他の構成員はさまざまな相互依存関係によって結び付けられていたが（*アンバクトゥス），神官（*ドルイド）と武人は特権的地位を享受した。

社会構造　→社会

ジャクソン，ケネス・H. Jackson, Kenneth Hurlstone (1909〜1991)　幅広い研究活動を行なった現代のイギリス生まれのケルト学者。ケンブリッジ，バンゴル（ウェールズ），ダブリンの大学で学んだ後，1934年から40年までケンブリッジ大学でケルト語・文学の講師を務めた。40年から50年までハーバード大学で教え，50年から79年までエディンバラ大学のケルト学教授を務めた。大著『初期ブリテンの言語と歴史』*Language and History in Early Britain* (1953) は，ブリトン語とその派生言語であるブルトン語，コーンウォール語，カンブリア語，ウェールズ語の初期段階について研究したものであるが，今日に至るまで標準となる内容である。この研究は更に『ブルトン語の歴史音韻論』*A Historical Phonology of Breton* (1967) の言語史的研究により補完された。51年には，ケルトの文学全般から名文を選び出して主題別に並べたアンソロジー『ケルト詩華集』*A Celtic Miscellany* を出版した。『国際的な民話と初期ウェールズの伝承』*The International Popular Tale and Early Welsh Tradition* (1961) の研究では，広く知れ渡っている民話のモチーフが最古のウェールズ語散文物語の幾つかにどのような影響を与えたかを探っている。また著作『アイルランド最古の伝統：鉄器時代への窓』*The Oldest Irish Tradition: A Window on the Iron Age* (1964) は影響力が大きかったが，

その中でジャクソンは、アイルランドの英雄伝説はキリスト教以前のケルト文化の本質的な特徴を反映していると解釈する。この考えは多くの一般図書に取り上げられたが、最近では疑問視する声が強くなっている（*アルスター物語群）。

シャティヨン=シュル=グラーヌ Châtillon-sur-Glâne　スイス、ベルン南西フリブール Fribourg の南方、グラーヌ川がサリヌ Sarine／ザーネ Saane 川に合流する地点にある、初期ケルトの集落地の現在名。紀元前6〜5世紀、ここは城壁で守られていた。1974年から発掘調査されている。すでに1865年から1903年までに、周辺15キロメートルの地帯で鉄や青銅や金で作られた副葬品が多数見つかった。このことから、この遺跡は初期ケルトの*首長の城砦だろうと推測される。

シャマリエール Chamalières　フランス中部、オーヴェルニュ地方のピュイ=ド=ドーム県、クレルモン=フェラン Clermont-Ferrand の西方にある。1968〜71年、この地のガロ=ローマ時代の聖域だった泉が発掘調査された。数千の木製の*奉納物と並んで、1971年1月、紀元前1世紀前半にガリア語で呪文を書き付けた鉛板も発見された。336文字にのぼるこの鉛板の文章は、（呪詛を刻んだラルザクの鉛板に次ぐ）2番目に長いガリア語のテキストで、古代ケルト語の最も長いテキストの一つである。文章の解釈は、詳細について論争されているが、魔術から守ってくれるように*マポノス神に祈願するものであることは明らかである。鉛板は現在クレルモン=フェランのバルゴワン Bargoin 博物館所蔵。

車両　中央ヨーロッパではすでに新石器時代後期に存在したことが考古学的に証明されている。輻付き車輪を付けた儀式用四輪車両は、ハルシュタット期後期における初期ケルトの*首長の墳墓に典型的であるとはいえ、すでに*骨壺葬文化に現われている。これらの車両の多くには金属の装具が豊富に見られるが、幾つかは更に鉄板か青銅板によって完全に覆われている。その有名な例は*ホーホドルフの墳墓から出土した車両である。初期の

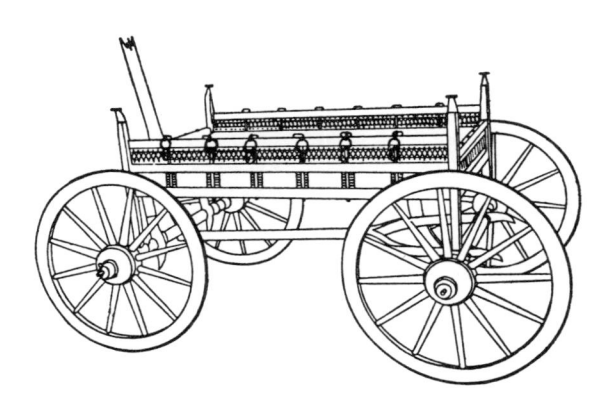

四輪車両の復元図。後期ハルシュタット期の墳墓から出土

*ラ・テーヌ期以降の墳墓に二輪の戦車が現われる。この種の戦車が戦場で使用されたのは地中海域の先例にならったものと思われ，普通は御者一人と戦士一人が乗車した。ヨーロッパ大陸部では戦車は遅くとも前1世紀には使用されなくなったが，*カエサルはブリテン島遠征で戦車と遭遇している（『ガリア戦記』4-33）。アイルランドではあるいは，戦車使用の伝統は5世紀以降まで続いた可能性もある。

シュヴァルツェンバハ Schwarzen-bach ドイツ西部フンスリュック山地の町イーダー＝オーバーシュタインIdar-Oberstein郊外。この近くで1849年に紀元前5/4世紀のケルトの*首長の墳墓2基が発見された。副葬品には，*装身具の他に，小鉢に付いていた金の透かし彫り金具の残骸と金の薄板で作った小型のマスクなども含まれていた。青銅のオイノコエや多数の鉄製武器を含む墳墓の発掘品は，発掘後まもなく紛失したが，その事情は不明である。他の発掘品も1945年ベルリンで行方不明になった。

宗教 *キリスト教化以前の古代ヨーロッパのケルト諸語を使用した住民による神話や信仰や儀式を，ケルト人の宗教という。これに関する知識は，主にローマ以前とローマ時代の出土品，古代の*民族誌の報告，アイルランドとウェールズの中世*文学，近世の民俗学的文書による。そのためケルト人の宗教に関する研究は，先史，考古学，比較言語学，*ケルト学の成果に基づいている。

祈禱や讃歌，聖典のような直接資料がほとんどないことや，間接証拠が非常に限られた発言力しかもたないことは，ケルト人の宗教の特殊性である。このため，もっともよく記録された宗教においては多くが記述されているような様々な物事について，ケルト人の宗教では確たる証言はほんのわずかしかない。例えば呪術と宗教を切り離すこともまたしばしば困難と思えるほどである。

ケルト人の宗教は，ほとんど全ての宗教のように，多神教である。たいていの*神と女神は名前だけしか知られておらず，神々についての神話は断片をつないだ再現となる。このためケルトの神話は，世界創造（宇宙論）や，この世の終り（終末論）や，*異界観について広範囲にわたって不明である。考古学的発見により多くの*祭祀場が見つかり，そこで生贄が捧げられたことが知られている。それに対して，祭祀の他の面すなわち占いや聖婚の儀式などは，古代の著述家の言葉や中世の資料の指摘によってのみ明らかにされている。*ドルイドがケルト人の神官であることも文献によってのみ知られている。ケルトの美術は本来神像を創らなかったが，地中海の人々にならい，とりわけギリシア・ローマ人の影響でようやく普及した。そのため，美術の領域や，さらに祭祀の領域でも，*ローマ風解釈の原則が広く行なわれた。

時間的にも空間的にも遠く離れて存在する資料に見られる関連性は，民族的あるいは文化的な統一性に基づくものではないということに特に注意を払う必要がある（歴史）。《その》ケルト人の宗教を語る正当性は，なによりもまずケルト人の*言語において証明できる関連性から明らかになる。その言語によって，宗教観が表現され，神話が伝えられ，祭祀的行為が表わされ記録されたのである。

終末論 世界の終りについての考え方。これがケルト人においていかなるものであったのかについては，不十分にしか知

られていない。*ストラボンによると、*ドルイドは、いつの日か火事と洪水が起こるが、魂と宇宙は不滅であると教えた（『地理誌』4-4-4）。さらに、ギリシアの歴史家アッリアノス Arrianos が伝える覚書がわずかにあり、それによるとケルト人の戦士が、天が頭上に落ちてくるかもしれないことを除けば世界を恐れてはならない、とアレクサンドロス大王に述べたらしい（『アナバシス』Ἀνάβασις 1-4-7。邦題『アレクサンドロス大王東征記』）。天が崩壊しうるという思考は、アイルランド伝承にも見られる。おそらくケルト人は、天空は一本の支柱に支えられており、いつかそれが倒れるかもしれないと案じたのだろう。ローマの詩人*アウィエヌスは、ローヌ河の源泉にある《太陽の支柱》Solis columna について語っている。

集落 ケルト人の地域に関する考古学はこれまで比較的まれにしか行なわれず、しかもいろいろな面で不明な点が多い。その調査も、*ハルシュタット後期の、初期ケルトの首長の城砦、ならびにラ・テーヌ中・後期における後期ケルトの*オッピダに集中していた。しかしながら、疑いなくケルト人の大半は、しばしばかなり長い歴史をもつ小さな散村式の村落に住んでいた。このような集落はたいてい、小川や河川に近い農耕地の中ほどにあった（農耕）。家屋は普通木材と編み細工に泥土を塗った壁で建てられ、屋根は藁や葦葺きであった。

シュタイネンブロン Steinenbronn

ドイツ南西部シュトゥットガルト近郊のベーブリンゲン郡にある。1864年森林作業中に、ケルトの砂岩製石柱1本の断片が二つ見つかった。（最初の発表や幾つかの古い文献では、誤って付近のヴァルデンブーフ Waldenbuch が発見場所とされている。）方形の石柱の残存部分は高さ1.25メートル、うち台座部は25センチ。石柱の下部は渦巻文様で飾られている。更に、面の一つには、上部が失われた人の下腕部と手や指が見て取れる。石柱はおそらく紀元前5世紀のもの。現在シュトゥットガルトのヴュルテンベルク地方博物館所蔵。

首長の城砦 今日の考古学によるハルシュタット後期（紀元前6～5世紀）の特定の形態の居住地。特徴には、居住地が著しい高みの上にあること、手間をかけた城壁、地中海域から輸入された品々、付近に豊かに飾られた*首長の墳墓があることが挙げられる。この種の遺跡はおそらく部族の有力な貴族の住居であり、彼らは遠隔地との商取引に従事した。最も重要な例として、シャティヨン＝シュル＝セーヌ近郊*モン・ラソワや、ジュラ山地のサラン＝レ＝バン郊外カン＝ド＝シャトーや、スイスのフリブール郊外シャティヨン＝シュル＝グラーネや、チューリヒ郊外

シュタイネンブロンの石柱

*ユートリーベルク，ドイツ南西部*ブライザハのミュンスターベルク，ルートヴィヒスブルク郊外*ホーエンアスペルク，ドナウ河上流の*ホイネブルクがある。これらの遺跡は付近の墳墓と並んで，中欧においてケルト人の存在を示す最も古い考古学例証となっている。遺跡の研究調査は，居住地の面積の広大さや，一部の遺跡の上に建てられた後代の建造物のせいで考古学者の発掘が非常に制限されているため，未だに終わっていない。

首長の墳墓 先史・原史時代にぜいたくに作られ，豊かな副葬品を備えた墓。
ローマ支配以前の鉄器時代において，首長の城砦と並んで，中欧におけるケルト文化の最も古い考古資料と見なされる。この墳墓に埋葬された人物が部族の中で経済的・政治的に強力な支配者層に属していたことは確かだろう。墳墓の構造の豪華さが，死者の社会的地位の高さと政治的な役割を物語っている。このぜいたくさには，共同体の大規模な労働量と組織を必要としただろう。この埋葬者の属する社会層の経済力の強さは，墳墓の副葬品に最も顕著に示されている。これらの中には，しばしば地中海域から輸入された品や，特に金などの貴金属を使った品が数えられる。しかし，この社会的地位が宗教や法律によってどのように基礎づけられていたのかは，文献資料がないために不明である。

最も古い首長の墳墓は（ほぼ紀元前400年頃まで）壮大な墳丘で，中には今日も遠くから見て一目瞭然にそれとわかるものもある。後の時代になって，墳丘は平塚式墳墓にとって代わられた。

ハルシュタット期の古い首長の墳墓とラ・テーヌ期の新しいものとの間には，明らかな違いがある。例えば，ハルシュタット期の墳墓では，死者にしばしば四輪の*車両が供えられるが，武器はせいぜい短剣が添えられる程度である。それに対してラ・テーヌ期の墳墓では，必ず二輪の車両だが，剣や兜，あるいは他の武器が添えられていることも珍しくない。

墳墓の地理的な分布も時代の移行にしたがって変化がある。ハルシュタット期の墳墓は，特にフランスのブルゴーニュや，スイスや，ドイツ南西部バーデン＝ヴュルテンベルク州の首長の城砦のすぐ近くに位置している（*グラーフェンビュール，*ヒルシュランデン，*ホーミヒェレ，*マクダレーネンベルク，*ヴィクス）。これに対してラ・テーヌ期の墳墓は，特にシャンパーニュや，ドイツ西部のラインラントやザールラントや，チェコや，オーストリアに位置している（*バート・デュルクハイム，*ローデンバハ，*シュヴァルツェンバハ，*ヴァルトアルゲスハイム，*ヴァイスキルヒェン）。ただし，個々の事例でハルシュタット期からラ・テーヌ期への継続が証明されているものもある。その最も有名な例は*クラインアスペルクレのラ・テーヌ期の墳墓で，*ホーエンアスペルクにあるハルシュタット期の首長の城砦と関係づけられる。

シュテルン，ルートヴィヒ・C. Stern, Ludwig Christian（1846〜1911） エジプト学者，ケルト学者。1896年から没するまで，K.*マイヤーと共に『ケルト言語学誌』を刊行した。

ジュピター Jupiter →ユピテル

樹木 全ての資料が一致して示していることは，樹木がケルト人の宗教において重要な役割を果たしていたということである。これは，とりわけ聖なる森（*ネメトン）に関する数多くの言及が証明している。また，ガロ＝ローマ時代に樹木

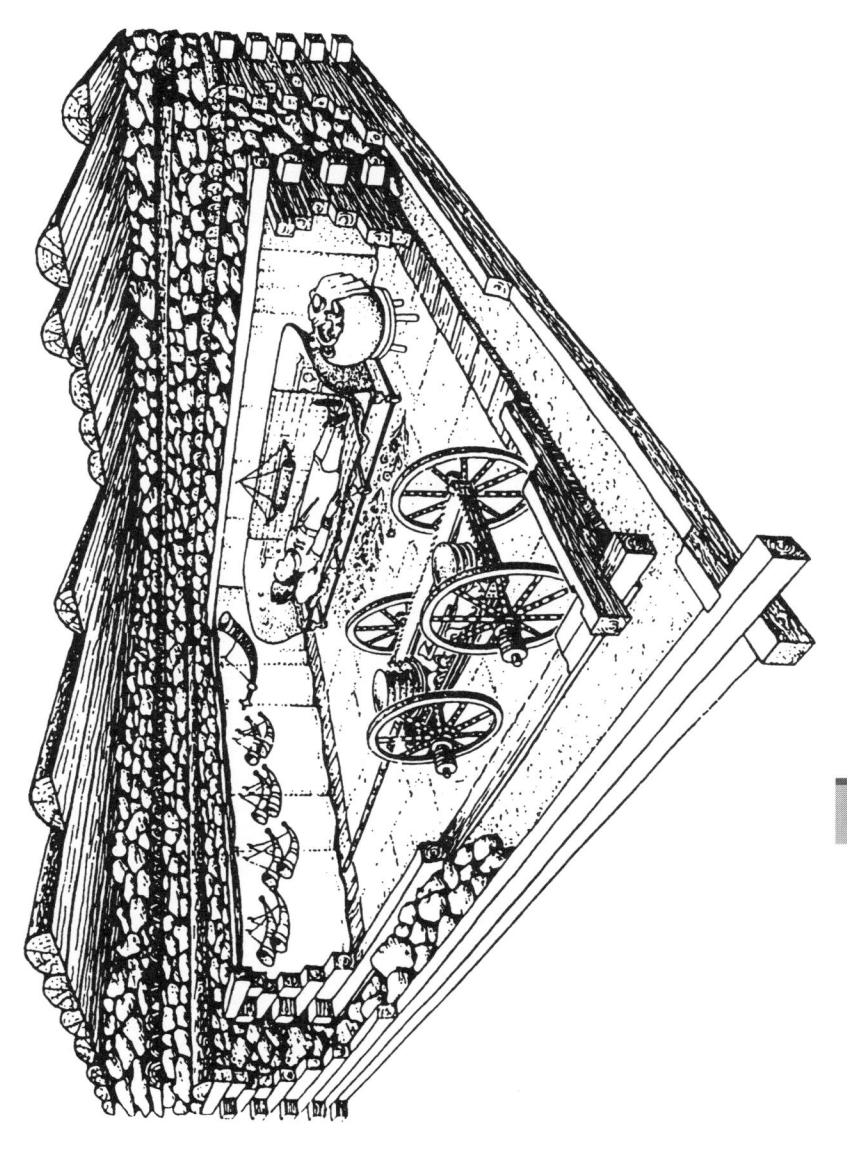

ホーホドルフの首長の墳墓の墓室

の神々に祈願した碑文も知られている。例えば，ファグス Fagus《ブナ》（CIL XIII-33及び223～225），あるいはロブル Robur《オーク》（CIL XIII-1112）がある。更に三つの碑文（CIL 13-129, 132, 175）がなじみのない6種類の樹木に（sex arboribus）言及している。古代の著述家は特に*オークが宗教上重要であったことを強調している。ケルト人がゲルマン人の宇宙樹と同じようなものを考えていたかどうかは，古代の資料から知ることはできない。樹木がケルト人の神話において重要であったことは，とりわけ*ナウタエ・パリシアキの石碑にある*エス神の描写に明らかである。アイルランドでは，ビレ bile《大樹》（古代ケルト語*bilios より派生）は聖なる木を意味した。特に*ウシュネフやトルトゥ Tortu の楡，ロス Ross のイチイ，ムグナ Mugna やダティー Dathí のオークはしばしば言及されている。しかも更に，それぞれの*トゥアトにも各々の聖なる木があり，その木陰で集会が催され，その木を切ることは重大な冒瀆と見なされた。

ジュリアン, カミーユ Jullian, Camille（1859～1933）マルセイユに生まれ，パリ，ローマ，ウィーンとベルリンの大学で学んだ後，初めはボルドー大学で古代史と地方史を教えた。1905年からパリのコレージュ・ド・フランスでフランス国民史の教授を務めた。主著は8巻に及ぶ『ガリア史』Histoire de la Gaule（1907～1926）で，ケルト人の入植から古代末期までのガリアの歴史が取り扱われている。ガリアをケルト文明の一部であり，またローマ文明の一部でもあったと見なし，この国の物質的・精神的文化の全側面を正しく評価しようと試みた。証明のために，文献・碑文・考古学資料が比類のないほど大量に援用されている。彼の著作はフランスの歴史記述の古典として今日もなお重要な意義がある。

狩猟 狩猟と魚撈はケルト人の経済活動において*農耕や*牧畜に比べ副次的な意味しか持っていなかった。多大な時間が浪費されること，そして実質的な利益が比較的少ないことから，社会上層部に属する者たちが勤しんだ。

考古学の発掘と文献資料によれば，徒歩や乗馬による狩猟が行なわれ，槍や投石器や弓矢が用いられた。*プリニウスの証言によると毒矢も使用された（『博物誌』25-5-25）。獲物を駆り立てるのに犬が使われた。水牛，オオシカ，熊，鹿の大型獣や，ノロジカ，穴熊，ビーバー，ウサギなどの小型の猟獣や，そのほか狼，狐，貂の肉食獣や，雁，鴨，鶴などの野

アイルランドのハイ・クロスにある狩猟の風景

鳥類も狩りの獲物になった。

ギリシアの著述家アッリアノスArrianos（2世紀）の報告によると，狩猟はケルト人にとっては常に宗教儀式と結びついていた（『狩猟』Κυνηγέτικα 34）。碑文や図像に残された神々で特に狩猟と関係があると考えられるのは，*アブノバ，*アルドゥインナ，*アルティオ，*コキディウス，*ノドンス，*ウォセグスである。

中世島嶼ケルト文学では，狩猟は特に*フィン物語群において大きな役割を担っている。これらの伝承の多くは，狩人の一人が仲間からはぐれ，現世の掟が通用しない場所に足を踏み入れることから，物語が始まる。

殉死 ある死者の墓において，一人あるいは複数の人間が，自発的にあるいは強制されて，自殺すること。殉死は多くの民族の間に行なわれ，親族や，使用人や，あるいは故人の死の責任を負わされた人間がそれに該当した。ケルト文化における殉死については，*カエサルの証言（『ガリア戦記』6-19）がある。これによるとローマ人が到来する少し前には，ガリア人は身分の高い人物の埋葬に際し，動物や持ち物を副葬したばかりか，故人に愛された奴隷や被護民も共に埋葬した。考古学においては，この意味で，二人埋葬の数例や，初期ケルトの首長の墳墓の周囲にある多数埋葬が挙げられる。

上王 →リー

『諸王年代記』 Brut y Brenhinedd/ wal. [brit ə bren'hineð] モンマスの*ジェフリー著『ブリタニア列王史』を，中期・初期近世ウェールズ語に翻案した文献。13〜15世紀に成立した。長さの異なる60を越える様々な写本に残されている。

食習慣 古代の著述家たちの報告には，ケルト人の食習慣について特別の関心が寄せられている。*アテナイオス（4-36）によって伝えられた，*ポセイドニオスの記述はよく知られている。これによると，ケルト人は低い木のテーブルを囲み，藁作りの臥所（ふしど）に座って食事をした。主食は肉類で，釜で煮るか，串焼きにして，そのまま食卓に供されたという。ギリシアの著述家の表現では，大きな肉塊をつかみ，獅子のように歯で骨から肉を食いちぎるか，短刀で切り離した。共同体の宴会では，人は輪になって座り，最も地位の高い者に中央の席が与えられる。食べ物は青銅や木の皿や柳の枝を編んだ器に盛られ，飲み物は土器か銀器で飲んだ。裕福な者の飲み物はイタリアやフランス南部から輸入したワインだったが，そうでない者は蜂蜜酒の一種かビールを飲んでいたとされる。

ケルト人の食器や炊事道具や食料貯蔵容器はとりわけ*集落の遺跡で発掘されている。さまざまな形の土器の破片が多数出土し，金属製の大釜や肉用フォークや焼き串や薪架（まきうま）もある。木の容器やスプーンは，たいていそれらに付いていた金属製の握りや取っ手のみによってしかわからない。いわゆる首長の墳墓からは，角杯（もしくはその金具）や土器や，地中海域から輸入された金属器（青銅製水差しなど）も発見された。主な食糧は，特に集落の廃棄物の動物学・植物学的調査により，主食は穀類と牛肉や豚肉で，これに対して野獣や鳥の肉は副次的なものだったことがわかっている。

支配者層向けに書かれた中世の島嶼ケルト文学では，豪華な酒宴は重要な役割を担っており，物語のクライマックスとなることもまれではない（『ブリクリウの饗応』，『マク・ダトーの豚の物語』）。

食料（糧） →食習慣

ショステッド，マリー=ルイーズ Sjoestedt, Marie-Louise（1900〜1940）ケルト学者で，J. ヴァンドリエスの弟子。初期の研究は，アイルランド語の動詞体系やアイルランド語の方言地理学など，言語学に関するものだった。著名な作品『ケルトの神々と英雄たち』*Dieux et Héros des Celtes* は死後数週間後にパリで公にされた。この著作で著者は，アイルランドの文学作品と大陸ケルトの考古学例証とを総合することによって，ケルト人の宗教と神話の本質的な特徴を把握しようと試みた。この作品は1949年M. ディロンによって英訳題名 *Gods and Heroes of the Celts* で出版され，後続するケルト人の宗教に関する研究に長らく影響を及ぼした。しかしながら，この作品は大半が思弁的であり，時間的にも空間的にも遠くかけ離れた原典資料を結合させているため，問題がないわけではない。

女性 ケルト人の社会における女性の地位について，概括的に言えることはごくわずかしかない。女性の社会的地位はそれぞれの居住地域において，またそれぞれの社会層に応じてさまざまであり，時代の経過にしたがって顕著な変化をこうむった。その上に，資料の多くの事例は客観的な証言とは認められない。

前ローマ時代については，もっぱら墳墓からの出土品を頼りにしている。というのも，女性の地位に関して参考になりそうな集落跡からの考古学出土品はあまり豊かとはいえず，文献資料もほとんど存在しないからである。バート・デュルクハイムやラインハイムやヴィクスやあるいはヴァルトアルゲスハイムなどの墳墓は，女性が社会的に高い地位を得られたことを示している。しかし，この女性の高い地位がどのようなものに立脚していたか，また，女性の地位がどの程度まで家族あるいは夫の社会的地位に左右されたのかは，わからない。

古典古代の著述家たちによる報告は，またしばしば個々の事例であって，これらを一般化することはできない。例えばボウディッカやカルティマンドゥアについての情報はその例である。更に，客観的な観察が道徳的あるいは扇動的な意図によって歪曲され得たことも，常に考慮しなければならない。このような例として，争い事の調停者として女性を認めるプルタルコスの指摘（『女性の徳』*Mulierum virtutes* 6章）や，逆に，腕ずくの争いに女性たちが加わることについての歴史家シチリアのディオドロスの言及（5-32）などがある。女性の法的地位に関しては，夫に妻や子供の生殺与奪の権利が与えられていたとする，カエサルの言及（『ガリア戦記』6-19）がある。しかし，このような言及の正当性や一般妥当性を検証することは不可能である。

女性の地位に関する詳細な報告は，中世初期から盛期に書き記されたアイルランドやウェールズの法律書に初めて見いだされる。これらの資料によると，女性は法的・政治的な観点では男性に，つまり初めは父親に，そしてのちには夫に従属していた。女性は財産を持つことはできたが，その財産を簡単に相続させることはできなかった。また，女性は証人として法廷に立つことが許されなかったし，自分で契約を結ぶことができなかった。婚姻も花嫁の男性親族によって取り決めが成された。離婚や（一夫多妻の結婚・共同生活型の）重婚についても法律書で言及されている。女奴隷の存在も，クワ

ル《女奴隷》という言葉が通貨単位として使用されていることから、少なくとも男奴隷と同様に存在したと考えられる。

ケルト人の社会における女性の強力な地位、それどころかケルト人社会の母権制というイメージは、19世紀に出現したものであり、一方では、*マハや*メドヴや*フリアンノンや、あるいは*スカータハのような神話上の人物についての説話を、現実社会のものと混同した所産である(ケルト・イデオロギー)。ケルトの宗教における女神の重要な意義は、この問題とは関係しない(*マトロナエ／マトレス)。そして、我々に知られている支配的でわがままで好戦的な女性たちについての物語は、例外なく男たちによって男たちのために語られてきたものであることを、忘れてはならない。

シール Llŷr/wal. [ɬiːr] 『シールの娘ブランウェン』と『シールの息子マナウアダン』に登場する、ブランウェンと、ブラーン、マナウアダン兄弟の父親。また、シールという言葉はウェールズの詩ではしばしば《海》を表わし、したがってアイルランド語のler(属格形はlir)と対応する。マク・リル Mac Lir《海の息子》は、アイルランド語資料では、伝説に包まれた支配者*マナナーンの定まった呼び名となっている。ケルト学者 J.*ヴァンドリエスの説によると、この言葉は《航海者》といった意味を表わしていたという。しかしながら、この言葉が呼び名としてウェールズ語に借入された後には、その意味はもはや理解されなかった。Lir はむしろ固有名詞として解釈され、のちになってシールという名の人物像が作り出されたとされる。実際『シールの娘ブランウェン』でも『シールの息子マナウアダン』でも、シール自身は役割を担って現われない。唯一モンマスの*ジェフリーの『ブリタニア列王史』に手を加えたウェールズ語訳で、シールは重要な役割を果たしている。そこではレイル Leir と呼ばれる王について述べており、のちにシェイクスピアの『リア王』King Lear に主人公として描かれた。しかし、このレイルはケルト伝承に由来する人物ではない。また、レイル Leir／リア Lear はどうやら地名の Leicester(レスター。古英語では Laegreceaster)から派生しているので、シールの起源とは本来同じではない。

『シールの息子マナウアダン』 Manawydan fab Llŷr/wal. [manaˈwədan vaːb ɬiːr] *マビノギ四枝第3の物語。この物語の主人公マナウアダンは、ブリタニア王ブラーン・ヴェンディゲイドの兄弟。ブラーン率いるアイルランド遠征を終えた後、*ダヴェド王プイスの未亡人で戦友*プラデリの母親に当たる*フリアンノンと結婚する。ある日のこと、魔法によって全ての人間と家畜が地上から消えてしまい、マナウアダンとフリアンノンと、プラデリとその妻キグヴァ Cigfa の4人だけになってしまう。4人は2年間まったく孤立した生活を送り、その後国外に出る。マナウアダンはイングランドで鞍職人、楯職人、靴職人になって生計を立てようとする。だが土地の職人たちが4人に対して敵意を抱くので、彼らは町から町に移り住む。結局彼らはイングランドを去り、今なお誰一人いないダヴェドに戻る。すると、フリアンノンとプラデリはまたしても魔法によってある城砦の中に閉じ込められ、同時に二人ともども城砦自体が消える。マナウアダンはあらゆる手段を尽くしてこれらの災厄の張本人を探り出し、フリアンノンとプラデリを

救い、ダヴェドに掛けられた魔法を解くことに成功する。

『シールの娘ブランウェン』 Branwen ferch Lŷr/*wal.* ['branwen verχ liːr] 『マビノギ四枝』第2の物語。アイルランド王マソルフ Matholwch がブリタニア王ブラーン・ヴェンディゲイドの姉妹ブランウェンに求婚するところから始まる。ブラーンは二人の結婚を許可するが、ブラーンの異母兄弟エヴニシエンが故意にマソルフの馬の脚を切断したため、アイルランドとブリタニアの友好関係が危うくなる。アイルランド王は、手遅れになる寸前、新しい馬と、殺された者を蘇らせる魔法の大釜を贈られ怒りを鎮める。アイルランドに渡ったブランウェンは男の子を産むが、マソルフの家来たちのたくらみで卑しい仕事をさせられる。この事を知ったブラーンは、直ちにマソルフ討伐の遠征に出た。和解に向けての最後の試みもエヴニシエンによって妨げられ、その後繰り広げられた戦いの中で、ブリタニアの戦士は7人を残して全員戦死する。ブランウェンはウェールズに戻った後、悲しみのあまり心臓がはり裂けて絶命する。──ウェールズ人作家ソーンデルス・レウイス Lewis, Saunders（1893～1985）は劇『ブランウェン』*Branwen*（1975）でこの物語に現代的な形を与えた。

シロナ Sirona ケルトの女神。この名は、シロナ／ディロナ Dirona として碑文に現われる。《星》を意味するケルト語から派生したと推測される。シロナへの奉献碑文は、トリーア Trier（CIL XIII-3662）、ヴィースバーデン Wiesbaden（CIL XIII-7570）、マインツ Mainz（CIL XIII-6753）、ロートリンゲン（ロレーヌ）のメルレンバハ Merlenbach（CIL XIII-4498）、ディナン Dinan 近郊のコルスール Corseul（CIL XIII-3143）、ボルドー Bordeaux（CIL XIII-582 とおそらく 586）付近で発見された。シロナは、アポロ・グランヌスの伴侶として、ホーホシャイト（NeLi 9）、ビトブルク Bitburg（CIL XIII-4129）、アルツァイ Alzey（Ne 85, 86）、マインツ近郊ニーアシュタイン Nierstein（CIL XIII-6272）、ルートヴィヒスブルク Ludwigsburg 近郊グロースボトヴァー Großbottwar（CIL XIII-6458）、ディリンゲン Dillingen 近郊のハウゼン Hausen（CIL III-

シロナ女神像。ホーホシャイト出土

11903)、バイエルンのバウムブルク修道院 Kloster Baumburg（CIL Ⅲ-5588）、ウィーン、バーゼル Basel 近郊アウクスト Augst（NeLi 97）、リュクスイユ゠レ゠バン Luxeuil-les-Bains（CIL ⅩⅢ-5424）、ヴォージュ県グロー Graux（CIL ⅩⅢ-4661）、シェール県フラヴィニー Flavigny（ILTG 169）、ローマ（CIL Ⅵ-36）、更にハンガリーのローマ遺跡アクィンクム Aquincum と、ルーマニアのブレテア・ロミーナ Bretea Romîna（CIL Ⅲ-74★。この碑文の信憑性については議論がある）の碑文に現われている。この女神は特定のアトリビュートはなく、手にブドウの房と（麦の）穂を持つか、あるいはギリシアの女神ヒュギエイア《健康》に倣って蛇を持つ、長い衣を着た女性の立像として描かれている。この女神への信仰は、特に薬用泉との関係において明らかになっている。

神官 →ドルイド

シンクレティズム《諸教混淆》 起源の異なる世界観や宗教思想が混じり合うこと。

ケルト人の*宗教の歴史上、前ローマ時代にすでにケルト人征服者の宗教観がヨーロッパ中部や西部の先住民のものと融合していたと見なすことができる。この融合の過程にケルト人がどのように関与していたかは、他の印欧語族に属する民族の宗教観と比較することによってある程度再現することができる。

古代ヨーロッパにおけるケルト人の先住民の他にも、紀元前500年頃以降地中海域文化がケルト人の宗教に影響を及ぼしたこともありうる。これはとりわけ、ギリシアの植民市や、エトルリア人やトラキア人が、その隣人であるケルト人と活発な文化交流を行なったフランス南部や、上部イタリアや、バルカン半島の周縁地域で顕著である。商人や旅行者が更に北方の地域に外来の宗教観をどの程度紹介したかについては、推定することが全くできない。

紀元1世紀以降、土着とローマとオリエントの信仰が併存し、互いに影響し合ったローマ支配下のガリアに見られる宗教のシンクレティズムは、よく比較検証された、きわだった例である（*ローマ風解釈）。ケルト人の*キリスト教化以後、特に地方において、キリスト教以前と、キリスト教の宗教観や実践のシンクレティズムが見いだされる。

シン・ケリグ・バーハ Llyn Cerrig Bach/wal. [ɬin ˈkerig baːχ]　ウェールズ北西部のアングルシー島西岸にある湖。1942／43年に軍用飛行場付近で、獣骨や、ラ・テーヌ期のものと思われる金属器が大量に見つかり、剣や槍の穂や楯の鋲や、戦車と馬具の一部が含まれていた。これらは全て、紀元前2世紀からローマの征服に至る紀元後1世紀にかけての時代の遺物で、*奉納物としてこの湖に捧げられたものとされている。

神聖王権　→聖婚、→王
神託　→予言
神殿　宗教学の用語としては、通常祭祀に用いる石造や木造の建築物を指す。また神殿は、キリスト教の教会やイスラム教のモスクやユダヤ教のシナゴーグとは違い、宗教団の集会所としてではなく神の住まいとされる。本来ケルト人は、このような意味での神殿を知らず、定住した地中海地域において初めて、特にローマの影響を受けて発達した。ガロ゠ローマの神殿の場所には、もともと前ローマ時代にケルト人の*祭祀場があったことが確認されることもある。この神殿が、

人頭 →首

シンボル →装飾文様

人名 古代ケルトの時代からギリシアやローマの著述家や碑文によって残されている。人名の本来の意味については，ケルト学者にきわめて難しい問題を投げ掛けている。これは，しばしばある名前の語源をよく確定できないこと，あるいは，はっきりした語源はわかっているものの，なぜそのような名前が付けられたかがわからないことによる。このため，多くの場合，名前の解釈は推測に基づくものにすぎない。

キントゥゲヌス Cintugenus やキントゥゲナ Cintugena《初めに生まれた者》のような人名には，どうみても子供の位置づけについての示唆が隠されている（比較：キンタヴ cyntaf/wal.《初めの》とゲニ geni/wal.《生まれれること》）。ネルトマロス Nertomaros《強い者》（ネルスヴァウル nerthfawr/wal.《力強い》）や，エクソブヌス Exobnus《賢い者》（エオヴン eofn/wal.《恐れを知らない》）などの人名は，身体や精神の特徴に関連すると思われる。～リクス-rix《王》（*リー，*リクス）の付いたケルトの人名で有名なものに，例えば*アンビオリクスや*オルゲトリクスや*ウェルキンゲトリクスがある。カムロゲヌス Camulogenus やエスゲヌス Esugenus やトタティゲヌス Totatigenus などの名前はおそらく神話的な意味合いがあり，これらの名前の持主は*カムルスや*エススや*テウタテスなどの神々の後裔と見なされた，と考えられる。

神話 宗教学の用語では，広い意味で人間の経験や宗教的・社会的風習を説明し，同時に確認するとされる，ある文化における宗教的物語の全体を指す。ケルト人諸族は文化的にも政治的にも統一されなかったので，統一的な神話がないばかりか，むしろ逆に単に部分的に一致するにすぎないと考えられる，さまざまな神話が多数ある。ケルトの神話が最古の時代に口頭で伝承されただけだったので，これに関してわかっていることは非常に乏しい。

*神々と女神たちや，あの世（来世観）や，世界創造（宇宙論）や，終末（終末論）についての報告は，ようやく古代の*著述家の乏しく体系的でもない記述の中に現われる。しかし，彼らの解釈にはギリシアやローマの概念が一貫して用いられた*ローマ（ないしはギリシア）風の解釈という広く行なわれた原則も用いられたため，客観的に理解することは難しい。

ようやくアイルランド文学やウェールズ文学の物語が，ケルト神話を詳しく叙述している。しかしながら，これらは*キリスト教化後に書き記されたものであり，古代の神話の忠実な再現ではなく，正確に言えばむしろ中世キリスト教の立場から見たキリスト教以前の神話を創作的に解釈したものである。そのため，これらの原典資料を宗教学的に評価するには，中世におけるアイルランドあるいはウェールズの文化の根本的な知識が要求され，その結果は常にできうるかぎり広範囲にわたる比較資料によって再検証されなければならない。

神話物語群 死すべき人間ではなく，小妖精や妖精が出来事の中心におかれた，古・中期アイルランド語の物語を指す現代の呼称。アイルランド語ではこれらの物語の主人公は fir/mná/áes síde《*シードの男たち／女たち／人々》と表わさ

れるが、これは彼らの住居が自然の丘や山や、ケルト以前のアイルランド先住民によって人工的に盛り土された古墳であるとされたからである。多くの文献がシードの人々を*トゥアタ・デー・ダナンと同一視しているが、現代の研究では、キリスト教以前のアイルランド神話がエウヘメロスの方法で形成されたものとして捉えている（*エウヘメロス説）。

この神話物語群の中で最も重要なものは『マグ・トゥレドの戦い』で、トゥアタ・デー・ダナンと鬼神のようなフォウォレとの戦いを描いている。『エーダインへの求婚』はこれに肩を並べるものである。また、*トゥレンの息子たちの最期』は後の時代に成立したものであり、『オイングスの夢想』と『*クー・フリンの病』は、神話的要素が加味されているにもかかわらず、通常アルスター物語群に数えられる。キリスト教以前の神話のモチーフと素材は、『ディンヘンハス』や『アイルランド来寇の書』や、*エフトラ《異界行》や*イムラウ《航海》と呼ばれる物語でも、同様に手を加えられている。

ス

スアルティウ・マク・ロイヒ Sualtaim mac Roich/ir. ['suaLtiμ' mak Roiç] *アルスター物語群に登場する、英雄クー・フリンの人間の里親。時代が下がった写本では、スアルタハ Sualtach またはスヴァルタハ Subaltach とされる。物語『*クー・フリンの誕生』によると、アルスター王コンホヴァルは、娘デヒティレがシードの*ルグ・マク・エトネンの子を身ごもったので、スアルティウと婚約させた。『*クアルンゲの牛捕り』には、首邑エヴィン・ワハでアルスターの住民にコナハトの軍勢が近づきつつあることを警告しようとして、スアルティウが命を落とすさまが描かれている。

スイド，エドワード Lhuyd, Edward (1660頃～1709) ウェールズの博物及び言語研究家。ジーザス・コレッジで学んだ後、1684年から死に至るまで、オクスフォードのアシュモール博物館で活動した。博物研究の他に、特に言語学、考古学、歴史学的研究に手を染めた。1697年から1707年にかけて、ウェールズ、スコットランド、アイルランド、コーンウォール、そしてブルターニュへと広範囲にわたる研究旅行を行ない、旅先で集めた膨大な言語学資料を、1707年、未完に終わった大著『アルケオロギア・ブリタニカ』Archaeologia Britannica の第1巻に発表している。この著作で、スイドは近代*ケルト学の先駆者となった。

スエッシオネス族 Suessiones 古代の民族誌によれば、マルヌ河とオワーズ河に挟まれた地域にいたケルト部族。カエサル（『ガリア戦記』2-3）によると、この部族はもともと隣接するレミ族と部族同盟を形成していたが、彼らとは対照的にローマの侵攻に激しく抵抗し、紀元前57年他の部族と共に征服された。この部族名はソワソン Soissons の町名に残っている。

『スヴネの狂乱』 Buile Suibne/ir. ['bul'e 'huv'n'e] *歴史物語群に属する。現存する稿本は12世紀に成立したと推測され、17～18世紀の写本三つに残されている。物語の出来事は、時間的・内容的に『ドゥーン・ナ・ゲードの饗応』と『マグ・ラトの戦い』の二つの話に接続している。物語の主人公は、アイルランド東北部ダール・ナラデ Dál nAraide の王、スヴネ・マク・コルマーン Suibne mac

Colmáinである。彼は戦いのさなかに聖ローナーン Rónán の従者を殺したので、聖人から呪いをかけられる。その後マグ・ラトの戦いで喧騒のため気が触れてしまい、長い年月アイルランドの森をさまよう。ある修道院で、院長〔モ・リン〕の命令で料理女が毎晩スヴネに食事を与えるようになるが、嫉妬に駆られた〔女の夫の〕豚飼いによって殺される。——この題材は、*クラーク A. Clarke によって詩『スヴネの狂乱』*Franzy of Suibhne* に翻案された。〔ノーベル文学賞を受けたアイルランドの詩人シェーマス・ヒーニーにも《スヴネの狂乱》の翻訳がある。〕

スヴネ・マク・コルマーン Suibne mac Colmáin/*ir.*['suvʹnʹe mak 'kolmaːnʹ] 物語『スヴネの狂乱』の主人公。物語によると、ダール・ナラデ Dál nAraide 一族の王で、7世紀前半に生きた。しかし実際は歴史的に証明できない架空の人物である。

スカータハ Scáthach/*ir.* ['skaːθax] *アルスター物語群に登場する、皆から恐れられた女武者。*クー・フリンは彼女のもとで武芸の修業をしたという。この経緯については『エウェルへの求婚』に詳細が述べられる。その中に「スカータハの言葉」*Verba Scáthaige* と題された詩が残っているが、この詩の中でスカータハは弟子に向かって、難解な言葉でクアルンゲの牛捕りの経過と結末を予言する(『*クアルンゲの牛捕り』)。この詩は、すでに8世紀前半に成立し散逸した写本『*キーン・ドロマ・シュネフタ』に収録されていたと推測される。このことから、クアルンゲの牛捕りを描いた物語の初期稿本はすでにこの時代には知れ渡っていたと仮定される。

「スカータハの言葉」 →スカータハ

スギルティ・アスガウンドロイド《軽足のスギルティ》 Sgilti Ysgafndroed/*wal.* ['sgilti əs'gavndroid] 『キルフフとオルウェン』に登場する*アーサー王の従者の一人。使者として出かけるときには、決して道を通らないというのがこの人物の特徴である。彼には、森にあっては木々の梢を渡り、山地にあっては葦の穂先を渡って駆ける力が備わっていたとされる。しかも足が軽いため茎がたわむこともないという。おそらく彼の名前と人物像はアイルランド伝承から借用されたのだろう。*フィン物語群中に登場する、足の速いことで有名な武者*カイルテ・マク・ローナーンがスギルティと対応している。

スキーン，ウィリアム・F. Skene, William Forbes (1809〜1892) スコットランドの法律家、歴史家。学業を終えたのち、エディンバラとドイツのハーナウ（ヘッセン州）で公証人として働く。父親が作家サー・ウォルター・スコット (1771〜1832) と親交が深かったことから、すでに早い時期から自国の歴史への関心が目覚めていた。1867年『ピクト人とスコット人の年代記』*Chronicles of the Picts and Scots* の題名でスコットランド史最古の資料を出版した。1年後に『ウェールズの四古書』*Four Ancient Books of Wales* で、ウェールズ語文学最古の例証を幾つか公にした。1876〜80年、主著『ケルティック・スコットランド：古代アルバ史』*Celtic Scotland: A History of Ancient Alban* 3巻本を出版した。この著作において、彼は歴史批評の方法を使ってスコットランド原史期を論じたパイオニアの一人となった。

スケッルス Sucellus　ケルトの神。この神は、語原学的に語根★kel-《叩く》が導き出され、《良い叩き手》と解釈される。スケッルス（または、スケルス Sucelus, スカエルス Sucaelus）の名は、ガリア南部やスイスやローマ領ゲルマニアや属州ガリア・ベルギカやローマ領ブリタニアから出土した10の奉献碑文（参照：CIL XII-1836；CIL XIII-4542, 5057, 6224, 6730；Fi87, 134；ILTG497, 565）により明らかになっている。

1895年モゼール県サルブール Sarrebourgで発見された祭壇（CIL XIII-4542）には、スケッルスの伴侶として女神ナントスエルタが表わされている。その碑文 DEO SUCELLO NANTOSVELTE《神スケッルス　ナントスエルタへ》の下に、この夫婦の図像があり、髭のあるスケッルスが立ち姿で描かれている。短い上着に帯を締め、ブーツを履き、先端がハンマー状の王笏を地面に垂直に立てて持つ左手を掲げ、右手には取っ手のない丸くふくらんだ壺を持っている。

さらに100を越える石像や青銅製小彫像は大部分はソーヌ河やローヌ河の渓谷で発見されたが、スケッルスを描いたものと推測される。これらはたいてい、サルブールの祭壇と同じく、片手にハンマー状の王笏を持ち、片手に壺を持つ神を描いている。幾つかの図像では、スケッルスは壺の代りに短剣か王笏か棍棒か財布を持っている。ほとんどが単独で描かれ、女神と共に現われる彫像はわずかである。比較的頻繁にこの神の傍に1匹の犬を描いたものが見つかる。エトルリアの死神カロン Charon も同様にハンマーを持った姿で描写されるので、スケッルスは冥界の神とされ、*ディス・パテルと同一視された。しかし、ハンマーは森の神シルウァヌス Silvanus への複数の奉献でもシンボルとして描かれている一方、スケッルスの髪型や髭の形はユピテルの描写に最も似ている。

スコットランド・ゲール語　スコットランドのケルト語。*アイルランド語と*マン島語とともに、島嶼ケルト語のゴイデル語派を形成する。5世紀にアイルランドからの入植者によってもたらされ、12／13世紀頃までこの姉妹語はわずかの違いしかなかった。このことは、『ディアの書』に見られる註釈がスコットランドにおけるゲール語最古の例証として裏付けている。すでに11～13世紀には、特にスコットランド南部で、英語が宮廷や行政機関や商業都市の言語として比重を増していた。遅くとも17世紀以降は、スコットランド・ゲール語が一般に普及していたのは高地地方やヘブリディーズ諸島だけとなっていた。しかも、これらの地

スケッルスとナントスエルタの像。サルブール出土

域においても，さまざまな制限処置によってこの言語の使用を抑え込む試みがなされた。1782年イングランド政府は高地地方に始まったジャコバン派の蜂起を鎮圧した後，ゲール語を話す住民を大規模に海外へ追放しはじめた。その結果，スコットランド・ゲール語は，スコットランド北岸や西岸，及びその対岸の島嶼部で使用されるだけになった。ここ数十年国家によるゲール語の保護奨励が進んでいるにもかかわらず，ゲール語使用は減少する一方である。今日，日常言語としてはほんのわずかヘブリディーズ諸島で使用されているにすぎない。

錫 古代には特に*青銅の製造に利用され，その混合比はふつう銅9：錫1の割合だった。この金属の最も重要な産出地はコーンウォールとイングランド南西部にあり，一部は海路，一部は陸路で，ヨーロッパ大陸部のケルト人や更に地中海域の諸民族のもとへ運ばれた。ギリシアの船舶は紀元前535年のアラリアAlalia沖海戦におけるカルタゴの勝利以来，ジブラルタル海峡の航行を遮断されていた。このため，ギリシアの植民市マッサリア（今日のマルセイユ）からの陸路は，続く時代にしだいに重要性を増した。モン・ラソワの初期ケルトの居住地は，ブリタニアから運ばれてきた錫が，陸上輸送のために最初に積み替えられた場所だったと推測される。*ヴィクスの墳墓の豪華な副葬品は，特に錫の取引による結果であることが見て取れる。

スタルノ Starno　J.*マクファースン作《オシアン作品群》におけるロホリン（スカンディナヴィア）の腹黒い王で，スコットランド王*フィンガルの対抗者。彼の子は，*スワランとフィンガルの若き日の恋人アガンデッカである。詩『ロダの戦い』Cath Loda で，スタルノは海岸に上陸したフィンガルを殺そうとするが，決闘に敗れて捕虜となる。フィンガルはアガンデッカを恋するゆえに宿敵に生命と自由を与える。

スタレー・ハラディスコ Staré Hradisko　チェコ，モラヴィアの都市プロスチェイヨフ Prostějov の東18キロメートルあたりで，東方ケルトの最も重要な*オッピダの一つを指す現在名。遺跡の面積はほぼ40ヘクタールに達し，長さ2.8キロメートルの城壁に囲まれていた。この遺跡は16世紀以来知られていたが，1934年からようやく計画的な考古学調査が行なわれている。

スティーヴンズ，ジェイムズ Stephens, James（1880～1950）　ダブリン生まれのアングロ＝アイリッシュの作家。1896年から1913年まで事務職に従事。1913年パリへ移住したが，15年には再びダブリンへ戻る。15年から24年までダブリンの国立絵画館（ナショナル・ギャラリー）で記録係として働いた。25年から死に至るまで，フリーの作家，文芸批評家，ラジオ・レポーターとしてロンドンで暮らした。著作のうち3作で古・中期アイルランド語文学作品を現代の読者に紹介した。著作『アイルランド妖精物語集』Irish Fairy Tales（1920）の下敷きとして物語『トゥアン・マク・アリルの話』や『ベゴラへの求婚』や『モンガーンの誕生』や，フィン・マク・クウィルをめぐる物語群の多くの物語が使われている。小説『デルドレ』Deirdre（1923）では，『ウシュリウの息子たちの流浪』とこの物語の後代の改作が結び付けられている。1924年，この創作期の最後の作品として『青春の国で』In the Land of Youth が公にされた。この作

品では『ネラの異界行』『オイングスの夢想』『二人の豚飼いの誕生について』と『エーダインへの求婚』が文学的な形で一体化されている。

ステュークリ, ウィリアム Stukeley, William（1687〜1765） 古代研究家。ホルビーチ Holbeach（リンカーンシャー）生まれ。ケンブリッジとロンドンで学んだ後，1710年から29年までロンドンとリンカーンシャーで開業医として働く。30年から死にいたるまで，スタンフォード Stamford とロンドンで英国教会聖職者として活動した。広範にわたるフィールドワークを通して，当時知られていた先史・原史期のイングランドの遺跡によく親しんだ。とりわけ石器および青銅器時代の石造物に関心を抱いた。40年と43年に出版された著作『ストーンヘンジ』Stonehenge と『エイバリー』Abury（Avebury）では，これらの遺跡を——かつての J.*オーブリーと同じように——ケルトのドルイドのものとしている。このような想像は急速に人気を得，またケルト人の宗教や神官の近代的なイメージに長らく影響を及ぼした（*ケルト・イデオロギー，ストーンヘンジ）。実際は，これらの遺跡はケルト人が出現する前のものであり，ケルト人の宗教においてなんらかの役割を担っていたことを示す証拠は全く存在しない。

ストゥギウス Sutugius ケルトの神。この神への信仰は，今日のオート゠ガロンヌ県サン゠プランカール Saint-Plancard 付近で見つかった奉献碑文（CIL XIII-164；ILTG 45〜48）が明らかにした。この神はおそらくケルト以前の起源があり，ローマのガリア征服後には*マルスと同一視された。

ストークス, ホイットリー Stokes, Whitley（1830〜1909） ダブリン生まれの言語学者，ケルト学者。トリニティ・コレッジで学んだ後，まずロンドンで，更にマドラスとカルカッタで法律家として働く。E.*オカリーや J.*オドノヴァンの知遇を得，彼の興味はアイルランド語文献学の分野へと導かれた。1859年から死に至るまで，多くのアイルランド語文学作品の刊行と翻訳，また文法や語彙についての研究を公にした。J.*ストローンと共に1901〜03年最古のアイルランド語資料に英訳を付けた『古アイルランド語集成』Thesaurus Palaeohibernicus 2 巻を出版した。K.*マイヤーと共に『ケルト語辞典編纂用記録』Archiv für Celtische Lexikographie（3 巻，1900〜1907）を，そして E.*ヴィンディシュと共に 5 巻のシリーズ『アイルランド語文献——翻訳および辞書付き』Irische Texte mit Übersetzungen und Wörterbuch（1880〜1905）を出版した。

ストラボン Strabon（紀元前64年頃〜後20年頃） アマセイア（小アジア）生まれ。哲学研究の後，広く旅行した。断片的に伝わる歴史書（『歴史備忘録』Ἱστορίκα Ὑπομνήματα）と，大部分が伝わっている地理書（『地理誌』Γεωγράικα）とを著わした。この作品は，自らの見聞よりももっぱら先人の業績に基づくところが多い。アルプス以北のケルト人地域の記述（『地理誌』第 4 巻）は，とりわけ*ポセイドニオスの散逸した著作からの引用があるため高い価値がある。

ストローン, ジョン Strachan, John（1862〜1907） 言語学者，ケルト学者。スコットランドのキース Keith 生まれ。ケンブリッジとイエナで学んだ後，マンチェスター大学で古典文献学と

比較言語学を教える。*アイルランド語研修所の創設に決定的な役割を果たし、またK.*マイヤーと共にその機関誌『エーリウ』*Ériu* を創刊した。古アイルランド語研究のための語学副教材や練習帳の他、Wh.*ストークスと共に1901〜03年最古のアイルランド語資料に英訳を付けた『古アイルランド語集成』*Thesaurus Palaeohibernicus* 2巻を出版した。

ストーンヘンジ《繋がれた石》Stonehenge　イングランド南部ソールズベリー Salisbury 近くにある新石器時代の祭祀場の現在名。遺跡の建設者は天文観察の結果に従ってこの遺跡を建てたが、この遺跡の目的は遅くとも中世までには忘れ去られた。12世紀前半のモンマスの*ジェフリーは著作『ブリタニア列王史』で、魔術師メルリン（*マルジン）がアウレリウス・アンブロシウス Aurelius Ambrosius（*エムリス・ウレディグ）の要請で国の記念碑として建てたと述べている。17世紀においても古代研究家たちは、ブリタニア人、ローマ人、フェニキア人、デーン人の誰が遺跡を建てたのかについて論争した。ストーンヘンジがケルトの*ドルイドの祭祀場であったという説は、古代研究家J.*オーブリーによって初めて唱えられ、18世紀にW.*ステュークリーの著作によって広く知れわたった。しかしながらケルト人とストーンヘンジの関係を示す証拠はなにもない（*ケルト・イデオロギー）。

スネッティサム Snettisham　イングランド東部ノリッジ Norwich の西方60キロメートルあたり。1948年と50年に、紀元前1世紀頃のものとされる金の腕環とエレクトラム〔金と銀の合金〕の首環（*トルク）が一つずつ見つかった。現在、発掘品は両方ともロンドンの大英博物館所蔵。

スメルトリウス Smertrius　ケルトの神。この名前は、守護や神慮の概念と結び付く語根★smer-に由来するものと考えられる。この語根は、ケルト語の地名には現われないが、例えば*ロスメルタのような様々な人名や神名に認められる。この神の名前と図像は、ティベリウス帝時代（14〜37年）のナウタエ・パリシアキの記念碑に現われる。この名は、一部破損しているが、残る文字から SMERTRIOS と復元できる。この不完全に残

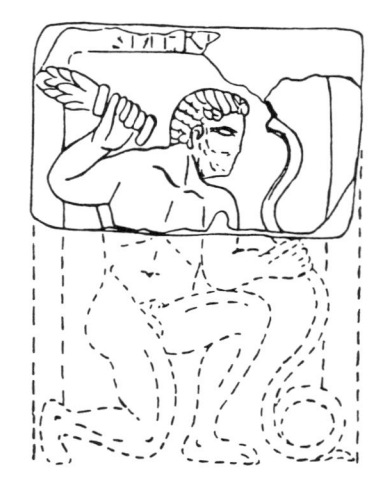

スメルトリウス神像の断片。パリ出土

されたレリーフには、髭の生えた男の頭と胸と肩と、蛇の尾が描写されている。男は高く上げた右手の棍棒で蛇を叩こうとしている。この図像は、おそらくこの神と蛇との戦いを物語る神話と関係がある。この神は文献資料では明らかになっていない。しかしながら、トリーア付近

で出土した碑文（CIL XIII-4119, 11975）から*マルス・スメルトリウスが知られている。オーストリアのケルンテン州グロースブーフ Großbuch から出土した別の碑文は, (D)iti Smer(trio) Aug(usto)《聖なるディス／スメルトリウスへ》と補うことができる。これが今のところ, スメルトリウスと*ディス・パテルとを同一視する唯一の例証だろう。

スリス Sulis *ローマ風解釈により*ミネルウァと同一視されたケルトの女神。主な信仰地は, 彼女の名にちなんだアクアエ・スリス, 現在のバース Bath（イングランド）である。そこにはスリスの広大な神殿があった。スリス信仰は, 複数の祭壇（RIB 143〜150）と, この女神の神官の墓石（RIB 155）の碑文で明らかになった。更に幾つかの呪詛を書いた薄板（AE 1982, 658 a, 660, 661, 666；AE 1983, 636）にもスリスの名がある。

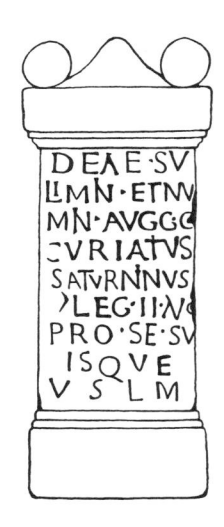

スリス・ミネルウァ女神の祭壇。バース出土

バースの他にこの女神の名が見られるのは, アルツァイ Alzey から出土した奉献（CIL XIII-6266）の一つだけである。

スレウィアエ Suleviae ケルトの女神の一群。この名前は複数形で, おそらく女神スリスの名前や, アイルランド語の súil《目》と関連している。この女神への信仰は約40の奉献碑文により明らかになっている。それらのほとんどが, ローマや上部ゲルマニアや下部ゲルマニアやブリタニアで発見された。ローマ市で見つかった碑文の数が比較的多いことは, 2／3世紀に多くのケルト人とゲルマン人がローマ帝国の主都で軍務を勤めたことを示している。個々の信者にとってスレウィアエがどの程度重要であったのかは, 現存する記念碑からはわからない。しかし, ラーデンブルク Ladenburg で出土した碑文（CIL XIII-11740）によると, スレウィアエは姉妹として信仰された。ローマ市から出土した碑文（CIL XVI-31161）から, 同じく複数で信仰された*マトロナエ／マトレスとは明確に区別されていたことがわかる。MEISQVE SULEVIS《我々のスレウィアエ》（CIL VI-31161）, SVLEIS SVIS《彼らのスレウィアエ》（CIL XIII-5027）, SVLEVIS DOMESTICIS SVIS《彼らの家族スレウィアエ》（CIL XIII-12056）の言い回しから, 個人の守護神であったとも推測される。

スワラン Swaran J.*マクファースンの《オシアン作品群》に登場する, ロホリン王*スタルノの息子。スコットランド王*フィンガルの若き恋人*アガンデッカは, 彼の妹。詩『フィンガル』において, スワランは強力な軍勢を連れてアイルランドに侵攻し, アイルランドの将クフーリンの軍を打ち破る。しかし, その後ま

もなくフィンガルの救援軍との戦いに敗れ，フィンガルにより心を動かされて和を結び，故国へ帰る。

セ

聖域　→祭祀場

聖婚（ヒエロス・ガモス） Ἱερὸς Γάμος/gr.　比較宗教学では，二人の人間，男神と女神，あるいは神と人間の結婚が中心になっている一連の儀式や神話を聖婚と呼ぶ。ケルト人の宗教の範囲では，聖婚の概念は，たいてい王（*rí/ir.）が女神あるいは女性として擬人化された大地の夫であるという考えを表わすために現われる。このモチーフは，とりわけ中世と初期近世におけるアイルランドの文献に多く見られるが，キリスト教化以前の祭祀行為における役割はわからない。王が統治を始める際，女神と聖婚を執り行なうという観念は，すでにシュメール人に生じていたが，これと対応するその後の文化における観念との歴史的関係は立証不可能である。

セイ・サウ・ガフェス Lleu Llaw Gyffes/wal. [ɬei ɬau 'ɡəfes]　《手先の器用なガフェス》。『マソヌイの息子マース』では，*アリアンフロドの息子で，魔法使グウィディオンの甥とされる。

青銅　ケルト人は青銅を，特に装身具や衣服の付属品や，食器や補強・飾り金具などに使用した。これらの品々は鋳造ないし鍛造され，彫金細工や*，琥珀，珊瑚，七宝などの嵌め込みで飾ったものも少なくない。墳墓や集落地の発掘品から，青銅の盾や車両の金具，ベルトの金具，首環，腕環，足環，*フィブラやさまざまな首飾り，そして爪切り，耳かきや刺抜き，裁縫針やヘアピン，飼葉桶や，桶，大釜，鉢，水差しなどの小道具も知られている。青銅工芸の傑作の一つに，*ホーホドルフの墳墓で見つかった，打ち出し細工の図像で飾られた死者の寝台（2.75メートル）がある。

聖なる森　→ネメトン

聖杯 Gral/dt., Grail/eng., Graal/fr.　*アーサー王文学の一部に出てくる神秘に包まれた物体で，この聖杯は所有者に俗世の幸福と天上の至福をもたらすが，選ばれた者しかこれを手に入れることができない。聖杯（古フランス語 graal／greal，プロヴァンス語 grazal，中高ドイツ語 gral）という言葉はおそらく中世ラテン語に由来しており，本来特定の容器を表わしていたのだろう。今日知られている形の聖杯伝説はキリスト教中世の産物であり，ケルト語の伝承から借用されたものではない。

『聖ブレンダンの航海』 Navigatio Sancti Brendani　→ブレンダン

セヴェリス Llefelys/wal. [ɬe'velis]　『リーズとセヴェリスの物語』に登場する，*ベリ・マウル王の息子。フランス王の娘との婚姻によりフランス王の後継者となる。

『世界の12の弊害について』 De duodecim abusivis saeculi/lat.　中世に広く伝わっていた，社会道徳についてのラテン語論文。当時，著作者は聖*パトリックや，ヒッポの聖アウグスティヌス Augustinus や，カルタゴの聖キュプリアヌス Cyprianus とされたが，実際は7世紀にアイルランド南部で書かれたものである。この書の無名の作者は著述に際して，とりわけ聖ベネディクトゥス戒律第7章や，セビーリャの聖イシドルスの『語源論』Etymologiae や，聖ヒエロニムスの「マタイによる福音書」註釈を利用している。更にアイルランドの伝統

青銅鏡の裏面の装飾

的な法律の観念も採り込んでいるようである。特に，不正な王に関する部分では，キリスト教伝来以前の時代にまで遡る《王者の正義》の概念に依拠していることが認められる。

セクァナ Sequana　セーヌ河のケルト語名。カエサル（『ガリア戦記』1-1他）が地理的な意味内容で言及している。同名の女神への信仰が，ローマ時代とそれ以前の時代の数多くの考古学発掘品といくつかの碑文（CIL XIII-2858〜2865）で明らかになった。すでに1836〜42年，ディジョンの北西約30キロメートルのセーヌ河の水源地で，セクァナの重要な聖域が発掘された。その時この女神に奉納された木と青銅の奉納物と硬貨836個の入った壺が見つかった。さらに発掘が続けられ，1933年に高さ約60センチの青銅

セーヌ河水源地のセクァナ女神の聖域で発見された，セクァナ女神と思われる像

の女性像が発見された。この女性像は，小舟の上でわずかに腕を上げた直立の姿勢をとっている。おそらく女神セクァナの彫像である。1963〜67年には考古学調査で，まれに見るほど保存状態の良い木の奉納物が約200発見された。（これらの奉納物と女神の青銅像は現在ディジョン考古学博物館蔵。）

セクァニ族 Sequani 古代の*民族誌によれば，ジュラ山脈とローヌ河とソーヌ河に挟まれた地域にいたケルト部族。主邑はウェソンティオ Vesontio，今日のブザンソン Besançon であった。カエサル（『ガリア戦記』6-12）によると，彼がガリアに入ったとき，この部族は対立する*アエドゥイ族をゲルマン人の助けを借りて抑え，ガリアで最有力部族の一つとなっていた。しかしカエサルの干渉により，やがてセクァニ族は，アエドゥイ族と*レミ族に対する支配力を失った。

セゴモ Segomo ケルトの神。*ローマ風解釈により*マルスと同一視されている。この神への信仰は，フランス南東にあった*セクァニ族と近隣部族の居住地から出土した五つの奉献碑文（CIL XIII-1675, 2532, 2846, 5340；V-7868）により明らかになっている。

セーヌ →セクァナ

セノネス族 Senones 古代の*民族誌によれば，上部イタリアとガリア中部に居住したケルト部族。セノネス族の居住地は，上部イタリアではエシノ Esino 河以北の東海岸にあり，ガリアではロワール河中流とセーヌ河間の地域にあった。彼らは，紀元前57年ベルガエ人との戦争で*カエサルと同盟した（『ガリア戦記』2-2）が，3年後ローマから離反し，紀元前52年*ウェルキンゲトリクスの反攻に加わった。この部族名は，かつてアゲディンクム Agedincum と呼ばれたサンス

セゴモ神への奉納。コート＝ドール県ポラール出土

Sens の町名に残っている。

セルマ Selma （スコットランド・ゲール語の sealadh math《良い眺め》，つまり Belvedere《ベルヴェデーレ／展望台》）マクファースンの《オシアン作品群》に出てくるスコットランド王フィンガルの居城。これはマクファースンの命名で，ケルトの伝承そのものには現われない。『セルマの歌』Songs of Selma はその抒情的で哀歌風の特徴から，マクファースン作詩篇の中では最も有名なものの一つである。ゲーテは，1771年フリーデリケ・ブリオン Brion, Friederike のためにこの作品をドイツ語散文に翻訳し，3年後この翻訳を小説『若きヴェルテルの悩み』*Die Leiden des jungen Werthers* に用いた。

繊維 古代ケルト人のものは例外的に残っているにすぎない。これまでに最も豊富な発掘品は，*ハラインと*ハルシュタットの岩塩鉱や，*ホーホドルフと*ホーミヒェレの墳墓から出土した。これらの発掘品から判断して，初期のケルト人にはすでに高度に発達した織物工芸があった。主にリンネル〔亜麻〕や羊毛が使用されたが，ホーホドルフの墳墓から樹皮の靱皮で作った織物やアナグマの毛織物も見つかっている。すでに，毛糸や亜麻糸が二つの方向に縒られて紡がれることにより，織布にはいろいろなパターンが生じている。更に様々な色の糸が使われるか，織った布が染色されている。しかもその上にごく稀にだが，金糸を織り込んだ布（*ホーミヒェレや*グラーフェンビュール）や絹の刺繍（*ホーミヒェレや*ホーホドルフ）も見つかっている。

戦車 →車両

前話 remscéla/*ir.* [ˈR'eμˈʃk'e:la] 『レンスターの書』や『レカンの黄書』やその他の写本にある，*アルスター物語群に属する多くの物語。これらの物語のただ一つの共通点は，全てが『クアルンゲの牛捕り』に直接あるいは間接的に先行していることである。これらの前話で最も重要なものに，『オイングスの夢想』『クー・フリンの誕生』『二人の豚飼いの誕生について』『ネラの異界行』『ウシュリウの息子たちの流浪』『フロイヒの牛捕り』『エウェルへの求婚』がある。

ソ

ソウコンナ Souconna ソーヌ河の4世紀以降の名称。さらに古い時代にはアラル河 Arar（*アンバリ族）と呼ばれた。同名の女神への信仰は，1912年シャロン=シュル=ソーヌ Chalon-sur-Saône で発見された碑文（ILTG 314）が明らかにした。シェール県サゴンヌ Sagonne 付近で見つかった他の碑文（CIL XIII-11162）にもソウコンナの名が見られる。二つの碑文の発掘地が離れているので，これらの碑文は異なった女神に捧げられたものとも推測される。

葬式 →死と埋葬

装飾文様 現実を写実的に描くことや，行為や運動を描写する表現を本質的に知らなかったケルト人の*美術において，主要な役割を担った。ハルシュタット後期（紀元前6/5世紀）の厳密な幾何学文様に始まる。ラ・テーヌ前期（紀元前5/4世紀）には，ギリシアやエトルリアの表現要素に影響を受けた柔和で流麗な形式の装飾文様が続く。これらの特徴には，ケルト美術に典型的な抽象性や多義性や幻想性がすでに見られる。また同時に，動物や寓話的存在や，人の顔や植物のモチーフの描写が初めて取り入れられる。蔓巻様式やヴァルトアルゲスハイム様式

（紀元前4／3世紀；*ヴァルトアルゲスハイム）の装飾文様では絡み合った波状文様や渦巻文様が好まれたが，これに対して後期の立体的な様式（紀元前3〜1世紀）は抽象性の強い三次元的装飾文様で表現された。

　ケルトの装飾文様には，ケルト美術全体についても同様に，疑う余地のない呪術的・宗教的表象が刻み込まれていた。これは，例えば，しばしば繰り返し現われ，後の時代の島嶼ケルト人の*文学においてもなお重要な意味を持った《3》という*数によっても裏打ちされる。しかしながら，この分野で，考古学的資料と文献学的資料の両者を横断的に結合し，ケルト装飾文様の象徴的意味を解き明かすことはきわめて難しい。

装身具　ケルト人は男女とも好んで装身具を着けた。これは，古代の*民族誌の指摘の他にも（ストラボン『地理誌』4-4-5，シチリアの*ディオドロス5-27），墳墓からの発掘品によって証明されている。ケルトの装身具は特に*青銅，稀に*金か*鉄，ごくわずかな例では銀で作られていた。更に，特にガラス，珊瑚や琥珀や黒玉や，油母頁岩(ゆもけつがん)のような化石鉱物も装身具の制作に使われた。前ローマ時代の墳墓にはもっぱら女性の足環や首環が残されているが，腕環や指輪は男女両方で見られる。ケルトの戦士が着けたとされるねじれた首環（*トルク）は墳墓からは発掘されていないが，避難所の発掘品や図像や古代の著述家の記述によって知られている。子供の墳墓から装身具が頻繁に見つかることから，今日装身具と見なされる品々が実は*アミュレットであったと推測される。

創造／創世　→宇宙論

ソーヌ Sâone　→ソウコンナ

タ

太陽 ケルト人の宗教で太陽が果たした役割は，資料が乏しいため憶測にとどまる。一般的には農耕における太陽の重要性から崇拝されたと考えられる。最も古い例証は，太陽の図像が鉤十字（スワスティカ）や，輻付きの車輪あるいは日輪として現われることである。多くの場合，当該の遺物がケルト起源か，それ以前のものかははっきりしない。

太陽がすでに青銅器時代の信仰に重要な役割を果たしていたことは，多数の考古学発見によって明らかである。ギリシアやローマの著作家による言及は，ケルト人が太陽自体を神として崇めていたことを示す証拠として様々に引用された。しかしながら，それは，天体を崇拝することは素朴で純真な信仰心の表われと見なす古代民族誌の定型化した捉え方と関連しているだろう。この種の解釈の後世における焼き直しは，18世紀に同じく汎神論的な特徴をケルトの宗教と誤認した*マクファースンの《オシアン作品群》に認められる。

19世紀以降の宗教学で，古代の諸民族は伝説や神話に太陽の日々の軌道の暗号化された形だけを記述したのだろう，という考えが生まれた。特にドイツ人宗教学者マックス・ミュラー Müller, Max（1823〜1900）がこの解釈を一般に広めた。ケルト神話の分野では，特に J. *フリースや Th. F. *オラヒリーによるウェールズ語やアイルランド語の文学作品のこのような解釈が代表的である。今日もなおケルト人の宗教に関する俗説ではこのような解釈が横行しているが，しかしながら，比較宗教学ではこのような解釈は誤りとされ，すでに長い間行なわれていない。

ダヴェド Dyfed /wal. ['dəved]　ウェールズ南部の一地域。この地名の語源は，ギリシア人地理学者プトレマイオス（2世紀）が言及したデメタエ（Demetae/lat.）という部族にまで遡る。中世初期ダヴェドに独立した王国では，支配者はアイルランドの血統であることを自称した。10世紀初め，最後のダヴェド王の死後，新興王国デヘイバルス Deheubarth によって併合された。今日のダヴェド州は，1974年にペンブロークシャー，カマーゼンシャー，カーディガンシャーが合併して新設され，かつてのダヴェド王国よりも北と東に広がった。

『ダヴェドの王プイス』 Pwyll Pendefig Dyfed /wal. [puiɬ pen'devig 'dəved]　*マビノギ四枝の最初の物語。まずプイスが狩猟の最中に*アンヌヴンの王アラウンに出会うところから始まる。アラウンの提案によりふたりは1年の間相手の姿となって互いに入れ替わる。この期間にプイスはアンヌヴンでアラウンの敵対者*ハヴガンを決闘で破るよう依頼され，一方アラウンはプイスの王国を模範的に統治した。プイスとアラウンは互いの務めを果たすことで厚い友情を結ぶ。

ダヴェドに戻ったプイスは魔法の力を持つフリアンノンと出会い、結婚する。3年後、ふたりの息子プラデリが生後間もなく誘拐されてしまう。見張りを怠った侍女らは処罰を恐れ、王妃に子殺しの罪を着せる。しかし赤ん坊は不可思議にもテイルノン・トゥルヴ・リアントという貴族の館に届けられていた。テイルノンは、プイスとフリアンノンがプラデリの両親であることを知ると、ふたりに息子を返し、フリアンノンは名誉を回復する。それから長い年月が過ぎ、プイスが亡くなると、跡を継いだプラデリはダヴェドを長く平穏無事に統治した。

タウリニ族 Taurini 古代の民族誌によれば、今日のピエモンテあたりのアルプス山麓に居住したケルト部族。この部族名は、トリノ（アウグスタ・タウリノルム Augusta Taurinorum/lat.）の都市に残っている。

タキトゥス，ププリウス・コルネリウス Tacitus, Publius Cornelius 1／2世紀のローマの歴史家。主著は14年から96年に至るローマ帝国の歴史で、不完全な形で現存しており、『年代記』*Annales*（14〜68年）と『同時代史』*Historiae*（69〜96年）という表題で知られている。さらにタキトゥスは、弁論家に関する対話篇『弁論家に関する対話』*Dialogus de oratoribus*，ゲルマン人の起源と居住地に関する一書『ゲルマニア』*De origine et situ Germanorum*（略して *Germania*），岳父である指揮官グナエウス・ユリウス・アグリコラの伝記『アグリコラ』*De Vita Iulii Agricolae*（略して *Agricola*）を著わした。最後にあげた作品は、ローマ人によるブリタニア征服の重要な資料である。

ダグダ Dagda/ir. ['daɣða] *神話物語群の*トゥアタ・デー・ダナンの指導者。名前は語源的に《善い神》（<*Dago-dē-vos）を意味し、キリスト教以前のケルト神話に由来することを示す。ダグダの異名には、エオヒド・オラティル Eochaid Ollathair《偉大な父エオヒド》とルアド・ロエサ Ruad Rofesa《知に富む偉大なる者》がある。ダグダのアトリビュートは、食べ物が無尽蔵に入っている大がめと、生き物を殺すばかりか、死者を蘇らせることもできる棍棒である。特に棍棒が象徴するものから、ダグダは碑文に残されたケルトの神スケッルスと似通っている。ダグダは『マグ・トゥレドの戦い』で主要な役割を演じている。

ダ・デルガ Da Derga/ir. [da 'd'erga] 『ダ・デルガの館の崩壊』に登場する、コナレ・モール王の友人。ダ・デルガは館（*ブルデン）の持主（*ブリウグ）で、コナレはその館で自分の乳兄弟たちに殺された。

『ダ・デルガの館の崩壊』 Togail Bruidne Da Derga/ir. ['toɣal' 'vruð'n'e da 'd'erga] アルスター物語群に属する。『レカンの黄書』と1300年頃に成立したもう一つの写本に完全な稿本が、『赤牛の書』と後代の幾つかの写本に断片が残されている。おそらく9世紀に成立した二つの異本を、11世紀に編集したものだろう。

物語の主人公は若きコナレ・モールである。母親はエダルシュケール王の妃メス・ブアハラである。父親は見知らぬ男で、メス・ブアハラがエダルシュケールと結ばれる以前、鳥の姿で彼女に近づいた。エダルシュケールの死後、コナレは《*タルヴェシュ》の儀式によって新しい王に定められる。彼の治世は初め祝福されたものだったが、乳兄弟たちが彼を顧

みず国内で傍若無人にふるまう。コナレは彼らを相応に罰しなかったので、《王者の正義》(フィール・フラテウォン)を損ない、自らの破滅を招く。悲劇的な状況によって王は自らに《タブー》(ゲシュ)とされた行いを余儀なくされるのである。友人ダ・デルガの館で王は乳兄弟に襲われ、激しい抵抗もむなしく討たれる。——A. グレゴリーは著作『ムルテウネのクーフリン』第6章にこの物語を再話している。

ダヌ Danu →アヌ
食べ物 →食習慣
ダモナ Damona ケルトの女神。この女神の名は、おそらく《牛》を意味するケルト語から派生した(ダウdam/air《去勢牛、牛》)。ダモナは、ソーヌ=エ=ロワール県ブルボン=ランシー Bourbon-Lancy (CIL XIII-2805〜2808) とオート=マルヌ県ブルボンヌ=レ=バン Bourbonne-les-Bains (CIL XIII-5921) から出土した奉納物に神ボルウォ/ボルモの伴侶として現われる。別のブルボンヌ=レ=バンの奉納 (CIL XIII-5921) とシャラント県リヴィエール Rivières から出土した奉納物 (ILTG 155) の二つは、ダモナに触れているだけであるが、コート=ドール県シャスレ Chasseray から出土した壺の碑文(CIL XIII-2840〜11233)にアルビウス Albius という名の神の伴侶としても現われる。この女神像の破片がアレシアで見つかり、その碑文 (AE 1965, 181) によると、ダモナは*モリタスグス神の伴侶である。

タラ →テウィル
タラニス Taranis ローマの詩人*ルカヌス(『ファルサリア』1-444〜446)によるとケルトの神。この名は、ケルト語の《雷》(torann/ir., taran/wal.)から派生している。ルカヌスによると、ガリア人はタラニスに人身御供を捧げた。ルカヌスの著作の註釈集ベルン・スコリアは、タラニスへの生贄(いけにえ)は木桶で焼かれたと報告している。タラニスの名は、碑文には神名としてではなく、人名としてだけ (CIL III-7437, 6150, 12346) 現われるが、神タラヌクス Taranucus とタラヌクヌス Taranucnus への奉献碑文には (CIL III-2804：Iovi Taranuco《ユピテル・タラヌクスへ》; CIL XIII-6094：deo Taranucno《神タラヌクヌスへ》)もある。また、ガリアの碑文 (RIG I-G-27) にギリシア文字で書かれた属格 Taranou は、その主格が*Taranus と理解されうる。タナルス Tanarus の名が現われる碑文 (RIB 452：Iovi Optimo Maximo Tanaro《最もすぐれて偉大なるユピテル・タナルスへ》) は、おそらく *Taranus の書き誤りである。語源を考えると、タラニスは、天あるいは雷の神と理解されたと推測される。タラヌクスとタナルスをローマのユピテルと同一視していることは、これに一致する。またベルン・スコリアもタラニスとユピテルを同一視している。

ダラン・エイル・トン Dylan Eil Ton/wal. ['dəlan eil ton] ウェールズ伝説上の人物だが、詳細は不明。『マソヌイの息子マース』では、ダランは双子の兄弟セイ・サウ・ガフェスとともに生まれたとされる。彼は洗礼を受けてすぐ海に入り、魚のようにすばやく泳げたという。そのためにダランは、エイル・トン Eil Ton《大波の子》という異名を持つ。彼は叔父*ゴヴァンノンの一撃によって死亡する。この短い叙述の他、ダランは*『タリエシンの書』の幾つかの詩にも言及されている。『墓の詩』によれば、ダ

ランの墓は，北ウェールズのクラノグ・ヴァウル Clynnog Fawr 付近にある聖ベイノ Beuno 教会から遠くない。

ダラーン・(マク)・フォルギル Dallán (mac) Forgaill/*ir.* ['daLa:n mak 'forgiL']　6世紀末のアイルランドの詩人。伝承によると，『コルム・キル頌歌』の作者。

タリエシン Taliesin　ブリタニアのケルト人で最初に名前の挙がっている詩人（*カンヴェイルズ）。『ブリトン人の歴史』によると6世紀後半イングランド北部に生きた。したがって彼の母語はおそらく，今ではわずかしか知られていない*カンブリア語だっただろう。中世ウェールズでは，彼にちなんで名付けられた『タリエシンの書』に伝わる数多くの中期ウェールズ語詩は，彼の作品と見なされた。しかし詩の内容や言語的理由から，実在のタリエシンの作品と言えるのはそのうちせいぜい12篇である。残りの詩は，この詩人自身が伝説上の人物となった後世に作られたものである。

*マルジンと同様，タリエシンの人物像は偉大な予言者，そして賢者として固定化した。『シールの娘ブランウェン』では，彼はアイルランド王マソルフとの戦いでただ一人生き残る。『キルフフとオルウェン』では，*アーサー王の従者として登場する。彼にまつわるまとまった物語は，ようやく16世紀になって現われる（『タリエシン物語』）。彼の名はまた，1959年に創立されたウェールズ人作家連盟ウェールズ・アカデミー Yr Academi Gymreig が発行する文芸雑誌の名称にもなっている。

『タリエシンの書』 Llyfr Taliesin/*wal.* [ɬivr tal'jesin]　14世紀初頭に成立した不完全な形で残る羊皮紙写本。多くの詩が収録されている。I. ウィリアムズによれば，収められた詩のうち12篇は，歴史上の詩人タリエシンに由来する。この中には，フレゲド王*イリエンへの頌歌8篇，イリエンの息子オウェインに捧げられた哀歌1篇，そして6世紀末期を生きた他の支配者を讃える頌歌3篇がある。他の15篇の詩はタリエシンにまつわる信じられないような伝承に基づいている。これらの他に，予言詩10篇（その一つは『ブリテンの予言』）や，宗教的な内容の詩や，聖書を取り扱った詩や，アレクサンドロス大王やヘラクレスについての詩，ウェールズ伝説上の人物への哀歌が数篇，詩『アンヌヴンの略奪』がこの写本に収められている。写本は現在アベラストウイスのウェールズ国立図書館蔵。

『タリエシン物語』 Hanes Taliesin/*wal.* ['hanes tal'jesin]　詩人*タリエシンにまつわる物語。最古の稿本はウェールズ人エリス・グリフィズ Elis Gruffydd（1490〜1552頃）による世界年代記の中に見られる。物語では，女魔法使ケリドウェンの召使グウィオン・バーハが，女主人の禁止に背いて魔法の飲み物を飲み，それによって詩を作り予言をする力を得る。彼はケリドウェンから逃れるために何度も姿を変えるが，幼児になったときに遂に怒り狂ったケリドウェンの手で海に放り込まれる。彼はウェールズ北部の海岸で，グウィズノ・ガランヒール王の息子エルフィン Elffin に発見される。エルフィンは子供を引き取りタリエシンという名を与える。グウィネズ王*マイルグンの宮廷で，タリエシンは王に仕える詩人たちをはるかに優れた英知によって恥じ入らせ，自慢話のせいで王の不興を買ったエルフィンを弁護する。

ダール dál/*ir.* [da:l]　アイルランドの部族名を構成する。部族名の中では初期

のものに属し，氏族や家族を表わす。100以上の例が知られており，たいてい神話あるいは伝説に包まれた部族の始祖と結びついている。例えば，アントリーム州からスコットランドにかけてのダール・リアダ Dál Riata や，マンスターのダール・カシュ Dál Cais など。歴史時代に入ると，このような命名法はもはや行なわれず，その多くは名前が知られているだけだった。〔この他にも，いずれも《種子，子孫》を意味するシール síl やコルコ corco や，kin/*eng.* や cenedl/*wal.* に対応するケネール cenél（《血族，親類》も同様に使われた。→クラン，→トゥアト〕

タルヴェシュ《牡牛の眠り》tarbfeis /*ir.* ['tarveʃ] 物語『ダ・デルガの館の崩壊』と『クー・フリンの病』に描かれた，王の後継者を選ぶための儀式。一人の男が屠殺された白い牡牛の肉と肉のスープを飽満するまで飲み食いし，その後，ドルイドが彼に対して呪文を唱えつづける中，身を横たえて眠りにつく。すると，男は夢の中で未来の王を見るとされる。

タルウォス・トリガラヌス Tarvos Trigaranus ケルトの神。この神名は，ケルト語の《牡牛》を指す言葉（tarb/*air.*, tarw/*wal.*）と，《鶴3羽を持つ者》という意味の形容詞で作られている（参照：tri《3》と garan《鶴》/*wal.*）。

この神の名前と図像は，パリで見つかった*ナウタエ・パリシアキの記念碑に残されている。そのレリーフには，木陰にたたずみ，頭と背に3羽の鶴を乗せた牡牛が描かれている。牡牛の後ろには木がもう1本あるのか木の枝が見え，おそらく森を暗示してしているのだろう。この神名は，他に碑文あるいは文献では見つかっていない。

形容詞トリガラヌスと，ギリシア語トリカレノス trikarenos《3頭の》あるいはトリゲラノス trygeranos（詩人フィレモン Philemon の喜劇に登場する動物の名前）とを関連づける説は，一般的には受け入れられていない（参照：RIG II-1-★L-14）。

それに対して，パリ出土の神像はトリーアの石柱に描かれたレリーフと類似している。それには，茂った樹木の樹冠に牡牛の頭と（どうみても鶴ではない）鳥が3羽描かれている。その図像の下半部では，手工業者の衣服をまとった男が斧を手に樹木を切り倒そうとしている。これはおそらく，ナウタエ・パリシアキの記念碑でタルウォス・トリガラヌスの隣の図像枠に同じように描かれている神エススと関連している。このトリーアのレリーフもパリの2つの図像と同じく，エススもタルウォス・トリガラヌスも登場

タルウォス・トリガラヌス像。パリ出土

する今日では忘れられた神話に関係しているのだろう。

タルティウ Tailtiu/*ir.* ['tal'ťu] ミーズ州，タラ（テウィル）北西の地名。ここでキリスト教以前の時代，毎年秋の始まりに大祭が行なわれたとされる（ルグナサド）。伝承によると，タルティウはフィル・ヴォルグ最後の王の妃であり，ルグの里親だった。彼女の葬られた土地をその名前にちなんで呼ぶようになった。

ダルボワ・ド・ジュバンヴィル，アンリ d'Arbois de Jubainville, Henri (1827〜1910) フランス，ナンシー生まれの歴史家，ケルト学者。パリ大学で法学と歴史学を修めた後，1852年から80年までトロワ Troyes で文書係を務めた。この間，シャンパーニュの諸公や諸伯についての7巻に及ぶ歴史研究や地方史に関する多数の小研究を著わした。歴史学，あるいは考古学の諸問題が彼の関心をケルト学の分野に引き寄せる。J. K. ツォイスが公にした『ケルト語文法』の講読と，ブルトン語の習得から，ケルト研究を始めた。1882年パリのコレージュ・ド・フランスに新設されたケルト言語学及び文学の教授職に招かれた。ここで彼はケルトの言語史，法律史，文学史，宗教史について多くの著書・論文を書いた。その中には『ケルト文学講座』*Cours de littérature celtique* (1883〜1902) 12巻も含まれる。1885年からは H. ゲドスによって創刊された『ケルト評論』 *Revue celtique* も発行し，フランスにおけるケルト研究の発展に大いに寄与した。

『ダロウの書』 The Book of Durrow (Codex Durmachensis/*lat.*) 7世紀後半の装飾豊かな挿絵入り福音書。この写本の制作地は長い間，533年聖コルンバ（コルム・キレ）によって創建されたアイルランドのダロウの修道院だと見なされてきた。しかし他に，北部イングランド，あるいはスコットランド西岸沖のアイオナ島で成立した可能性を指摘する研究者も多い。ダロウの修道院が解体した後，一時個人の所有となったが，現在はダブリンのトリニティ・コレッジ蔵。

ターン《牛捕り》 táin/*ir.* [taːnʲ] （家畜の）牛捕りを意味する。物語録では，牛の略奪が中心となっている物語区分を表わす。

チ

チウメシュティ Ciumeşti ルーマニア北西部のハンガリーとの国境近くにある。1961年8月，この地の南にある砂丘を平地化する工事で，紀元前3世紀に作られたケルト人戦士の墳墓が発見された。鉄の槍の穂や，折りたたまれた鉄の胸甲や，青銅の脛甲一対と共に，鉄の兜（かぶと）が見つかった。兜は猛禽で飾られ，その青銅板で作られた翼が上下に羽ばたく。この兜は現在ブカレストの歴史博物館所蔵。

地名 とりわけ中欧や西欧の地名の多くは，地名研究によって明らかなように，ケルト起源である。もっとも，これらの地理名称の大部分は典型的なケルト語の音声変化や造語音節のため，ケルト起源であるかどうかは言語学者にしかわからない。それでも，合成された地名の幾つかは，特徴ある語頭や語尾により専門家でなくてもケルト起源とわかりやすい。

このようなケルトの地理名称で最も古いものに，〜ブリガ -briga の付いた地名が挙げられるが，これはおそらく《丘》というほどのものを意味した。この名前は，ポルトガルから（ケトブリガ

チウメシュティの兜（上）
よく似た兜をかぶるゴネストロップの大釜の騎馬像（下）

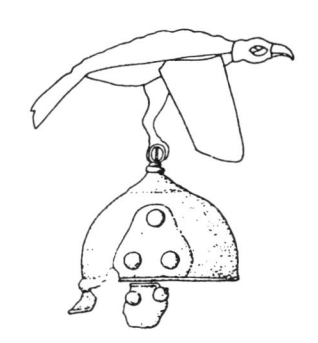

Cetobriga に由来するセトゥバル Setúbal）フランスに至る地域に（エブロブリガ Eburobriga に由来するアヴロール Avrolles）見られる。～ドゥヌム -dunum《城砦，都市》の付く地名は更に多い（ドゥーン dún/ir.《城砦》，ならびに同じ語族の英語の town《町》に対応）。この種の地名の数の多さと広がりは，～ドゥヌムが～ブリガとは異なりローマ時代まで使用されていたことを物語る。特徴的な例は，オータン Autun/fr.（アウグストドゥヌム Augustodunum），イスーダン Issoudun/fr.（ウクセッロドゥヌム Uxellodunum），ケンプテン Kempten/dt.（Cambodunum カンボドゥヌム），リヨン Lyon/fr.（ルグドゥヌム Lugdunum），ヴェルダン Verdun/fr.（ウィロドゥヌム Virodunum），イヴェルドン Yverdon/fr.（エブロドゥヌム Eburodunum）。同じく，～マゴス -magos《野原，平地》（＝マグ mag/ir.）の付いた地名もローマ時代に至るまで使用されつづけた。典型的な例は，レーマーゲン Remagen/dt.（リゴマグス Rigomagus），ノイマーゲン Neumagen/dt.，ナイメーヘン Nijmegen/hol.，ノワヨン Noyon/fr.，ニヨン Nyons/fr.（全てノウィオマグス Noviomagus）である。ローマ時代に成立した地名，ユリオマグス Iuliomagus（現在のアンジェ Angers/fr.）やカエサロマグス Caesaromagus（現在のボヴェー Beauvais/fr.）は残らなかった。

渡河地点には，～ブリウァ -briva《橋》や～リトゥム -ritum《渡瀬，浅瀬》（＝rith/ir. や rhyd/wal.）が付いた地名がしばしば見られる。サマロブリウァ Samarobriva（現在のアミアン Amiens/fr.）や，アウグストリトゥム Augustoritum（現在のリモージュ Limoges/fr.）や，ダリオリトゥム Darioritum（現在のヴァンヌ Vannes/fr.）の地名は古代末期まで使用された。～リトゥムの付いた地名は，シャンボール Chambord/fr.（カンボリトゥム Camboritum）が現代まで残った。

各地に見られる地名メディオラヌム Mediolanum の背景には，ある地域の礼拝の中心という宗教的コンセプトがあったと推測される（ミデ mide/ir.《中

心》に対応)。古代には数ある中でもエヴルー Évreux/fr. やサント Saintes/fr. も,元はこの地名だった。この地名で現存するのはミラノ Milano/ita. である。他の宗教的な地名の要素に,*ネメトン nemeton《聖なる森》がある。この種の地名には,古代のアウグストネメトゥム Augustonemetum (現在のクレルモン=フェラン Clermont-Ferrand/fr.) やネメタクム Nemetacum (現在のアラス Arras/fr.) があり,現代名にはナンテール Nanterre/fr. (ネメトドゥルム Nemetodurum) がある。

総じて最も頻度の高い地名の構成要素は,*人名に由来する地名に付随する 〜(イ)アクム -(i)acum である。有名な例は,アンデルナハ Andernach/dt.(アントゥンナクム Antunnacum),ユーリヒ Jülich/dt.(ユリアクム Iuliacum),ナンシー Nancy/fr.(ナンキアクム Nanciacum),オルリー Orly/fr.(アウレリアクム Aureliacum),トゥルネー Tournai/bel.(トゥルニアクム Turniacum) である。

古代末期頃には,特にガリアにおいてケルトやローマの地名の多くは使用されなくなり,その地に定住していた部族の名称に取って代わられた。その結果,フランスでは約30の大都市名はケルトの*部族名に由来する。

註釈 glosses/eng. 中世以来,写本のテキストの行間や余白に註釈が書き込まれた。ケルト学者にとって,中世ラテン語文献に書き込まれたブルトン語やウェールズ語やアイルランド語の註釈は特に重要である。その中で最も重大な意義があるのは古アイルランド語の註釈である。なぜなら,古アイルランド語がこれらのケルトの言語で最古の言語であり,古アイルランド語の形態をほぼ完全に復元できるからである。最も重要な古アイルランド語の註釈は,パウロの書簡に註記された「ヴュルツブルク註釈」(主に8世紀),ラテン語の詩篇註釈書に註記された「ミラノ註釈」(9世紀),ラテン語文法家プリスキアヌス Priscianus の文法書に註記された「ザンクト・ガレン註釈」(9世紀) である。

抽象 →装飾文様

チューリヒ=アルトシュテッテン →アルトシュテッテン

ツ

ツィマー,ハインリヒ Zimmer, Heinrich (1851〜1910) ドイツ,フンスリュック地方カステラウン Kastellaun 生まれ。ケルト学者,言語学者。シュトラースブルクとテュービンゲンとベルリンで学んだ後,グライフスヴァルト Greifswald で言語学とサンスクリット語を教えた。1901年ドイツで初めてベルリンのフンボルト大学に創設されたケルト語学文学教授職に招聘された。専門とする学問のほとんど全ての分野に取り組み,歴史的資料の研究にいそしむかたわら,アイルランドやウェールズを旅行し,近代ケルト諸語を身につけた。

彼の同名の息子 (1890〜1943) は,特にインド宗教史の領域における研究と,深層心理学者 C. G. ユング (1875〜1961) との共同研究で知られている。1948年に遺稿から出版された『魂の冒険と旅』 *Abenteuer und Fahrten der Seele* (英題名 *The King and the Corpse*) はケルトの伝説と神話に取り組んだものである。

ツォイス,ヨハン・カスパー Zeuss, Johann K. (1806〜1856) ドイツ,オー

バーフランケン地方フォークテンドルフ Vogtendorf 生まれ。近代*ケルト学の創始者。バンベルク Bamberg とミュンヒェンで学んだ後，1832年から39年までミュンヒェンのギムナジウムのヘブライ語教師だった。39年から死の直前まで，シュパイヤーやミュンヒェンやバンベルクで歴史学の教授を務めた。最初の重要な著作は，中部ヨーロッパの諸民族に関する古代の報告を包括的に収集し註釈した民族誌的・歴史学的研究『ドイツ人と近隣部族』*Die Deutschen und die Nachbarstämme*（1837）だった。内外の図書館における広範囲にわたる写本収集ののち，53年2冊目の主著として『ケルト語文法』*Grammatica Celtica* を公にした。これは，学問的な観点で到達しうる最古の言語遺産の上に構築された，ケルト諸語に関する最初の総括的な概論だった。この著作は71年にヘルマン・エーベル Ebel, Hermann（1820〜1875）によって改訂出版され，半世紀以上にわたって古ケルト諸語の最も信頼のおける研究だった。

月 →時間

角製酒杯 →食習慣

テ

デアドラ →デルドレ

ディアナ Diana　起源的には，特に月の女神で女性的生命の守護者と考えられたローマ人の宗教における女神。ディアナは，早くからギリシアの女神アルテミスと同一視され，野獣の守護者で狩りの女神と見なされた。ローマ帝国の属州では土着の女神の多数がディアナの名で呼ばれ，碑文と図像によるとディアナはケルトの女神*アブノバと*アルドゥインナと同一視される。

『ディアの書』 The Book of Deer　おそらく9世紀にアイルランドで作られた福音書。この名前は，写本がしばらくのあいだ保存されていた北東スコットランドのディアの修道院にちなんでいる。この写本は，12世紀の複数の筆写僧による〔欄外や行間にある〕ゲール語の書き込み〔註釈〕でとりわけ有名である。これらの書き込みは修道院の視点を反映しており，このためだけでも文化史的な価値がある。更にスコットランド=ゲール語最古の例証でもある。1715年以来ケンブリッジ大学図書館蔵。

ディアブリンテス族 Diablintes　古代の*民族誌によれば，ロワール河とセーヌ河に挟まれた地域に住む部族集団*アウレルキ族に属する一部族。この部族名は，かつてノウィオドゥヌム Noviodunum と呼ばれたジュブラン Jublains の町に残っている。

ディアルミド・ウア・ドゥヴネ Diarmait ua Duibne/ir.[ˈdʲiarmidʲ ua ˈduvʲnʲe] 『ディアルミドとグラーネの追跡』の主人公。妖精の君主オイングスの里子で，美男子として有名。

『ディアルミドとグラーネの追跡』 Tóraigheacht Dhiarmada agus

女神アルドゥインナと同一視されるディアナ像

Ghráinne/ir. ['toːriɣʲaxt 'ɣʲiarmada 'agus 'ɣraːNʲe]　フィン物語群で最も有名な物語の一つ。初期アイルランド文学のさまざまな作品に引喩や参照があることから，この物語はおそらく9／10世紀にはすでに広まっていた。しかし，現存する最古の稿本は15世紀に成立したものである。物語は，年老いた*フィン・マク・クウィルの若き妻グラーネの，美男で有名な若武者ディアルミド・ウア・ドゥヴネに対する悲恋を描いている。グラーネは魔術によってディアルミドに自分と駆落ちさせ，頭領フィンの怒りを招く。ディアルミドの里親である妖精の君主*オイングスの助けを得て，恋する二人は冒険的な逃避行のあいだ幾度もフィンと武者たちの追跡を振り切ることに成功する。遂にオイングスが二人とフィンの和解に漕ぎつけ，ディアルミドとグラーネの末長い幸福な生活が可能になった。しかし，フィンは密かに復讐を企て，ディアルミドがベン・グルバン Beann Ghulban〔またはベン・バルベン〕の牡猪によって殺されると予言されていることを思い出す。そこでフィンはある日ディアルミドが猪狩りに出るように策をめぐらし，狩りの最中ディアルミドは命を落とす。——ディアルミドとグラーネの物語は，アイルランドとスコットランドでごく近年に至るまで，様々な形の口伝が生き残った。A.*クラークの詩作『フィンの復讐』はこの物語に着想を得ている。

ディアルミド・マク・アイダ・スラーネ Diarmait mac Aeda Sláine/ir. [dʲiarmidʲ mak 'aiða 'slaːnʲe]　7世紀のアイルランドの王で，642～664年，兄弟のブラートワク Bláthmac と二人で統治した。『ベゴラへの求婚』では主要な役割を演じている。

ディアルミド・マク・ケルヴィル Diarmait mac Cerbaill/ir. ['dʲiarmidʲ mak 'kʲerviLʲ]　6世紀の王。年代記によれば，キリスト教以前の宗教儀式《タラの祭り》フェシュ・テウロ feis Temro を執り行なった（560年）最後の統治者という。しかし*アダウナーンの『コルンバ伝』では，《神の御心により任じられたアイルランド全土を統べる統治者》とされる。クロンマクノイズの修道院の伝承によると，王は修道院創設者キアラーン Ciarán の庇護者とされている。

ディアン・ケーフト Dian Cécht/ir. [dʲian kʲeːxt]　神話物語群に登場する，*トゥアタ・デー・ダナンの医師。『*マグ・トゥレドの戦い』の中で，戦いで片腕を失った前王*ヌアドゥに，銀の義手を付ける。フォウォレとの戦いの際，ディアンはトゥアタ・デー・ダナンの負傷兵や戦死者を，傷が癒え，死者が甦る《健やかな泉》（Tipra Sláine）に投げ込んだ。

ディウァンノ Divanno　ケルトの神。この神への信仰は，エロー県のサン＝ポン Saint-Pons から出土した唯一の奉献碑文（CIL XII-4218）により明らかになった。その文中で，この神は，*ローマ風解釈により*マルスと同一視されている。

ディウィコ Divico　*カエサル（『ガリア戦記』1-13,14）によると，*ヘルウェティイ族の一首長。紀元前107年，彼の指揮下ヘルウェティイ族の一支族ティグリニ族 Tigurini はローマ軍を破り，その捕虜を軛の下をくぐらせ辱めた。前58年ディウィコは，ヘルウェティイ族の使節団の長として自信満々でカエサルの前に現われた。——ローマ人に対するディウィコの勝利は，シャルル・グレール Gleyre, Charles（1806～1874）が「ヘルウェティイ族ローマ軍を破り，軛の下を

くぐらす」（1858。現在ローザンヌの州立美術館蔵）という題名で表わした。グレールの彫刻に着想を得て，コンラート・F. マイヤー Meyer, Conrad F. (1825～1898) は「レマン湖の軛」という詩を詠んだ。

ディオスクロイ《ゼウスの息子たち》 Dioskuroi/*gr.*　ギリシア・ローマ神話の双子の兄弟カストル Kastor (Castor/*lat.*) とポリュデウケス Polydeukes (ポルクス Pollux/*lat.*)。彼らは，それぞれ戦闘時の援助者，海難の際の救援者として信仰された。図像では，たいてい彼らは双子の若者として馬と共に描かれている。シチリアの*ディオドロス（4-56-4）によると，大西洋岸のケルト人住民は，他のどの神よりもディオスクロイを信仰していたという。その地の古い伝承では，かつてディオスクロイは海から彼らのところにやってきたという。双子の神への信仰がゲルマン人（アルケン Alken）やインド人（アシュヴィン Aśvins）のような印欧語の他の民族にも見受けられることから，この伝承はケルト人の土着の二柱の神と結びついたらしい。ローマ領ガリアでディオスクロイが頻繁に描かれたことがその理由である。しかし，この神々のケルト名はわからない。ガリアの神の*ディウァノと*ディノモゲティマルスとケルトのディオスクロイが関係しているという推測は，確実な資料を欠いている。

ディオドロス Diodoros （シチリア Sicilia の），あるいは**ディオドルス・シクルス Diodorus Siculus**/*lat.*　紀元前1世紀シチリア生まれのギリシア人歴史家。40巻を数える世界史を著わしており，これは世界の成立から紀元前54年のカエサルによるブリタニア遠征に至る期間を総括している。このうち，第1〜5巻と第11〜20巻は完全な形で，他の巻は抜粋と断片で現存している。第5巻の25〜32節には，ガリアとその住民についての詳細な記述がある。ディオドロスは，これをストア派の哲学者*ポセイドニオスから借用している。この記述部分の冒頭には，地誌，天候，経済についての序論的な所見が述べられる。更に，ケルト人の外見，食事（食習慣），衣服について記述している。これに続いて軍事の記述があり，武器や戦車（車両）の機能が述べられ，敵の戦死者の首を取り戦利品として集めるという習慣についても詳しい記載がある。また，*バルド，*ドルイド，*予言，生贄についても幾らか説明がある。

ティゲルンワス Tigernmas/*ir.* [tʹiɣernμas]　『アイルランド来寇の書』に登場する，*エーレウォン王の後裔。彼の治世下アイルランドで初めて金が発見され，装飾に使用されたとされる。また，自分の支配する民が社会的地位に従い様々に異なる色の衣裳をまとうよう定めた創始者とされる。伝承によると，*サウィンの祭で，クロム・クルアハ Crom Cruach の石像を崇める儀式の際に命を落とした。

ディス・パテル Dis Pater　ローマ人の宗教における富と冥界の神。カエサル（『ガリア戦記』6-18）によると，ガリア人は皆自分たちがディス・パテルの子孫であると信じていた。彼らは，これをドルイドの教えとみなしていたとされる。カエサルがどのケルトの神を指しているのかわからないが，この神の特性を考えると，碑文で明らかになった神々の中では*スケッルスが最も似ている。おそらく*スメルトリウス神もディス・パテルと同一視された。アイルランド伝承で比較可能なものは，*ドンである。

ディノモゲティマルス Dinomogetimarus　ケルトの神。この神への信仰は、エロー県のサン=ポン Saint-Pons から出土した碑文（CIL XII-4218）により明らかになった。その文中で、この神はローマ風解釈により*マルスと同一視されている。

ディーヘダル・ディ・ヘニヴ díchetal di chennaib/ir. ['dʲiːçedal dʲi 'çeNiv]　詩人（フィリ）が用いたとされる予言法。コルマク司教による『サナス・ホルミク』の説明によると、聖パトリックは、他の類似の行為と異なり、この方法は偶像への犠牲と結び付いていないので、禁止しなかった（*インバス・フォロスナ）。

ディラーギー、ジェイムズ・H. Delargy, James Hamilton（1899〜1980）　アイルランド人。アイルランド民俗学の分野における重要な研究者であり指導者。ケルト学を学んだ後、初めはユニヴァーシティ・コレッジ・ダブリンでアイルランド語及び文学の講師となり、後に民俗学の教授となる。1925年に賛同者たちと共にアイルランド民俗学会 The Folklore of Ireland Society を設立し、46年間その機関誌『民間伝承』*Béaloideas*（1927〜）の編者として活動した。35年以来民俗学委員会 Irish Folklore Commission は、彼の指導のもと多数の口頭伝承を収録し、転写した。

ティール・タルンギリ《約束の地》 Tír Tairngiri/ir. [tʲiːr ˈtarnʲɣʲirʲi]　人間が住む世界の向こう側にある楽園。このような地と結び付いたイメージは、おそらく少なくともある程度はキリスト教以前の起源である。しかし、この呼称自体は教会ラテン語からの直訳である。つまり、terra repromissionis は約束の地（イスラエル）、あるいは（キリスト教の）天国を意味する。

ティール・ナ・ノーグ《常世の地》 Tír na n-Óg/ir. [tʲiːrʲ na noːɡ]　その地の住人は病いになることも老いることもないという、人間が住む世界の向こう側にある楽園。→*ティール・タルンギリ、来世観

テイルノン・トゥルヴ・リアント Teyrnon Twrf Liant/wal. ['teirnon turv liant]　『ダヴェドの王プイス』に登場する、ダヴェドの王プイスの従者。テイルノンは、不可思議な方法で誘拐されたプイスの息子を発見し、それとは知らず自分のもとで養育する。

ティーレハーン Tírechán/ir. [tʲiːrʲeχaːn]　7世紀頃のアイルランド人聖職者。670年頃聖*パトリック伝をラテン語で著わした。

ディロン、マイルズ Dillon, Myles（1900〜1972）　アイルランド人。ダブリン生まれのケルト学者。O.バーギン、J.ポコルニー、R.トゥルナイゼン、J.ヴァンドリエスのもとで学んだ後、ダブリン、マディスン（ウィスコンシン州）、シカゴ、エディンバラでケルト言語学や比較言語学を教えた。数多くの校訂本やアイルランド語史および文学史に関する研究を公にし、一般向けの著作『歴史物語群』*The Cycles of the Kings*（1946）や『初期アイルランド文学』*Early Irish Literature*（1948）も出版した。ノーラ・チャドウィック Chadwick, Nora（1891〜1972）との共著に『ケルトの王国』*The Celtic Realm*（1967）がある。ディロンの長年に及ぶ、ケルト=インド語派の共通性に関する研究論文集が、1975年に『ケルト人とアーリア人：印欧語族の言語と社会の遺物』*Celts and Aryans: Survivals of Indo-*

European Speech and Society と題して刊行された。

ディン(ド)ヘンハス Dindsenchas /ir. ['dʼindhenχas] いろいろな地名の由来に関する説話伝承集。ディンド dind は《丘、高み》を、シェンハス senchas は《故事》を意味する。しかしディンで表わされた地理上の高所についての話ばかりではなく、むしろ物語に伝わるさまざまな場所に及んでいる。この説話の収集は、9～12世紀の間に現存する形に書き留められたが、それぞれの説話は更に古い伝承に基づいている可能性もある。この説話集はほぼ完全な形で40を越える写本に伝えられているが、三つの異本に分けられる。

最も古い稿本(A)は『レンスターの書』に収録されている。この稿本は100以上の詩篇とわずかに散見される散文から成る。この詩篇の幾つかは9～11世紀の著名な著述家の作となっているが、ほとんどは作者不明で伝わった。この最初の収集を元に、2番目の稿本(B)が書かれた。この稿本では、短い散文のそれぞれの終りに幾つかの詩行を配している。これら二つの収集が基礎になり、最も広まった3番目の稿本(C)が成立した。この稿本では、どの地名についても、一つまたは複数の散文の説明と、それに続いて詩篇が付けられている。記述は地理的順序に従っており、読者はタラ(*テウィル)から始まり、時計回りに(*デシェル)、ミー(ミデ)、レンスター、マンスター、コナハト、アルスターと導かれていく。

ディンヘンハスの3種類の稿本すべてに特徴的なことは、多くの地名の由来が言語学的にも事象そのものも疑わしい点にある。引用された説話で土地の口頭伝承に由来するものはほんの一部しかなく、多くは中世の学者の憶測に基づくものと考えられる。

『ディン・リーグ Dinn Ríg の殺戮』 Orgain Denna Ríg/ir. ['orgin 'dʼeNa Ríːγ] 歴史物語群に属する。現存する形はおそらく9世紀に書き記され、『レンスターの書』と『レカンの黄書』と12世紀の写本ローリンソン Rawlinson B502 の三つの写本に伝えられている。

物語の主人公は、レンスター王アリル・アーネ Ailill Áine の息子である。子供のとき長らく言葉を発しなかったので、モイン Moen《啞》と呼ばれた。ある日遊んでいて怪我をし、突然「痛いよ!」と叫んだ。そこで他の子供たちが「啞がしゃべっている」(ラヴリド・モイン Labraid Moen)と言い、その後これが彼の呼び名となった。ラヴリドの父アリルがおじのコフタハ・コイルに毒殺された後、ラヴリドはハープ弾きクラフティネ Craiftine と詩人フェルヘルトネと共に国外に逃れる。その時から彼にはまたロングシェフ Loingsech《亡命者》というあだ名も付けられた。マンスターで客人として迎えられ、王女モリアト Moriath と結婚した。舅である王の援助を得て、遂にレンスターの王城ディン・リーグを奪回する。ラヴリドは王位簒奪者のコフタハとその従者たちを鉄の館の中におびき寄せ、その壁を炎で真っ赤に焼いたので、みな館の中で焼死した。

テウィル Temair/ir. ['tʼeμiɾʼ], **タラ Tara**/eng. アイルランドの伝承ではアイルランド上王の居住地(*リー)。ミーズ(ミー)州にある考古遺跡タラと一致するが、この遺跡は発掘物によると新石器時代からアイルランドにおけるキリスト教化の始まりに至るまで居住された。

《テウィル（タラ）の祭り》（フェシュ・テウロ feis Temro）は有名だったが、この祭りはキリスト教伝来以前の祭礼として、新王の即位に際して6世紀まで催された（*ディアルミド・マク・ケルヴァル）。初期中世以降アイルランドの伝承では、今日も残るタラの遺跡は伝説に包まれた*コルマク・マク・アルト王の建造物とされた。*ファールの石は*トゥアタ・デー・ダナンがアイルランドに運んできたものとされ、テウィル（タラ）の王の支配の象徴と見なされる。

テウタテス Teutates （後代の形：トウタテス Toutates）　ケルトの神。この名は、おそらく≪祖先≫ほどを意味する古い語形★teuto-tatis に由来すると説明できるだろう。しかし、この語源は確実ではない。なぜならこの言葉は、重音脱落により第2音節が脱落することが前提である。また残されたaは本来短母音だったと見なさなければならないが、これは決して確実とはいえない。ローマの著述家*ルカヌス（『ファルサリア』1-444〜446）とラクタンティウス（『神的教理』*Divinae Institutiones* 1-21-3）が、この神について言及している。ルカヌスの証言によると、ガリア人はテウタテスに人身御供を行なっていた。ルカヌスの著作の註釈集ベルン・スコリアでは、テウタテスへの生贄は水を満たした大桶に頭を浸され窒息させられている。この神は、ブリテン島（RIB 219, 1017）とオーストリアのシュタイアーマルク州（CIL III-5320）とローマ（CIL VI-31182）から出土した幾つかの奉献碑文で明らかになっている。*ローマ風解釈により、最初の三つの碑文で*マルスと、最後に上げた碑文では神メドゥリス Meduris と同一視されている。これは、人身御供についての報告と関連してテウタテスの戦の神としての性質を表わすものであろう。このためしばしば武装した神像がテウタテスであると推測されてきたが、それに相当する碑文が欠けているので確かではない。

テクトサゲス族 Tectosages　古代の民族誌によれば、ケルト人の*ウォルカエ族の一支族。彼らの一部はナルボンヌとトゥールーズに挟まれた地域に居住したが、紀元前121〜118年ローマ軍に征服され属州ガリア・ナルボネンシスに統合された。部族の他の一部は、紀元前278年にバルカン半島を越えて小アジアに移住し、*トリストバギイ族と*トロクモイ族と共にガラティア人と呼ばれた。

『**テゴスカ・コルミク**』または『**コルマクの教え**』Tecosca Cormaic/*ir.* ['tʲegoska 'kormik]　著者不詳の格言集。『レンスターの書』と後代の他の写本に残されている。現存する稿本では、作品は*コルマク・マク・アルト王と息子の対話形式となっている。アイルランドの伝承では、二人は3世紀の人とされる。しかし、言語の形態から作品は8〜9世紀のものとされる。支配者の権利と義務が列挙され、また一般的な事項についての多数の格言が収められている。

デシェル deisel/*ir.* ['dʲeʃel]　太陽の運行方向、または時計回りの方向を表わす。この方向に回ることは幸運をもたらし、この逆方向（トゥアトヴェル tuaithbel）に回ることは不吉とされた。

鉄　紀元前10世紀のヨーロッパにおいて、その時から今日に至るまでのこの歴史時代が《鉄器時代》と呼ばれるほどに重大な意味をもった。鉄精錬の技術は、おそらくオリエントで始まり、バルカン半島やアルプス東部地域や上部イタリアを経て、中欧や西欧にもたらされた。鉄

器はすでに紀元前10／9世紀の*骨壺葬文化の遺跡からごくまれに発掘されている。しかし，この新しい金属は，*ハルシュタット時代への移行期に初めて一般的に普及する。

ケルト人は鉄を，武器（槍の穂，投げ槍の穂，刀剣，盾の装具），工具（斧，鋸(のこぎり)，金づち，錐，やっとこ），家庭用具（ナイフ，はさみ，肉用フォーク，焼き串，薪架），農耕具（シャベル，くわ，鎌，大鎌，犂(すき)の水平刃），他にも衣服や装身具（針，衣服の*フィブラ，ベルトの留め金やフック）に用いた。

青銅とは対照的に，鉄は鍛造されるだけで，鋳造されなかった。鉄の鍛練技術は高度に発達したので，鍛冶は専門家として重んじられただろう。鍛冶が島嶼ケルトの文学において担っている役割はそのことを語っている。鉄の精錬や鍛練は経済の重要部門であった。豊かな鉄鉱床の発見が，大規模な集落地の発生に結びついた明らかな例証が幾つか見られる（オッピダ）。商取引に使用された鉄の形状は，重さ2キロから10キロの正八面体に近い紡錘形か棒状のインゴットである。インゴットはこれまで700以上の遺物が見つかっているが，ほとんどはロレーヌ地方やドイツ西南地方やスイスなどにおいてである。

テトラ Tethra/*ir.* [tʼeθra] *神話物語群に属する物語に登場する*フォウォレの王。彼の居所は海とされ，そのため海は彼の《平原》，そして魚は彼の《家畜》と形容されることもある。*マグ・トゥレドの戦い》では，オグマは戦場でテトラの剣オルナ Orna を見つける。オグマが鞘から剣を抜いて清めると，剣はそれ自身が為し遂げた業績を語る。

テニウ・ライダ teinm laeda/*ir.* [tʼenʼmʼ ˈLaiða] 詩人（*フィリ）のものとされた，定まった予言の方法。『サナス・ホルミク』の記述によれば，聖パトリックによって禁じられたが，これが偶像への犠牲と結び付いていたからである。

デヒティネ Deichtine/*ir.* [dʼeçtʼinʼe] あるいはデヒティル（デヒティレ） Deichtir(e) と呼ばれる，*クー・フリンの母親。*アルスター物語群に登場する。多くの物語でコンホヴァル・マク・ネサ王の妹とされているが，王の娘とするものもある。

デフィキオ Defixio/*lat.* 《降神術》の意。古代に普及した*魔術。人々は，これにより神あるいは悪霊の力を借りて敵を苦しめようとした。デフィキオは，口述か記述による呪咀で行なわれ，時には呪咀に魔術的行為が伴う。記述による呪咀は，しばしば鉛の薄板に刻まれた。この板は多数現存しており，中にはケルトの神の名を伝えるものもある。→モルティヌス，オグミオス，スリス

テフ・ドゥン《ドンの家》Tech Duinn/*ir.* [tʼex duN] アイルランド西南部，ダーシー Dursey 島の先にある岩の小島の古名（現在名ブル・ロック Bull Rock）。8～10世紀の文献の示唆から，キリスト教以前の時代は，この地が*ドンと呼ばれる死の神の居所で，死者が集まるところとされた。

テモラ Temora J.*マクファーソンの《オシアン作品群》におけるアイルランド王の居住地。地名の本来のアイルランド語形は*テウィル。〔岩波文庫『オシアン（ケルト民族の古歌）』ではタイモーラ。〕

デュメジル, ジョルジュ Dumézil, Georges（1898～1986） フランス，パリ生まれの言語学者，宗教学者。初めは

社会科学高等研究所 École pratique des hautes études で教職に就き，1949年から68年までコレージュ・ド・フランス Collège de France の印欧言語学の教授職にあった。研究の主な関心は印欧語族の神話にあり，古代ローマやインド＝イラン語の資料を援用して神話の構造を再建しようと試みた。一連の著作で，印欧語族の《三機能の体系》の理論を展開した。これは，印欧語族の世界像や社会秩序は，統治（souveraineté）軍事（force）生産（fécondité）の根本的な三つの機能に分けられた職階制の三構成要素に基づいているとするもの。この理論は言語学や宗教学の領域で幅広い賛同を得るが，徹底的な反論も受けた。ケルトの資料がその理論をどの程度まで立証しているかについては，研究者の間で評価が定まっていない。

デュルンベルク Dürrnberg　→ハラィン

デルヴィネ derbfine　→フィネ
テルタウン Teltown　→タルティウ
デルドリウ Derdriu　→デルドレ
デルドレ Deirdre/ir. ['dʼerʼdʼre]　古い語形でデルドリウ Derdriu とも呼ばれる，アイルランドの最も有名な恋物語のヒロイン。デルドレにまつわる現存する最古の物語は『ウシュリウの息子たちの流浪』である。アイルランドやスコットランドではごく最近まで，この物語はいろいろな形の民間伝承で広く親しまれていた。この題材は，多くの作家によって英語にも書き直された。例えば，J. *マクファースンの詩作『ダルフーラ』 Darthula，A. グレゴリーの『ムルテゥネのクーフリン』の第7章，W. B. *イェイツの戯曲『デアドラ』，J. *スティーヴンズの同名の小説などがある。

転生（生まれ変り）　あるいは輪廻（りんね）（Metempsychosis/gr.）と比較宗教学で呼ばれる，死後の新しい生命に関するさまざまな観念。カエサルによると（『ガリア戦記』6-14），*ドルイドは，魂が死後に元の肉体から別の新しい肉体に移るという魂の不滅を信じていた。シチリアの*ディオドロスは（5-28），ケルト人の観念とピュタゴラスの霊魂輪廻転生説を関連づけている。しかしながら，おそらくケルト人は，ピュタゴラス的，あるいはインド哲学的な意味での転生は信じていなかった。つまり，古代の諸報告は，ケルト人が死後にも現世の生の続きがあると考えていたことを指していたのかもしれない（*来世観）。ある特定の人物が動物の姿で転生する島嶼ケルト語の物語（『二人の豚飼いの誕生について』『トゥアン・マク・アリルの話』）は，明らかに寓話的な特徴を備えており，ケルト人が転生を信じたことを証明するものとはみなせない。

ト

トゥアタ・デー・ダナン Tuatha Dé Danann/ir. ['tuaθa dʼe: 'danaN]　*神話物語群に登場する，太古の魔術に長けた集団。『アイルランド来寇の書』によると，この一族は，ノアの大洪水後アイルランドに到来した入植者の第四波に当たる。彼らは，狙いをはずさない*ルグの槍や，誰も対抗できない*ヌアドゥの剣や，食物を無尽蔵に取り出せる*ダグダの大釜や，正当な王が上に立つと叫び声を上げる石*ファールなどを持ち込んだとされる。2度のマグ・トゥレドの戦いで，この一族はまずフィル・ヴォルグを，続いてフォウォレを打ち破った。しかし彼らはタルティウの戦いで*ミールの息子たちに敗れ

たという。この敗北の後，一族は地中の住処（シード）で妖精のような存在となったと信じられた。

トゥアタル・テフトワル Tuathal Techtmar/ir. ['tuaθal 'tʲextμar]　歴史物語群に登場する，*コン・ケードハタハ王の祖父。紀元前1世紀にアイルランド全土を支配し，レンスターに*ボーラワとして知られる貢納を初めて課した。伝承によると，アルスターとレンスターとコナハトとマンスターの四王国の間にあたるアイルランドの中心に，五つめのミデ（ミーズ）を興した。

トゥアト tuath/ir. [tuaθ]　一人の王（*リー）が統治する部族連合体。初期および盛期中世アイルランドにはこの種の部族連合体が少なくとも150存在したと推測される。一つのトゥアトの平均人口は3000人程度だった。トゥアトという単語は更に古い語形★teutā に遡られるが，これは多くの西方印欧語族において《民》を意味する。ガリア語では特に*テウタテスという神の名前としても現われる。その古高ドイツ語形 diot から形容詞 diutisc が派生し，のちにはドイツ語《deutsch》を意味するようになった。

『ドゥアナレ・フィン《フィンの歌集》』 Duanaire Finn/ir. ['duanarʲe fʲiN]　フィン・マク・クウィルをめぐる伝説群から69篇の詩とバラードを集めたもの。個々の作品は12世紀から17世紀初頭までの間に作られ，1627年頃の写本に残されている。バラードは，ほとんどが*フィアナの狩りや遠征やさまざまな冒険がテーマになっており，しばしばこの武者団の生き残りが逸話を語る形式を取っている。

トゥアン・マク・カリル Tuan mac Cairill/ir. [tuan mak 'karʲiLʲ]　『アイルランド来寇の書』に登場する，ノアの大洪水の後アイルランドに最初に入植した者の一人。

『トゥアン・マク・カリルの話』 Scél Tuain meic Chairill/ir. [ʃkʲeːl 'tuːinʲ μikʲ 'xarʲiLʲ]　神話物語群に属する。『赤牛の書』と14〜16世紀に成立した三つの写本に残されている。この物語の主題は，ノアの大洪水から中世初期に至るまでのアイルランド入植の歴史である。その概要は主人公トゥアンの口から語られる。彼はノアの大洪水後最初の入植者たちと共にアイルランドにやって来たとされる（『アイルランド来寇の書』）。トゥアンは鹿や猪や鷲や鮭に姿を変え，それ以降の歴史の証人となったという。5世紀にカリル王の息子として再び生まれ，年老いてのち，マグ・ビレ Mag Bile の聖フィニアン Finnian に自分の運命について語った。——この物語は，J.*スティーヴンズの著作『アイルランド妖精物語』 Irish Fairy Tales に再話されている。

ドゥヴ・サングレン Dub Sainglenn/ir. [duv 'sanʲɣʲlʲeN]　アルスター物語群に登場する，英雄*クー・フリンの風のように速い2頭の馬のうちの1頭。『クー・フリンの誕生』の古いほうの稿本によれば，この馬は主人と同じ夜に生まれた。

ドゥヴ・ラハ Dub Lacha/ir. [duv 'Laxa]　『モンガーンの誕生』に登場する，主人公モンガーンの妻。

島嶼ケルト語　→言語

トゥティオリクス Toutiorix　ケルトの神。この名は，《部族王》（アイルランド語で*トゥアト túath《部族連合》と*リー rí《王》）を意味するものかもしれない。この神への信仰は，ヴィースバーデン Wiesbaden で発見された奉献碑文（CIL XIII-7564）により明らかになった。この碑文では，この神はローマ風解釈に

よりアポロと同一視される。

ドウナル・マク・アイダ Domnall mac Aeda/*ir.* ['doμnaL mak 'aiða]　7世紀のアイルランドの王で，すでに*アダウナーンの『コルンバ伝』に彼についての言及がある。『ドゥーン・ナ・ゲードの饗応』『マグ・ラトの戦い』『スヴネの狂乱』は彼の統治期間（628〜642）に時代設定がなされている。

ドゥフタハ Dubthach/*ir.* ['dufθaχ]　*アルスター物語群における，誰からも恐れられたアルスターの武者。陰険な話ぶりから，ダイル・ウラド Dael Ulad《アルスターのタマオシコガネ》あるいはダイルテンガ Daeltenga《タマオシコガネの舌》のあだ名がある。ドゥフタハは勇者ケルトハル・マク・ウテヒルから名槍ルーン Lúin を受け継いだ。この槍は決して狙いを外すことはないが，戦いの前に穂先を毒に浸して，槍の柄や持主が燃え上がらないようにしなければならなかった。『ウシュリウの息子たちの流浪』が伝えるところによると，ドゥフタハは，*コンホヴァル・マク・ネサ王がノイシウとその兄弟をだまし討ちした後，コナハトに亡命した。『クアルンゲの牛捕り』では，彼は*アリルと*メドヴの側につき，アルスターに侵攻するコナハトの遠征軍に参加している。

動物　動物はケルト人の文化とそれに応じた*宗教や神話で重要な役割を担った。*生贄として祭礼において大きな意味を持っていた。動物は人間よりもはるかに頻繁に図像に表現されている（美術）。ローマ時代における，例えば，*ブーレの神像や，また動物がアトリビュートとして描かれた神々の図像が，様々な動物と*神神や女神たちとの緊密な関係を具体的に説明している（*熊，*牡鶏，*兎，*鹿，*犬，*馬，*牡牛，豚〔猪〕，*牡羊）。

ドゥフツォフ Duchcov（ドイツ語名ドゥクス Dux。）チェコ，ボヘミア地方エルツ山地の南辺にある都市。1882年この地にある泉の改修工事の際に，青銅の大釜と，およそ2000点に及ぶフィブラと，指輪や腕環や足環類と，その他のラ・テーヌ初期の金属器類が見つかった。

ドゥミアティス Dumiatis　ローマ風解釈により*メルクリウスと同一視されたケルトの神。この神への信仰は，1874年にクレルモン＝フェラン近くのピュイ＝ド＝ドーム Puy-de-Dôme 山頂にあるガロ＝ローマの神殿域で発見された青銅板（CIL XIII-1523）により明らかになった。

ドゥムノニイ族 Dumnonii　古代の民族誌によれば，イングランド南西部とコーンウォールのケルト部族。その主邑は，今日のエクセター Exeter，ローマ時代のイスカ・ドゥムノニオルム Isca Dumnoniorum であった。ローマ軍が退却した後，紀元5世紀にドゥムノニイ族の居住地にケルト人の王国ドゥムノニア Dumnonia が起こり，そこから更にブルターニュの一部地域に入植した。この部族名は，イングランドの州名デヴォンに，またこの名にちなんで付けられた地層名に残っている。

トゥルナイゼン，ルードルフ Thurneysen, Rudolf（1857〜1940）　スイスのバーゼル生まれ。最も重要なケルト学者の一人。J. ブルクハルトや F. ニーチェのもとで学んだ後，最初はイエナ大学で教え，1887年フライブルク大学の比較言語学正教授に迎えられた。1913年ボン大学に招聘され，退官するまで10年間教えた。古・中期アイルランド語の碩学の一人であり，この領域において基礎となる研究を数多く発表した。著作『古アイ

ルランド語教本』*Handbuch des Altirischen*（1909）は今日まで定評がある。1946年に D. A. ビンチーと O. ベーギンによって英訳改訂されて以来、『古アイルランド語文法』*A Grammer of Old Irish* と題して幾度も増刷されている。大著『17世紀に至るアイルランドの英雄と王の物語』*Die irische Helden-und Königsage bis zum siebzehnten Jahrhundert* は未完に終わった。1921年に上梓された第1巻は、*アルスター物語群の作品の一般的な紹介となっているが、今日でも権威ある著作である。

『トゥルフ・トルイス』 Twrch Trwyth /wal. [turχ truiθ]　『キルフフとオルウェン』に登場する王で、罪を犯した罰として神によって豚に変身させられた。巨人アスバザデンは主人公キルフフに、この豚の両耳の間にある櫛と鋏を取ってくる課題を与える。キルフフと仲間は、アイルランドやウェールズやコーンウォール中を激しく狩りたてた後、櫛と鋏を手に入れることに成功する。トゥルフ・トルイスはコーンウォールの海岸から海に飛び込んで泳ぎだし、その後は行方不明である。

『トゥレンの息子たちの最期』 Aided Chlainne Tuirenn/ir. [ˈaðʲeð ˈχlaNʲe ˈturʲeN]　神話物語群に属する。18世紀の多くの写本に初期近代アイルランド語で書き残されている。物語の内容は、*トゥアタ・デー・ダナンの民ブリアン Brian とイウハル Iuchair とイウハルバ Iucharba の三兄弟が血縁のキアン Cian を殺し、贖罪のためキアンの息子*ルグから解決できそうもない八つの難題を課される。例えばヘスペリデス Hesperides の園から林檎（りんご）を三つ、ギリシア王の不思議な豚の皮、ペルシア王の毒槍、シチリア王の矢のように速い駿馬などを奪ってこなくてはならない。兄弟は償いをほぼ完全に成し遂げるが、最後の課題の際に瀕死の重傷を負う。瀕死の三兄弟はルグに彼が所有する生命の泉の水を飲ませてくれるよう頼む。しかし、ルグは父親を殺された恨みから泉の水を与えないので、彼らは息絶える。

トゥロニ族 Turoni　古代の*民族誌によれば、ロワール河中流域に住んでいたケルト部族。この部族名は、かつてカエサロドゥヌム Caesarodunum と呼ばれたトゥール Tours の町名に残っている。

『ドゥーン・ナ・ゲードの宴』 Fled Dúin na nGéd/ir. [fʲlʲeð duːnʲ na ŋʲeːð]　歴史物語群に属する。現存する稿本はおそらく11世紀に成立し、『レカンの黄書』や他の幾つかの手写本に伝わっている。物語は、アイルランドの上王ドゥナル・マク・アイダと、その里子でのちにアルスター王になったコンガル・クライン Congal Claen との間の争いを描いている。コンガルはかつて里親のドゥナルが栄える上王の地位を獲得する手助けをし、それに対して十分な報酬を望んだが、期待はずれに終わった。そして、ドゥーン・ナ・ゲードの王館で催されたドゥナルの即位の祝宴で、二人は仲違いしてしまう。コンガルは他国の王と同盟を結んで戦いに臨むが、マグ・ラトの決戦で戦死する。

トガル togail/ir. [ˈtoɣalʲ]　（ある城砦の）《攻囲》あるいは《破壊》を意味する。この言葉は、物語録でそのような行為について述べた物語区分を表わす。

土器　ケルト文化圏には多種多様な土器が大量に残されている。その上、ケルトの土器作りは紀元前5000年期頃まで遡る中欧の伝統を受け継いでいる。容器な

どの製造にはすでにハルシュッタット期に、いわばゆっくり回転するろくろが使用されていた。今日普通に見られる早く回転するろくろはハルシュタット期末期頃に地中海域から移入され、ラ・テーヌ期になり普及した。この技術革新の結果、専門化した工房で様々な容器の大量生産が行なわれるようになり、この製造法はローマによるガリア征服の後も存続した（*ラ・グロフザンク）。容器の形状は時代の推移とともに著しく変化し、またその上に、地方によっても大きく異なった。ラ・テーヌ初期の東部地域に典型的なものに、例えば、平たいレンズ状の胴部に細長い頸部をもつリンゼンフラッシェ〔レンズ壺〕と呼ばれるものがある（*マッツハウゼン）。容器にはしばしば、ひっかいて付けた装飾文様や、型抜きで作った装飾が施されたり、彩色されていた。

ドッタン, ジョルジュ Dottin, Georges (1863〜1928) フランス、オワーズ県リアンクール Liancourt 生まれのケルト学者。レンヌとパリで学んだ後、レンヌのギリシア語学・文学の教授となる。1910年から死に至るまで、ケルト学者ヨーゼフ・ロート Loth, Joseph の後継者としてケルト語学・文学を教える。文化史や文学史に関する著作を数多く残したが、主要な研究領域はやはりケルトの古い*言語だった。特に『ガリアの言語』*La langue gauloise* (1920) の*ガリア語に関する論述は基本資料となっている。また2巻に及ぶ『中期アイルランド語概論』*Manuel d'irlandais moyen* (1913) は、中期アイルランド語に関する数少ない概説書の一つである。

トーテミズム 比較宗教学では、氏族や部族のような血縁集団のいわゆるトーテムに対する信仰をいう。トーテムは、たいていある特定の動植物類で、まれに無生物や天体現象である。この信仰の典型的な特徴は、氏族あるいは部族の名称がトーテムやその偶像的崇拝にちなんで付けられることである。20世紀初めエミール・デュルケーム Durkheim, Émile (1858〜1917) やジークムント・フロイト Freud, Sigmund (1856〜1939) のような学者がトーテミズムに宗教の起源を発見したと信じた時、トーテミズムをめぐる議論は重要な役割を果たした。それ以来、それぞれ全く異なった宗教や社会現象がトーテミズムの言葉の陰に隠されてしまった。しかし、これら各々を混同したり、一つの共通起源に帰してはならない。ケルト人の宗教におけるトーテミズムについての言及（例えば*人名や部族名における動植物の名称）は、不十分で結局証明できない。

トホマルク tochmarc/*ir*. ['toχmark]《求婚すること》を意味する。この言葉は、*物語録で求婚や求婚にまつわる英雄の冒険について述べた物語区分を表わす。

トマス, ウィリアム・J. Thomas, William Jenkyn (1870〜1959) ウェールズ北部生まれ。民族学者、口頭伝承収集家。ケンブリッジで学んだ後、初めはバンゴール大学講師、後にウェールズ南部アベルダレ Aberdare とロンドンで学校長となる。彼のウェールズ民話収集は、『ウェールズ妖精物語』*Welsh Fairy Book* (1907) と『続ウェールズ妖精民話』*Welsh Fairy and Folk Tales* (1958) の2巻で出版された。

ドラスタン・ヴァーブ・タスフ Drystan fab Tallwch/*wal*. ['drəstan va:b 'taɫuχ] *アーサー王物語群中に登場する。『ブリテン島三題歌』では、戦士

としての高名と、*エシストへの恋が語られる。この人名は、父名タスフ Tallwch と同様、*ピクト人の言語からケルト語に借用されたと推測される。ドラスタンに関する伝説は、おそらく一部ピクト人の伝説に由来している。そしてのちにウェールズ、コーンウォール、ブルターニュの地域と関連づけられた。ケルトの伝承からは、『*カイルヴァルジンの黒書』にある内容の不明瞭な詩一篇と、断片的な『トリスタン物語』Ystorya Trystan しか残らなかった。対照的にフランス、ドイツの宮廷文学には資料が豊富に見いだされる。例えば、1150年から1210年までの間に詩人トマ Thomas とベルール Béroul が著わし断篇が残る韻文物語、完本が現存する*アイルハルト・フォン・オーベルゲの『トリストラント』*Tristrant*、そしてゴットフリート・フォン・シュトラースブルクによる未完の作品が生まれた。これらと、知られていない更に古い作品との相互関係はきわめて多面的で、個々の点においても論じられている。いずれにせよ、物語中に描かれた文化的原型や登場人物の心理的動機は、同時代の宮廷社会の理想像を踏まえて見るべきである。更に、国境を越えて広まっていた寓話の題材、また古典文学の与えていた規範が、ドラスタン伝説の発展に影響したことも考慮する必要がある。また、例えば『ヴィースとラミン』*Vis o Ramin* などのペルシア語詩に見られるようなオリエント文学との関係もありうる。ケルト文化圏内で言えば、特にアイルランド伝承に、ドラスタンの物語と類似するものがある。

トラハトガ Tlachtga/*ir.* ['tlaχtγa] ミーズ州、タラ（テウィル）北西約30キロメートルにある丘。G. キーティングは、この地でキリスト教以前の宗教儀式が催され、毎年*サウィンの祭りにここで*ドルイドが火をおこし、その火がアイルランド中のかまどの種火となったはずであると推測した。*ディンヘンハスによると、この地名は本来はドルイドである*モグ・ルトの魔術に長けた娘の名前だった。彼女が葬られた丘がその名前にちなんで呼ばれるようになったという。

鳥 →動物

トリカセス族 Tricasses 古代の*民族誌によれば、セーヌ河上流とオーブ河流域に住んでいたケルト部族。この部族名は、かつてアウグストゥス帝にちなんでアウグストボナ Augustobona と呼ばれたトロワ Troyes の町名に残っている。

トリスタン Tristan ウェールズ語の人名*ドラスタンの英語、フランス語、ドイツ語形。

トリストバギイ族 Tolistobagii（**トリストボギオイ**、あるいは**トリストアギオイ族** Tolostobogioi, Tolistoagioi/gr.） トリストボギイ、*あるいはトリストアギ族とも。古代の*民族誌によれば、紀元前278年に小アジアに移住したケルト部族。そこで彼らは、*トロクモイ族と*テクトサゲス族とともに*ガラティア人と呼ばれた。

トリヒティンゲン Trichtingen ドイツ南西部、シュヴァルツヴァルト地方東部のロットヴァイル Rottweil 郡にある。1928年すぐ傍の排水設備工事現場で、太さ4センチ、幅25〜29.4センチの楕円状銀環が見つかった。両端を牡牛の頭が飾っている。環の芯に鍛造された軟鉄が入っているので、重量は6.7キログラムを超える。このため、普通の首環ではなく、神への奉納品と考えられる。この環の制作地や年代は学術的に論議されてい

るが、どう見ても発掘地の作品ではないようだ。現在、シュトゥットガルトのヴュルテンベルク地方博物館所蔵。

ドルイド（druidae, druides/*lat.* 複数形；δρνίδαι/*gr.* 複数形）　古代の*民族誌におけるケルト人の神官の名称。この名称は《オークの知識がある者》という意味と受け取られるケルト語形 *druvid-es に由来する。〔または多くを知る者、賢者の意味にも解される。〕

考古学的にはドルイドの機能は祭祀に関してのみ立証することができるが、個個の人物として現出することはない。つまり、ケルト人の*祭祀場の位置とそこで捧げられた*生贄の遺物は知られているが、個々の儀式上の行為、あるいはドルイドが執り行なった祈禱についてはわからない。誤解しようのない図像、またはドルイドの墳墓はこれまで見つかっていない。アイルランド中世*文学に現われるドルイドについての言及には、資料的価値はほとんどない。というのは、*キリスト教化の結果、伝承が偏向して歪められたり、キリスト教以前の祭祀の内容についてしだいに知識が失われたりしたことを、考慮しなければならないからである。

ドルイドの知識に関する最も重要な資料は、ギリシア・ローマの著述家たちによる報告である。これらは紀元前2世紀から紀元後4世紀にかけての時代の、例外なくガリアやブリタニアにかかわるものである。ドルイドに関する最も詳細な覚書はカエサルによるものである。彼の記述によれば、ドルイドはガリアにおいて貴族を除けば最有力の特権階級であった。公的あるいは私的な生贄や、判決や宗教的な規則の公示を管轄していた。ドルイドはガリア全体にわたり階級的秩序をなして組織され、毎年*カルヌテス族の土地にある聖地に集まった。修行は通常20年に及び、口承によってのみ行なわれた。ドルイドの教えでは、人の霊魂は不死であり、死後別の肉体に移ろうとするものがあったとされる（再生）。彼らは若者に天文学的・自然科学的・神学的知識を伝授した（『ガリア戦記』6-13, 14）。このドルイド像の特徴は、おそらくポセイドニオスの失われた歴史書から借用したものと思われるが、シチリアの*ディオドロス（5-31）や、ストラボン（4-4）や、*ポンポニウス・メラ（3-2-18）の記述にも同様に見受けられる。他にも大*プリニウスが博物誌の有名な一節で、ドルイドの祭祀における*ヤドリギの使用について報告している（『博物誌』16-249〜251）。

ローマによるガリアやブリタニアの征服が進むにつれ、ドルイドはしだいに影響力を失う。54年クラウディウス帝によってドルイドは最終的に職務を禁じられた。文献資料が欠けているため、18世紀にはドルイドについて多くの根拠のない想像がなされたが、これらは今日までケルトの神官の一般的なイメージに影響を与えている（ケルト・イデオロギー）。

トルク torques/*lat.*　ねじ状によじり合わせた金属の首環で、青銅器時代から様々な民族によって装身具や身分の印として使われていた。ケルト文化圏では、考古学発掘品により、また古代の*民族誌によっても知られている。

すでに紀元前360年頃、ローマの将軍ティトゥス・マンリウス Titus Manlius は、ガリア人の有力者を決闘で下し、そのトルクを奪って以来、トルクァトゥス Torquatus とあだ名された。ガリアでの戦役中に起きたこのエピソードの経緯は、歴史家リウィウスによる（『ローマ

建国史』7-9-11)。歴史家*ポリュビオスの報告によると，紀元前225年のテラモン Telamon の戦いでも，ケルトの戦士の多くが金のトルクと腕環をしていた（『歴史』2-29)。この記述は，*ヒルシュランデンの戦士や，あるいはヘレニズムの彫刻「瀕死のガリア人」に見られるようなケルト人像と一致する。さらにポリュビオスが述べるように（同上，2-29)，戦いの後トルクは奪い取ったガリア人の軍の旗印とともに，カピトリーノの丘に戦勝記念品として掲げられた。おそらくトルクは，装身具というよりも，むしろ社会的身分を表わすものだったと考えられる。

ユスティヌス Iustinus（3世紀）によって残された，ガリア生まれの歴史家ポンペイウス・トログス Pompeius Trogus の報告によると，神像はトルクで飾られていたという。更にまたユスティヌスによると，ガリアの有力者カタマンドゥス Catamandus はギリシアの植民都市マッサリア（今日のマルセイユ）と講和後，*ミネルウァと同一視されるケルトの女神にトルクを奉納したという（『抄録』Epitome 43-4)。トルクを着けたケルトの神像で最も有名なものに，*ゴネストロップの大釜に描かれた角の生えた神像や，*ナウタエ・パリシアキの石碑の*ケルヌンノス像や，ブーレの青銅の神像や，*ウフィニェやムシェッケー・ジェフロヴィツェの石像などが数えられる。

400年頃詩人クラウディアヌス Claudianus がスティリコ Stilicho の執政官時代を称える詩で，擬人化されたガリアにトルクを着けさせるほど，古代ローマ人にとって，螺旋状の首環はケルト独自のものと見なされていた〔『スティリコ頌歌』Laudatio Stilicho 2-240〕。

ドルメン Dolmen　特徴的な形態をもつ先史時代の墳墓。多くは，垂直に立てた支柱となる数個の支石と，その上に横たえた一つか二つの天井石から成る。本来は盛り土で覆われた墳丘だった。この名称はケルト語に由来する（ブルトン語のトル taol《机》とメン maen《石》に由来)。しかし，このドルメンと呼ばれる遺跡は，ケルト人が現われる前にすでに築かれていた。

トレウェリ族 Treveri　古代の民族

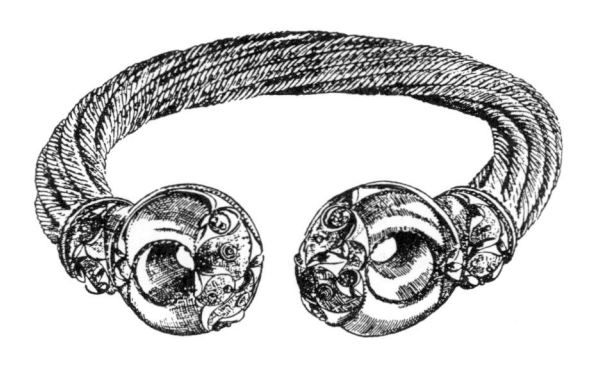

ノーフォークのスネッティサムから出土したトルク

誌によれば，モゼール河下流域に住んでいたケルト＝ゲルマン系部族。主邑はアウグスタ・トレウェロルム Augusta Treverorum, 今日のトリーアである。

トロクモイ族 Trokmoi　古代の*民族誌によれば，紀元前278年に小アジアに移住したケルト部族。そこで彼らは，トリストバギイ族とテクトサゲス族と共に，ガラティア人を形成していた。

『ドルム・シュネフタの書』 Lebor Dromma Snechta　→『キーン・ドロマ・シュネフタ』

ドン Donn/*ir.* [doN]　《褐色の者》あるいは《黒っぽい者》〔または《支配者, 主》〕を意味する。『アイルランド来寇の書』における*ミールの息子たちの一人。ドンは兄弟たちと共にアイルランドに上陸しようとして，インヴェル・シュケーネ Inber Scene（今日のケリー Kerry 州，ケンメア河 Kenmare River）の河口で溺死した。ドンの家 Tech Duinn と呼ばれる岩の小島がドンの墓とされる（今日のダーシー島 Dursey Island 沖にあるブル・ロック Bull Rock）。9世紀後半に作られた詩によれば，ドンの最後の願いは，自分の子孫がそれぞれの死後に自分の家〔墓〕に集まることだった。これと一致して，『フィーンギンの夜番』はドンの家を《死者が落ち合う》ところと呼んでいる。これらの指摘に基づくと，ドンは，全ての人が他界した後そのもとへ集まった者であり，キリスト教以前にアイルランド人の始祖と見なされていたと推測される。大陸の神話においてこれと類似するものは，*カエサルが報告した冥界の神，*ディス・パテルである。

ドーン Dôn/*wal.* [doːn]　『マソヌイの息子マース』に登場する主人公マースの姉または妹で，グウィディオン，ギルヴァイスイ，*アリアンフロド，*ゴヴァンノンら兄弟姉妹の母親。『キルフフとオルウェン』は，更にもう一人の息子*アマイソンを挙げている。ケルト語に由来するドナウ河 Donau（Danuvius/*lat.*）と，キリスト教以前のアイルランドの女神ダヌ Danu（*ヌ）を関連づけようとする仮説は，言語史的根拠から問題がある。

ドン・クアルンゲ 《**クアルンゲのドン／黒牛**》 Donn Cuailnge/*ir.* [doN 'kual'n'g'e]　『クアルンゲの牛捕り』に出てくる，アルスターで最も有名な牡牛の名前。→『二人の豚飼いの誕生について』

ナ

ナヴァン・フォート →エウィン・ワハ

ナウタエ・パリシアキ（パリの船乗り） Nautae Parisiaci/*lat.* ラテン語碑文（CIL VIII-3026＝ILTG 331）を刻んだ*ユピテル神への石碑の寄進者。1711年3月，パリのノートル・ダム大聖堂の下から発見された。石碑は元々正方形の底面をもつ角石を八重に積み重ねていたと考えられる。そのうち上下2個が1組となり，四つの側面に四つの画面があった。八つの角石のうち三つが失われているため，四つの画面だけが原型をとどめ，残りの12の画面は上部のみ残っている。上部が残る画面の一つには図像ではなく碑文が記されている。この碑文によると，この石碑はティベリウス帝統治下（14～37）に建立された。碑文が刻まれた画面を除く残り15の画面には，多数を占めるギリシア・ローマの神々の他に，知られていない神や女神の図像が表現されている。添えられた碑文や典型的なアトリビュートから，*ディオスクロイや*ユピテルや*マルスや*メルクリウスや*ウェヌスや*ウォルカヌスが判明している。それ以外にも，*ケルヌンノスや*エススや*タルウォス・トリガラヌスや*スメルトリウスが表現され，名前が挙げられている（RIG II-1-★L-14参照）。このため，この石碑はケルトの宗教やガロ＝ローマ美術の研究にとって重要である。現在，パリ，クリュニー美術館所蔵。

ナウタエ・パリシアキの石碑に表現された
ユピテル神（上）とエスス神（下）

ナット，アルフレッド Nutt, Alfred (1856〜1910)　ロンドン生まれの民族学者。書籍出版販売業者の息子。キリスト教以前のヨーロッパの宗教に関する民族学的研究の編集者・出版者として尽力した。ケルト学の領域における主要な業績は『聖杯伝説に関する諸研究』*Studies on the Legend of the Holy Grail* (1888) と，K. マイヤーとの共同研究になるアイルランドの航海譚『ブランの航海』の註釈付き対訳の出版である (*The Voyage of Bran*，2巻本，1895〜1897)。

ナベルクス Nabelcus　*ローマ風解釈により*マルスと同一視されているケルトの神。この神への信仰は，ヴォクリュズ県サン=ディディエ Saint-Dideier で発見された三つの奉献碑文（CIL XII-1169〜1171）により明らかになった。

名前　→地名，→人名，→部族名

ナントスエルタ Nantosuelta　ケルトの女神。この女神は，ローマ領だったガリアで見つかった碑文や彫像のうち幾つかは単独で，それ以外は*スケルスの伴侶として現われる（夫婦の神々）。この女神のアトリビュートは小さな家や小屋が頭飾となった笏で，おそらくこの女神が家庭のかまどの守り神であることを表わしているのであろう。

ナンネテス族 Namnetes　古代の民族誌によれば，ロワール河下流北岸に住んでいたケルト部族。この部族名は，かつてコンデウィンクム Condevincum と呼ばれたナント Nantes の町名に残っている。

『二賢者の対話』 Immacallam in dá Thuarad/*ir*. ['imagaLaμ in da: 'θuarað] *アルスター物語群に属する。おそらく800年頃に成立し，12〜16世紀の11の写本に，一部は完全に，一部は断片的に残されている。物語が描くのは，詩人の長*（オラウ）の死にともない，その職をめぐるネーデ Néde と*フェルヘルトネという二人の詩人による後継者争いである。人物や出自についての相手のさまざまな質問に対して，二人の詩人は互いに謎めいた難解な詩語で応える。未来についての質問に，ネーデは繁栄に満ちた黄金時代の到来を告げる。ネーデの反問に対して，フェルヘルトネは恐ろしい時代が到来し，その時代は最後の審判によって終わるだろうと告げる。すると，ネーデはフェルヘルトネの前にひざまずき，彼の優越を認める。

ニシエンとエヴニシエン Nisyen, Efnisyen/*wal*. ['nisjen] [ev'nisjen]　『シールの娘ブランウェン』に登場する，ブラーン・ヴェンディゲイドの異父兄弟。語り手によれば，ニシエンは互いに敵意を持つ者たちの間に和をもたらすのを常としているが，他方，エヴニシエンは仲のよい兄弟たちでさえ互いに争うように仕掛けることができた。ブランウェンにまつわる物語では，エヴニシエンは和を乱す者として登場し，ブランウェンの生んだ王子グウェルン Gwern を殺して，アイルランド王マソルフとブラーン王との決戦を引き起こした。

虹の小鉢 Regenbogenschüsselchen
小鉢状に湾曲したケルトの貨幣の一種で，とりわけドイツ南部やボヘミアに分布している。この名前は，虹が大地と接する所にこの貨幣の形をした金を残すという民間信仰に由来している。この虹の小鉢は大半は*金で，まれに*銀や銀合金で鋳造されたものもあり，両面には鳥の頭部や

虹の小鉢2枚（左右で両面）。ボヘミア出土

*トルクや玉や抽象的な装飾などの図像モチーフが認められる。民間医療では治癒や幸運をもたらす作用があるとされた。

ニーダーツィーア Niederzier　ドイツ西部のケルン西方約40キロメートルのデューレン Düren 郊外。1977～82年に前2/1世紀のラ・テーヌ期のケルト人の集落が考古学調査された。その際，遺跡の西地区にある祭祀用柱のすぐ近くで，金の首環二つと腕環一つと紀元前100年頃の金貨が46枚見つかった。これらの品はおそらくある神への供物あるいは奉納物として発掘地に埋められたものであろう。これらは現在ボンの州立ライン地方博物館所蔵。

ニティオブロゲス族 Nitiobroges
古代の*民族誌によれば，フランス南西部アジャン agen 地方に居住したケルト部族。この名は《自分の土地に生きる》人人という意味である（*アロブロゲス族）。この部族の土地は，紀元前58～51年に*カエサルに征服され，紀元前27年ローマ属州アクィタニアとなった。

ニューグレンジ　→ブルグ・ナ・ボー

ネ

ヌ

ヌアドゥ・アルガドラーウ《銀の手のヌアドゥ》 Nuadu Argatlám/ir. ['nuaðu 'argadla:µ]　『マグ・トゥレドの戦い』に登場する*トゥアタ・デー・ダナンの王。*フィル・ヴォルグとの戦いで右腕を失い，医者の*ディアン・ケーフトから銀の義手を造ってもらう。この負傷のために〔五体満足ではなくなったので〕しばらく王位を退くが，フォウォレとの決戦を前に王位に復帰する。鬼神の*バラルとの対決で倒れる。ヌアドゥはウェールズの伝説上の人物*シーズ・サウエレイントと同様に，碑文により知られるケルトの神*ノドンスの記憶をとどめていると考えられる。

ヌヴィ゠アン゠シュリア Neuvy en Sullias　パリ南方，オルレアン Orléans 付近。1861年ロワール河左岸の砕石作業中に，ガロ゠ローマ時代の青銅小像が多数発見された。馬と鹿の像1体ずつと猪

ヌヴィ゠アン゠シュリア出土の鹿の青銅小像

の像3体の他に，個性的な人物像9体も含まれていた。頭や手足の動作からして，踊る男女が描かれているのは明らかである。この人物群像がどのような意味を持ち，またどのような機能を果たしていたかは，他に比較できるような発掘品がないため不明である。特徴的なのは，男像5体と女像4体の姿態がギリシアやローマやエトルリアの青銅像と全く異なっていることである。馬の小像の土台にはケルトの神ルディオブスへの碑文が刻まれている（CIL XIII-3071）。これらの像はすべてこの神の聖域のもので，発掘された地点に一時的に隠されたものであると推測される。これらの小像は現在オルレアンの歴史考古学博物館所蔵。

奴婢（奴隷と女奴隷） ケルト人地域ではどこでも奴隷が社会の最下層部を形成していた。その一部は戦争捕虜であり，あるいは返済不能となった負債者であり，あるいは奴隷狩りの犠牲者たちだった（その最も有名な例は聖パトリックである）。法律書に奴隷がしばしば言及されていることや，《女奴隷》（クワル）という言葉が通貨単位として使用されたことから，初期中世アイルランドにおいても奴隷が労働の大半を担っていたことが推論される。

ヌマンティア Numantia ソリア Soria 北方数キロメートルしか離れていないカスティーリャ高原の城砦のケルト名。紀元前153年から133年まで，ここにケルト・イベリア人のローマに対する抵抗が集中した。紀元前133年ヌマンティアは，数カ月に及ぶ包囲ののち，征服され破壊された。このケルト・イベリア人の土地に，アウグストゥス帝 Augustus のもとで，ローマの小さな都市が生まれた。

ネ

ネイリン Neirin/*wal.* ['neirin] ブリテン島のケルト人で名前が知られる最も初期の詩人の一人（カンヴェイルズ）。後代の文学作品では彼の名前は必ずアネイリン Aneirin となっているが，本来の語形 Neirin は830年の『ブリトン人の歴史』にも見られる。これによると，ネイリンはタリエシンと同時代人であり，6世紀末に今日のイングランド北部もしくはスコットランド南部に生きた。したがって彼の母国語は不明な点の多いカンブリア語であったとされる。伝承によれば，彼は詩『ゴドジン』の作者であるという。

ネウィン Nemain/*ir.* ['N'eμin] 幾つかの文献によれば，戦いの神ネードの妻。戦いにおいて武者の精神を狂わせる能力があるように描かれている。同じく戦いの鬼神たちにボドヴやモリーガンやマハがある。

ネウェド Nemed/*ir.* ['N'eμ'eð] 『アイルランド来寇の書』に登場する。パルトローンの子孫たちが死に絶えた後，アイルランドを手に入れたとされる入植者集団の指導者。ネウェドとその仲間は疫病により突然滅びたという。生き残った者たちは，フォウォレに，毎年収穫と牛乳と子供たちの3分の2を貢納するよう強いられた。そのため人々の大部分は再び島を後にしたという。この移住者たちが，フィル・ヴォルグと，トゥアタ・デー・ダナンの祖先だとされる。

ネス Nes/*ir.* [N'es] あるいはネサ Nesa。アルスター物語群に登場する，コンホヴァル・マク・ネサの母親。彼女がそう呼ばれるようになった成行きは，物語『コンホヴァルの誕生』に描かれて

168

いる。

ネード Néit/ir. [Nʲeːdʲ] 『サナス・ホルミク』によれば、アイルランドの戦いの神。ネウィンは彼の妻とされる。

ネフタン Nechtan/ir. [ˈNʲextan] *神話物語群に登場する、*ボアンドの夫。ボイン河の源泉にあるシード・ネフタン《ネフタンの妖精の丘》(シード) は彼の住まいとされる。

ネメトナ Nemetona ケルトの女神。この名は、ケルト語の*ネメトンから派生し、《聖域の者》であるこの女神の特徴を表している。ネメトナ信仰は、イングランドのバースで発見された奉納 (RIB 140) や、アルトリップ Altrip (CIL XIII-6131) と、ドイツのマインツ近郊クライン゠ヴィンテルンハイム Klein Winternheim (CIL XIII-7253) と、トリーア (Fi 324) で見つかった三つの奉献碑文により明らかになった。四つの碑文のうちの三つで、この女神は、*マルスの伴侶として現われ、クライン゠ヴィンテルンハイムとトリーアの神殿ではマルスと共に崇拝された。

ネメトン nemeton ギリシア語の νέμος《森林》やラテン語の nemus《(聖なる) 森》と同義のケルト語。語源と 8 世紀のフランク族の文献資料「迷信と異教の小目録」Indiculus superstitionum et paganiarum における言及から推測すると、おそらくこの本来の意味は《聖なる森》である。この資料には、複数形 nimidae という言葉が、sacra silvarum《森の聖域》の同義語として現われる。また*ストラボン (『地理誌』12-5-1) も、drunemeton《オークの森》を小アジアの*ガラティア人の集会所として言及している。ケルト人にはこのような聖なる森があったことについて、*ルカヌス (『ファルサリア』I-454)、大*プリニウス (『博物誌』16-249)、*タキトゥス (『年代記』14-30) などの著述家も言及している。後代にはもとの意味は拡大解釈され、石造の聖域や神殿もネメトンと呼ばれた。このことは、女神ベリサマへのギリシア文字で書かれたガリア語の奉献碑文 (RIG I-G-153) にすでに現われている。また古アイルランド語でも、ネメトンから生じた単語ネウェド nemed はある種の建物を表わしていたのかもしれない。これは、ザンクト・ガレン St.Gallen で発見された写本にあるラテン語 sacellum《小さな礼拝堂》の傍註にこの語が使用されていることから明らかである。派生語や合成語には、多くの*神名や*地名や*人名がある。また人名の属格に *Nemetios が見られるので、すでに早い時期にエトルリア語に借用されていたことも大いにありうる。

ネラ Nera/ir. [ˈNʲera] 『ネラの異界行』の主人公。

『ネラの異界行』 Echtrae Nerai/ir. [ˈextre ˈnʲeri] 『*クアルンゲの牛捕り』の前話の一つ。おそらく 10/11 世紀に成立した。『レカンの黄書』と 15 世紀の写本に残されている。物語の舞台は*アリルと*メドヴの王夫婦が住むクルアハンである。物語は*サウィンの祭りの前夜に始まる。アイルランドでは、この夜は土地の妖精の丘 (*シード) が開き、人間が超自然的なものと接触することができるとされている。その夜、主人公のネラは肝だめしの帰り道に、思いがけずクルアハンの城砦が炎上し、その住人たちが虐殺されているのを目の当たりにする。ネラは、立ち去る敵勢の後をつけてゆき、妖精の丘の中に入る。そこで妖精の女の一人が、ネラが幻影の虜(とりこ)になったのだと告げる。

彼が見たものは、来たるサウィンの祭りに初めて起きることだったのである。やがてネラは妖精の丘を出て、クルアハンの城砦に行き警告する。こうしてアリルとメドヴは、サウィンの祭りに、シードの妖精たちに対して先手を打つことができた。彼らは妖精の丘を破壊し蹂躙(じゅうりん)するが、ネラと妖精の女はそこにとどまる。
——この物語は、A. グレゴリーの作品『ムルテウネのクーフリン』の第9章や、*スティーヴンズの『青春の国にて』*In the Land of Youth* に再話されている。

ノ

ノイシウ, アルダーン, アンレ Noísiu, Ardán, Ainnle/*ir.* ['Noiʃu, 'ardaːn, 'aN'-l'e] *『ウシュリウの息子たちの流浪』の主人公三兄弟。

農業 →農耕、→牧畜

農耕 農耕は牧畜と並んでケルト文化の最も重要な経済的基盤を形成していた。しかも、ケルト人は考古学発掘品が示すように、中世から青銅器時代にまで遡る継続性を保っていた。古代ヨーロッパの農耕における最も重要な革新は、紀元前3000年頃の犂の導入である。ケルト人の時代には鉄の犂先(すき)と犂刀(コウルター)が用いられた。ローマ時代のガリアでは有輪犂がすでに知られていた。多くの土地では、農耕地を集約的に使用しても土地が痩せないように肥料が施された。ローマの著述家たちの証言によると、ケルト人の畑の肥料は石灰と泥灰土である。耕作されたのは大麦、ライ麦、オート麦、小麦や稗(ひえ)のようなさまざまな穀類、および麻や亜麻のような繊維植物である。その他に根菜類やインゲン、エンドウ、レンズ豆のような豆類も知られていた。収穫にあたっては鎌と共にすでに長柄の大鎌も使われていた。穀物は手回しの円形の石臼で挽かれた。多くの場所で地中に掘り下げられた貯蔵坑が穀物倉庫として使われた。これらは後代にはしばしばゴミ捨て穴として利用された。

ケルト人の挽臼（復元図）

畑地がどのように設けられていたかは、ケルト人以後の時代における集約的な土地利用のために、多くの場合もはや確認できない。古アイルランド語の法律書の例証によると、耕作地は必ず血族集団である氏族(*フィネ)のものであり、決して部族連合体(*トゥアト)のものではなかった。

ノドンス Nodons, あるいはノデンス Nodens ケルトの神。この名は、ゴート語の niutan《獲得する、手に入れる》と nuta《捕まえる者、漁師》を参照された。それに従えばおそらく《漁師、狩人、捕まえる者》を意味していた

ノドンス神への奉納。リドニー・パークのノドンス神聖域から出土（RIB 307）

この名前の語源は不明で，またノレイアがもともとケルトの女神なのか，あるいはその地方に古くから定住したイリュリア系住民の女神なのかも解明されていない。

だろう。ローマ時代には，この神は，*ローマ風解釈により*マルスと同一視された。この神への信仰は，ランカシャーのコッカーサンド・モス Cockersand Moss で発見され，現在は紛失した二つの奉献碑文（RIB 616, 617）と，グロスターシャーのリドニー・パーク Lydney Park のノドンスの聖域で発見された三つの碑文（RIB 305〜307）により明らかになっている。おそらく，島嶼ケルトの伝説上の人物*シーズ・サウエレイントと*ヌアドゥ・アルガドラーウが，ノドンスの記憶をとどめている。

　ノレイア Noreia　ローマの支配下にあった今日のオーストリアのケルンテン州やシュタイアーマルク州や，スロヴェニアで信仰された女神（参照：CIL III-4806, 4809, 4810, 5123, 5188, 5193, 5300）。

ハイ・クロス High cross　図像や文様で装飾された記念碑的な石の彫刻で、修道院の敷地内にあり、とりわけアイルランド中・北部に多い。典型的な形態は、方形か台形の台座の上に輪の掛かった十字架が建ち、更にその上に円錐状の覆い石または正方形の小さな家がのっている。多くのハイ・クロスは一つの石から彫り上げたものだが、幾つかの部分をほぞ接ぎにした組石のものもある。石灰岩、砂

ムレダハのハイ・クロス（左が東面，右が西面）。10世紀。モナスターボイス

岩，花崗岩と色違いの石材を使用していることから，今では地肌を現わしている表面も当初は彩色されていたと考えられる。ほとんどは8〜10世紀の間に建てられ，修道院の装飾であり，民衆の教化のためでもあったらしい。そのため，ハイ・クロスの聖像は特に聖書や聖書外典のキリスト教文書に着想を得たものが多い。

ハイデルベルク Heidelberg ドイツ南西部にあり，ここで最も重要な初期ケルト彫刻の一つが発見された。赤い砂岩で作られた頭部の断片（高さ31センチ）が，1893年ベルクハイム通りで見つかったのである。現在では紀元前5〜4世紀のものとされている。本来石柱の頭部を構成していたもので，カールスルーエ Karlsruhe の州立バーデン地方博物館所蔵。

砂岩で作られた頭部の断片。ハイデルベルク出土

ハイデングラーベン Heidengraben ドイツ南西部シュヴァーベン高地 Schwäbische Alb，ウーラハ Urach の北東にある，ケルト集落の現在名。遺跡の総面積は1660ヘクタールを越え，城壁と城門で防御されていた。南側の広さ153ヘクタールの城壁に囲まれた地域は，更に防塁と壕によって守りが固められており，おそらく元の集落がそこにあったのだろう。土器や貨幣やその他の金属器などの個々の発掘品は，この地区が少なくとも紀元2／1世紀に居住されていたことを推測させる。包括的な考古学調査は未だに着手されていない。

ハイド，ダグラス Hyde, Douglas (1860〜1949) 言語学者および民俗学者。プロテスタント聖職者の息子としてアイルランド西部に育った。すでに少年時代の環境の中で，アイルランド語や故郷に古くから定着している住民の口頭伝承を学んだ。アイルランド語の保存と普及拡大を確かにするために，1893年同志たちと共に，民族運動の核の一つとなるゲーリック・リーグ（Conradh na Gaeilge）を創設した。この間，アイルランドの口頭伝承の古典的収集を，『民話集』*Leabhar Sgeulaigheachta* (1889)，『炉端で』*Beside the Fire* (1890)，『コナハトの恋歌』*Love Songs of Connacht* (1893) の諸巻に発表している。99年『アイルランド文学史』*A Literary History of Ireland* を著わすが，これはアイルランド文学全体をまとめた最も初期の作品の一つである。ダブリンのトリニティ・コレッジで研究後，同じくダブリンのユニヴァーシティ・コレッジに新設された現代アイルランド語の初代教授に任命された。1937年，ハイドはアイルランド共和国初代大統領に選出された。

ハヴガン Hafgan／*wal.* ['havgan] 『ダヴェドの王プイス』に登場する，＊アンヌヴンの王アラウン Arawn の敵対者。主人公プイスとの決闘で討たれる。

ハエドゥイ族 Haedui →アエドゥイ族

墓 →死と埋葬

『墓の詩』 Englynion y Beddeu/wal. [eŋˈlənjon ə ˈbeðei] 名声ある英雄たちの墓地について物語った詩群。内容や言語面から考えて，9〜10世紀の成立とされる。しかし，写本による伝承は『カイルヴァルジンの黒書』に収められたその類の詩73篇の収集によって13世紀に始まった。詩の中で言及される地名のうち，確認されているものはわずかである。しかし，現存しないブリテン島のケルト人の失われた物語の題材について数多く言及しているので，この作品は極めて重要である。

バーギン，オズボーン Bergin, Osborn (1873〜1950) アイルランド人。コーク生まれのケルト学者。1897年から故郷のクィーンズ・カレッジでケルト言語学を教えた。ベルリンとフライブルク大学に研究滞在した後，1909年から40年までユニヴァーシティ・コレッジ・ダブリンで古・中期アイルランド語を教えた。その後，新設されたダブリンのケルト研究所の所長に招聘された。アイルランドのケルト学の構築に決定的な役割を果たし，アイルランド語研究のための語学参考書の他，言語学研究論文や中期アイルランド語文献を公表した。

バス=ユツ Basse-Yutz フランス北東部ロレーヌ地方，メッス Metz 北方にある。1927年この地の建設工事の現場で，エトルリア伝来の青銅の壺2個と，彫金を豊かに施し，珊瑚と七宝焼で飾られた青銅のオイノコエ〔注口付瓶〕2個が発見された。これらはおそらく紀元前5〜4世紀のものと考えられる。現在，ロンドンの大英博物館所蔵。

バターシー Battersea ロンドンの南西地区。1857年この地を流れるテムズ川から，皮か木で作られたケルト人の盾を飾った青銅の覆い（長さ約80センチ）が発見された。おそらく1世紀か，それ以前のものと考えられている。現在，ロンドンの大英博物館所蔵。

バゾン Baddon/wal. [ˈbaðon] または**バドン** 6世紀の初め，ブリタニアに住むケルト人が，東方から侵入してきたゲ

バターシーの盾

ルマン人に対する重要な勝利を収めたとされる場所。これに関する*ギルダスの最古の報告があるが、これは《バゾン（バドン）山の包囲》obsessio Badonici montis/*lat.* について短く述べているにすぎない。『カンブリア年代記』は、72年——すなわち紀元518年——についてケルト人の王として*アーサーの名を挙げ、彼は、まる3日間の戦いの間、自分の盾にイエス・キリストの十字架を付けていたと述べている。また『ブリトン人の歴史』にも、圧倒的勝利を果たしたアーサーの12の会戦の最後の戦場としてバゾンが挙げられる。*カムランの戦いとは対照的に、バゾンの戦いはウェールズの伝承以外に記録はない。

バッレクス Barrex　ケルトの神。この神への信仰は、イングランド北部のカーライルから出土した奉献碑文（RIB 947）で明らかになった。この碑文では、バッレクスは*ローマ風解釈により*マルスと同一視されている。

バドヴ Badb　→ボドヴ

バード　→バルド

バート・デュルクハイム Bad Dürkheim　ドイツ西部のラインラント＝プファルツ州、ルートヴィヒスハーフェンとカイザースラウテルンの間にある。1864年、鉄道建設工事の現場で、紀元前5／4世紀のケルトの*首長の墳墓が発見された。埋葬品には金の首環1個、金の腕環1対、エトルリアの青銅の三脚台1台と青銅の壺2個が含まれている。その他にも布片や二輪の*車両の金属断片や残骸が見つかった。現在、発掘品はシュパイヤー Speyer のプファルツ歴史博物館とブダペストのハンガリー国立博物館所蔵。

パトリック（パトリキウス） Patrick (Patricius/*lat.*)　アイルランドの守護聖人で、最も重要な聖人。この名前の現代アイルランド語形はポーリグ Pádraig（古い綴りは Pátraic）だが、最古の資料にはコトリゲ Cothr(a)ige という形も見られる。

聖人の生涯についての最古の報告は、自らによる二つの文献にある。それぞれ『告白』Confessio と『コロティクス宛て書簡』Epistula ad Coroticum というラテン語の題名で伝わっている。『告白』は護教的な傾向のある自叙伝で、おそらくパトリックが高齢になってから書かれた。『書簡』の方は公開書簡で、パトリックはアイルランド人の司教という権限で、ブリテン島の一領主コロティクスに対し、アイルランド人キリスト教徒を奴隷として拉致することの責任を問うている。更に、アイルランドの聖職者ムルフー Muirchú とティーレハーン Tírechán それぞれの手により670年頃成立したラテン語文献二つが存在する。900年頃には、大半がアイルランド語で書かれた『パトリック伝』Bethu Phátraic が成立した。この作品はまた、3部から成っているため『三部作伝記』Vita Tripartita とも呼ばれる。

『告白』によれば、パトリックはローマ化したブリテン島のケルト人で、16歳のときアイルランドの海賊に拉致された。アイルランドで奴隷として6年間を過ごした後、海辺から船で大陸へ逃げ出すのに成功した。しかし、幻想を見て、キリスト教を広めるためにアイルランドに戻った。このような乏しい情報以外、彼についてはごくわずかしか知られていない。生涯に関して一致しているのは5世紀に生きたということであるが、生没年も明らかでない。アイルランドで奴隷として過ごした土地も、大陸で過ごした期間も、

その後布教した地域も不明である。

すでに中世初期には、パトリックのアイルランド来島はアイルランド人にとって歴史の画期であるとされた。これに関連して、パトリックがアイルランドの伝説の主人公たちと出会うという、中世アイルランド文学におけるモチーフが現われる(『古老たちの語らい』)。多くのポピュラーな説話がこの聖人の思い出をとどめており、その祭日は19世紀以来3月17日にあちらこちらの町で晴れやかな行進によって祝われる。

ハライン Hallein　オーストリア、ザルツブルク南方15キロにあるこの地域の主要都市で、ザルツァハ Salzach 川の西岸に位置する。

ハラインの南西、多くの墳墓が連なる高原デュルンベルク Dürrnberg では、すでにおよそ紀元前4000年、新石器時代初めには人が住んだ痕跡が見つかっている。紀元前600年頃のハルシュタット後期初めには、デュルンベルクは中欧の岩塩鉱業の最も重要な中心地の一つに発展した。紀元前500年頃には、切り立った崖上に長く延びる尾根ラムスアウアーコプフ Ramsauerkopf に城壁で固めた高地集落が作られた。ラムスアウタール Ramsautal の谷間には、同じ頃に多くの工房が作られる一方、利用価値の少ない土地は墓地として使われた。墳墓の多数は、紀元前470〜250年、デュルンベルクの集落が最大規模に拡大した時期のものである。これらの墳墓は、豊かな埋葬品によって、当時の物質的・精神的文化を知る重要な拠りどころとなっている。紀元前4世紀の青銅のオイノコエ〔注口付瓶〕は、ケルト人の工芸技術の最も重要な例の一つとして特に注目を浴びている(現在、ザルツブルクのカロリーノ・アウグステウム博物館所蔵)。紀元前100年頃、デュルンベルクの岩塩鉱は急速に存在意義を失ったと思われるが、おそら

ハライン近郊デュルンベルクの岩塩坑で使用された毛皮の背負籠(復元図)

く近くにあるライヒェンハル Reichen-hall の岩塩生産が飛躍したことが原因になっているようである。紀元前15年のローマによる征服後、デュルンベルクの岩塩鉱業は完全に放棄されたか、あるいは地域の需要をまかなう程度の操業が続けられた。

1980年以来、ハラインのケルト人博物館はデュルンベルクの歴史についての情報を伝えている。現地では野外博物館として首長の墳墓の一つが内部公開され、住居や家畜小屋や物置小屋が発掘品や現代のイラストを用いながら復元されている。

バラル Balar/ir. [ˈbalar] またはバロル Balor ともいう。物語『マグ・トゥレドの戦い』に現われる*フォウォレの統率者。隻眼で、その目は最も恐れられた武器であり、その一にらみでどのような敵も破滅させた。戦いのうちにバラルは*トゥアタ・デー・ダナンの王ヌアドゥ・アルガトラーウを倒す。しかしついに、バラルの孫でトゥアタ・デー・ダナン側に立って戦う*ルグ・マク・エトネンが、投石器で石を投げて死をもたらす目をつぶし、バラルの首を打ち取る。19世紀初頭からアイルランド各地でこの物語の口承のヴァリエーションが記録収集された。だがこれらの後世の伝承では、トゥアタ・デー・ダナンとフォウォレとの戦いとのつながりが失われている。

パリシイ族 Parisii 古代の*民族誌によれば、セーヌ河中流域に住んでいたケルト部族。この部族名は、かつてルテティア Lutetia と呼ばれたパリ Paris の町名に残っている。そこから、ケルト人の宗教における最も重要な例証の一つである記念碑*ナウタエ・パリシアキが出た。

『バリーモートの書』 The Book of Ballymote このアイルランドの集成写本は1400年頃、アイルランド北西部、スライゴー Sligo 近郊のバリーモートで作られた。この写本に残されたアイルランド語詩論は特に価値が高い。この他にも、伝説、歴史、系譜や法律に関する内容の数多くの資料が収められている。1785年以来ダブリンのロイヤル・アイリッシュ・アカデミー蔵。

ハルシュタット Hallstadt オーバーオーストリア州、ザルツカマーグート Salzkammergut のハルシュタット湖 Hallstätter See の西岸にある。紀元前9～5世紀に栄えた、ヨーロッパの岩塩鉱業の最初期における最も重要な中心地の一つがあった。ハルシュタット付近で1846年に発見された先史時代の墳墓群の発掘品により、中欧における前ローマ時代の鉄器時代の古い時期はハルシュタット期と呼ばれるようになった。ハルシュタット期は、前期（紀元前750～600年頃）と、後期（紀元前650～450／400年）に分けられる。地域も、西方文化圏（フランス東部、スイス、ドイツ南部、オーストリア西部）と、東方文化圏（オーストリア東部とバルカン半島）に二分されるが、ハルシュタットは両文化圏の境界に位置する。

考古学の分野では通常、ハルシュタット後期の西方文化圏の担い手を、まず第一に古代の*民族誌が伝えるケルト人と同一であると考える。この時代の最も重要な考古学的例証となるものは、社会上層の者の城砦（*首長の城砦）や、これに属する墳墓（*首長の墳墓）である。ハルシュタットの発掘品は、一部は現地の先史時代博物館、一部はウィーンの自然史博物館の先史部門に所蔵。

パルツィファル Parzival ウェール

ズ語のペレディルに対応するドイツ語名。ヴォルフラム・フォン・エッシェンバハの同名の韻文叙事詩と対応するケルトの作品は，中期ウェールズ語散文物語『エヴラウグの息子ペレディル』である。

バルド Barde　詩人を意味するケルト語。本来《声を高くする者》を表わし，詩の吟謡と関連していた。古代ギリシア語文献には，古代ケルト語形 bardos が現われる（ラテン語形は bardus）。アイルランド語形では bard，ウェールズ語形では bardd である。アイルランドではバルドはフィリと区別され，フィリより社会的地位が低く，詩に関する包括的な教育訓練を受けていなかった。

1757年トマス・グレイ Gray, Thomas が発表した詩の題名が『バード』*The Bard* だった。この言葉はその後，とりわけ J. マクファースンの『オシアン作品群』によって有名になり，誤ってゲルマン語族の詩人や歌手を表わすのにも使われるようになった（例えば，クロプシュトック Klopstock, Friedlich Gottlieb や，クライスト Kleist, Heinrich von などに見られる。）

ハルトマン・フォン・アウエ Hartmann von Aue　12／13世紀の中高ドイツ語期詩人。1180年から1205年の間に，クレティアン・ド・トロワの二つの韻文物語『エレクとエニド』と『イヴァン，または獅子の騎士』の翻訳とともに，最初の中高ドイツ語のアーサー王物語を書いた。このドイツ詩人による『イーヴァイン』*Iwein* は古フランス語の原本に従っているが，『エレク』*Erec* はクレティアンの同名の物語をはるかに上まわる行数で，多くの個所で原本から逸脱している。このエレクやイーヴァインをめぐる韻文物語と対応するケルト語の作品は，中世ウェールズ語の散文物語『エルビンの息子ゲレイント』と『泉の貴婦人』である。

バルトローン Partholón/ir. [ˈparθoloːn]　『アイルランド来寇の書』に登場する，入植者集団の統率者。この入植者たちはノアの大洪水の 300 年後にアイルランドを手に入れ，鬼神のフォウォレたちとアイルランドの大地における初めての戦いを行なった。伝承によれば，彼やその仲間の子孫は，トゥアン・マク・カリルを除き，みな疫病で死に絶えた。

バレ《狂乱》baile/ir. [ˈbalʲe]　あるいはブレ buile。(恍惚状態における) 幻想や予言，あるいは狂乱を指した。この言葉は，二つの物語録の一つにおいて，そのような精神状態が重要な役割を担っている物語を類別するのに用いられる。部分的に同義語として使われる言葉にアシュリング aisling《夢想》とフィーシュ fís《幻想》がある。

『バレ・ビンベールラハ・マク・ブアン』《ブアンの息子，美声のバレ》Baile Binnbérlach mac Buain/ir. [ˈbalʲe ˈbʲiNbʲeːrlax mak ˈbuːinʲ]　歴史物語群に属する。11世紀に成立したと推測され，16世紀の三つの写本に残されている。物語の主題は，アルスター出身の主人公バレとレンスター出身の娘アリン Ailinn の悲恋で，二人は添い遂げることなく死ぬ。するとバレの墓にイチイの木が，アリンの墓には林檎の木が育ち，梢の形は二人の面影を宿していた。7年後，木々は切り倒され，アルスターとレンスターの詩人たちがそれぞれの木から作った板にそれぞれに伝わる物語を刻んだ。双方の国から詩人たちが祭りのためにタラの上王の宮廷に集い，王が二つの板を並べ持ったとき，二つの板は〔まるでスイカ

ズラが木に絡みついたように〕一つに合わさり，二度と引き離すことができなかった。この物語は W. B. イェイツによって詩『バレとアリン』*Baile and Ailinn* に翻案された。

バンヴァ Banba/*ir.* ['banva] 『アイルランド来寇の書』におけるトゥアタ・デー・ダナンの女王。*ミールの息子たちがアイルランドを征服したとき，バンヴァとその姉妹*フォードラと*エーリウは詩人*アワルギン・グルーンゲルから，アイルランドの島はいつか姉妹の名にちなんで呼ばれるだろうと予言される。そのため姉妹の名はしばしばアイルランドを表わす雅語として用いられる。バンヴァはミールの息子たちと対した*タルティウの戦いで討たれたとされる。

バンシー banshee →ベン・シーデ

バンヘンハス Bansenchas/*ir.* ['banhenχas] さまざまな物語に現われる重要な女たちを集めた中期アイルランド語の目録。聖書に登場する女性から始まり，ギリシア・ローマ神話の女傑たちを経て，アイルランドの有名な女たちに続く。この最後の部分の原典として，無名の編者は『アイルランド来寇の書』，*歴史物語群や神話物語群やアルスター物語群の作品，その他にも種々の年代記を使用している。

ヒ

ヒエロス・ガモス Hieros Gamos →聖婚

ピクトネス族 Pictones，あるいは**ピクタウィ族** Pictavi 古代の*民族誌によれば，ロワール河下流域南側に住んでいたケルト部族。この部族名は，かつてレモヌム Lemonum あるいはリモヌム Limonum と呼ばれたポワティエ Poitiers の町名に残っている。

ピクト人 Picti/*lat.* 古代の民族誌によれば，スコットランド北部の複数の部族。この名がラテン語に由来し，刺青(いれずみ)の習俗（Picti は本来《彩色した人々》の意味）と結びついているのか，あるいは（ポワティエ Poitiers 付近に住んでいた）ガリアの部族名ピクタウィ族やピクトネス族と言語史的に関係があるのかは，明らかでない。ピクト人の名は，アイルランド語文献ではクルイティン Cruithin，ウェールズ語のプラディン Prydyn（プラデイン）の中に見られる。ピクト人は，3世紀の終りにケルト諸部族と共にイングランド北部のハドリアヌスの長城を突破しようと試みたとき，初めて言及される。ピクト人自身は，その起源はおそらくケルト人到来以前にあり，本来印欧語とは異なる言語を有し，フォース Forth 湾の北に王国を建国した。6世紀後半に聖コルンバ Columba（コルム・キレ）が支配者の許可を得て，その地で布教活動を行った。850年頃王ケネス・マク・アルピン Kenneth mac Alpin が，ピクト人とスコティ人の王国を統合して，スコットランド統一王国を打ち立てた。ピクト人の言語はその後まもなく消滅したと思われる。

p-ケルト語 → q-ケルト語

美術 考古学の分野では一般的に，西方ハルシュタット圏後期の文化（紀元前600～450年）は，古代の*著述家たちが記述しているケルト人のものだとされる（*ハルシュタット）。しかし，ケルト人独自の美術は，この時代の終り頃から続くラ・テーヌ期にかけての移行期に展開した（ラ・テーヌ）。このときに起きた一連の革新は，古いハルシュタット期の例えばホーエンアスペルクあるいはホイネ

ブルクのような*首長の墳墓とは，直接は精神的にも物理的にもつながりのない地域がその発生源となったようだ。典型的なケルトのラ・テーヌ様式の発展に最も寄与したのは，ラインプファルツ地方やロートリンゲン〔ロレーヌ〕地方，シャンパーニュ地方や，フンスリュック゠アイフェル地方だったと思われる。更に，ケルト美術は，ハルシュタット期に培われたギリシアやエトルリア文化との交流により決定的な刺激を受けており，またスキュティア〔スキタイ〕やトラキアの影響を受けたことも明らかになっている。

ケルト美術の特徴は，古代オリエントやギリシア・ローマの美術には普通に見られる表現法が欠如していることである。そのため，神殿に似た形式の聖域は，前ローマ時代に地中海域の影響を受けたガリア南部でしか確認されていない（*アントルモン，*ロクペルテューズ）。また，同様に地中海域の影響を受けたヒルシュランデンやグラウベルクの戦士の石像を除き，実質的には人間の彫像も存在しない。更に，動作や行為を描く場面描写の方法も，*ゴネストロップの大釜の有名な図像は最も重要な例外ではあるが，結局広い範囲では用いられなかった。それ以外に場面描写が多数見られるところはほとんど，アルプス東部，あるいはイタリアの手本に習っていることがわかる。

ケルト美術の作品は圧倒的多数が手工芸工房の製作になるもので，装身具や武器，祭祀あるいは呪術用器具は細工に凝り，独特の流儀で技巧の極致をきわめたものである。工匠たちは洗練された*装飾文様を用いており，その神秘性と多義性によって今日も見る者を魅了する。その例は，*首長の墳墓で発掘された副葬品や*オッピダからの出土品，あるいはケルト人の*貨幣などに見られる。

ケルト美術の歴史は，ヨーロッパ大陸部ではローマのガリア征服で途絶える。しかし，ブリテン諸島やアイルランドでは時代が変わった後に遅い花を咲かせ，ゲルマン美術様式の要素と結びついた中世アイルランドの写本芸術において最後の絶頂期に到達した（『*ダロウの書』，『*ケルズの書』）。

美術工芸 →工芸，→美術

ビト Bith/ir. [biθ] 『アイルランド来寇の書』におけるノアの息子の一人。自分の娘*ケスィルの指揮のもと大洪水の40日前にアイルランドを手に入れたという植民者の一人とされる。

ビトゥリゲス族 Bituriges 古代の民族誌によればケルト部族。この名は文字通りには《世界の王》ほどの意味にとれるが，実際には不明である。ローマの歴史家リウィウス Livius（『ローマ建国史』5-34）の報告によると，彼らは，タルクィニウス・プリスクス Tarquinius Priscus 王の時代（紀元前6世紀）にはガリアの強大なケルト部族であった。王*アンビガトゥスの指導のもと，上部イタリアに移住したという。一般に古代の著述家は，ビトゥリゲス族を二つの部族に区別している。その一つのウィウィスキ族 Vivisci は，ブルディガラ Burdigara（ボルドー Bordeaux）周辺のガルンナ河 Garumna（ガロンヌ河 Garonne）の河口に入植し，もう一つのクビ族 Cubi は，古くはアウァリクム Avaricum と呼ばれたが，ビトゥリゲス族にちなんでブールジュ Bourges と呼ばれるようになる町周辺に住んだ。

ビブラクテ Bibracte ソーヌ゠エ゠ロワール県オータン Autun の西方約20キロメートル，現ビブラクトにあったケル

ト人の城砦。これは，822メートルのモン・ブヴレ Mont Beuvray を含む四つの丘にまたがる130ヘクタール以上の平原に広がる。紀元前58年，*カエサルは，ビブラクテ付近でヘルウェティイ族を征服した（『ガリア戦記』1-23）。紀元前1世紀の終り頃アウグストゥス帝は，新設都市アウグストドゥヌム Augustodunum すなわち今日のオータンに住民を移住させた。1865年以降，考古学者により調査されたビブラクテは，最もよく研究されているケルト人の*オッピダの一つである。三つの奉献碑文（CIL XIII-2651～2653）が，ビブラクテという名の女神への信仰を明らかにした。

ビール →食習慣

ヒルシュランデン Hirschlanden
シュヴァーベン地方ルートヴィヒスブルク近郊にある。1963～64年，この近くにある*ハルシュタット後期のケルトの首長の墳墓二つが考古学調査された。これらの遺跡はおそらく*ホーエンアスペルクの初期ケルトの首長の城砦と関連していた。ハルシュタット期の戦士の等身大石像は最重要発掘品で，現在シュトゥットガルトの州立ヴュルテンベルク地方博物館所蔵。石像は砂岩できわめて立体的に作られ，本来は二つの墳丘のどちらかの上に立っていたと思われる。戦士は裸体で男根が勃起し，首環の他に剣帯を着け，細身の短剣を差している。頭にかぶっているのはおそらく*ホホドルフで見つかったような白樺の樹皮で作った帽子のようなものだろう。顔つきが少々下にずれているように見えることから，この立像はデスマスクを付けた死者をかたどったものだろうと推測される。墳墓については，今日遺跡に見るべきものはなにもない。

ビンチー，ダニエル・A. Binchy, Daniel Anthony (1899～1989) アイルランド人。アイルランド南部チャールヴィル Charleville 生まれのケルト学者，法制史学者。初めにダブリンで法学，政治学，歴史学を学んだ。ミュンヒェン，パリ，ボン大学で中世学とケルト学を研究した後，初期アイルランド法の研究に専念した。1978年，ライフワークとなった6巻に及ぶ法律文献集成『アイルランド法大全』*Corpus Iuris Hibernici* がダブリンのケルト研究所から出版された。

フ

ファーガスン，サミュエル Ferguson, Samuel (1810～1886) ベルファスト

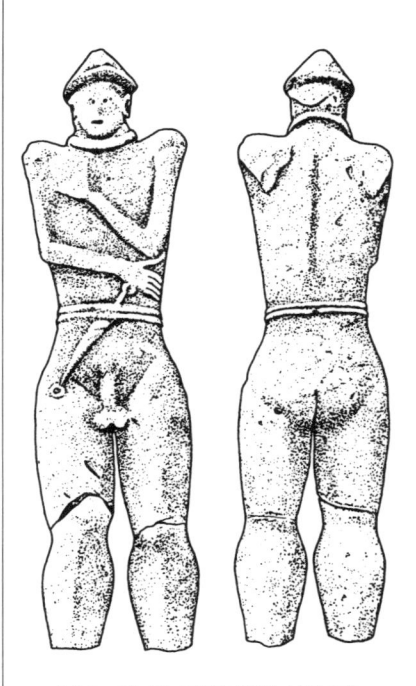

ヒルシュランデンの墳墓で出土した戦士石像

生まれのアングロ=アイリッシュの詩人で，古代研究家。バルドのアイルランド語詩や伝説の梗概・翻案を数多く発表した（『西ゲール歌集』 Lays of the Western Gael, 1865, 『コンガル』Congal, 1872, 『デアドラ』Deirdre と『詩集』Poems, 1880）。当時知られていたオガム文字碑文の収集は，ファーガスンの死の1年後，未亡人の手によって出版された。

フアムナハ Fuamnach/ir. ['fuamnaχ] 『エーダインへの求婚』に登場する妖精の王ミディルの妻で，魔術に長けている。

ファール Fál/ir. [faːl] またはリア・ファール Lia Fáil。タラの王宮にあったとされる石。『アイルランド来寇の書』によると，この石はトゥアタ・デー・ダナンによってアイルランドにもたらされたという。昔，王を選出する際に，王にふさわしい者がこの石の上に立つと，石は叫ぶと信じられていた。幾つかの新しい資料は石は男根の形をしていたとするが，ほとんどの古い証言は平たい踏み石だとしている。ファールやイニシュ・ファール Inis Fáil《ファールの島》は，アイルランドを指す文学的な表現であり，1926年に結成されたアイルランドの政党フィアナ・フォール Fianna Fáil はこれにちなんで名付けられた（フィアナ）。

ファン Fann/ir. [faN] 『クー・フリンの病』に登場する，海神マナナーン・マク・リルの妻で，クー・フリンと恋仲になる。

フィアエックシャンツェ →方形土塁

フィアナ Fianna/ir. [fʲiaNa] フィン物語群におけるフィン・マク・クウィルの従者たち。普通名詞としては，武者たちの一団を表わすアイルランド語フィアン fian の複数形である。この名称は，1926年に結成されたアイルランドの政党フィアナ・フォールに生きつづけている（ファール）。

フィネ fine/ir. ['fʲinʲe] 《血族》を表わし，法律書で詳しく定義されている。ゲルイネ gel-fine は同一の祖父を持つ父系の親族集団を指す。これに対して，イアルフィネ íar-fine は曽々祖父を同じくする父系の親族すべてを包含していた。最も重要なのはデルヴィネ derb-fine で，父系をたどると同一の曾祖父にさかのぼる構成員から成っていた。このような血族が，共同で土地フィンディウ fintiu を所有し，一定の事情のもとでは構成員の犯罪や債務の責任を負った。フィネの頭領は，アーゲ・フィネ ágae fine やケン・フィネ cenn fine やコン・フィネ conn fine などと呼ばれた。頭領は財産，社会的地位，資質を考慮して選ばれ，公においてフィネの利益を代表した。

フィブラ 現代の安全ピンと根本的には同じ仕組みのマントの留め金。今日普通に使われるボタンやファスナーの代りにケルト人が使用したもの。ケルト人のフィブラはたいてい鉄または青銅で出来ており，文様や図形か，七宝の象嵌細工で飾られていた。様々な形に作られ，蛇や弓や舟や太鼓や，足飾りや仮面や，動物の頭の形などがある。形や大きさは流行により絶えず変化したので，フィブラは他の発掘品を年代決定するための重要な手がかりとなっている。

フィリ fili/ir. ['fʲilʲi] フィレ fileは後代の綴り。中世アイルランドにおいて，定められた修業を積み，社会的に高い地位を占めた詩人を指す。詩人の義務は，讃歌と諷刺（アイル）を作ることと，語

フィブ……フィブ

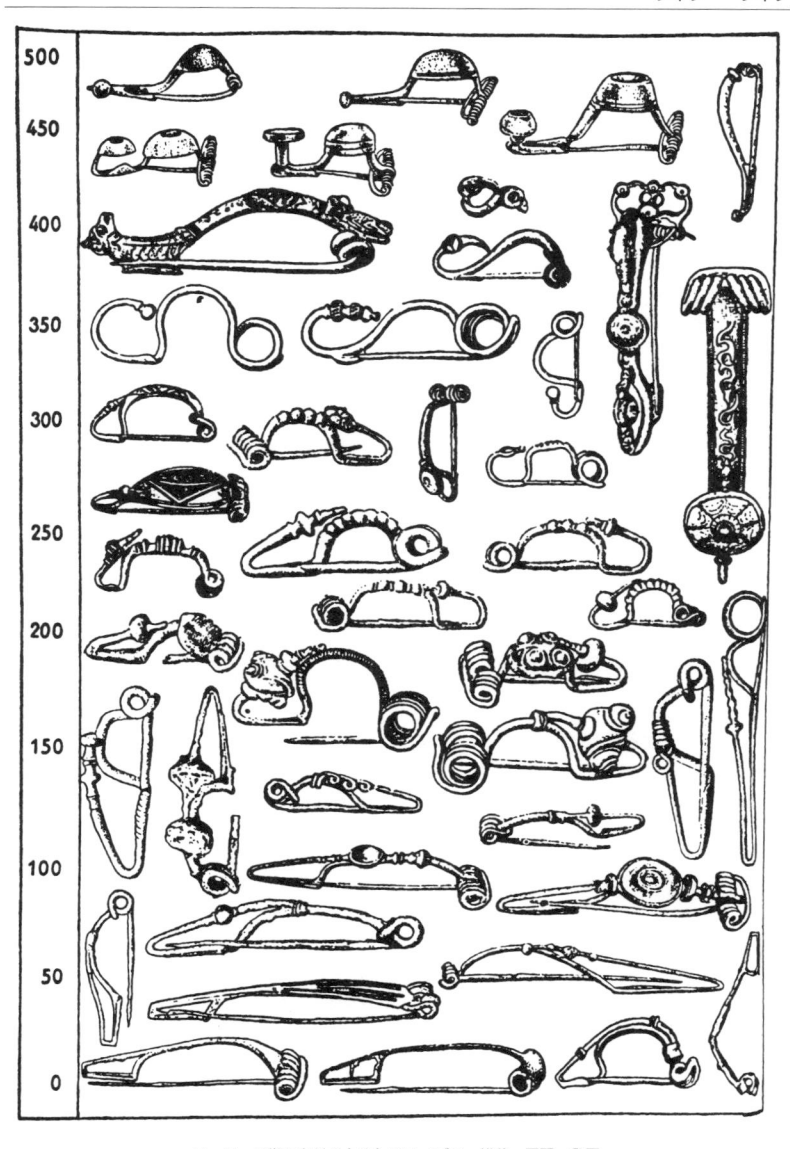

ラ・テーヌ期におけるケルトのフィブラ　推移ー展開ー発展

り継がれた知識を保存伝承することにあった。さまざまな資料は、フィリが法律の保存と編纂にも参加していたことを伝えている。更に、多くの文献がフィリには予言の能力があったことを述べている。この職業は世襲制であり、フィリは尊敬すべき人物とされ、その権利は自己の所属する部族連合体(＊トゥアト)の外でも尊重された。フィリはそれぞれの学識と修業訓練の程度により七つの階級に分けられていた。その中で最も高い地位は＊オラウと呼ばれた。キリスト教伝来以前にアイルランドでドルイドが占めていた地位を、中世にはフィリが取って代わっていたことを示しているような事例もあるが、ドルイドとフィリの間の職務の連続性については、最新の研究においても意見の一致をみていない。

フィル・ヴォルグ Fir Bolg/ir. [f'ir' volg] 『アイルランド来寇の書』によると、ノアの大洪水後アイルランドを獲得した第3の入植者集団。フィル・ヴォルグによってアイルランドは五つの《国》(＊コーゲド)に分かれ、王(＊リー)権が成立したとされる。伝承によると、フィル・ヴォルグは、＊フォウォレによる支配を逃れてアイルランドを去ったネウェドの一派の後裔とされ、＊トゥアタ・デー・ダナンに征服された。

フィール・ヴラテウォン《王者の正義》Fír flathemon/ir. [f'i:r 'vlaθ'eμon] 法律書や物語において、この概念は《統治者(flathem)の正義、真実(fír)》を表わしている。これを実行することが王(＊リー)の主な務めであり、これによって王と民の繁栄が保証される。これに対して《王者の不正》(ガーウ・ラテウォン gáu flathemon)は、王と国民に降りかかりうる全ての災いの原因と見なされた。この王者の正義の概念は、『＊モランの遺言』という題で伝わっている法律問答集の中心をなす思想理念である。この概念は、キリスト教伝来以前の時代にケルトの王権を性格づけるものとして重要だったと考えられる。類似の概念として、インドのリタやダルマ (ṛta, dharma)、ギリシアのディケー (δίκη)、エジプトのマート (maat) がある。

フィンガル Fingal J.＊マクファースンの『オシアン作品群』に登場する、スコットランドの(架空の)王国モルヴェン Morven の統治者。ゲール語詩のテキストでは、王の名はフィンガル Fionnghal かフィン Fionn となっている。フィンガル王は、本来アイルランドの伝説の主人公で、スコットランドにも多くのバラードや説話の残る＊フィン・マク・クウィルが原型になっている。——ヘブリディーズ諸島のスタッファ Staffa 島にあるフィンガルの洞窟 Fingal's Cave は、このフィンガルにちなんでいる。作曲家メンデルスゾーン Mendelssohn, Felix (1775～1851) はここを訪れた思い出に序曲26番《フィンガルの洞窟》を作曲した。また、画家ターナー Turner, J. M. William (1775～1851) も1831年スタッファ画集に取り組み、翌32年に発表した。

『フィーンギンの夜番』Airne Fíngein/ir. [ˈarʲnʲe ˈfʲiːnʲɣʲinʲ] 歴史物語群に属する。この物語はおそらく9世紀に成立したもので、14～15世紀に書かれた四つの写本に伝わっている。この物語の舞台は2世紀とされ、フィーンギン・マク・ルフタ Fíngein mac Luchta と呼ばれる男が主人公となっている。毎年11月1日の前夜(＊サウィン)になると、フィーンギンのところに妖精ロトニアウ Rothniam が翌年の重大な出来事を予言しに

やって来た。この物語によると，ロトニアウはある年のサウィンの夜，その夜にフェドリミド Feidlimid 王に男児が生まれ，この子は後にアイルランドの五国（*コーゲド）を統一し，さらに53代続く王朝の始祖となると予言した。この子の誕生に伴って，幾つもの河と多くの湖が生じ，ノアの洪水以来隠されていた木があらわになる奇跡が起こるという。はたして，その夜のうちに後の高名な王コン・ケードハタハが生まれた。フィーンギンはコンに50年間仕え，遂に戦いのさなか王のために最期を遂げた。

フィンダヴィル Findabair/*ir.* ['f'indavir'] *アルスター物語群に登場する，コナハト王夫妻*アリルと*メドヴの娘。この名前はフィンド find《白い》とシアヴィル siabair《幽霊，幻》から成っており，語源的にウェールズ語のグウェンフイヴァル Gwenhwyfar と一致する。『クアルンゲの牛捕り』でアリルとメドヴは，このフィンダヴィルとの婚姻を空手形に，できるだけ多くの武者をクー・フリンと戦うように仕向ける。

フィンタン・マク・ボーフラ Fintan mac Bóchra/*ir.* ['f'intan mak 'bo:χra] 『アイルランド来寇の書』によると，ノアの大洪水後，アイルランドでただ一人生き残った。フィンタンはノアの孫娘*ケスィルと共に大洪水の40日前にアイルランドにやって来た。のちに鮭，鷲，鷹と姿を変え，アイルランドの歴史的な出来事を目撃し，アイルランドの歴史の証人となる。

フィンドヴェナハ Findbennach/*ir.* ['f'indveNaχ]《角を持つ白いもの》を意味し，『クアルンゲの牛捕り』のコナハトの有名な牡牛。→『二人の豚飼いの誕生について』

『フィントラーグ（ヴェントリー）の戦い』 Cath Finntrága/*ir.* [kaθ 'f'iNtra:γa] *フィン物語群に属する。この物語の現存する最古の稿本は15世紀のもので，当時の羊皮紙写本や，18～19世紀の紙の写本に多く残されている。物語は，今日のケリー州にあるヴェントリー Ventry で起きたという大きな戦いが題材になっている。この戦いで，*フィン・マク・クウィルは妖精の王ボドヴの助けをうけて，架空の《世界の王》(rí an domhain) に率いられてアイルランド南西岸に上陸した強力な侵略軍から，アイルランドを守る。

フィンハイウ Finnchaem/*ir.* ['f'iNχaiμ] *アルスター物語群では詩人*アワルギン・マク・エギド・サリグの妻で，*コナル・ケルナハの母。コンホヴァル・マク・ネサ王の姉妹とされる。

フィン・マク・クウィル Finn mac Cumaill/*ir.* ['f'iN mak 'kuμiL'] *フィン物語群の最も重要な人物。フィンは*フィアナと呼ばれる精悍無比の武者集団の頭領だった。この集団は，平時は特に狩猟にいそしみ，戦時には彼らの主コルマク・マク・アルト王の側に立ち参戦した。フィン自身は，最も古い伝承では，武者であると同時に予言者で詩人でもある。フィンは親指をしゃぶることで予言の力を発揮することができたという。――フィンのモチーフはいろいろな物語において様々に変形しているし，また，よく似た型のウェールズの詩人タリエシンや北欧のサガの英雄シーグルド Sigurd が登場する物語との関連も見いだせる。フィンは中世以来，アイルランドやスコットランドで最も人気のある物語の主人公の一人である。J.*マクファースンの『オシアン作品群』のスコットランド王フィ

ンガルは，このフィンを基にしている。

フィン物語群 Finn Cycle あるいはオシアン物語群 Ossianic Cycle とも呼ばれる。主人公フィン・マク・クウィルと同志たちをめぐる散文物語やバラードなどの作品群の総称。3世紀初頭，コルマク・マク・アルト王の時代が背景になっている。登場人物はフィアナの頭領フィンの他に，フィンの息子オシーン，甥のオスカル，武者カイルテ・マク・ローナーン，ゴル・マク・モルナ，ルギド・ラーガなど。この物語群のほとんどは，冒険的な狩猟や恋愛（『ディアルミドとグラーネの追跡』）や戦争行為（『フィントラーグの戦い』）をテーマにしている。『古老たちの語らい』はこの種の物語の中で最も広範囲にわたる作品で，さまざまなエピソードが一つの話の枠の中にまとめられている。フィンに関するバラードは中世後期以来人気が増し，J. マクファーソンの『オシアン作品群』の最も重要な資料となった。

諷刺（アイル）áer/ir. [air] アイルランド語アイル áer は，本来呪いの詩あるいは祭儀的な呪いを意味する。他の言語に見られる同語源語から推測すると，元元この概念は痛烈で容赦のののしり，あるいは鋭い武器としての言葉を指した。古代ケルト人はほぼ間違いなくそのような呪いの言葉を使った。これについてシチリアのディオドロスの伝えた (5-31)ポセイドニオスによる次の指摘が有利な証拠である。〈彼ら（ケルト人）にはバルドと呼ばれる吟誦詩人もいる。彼らはリュラ〔竪琴〕に似た楽器の伴奏で讃歌も諷刺詩も吟ずる。〉アイルランドでは諷刺の呪いの詩を作ることはフィリの重要な職務であった。多くの古い資料は，諷刺の呪いを掛けて人々の身体に異常を引き起こしたり，死に至らせることができると信じられていたことを明らかにしている。アイルランドの法律では，諷刺の呪いの詩は社会的に上位の者に対して権利要求を貫くための手段として認められていた。不当な呪いに対する刑罰は，被害者の社会的地位に応じてその軽重が決められた。『マグ・トゥレドの戦い』には，アイルランドの神話時代に詩人カルブレ・マク・エーダイネが祭儀的な諷刺の呪いを初めて唱えた様子が描かれている。

夫婦の神々 ガロ=ローマ時代の多くの碑文や図像により夫婦の神々が知られている。そのうちいくつかの場合は，ローマ風解釈により夫婦の二柱ともローマ名をもつが，全くローマ風でない結びつきをしている（例えばマルスとディアナ）。また他の場合には，男神は完全にあるいは一部がローマ名であるが，女神は純粋なケルト名を残しているものもある。例えば，メルクリウスとロスメルタや，アポロ・グランヌスとシロナや，マルス・レウケティウスとネメトナである。それと並んで，夫婦二柱ともケルト名をもつ碑文もある。例えば，スケッルスとナントスエルタ，ボルウォとダモナ，ウクエティスとベルグシアである。これらの結びつきの多くは，ただ一つの碑文にだけ伝えられている。また他にも同じ神が，いろいろな碑文で，そのつど異なる伴侶と結び付けられる場合もある。例えば，女神ダモナは，男神アポロ・モリタスグスやボルウォやアルビウスと並んで現われる。

夫婦の神々の宗教的な意義については，十分な証拠が残っていない。例えば，夫婦の両者に同じ重要性を認めていたのかどうか明らかではないし，また信者が，

男神と女神をそもそも夫婦として思い浮かべたのかどうかも疑わしい。二柱の神がただ機能や職分が似ているために互いに結びつけられたとも考えられる。

フェデルム Fedelm / *ir.* [ˈfʲeðelm] 『クアルンゲの牛捕り』に登場する女予言者。*アリルと*メドヴの王夫妻が率いるコナハトの軍勢が出陣しようとしたとき、この女が現われ、コナハト軍の敗北を予言した。彼女は四行詩10節に、*クー・フリンのいでたちと、英雄の来たるべき戦いにおける武勲を告げる。

フェデルム・ノイヒリデ Fedelm Noíchride / *ir.* [ˈfʲeðelm ˈnoiçrʲiðʲe] 『クアルンゲの牛捕り』に登場する、*コンホヴァル・マク・ネサ王の娘。*カルブレ・ニア＝フェル王と結ばれ、*エルク・マク・カルブリ・ニアド＝フェルをもうけた。これに反して、『ブリクリウの饗応』では武者*ロイガレ・ブアダハの妻として登場する。

フェート・フィアダ Féth fíada / *ir.* [fʲeːθ ˈfʲiaða] *トゥアタ・デー・ダナンが、死すべきものである人間の目から姿を隠すために使う魔法の霧。この魔法は、*マナナーン・マク・リルがトゥアタ・デー・ダナンの首領たちに授けた三つの魔法の力の一つである。

フェルグス・マク・ロイヒ Fergus mac Roich / *ir.* [ˈfʲerɣus mak Roiç] あるいはフェルグス・マク・ロサ・ルアド Rosa Ruaid とも呼ばれる。*アルスター物語群の重要な登場人物。『ウシュリウの息子たちの流浪』によれば、フェルグスはアルスター王コンホヴァル・マク・ネサの背信に激怒して故国を後にし、コナハトの*アリルと*メドヴ王夫妻のもとへ亡命する。『クアルンゲの牛捕り』では、アリルとメドヴに率いられ、故国アルスターに攻め入るコナハトの大軍勢に参加する。しかし、フェルグスは追放者の身でありながら、常に故郷への思いを抱きつづけている。そのため、再三自分の同胞たちや特にかつての戦友クー・フリンを災難から救おうと努める。伝承によれば、フェルグスはメドヴの愛人だったので、アリルが嫉妬に駆られ奸計によってフェルグスを殺させた。

フェル・ディアド Fer Diad / *ir.* [fʲer ˈdʲiað] または**フェル・ディア** 『クアルンゲの牛捕り』に登場するコナハト方の武者で、身体を覆う硬い胼胝のために手傷を負うことがなかった。フェル・ディアドは*クー・フリンと同じく女武者*スカータハのもとで武術の修業をしたので、*アリルと*メドヴの王夫婦は、彼こそアルスターの英雄クー・フリンの好敵手であると考えた。フェル・ディアドは初め、かつて共に修業した義兄弟との対決を拒んだが、王夫婦の奸計で、承知せざるをえなくなった。長い死闘の末、遂にフェル・ディアドはクー・フリンの槍ガイ・ボルガで致命傷を受けて果てる。〔この二人の決闘は『クアルンゲの牛捕り』の中盤のクライマックスとなっている。〕フェル・ディアドが討たれた川の浅瀬は、後にアート・イル・ディア（ド）Áth Fir Diad と呼ばれる（現在のラウズ Louth 州アルディー Ardee）。

フェルバハ＝シュミーデン Fellbach-Schmieden ドイツ南西部バーデン＝ヴュルテンベルク州シュトゥットガルトの一地区。この近くで1977〜80年、それまで知られていなかった紀元前2世紀頃の*ケルトの方形土塁の考古学調査が行なわれた。この際、深さ20メートルの元は木の羽目板が施されていた竪坑跡の中から、木の桶や、馬や牛の骨が発見された。そ

の他にも，ケルト人の彫刻芸術の傑出した例証として重要な，オーク材を彫った動物像3体（牡山羊2頭と牡鹿1頭）が見つかった。これらの発掘品は現在シュトゥットガルトの州立ヴュルテンベルク地方博物館に保管。

フェルヘルトネ Ferchertne/*ir.* ['f'er-çer't'n'e] 初期アイルランド文学における著名な詩人。『ディン・リーグの殺戮』では*ラヴリド・ロングシェフ王の従者として現われる。*アルスター物語群では，これに反して，アルスター王コンホヴァル・マク・ネサか，あるいはマンスター王*クー・ロイの詩人として登場する。『二賢人の対話』では主人公となる。

フォウォレ Fomoire/*ir.* [foμor'e] 神話物語群に登場する，太古の鬼神の集団。彼らが元々どのような者たちだったか，また名前が何を意味しているのかは不明である。この名前に関する従来の語源論によると，ケルト語の《海》を意味する言葉からの派生であるとする説と，ドイツ語のMahr《幽霊，幻》と語源的に一致するケルト語からの派生であるとする説が，もっともらしいものである。『アイルランド来寇の書』によれば，ノアの大洪水の300年後にパルトローンたちが島に到来したときには，フォウォレはすでに島にいたとされる。パルトローンたちとフォウォレとの会戦は，アイルランドにおける初めての戦いとなった。のちに後れてアイルランドに到来したネウェドたちはフォウォレに支配され，貢納を強いられた。*トゥアタ・デー・ダナンがやっとフォウォレに勝ち，彼らをアイルランドから駆逐することに成功した。

フォードラ Fótla/*ir.* ['fo:dla] 『アイルランド来寇の書』に登場する*トゥアタ・デー・ダナンの女王。*ミールの息子たちによるアイルランド征服の際に，フォードラと，その姉妹の二人エーリウとバンヴァとは，詩人の*アワルギン・グルンゲルから，アイルランドが彼女たちの名前で呼ばれるようになるという約束を取り付けたという。このため，フォードラは詩的表現でしばしばアイルランドを指している。フォードラはタルティウでミールの息子たちと戦って倒れた。

フォルガル・マナハ Forgall Manach /*ir.* ['forgaL 'manaχ] クー・フリンの『エウェルへの求婚』に登場するヒロイン，エウェルの父親。フォルガルの母方のおじは*フォウォレの王*テトラである。『マク・ダトーの豚の話』によると，フォルガルはアイルランドの六つの大きな館（ブルデン）のうちの一つを所有していた。

武器 →軍事

ブクセヌス Buxenus ローマ風解釈により*マルスと同一視されたケルトの神。この神への信仰は，ヴォクリュズ県のヴェルロン Velleron 付近で発見された唯一の奉献碑文（CIL XII-5832）で明らかになった。

武装 →軍事

部族名 ケルト人の部族名について最古で最有力な資料は，ギリシアとローマの*民族誌である。そこに伝えられた名前の解釈は，たしかに多くの場合ケルト学者を非常に手こずらせる。まず一方では，ケルト人が居住した土地の周縁にいた多くの部族について，部族名が本当にケルト語だったのかどうか，明らかではないことである。他方では，語根について正確な対応語が不足しているため，不確実な原義によった仮説として推論されているので，語源が不明瞭なことである。例えば*ベルガエ人の名称は*belg-《ふくれ

る》から派生したものと考えられ、《誇りでふくらんだもの》のような意味に推測される。また、ケルト人の名称は《高い》を意味するラテン語 celsus に比べられ、語根★kel-《高くする》から派生したと考えられた。しかし、《崇高なもの》を本来の意味とすることは、推測にすぎない。これに対して、語源が明らかな部族名もあるが、ケルト文化に対する知識不足のためその意味を十分解明できない。例えば、ブリタニアのカルウェティイ族 Carvetii とカエレニ族 Caereni の名前は、おそらく《鹿》を意味するケルト語（carw/wal.）や《羊》を意味するケルト語（caera/ir.）から派生したが、このような命名の理由はわからない。ごくわずかな部族名だけ──アンビドラウォイ族 Ambidravoi、アンビソンテス族 Ambisontes、アンビリキ族 Ambilici が、その名によってそれぞれドラウ河 Drau とイソンゾ河 Isonzo とレヒ河 Lech の住民とわかるような、明瞭で理解に役立つ語源を持っている。

ケルト人の部族名が今日まで伝わっているのは、特にフランスで、古代末期に多くの重要な町がそこに定住していたケルト部族の名にちなんで名付けられたためである。有名な例をあげると、アミアン（アンビアニ族）、アンジェ（アンデカウィ族）、アラス（アトレバテス族）、バイユー（*ボディオカッセス族）、ボヴェー（*ベッロウァキ族）、ブールジュ（*ビトゥリゲス族）、カオール（*カドゥルキ族）、シャルトル（カルヌテス族）、ショルジュ（*カトゥリゲス族）、エヴルー（*エブロウィケス族）、ジュブラン（*ディアブリンテス族）、ラングル（*リンゴネス族）、リモージュ（レモウィケス族）、リジュー（*レクソウィイ族）、ル・マン（*ケノマニ族）、モー（*メルディ族）、ナント（*ナンネテス族）、パリ（パリシイ族）、ペリグー（*ペトロコリイ族）、ポワティエ（*ピクトネス族）、ランス（レミ族）、レンヌ（レドネス族）、ロデス（ルテニ族）、サント（*サントネス族）、サンス（セノネス族）、ソワソン（*スエッシオネス族）、トゥール（*トゥロニ族）、トロワ（*トリカッセス族）、ヴァンヌ（*ウェネティ族）である。

豚（猪） 豚はすでに古代ケルト人にとって牛に次いで最も普及している家畜だった（牧畜）。ケルト人が飼った豚は、野生種や現代の飼育種に比べ明らかに小さかったが、地理学者*ストラボンによると（『地理誌』4-4-3）、強靭さと機敏さに優っていた。秋にはドングリやブナの実で飼育するため森へ移動させた。

古代ケルト人には貴族の一門の者が死亡すると豚1頭まるごとか一部分を墓に副葬するという習俗があったが、これはこの動物の宗教的な意味を表わしている。前ローマ時代やローマ時代に制作され、一部は明らかに祭祀的な特徴をもつ図像が数多く知られており、その中には、複数の豚を表わした小さな青銅像や、ゴネストロップの大釜に表わされた猪を象っ

牡猪の青銅像（紀元前2～1世紀）

た兜飾りをつけた戦士像や、*ウフィニェの*トルクを着けた砂岩の神像に描かれた猪の絵や、*ヌヴィ＝アン＝シュリアから出土したほとんど実物大の猪の青銅像がある。

島嶼ケルト語文学でも豚（猪）は重要な役割を担っている。物語『*マソヌイの息子マース』によると、領主プラデリが所有していた豚の群れは彼の父親がかつて異界アンヌヴンの王アラウンから受け取ったものだった。箴言集『*ブリテン島三題歌』では、*ドリスタン（トリスタン）は《ブリタニアの三豚飼い》に数えられる。『マク・ダトーの豚の話』では、宴席のクライマックスで巨大な豚を切り分けることが（*クラド＝ミール）、重要な役割を担っている。

猪狩りはすでに古代ケルト人が行なっていたことは明らかだが、——アステリクスの漫画から印象を受けるように——それが食肉需要の大半を満たしていたのではない。島嶼ケルト語のさまざまな物語は、その種の冒険で狩人が命を落とす危険性があることを強調している（『キルフフとオルウェン』、『ディアルミドとグラーネの追跡』）。

『二人の豚飼いの誕生について』 *De chophur in da muccida*/ir. [d'e 'χofur in da 'µuki'ða] 『*クアルンゲの牛捕り』の《前話》の一つに数えられる。内容の異なる二つの稿本が、『*レンスターの書』と16世紀の写本の一つに残されている。両稿本のもつ編集上の特徴や、『*ダ・デルガ館の崩壊』に関連する事柄が見られることから、実際は更に多くの稿本が広まっていたと考えられる。

物語の主人公は、コナハトとマンスターの妖精の王たちで、魔術に長けた豚飼い二人である。二人は自分の魔術の力を相手に見せつけるために、鳥，海獣，鹿，武者，幽霊，竜，ミミズと次々に姿を変える。2頭の牝牛が水と一緒にこのミミズを飲み込んでしまった結果、仔を孕み、仔牛が2頭生まれる。2頭は立派な牡牛に育ち、その運命は『クアルンゲの牛捕り』に語られる。

この物語は、ケルト人が転生を信じていたことを証明するものとしてたびたび引用される。これを基に、この物語を近年ドイツ語に翻訳したウルリーケ・ロイダー Roider, Ulrike は、サンスクリット語の saṃsāra《輪廻転生》に語源的に対応するアイルランド語としてコフル cophur《誕生》を掲げて説明を試みたが、他には証明されていない。この二人の豚飼いの話から、実際にケルト人が魂の転生あるいは再生を信じていたと推論できるかどうか疑わしい。

ブデニクス Budenicus *ローマ風解釈によりマルスと同一視されたケルトの神。この神への信仰は、グラン県のユゼス Uzès 付近で出土した奉献碑文（CIL XII-2973）で明らかになった。

プファルツフェルト Pfalzfeld ドイツ西部、ライン河畔のコーブレンツ Koblenz の南方30キロメートルにある。17～18世紀にこの地の教会から程遠くないところに、紀元前400年頃のケルトのステレ〔石柱〕が立っていた。この石英砂岩で作られた石碑が本来どこに立っていたかは不明であるが、おそらくこの近くの墳丘であろう。1938年このステレは長い流浪の末にボンの州立ライン地方博物館に収められ、現在も陳列されている。下部しか残っていないオベリスク風の柱部は、半球状の基部の上に載り、四面すべてに渦巻状の装飾と仮面のような頭部の描写が見える。このステレの現在の高

プファルツフェルトの石柱

さは1.48メートルだが、17世紀初頭当時の図によるとまだ高さおよそ2.2メートルほどが残され、基部の下に円形の台座があった。1690年の証言によると、柱部は元々上に石造人頭像を載せていた。

ブライザハ Breisach　ドイツ南西部、バーデン＝ヴュルテンベルク州のライン河沿いにある。散在する発掘品が示すように、この町の丘ミュンスターベルク Münsterberg はすでに新石器時代末頃に人が居住していた。1966～75年に行なわれた発掘は、＊ハルシュタット期から＊ラ・テーヌ期への移行期である紀元前1000年紀中頃、この丘に初期ケルトの首長の城砦があったことを実証した。この時代に円錐形状の頂にあった深さ15メートルに達する窪地は埋められ、城壁が作られた。19世紀に近郊で発掘された多くの墳墓も、おそらくこの遺跡と関連していると見られる。

ブラキアカ Braciaca　ケルトの神。この神への信仰は、ダービーシャーのベイクウェル Bakewell から出土した奉献碑文（RIB 278）で明らかになった。その中で、＊ローマ風解釈によりブラキアカは＊マルスと同一視されている。

『フラゼルフの白書』 Llyfr Gwyn Rhydderch/wal. [ɬivr gwin ˈrəðerχ]　14世紀前半、ウェールズ南部で成立したとされる写本。かつての所有者にちなんでこの名で呼ばれる。外国の文学作品のウェールズ語訳が多数含まれ、その中には宗教文献が多い。翻訳の底本として、とりわけ（オータン Autun の）ホノリウス Honorius（12世紀）によるラテン語の世界年代記『世界像』*Imago Mundi* や、ニコデムス Nicodemus の外典福音書や、偽マタイ聖人伝が用いられている。この他にも今日『マビノギオン』（ただし『フロナブイの夢』は除く）の総称で知られる物語も含まれている。現在はアベラストゥイスのウェールズ国立図書館蔵。

フラゼルフ・ハイル Rhydderch Hael/wal. [ˈrəðerχ hail]　600年頃にケルト人の住むブリタニア北部を治めた王。すでに7世紀、＊アダウナーンによる聖コルンバ（コルム・キレ）の伝記にフラゼルフについての言及がある。この資料に基づくと、彼の支配地はスコットランド

南部の今日のストラスクライド Strathclyde あたりだった。『ブリトン人の歴史』によれば、フラゼルフは6世紀の終りごろアングル人と戦った4人の王のひとりである。詩人*マルジンの運命を語った数々の詩にも彼のことがほのめかされている。それらの詩から、庇護者のグウェンゾレイ王がフラゼルフとの戦いで討たれたために、マルジン自身はフラゼルフを恐れてスコットランドの森に逃れたことがわかる。『ブリテン島三題歌』ではフラゼルフは《ブリテン島の三豪傑》の一人として描かれている。『墓の詩』によれば、彼の墓はウェールズ北西部、シーン Llŷn 半島のアベルエルフ Abererch にあるとされる。

プラデイン Prydein/wal. ['prədein] ブリタニア（Britannia/lat.）を指すケルト語形。後代の綴りでは Prydain。この言葉は、ウェールズ語のプラディン Prydyn、及びそれに相当するアイルランド語のクルイティン Cruithin と関連している。ブリタニア及びアイルランドのケルト人は、*ピクト人をこの名称で呼んでいた。比較言語学では Prydyn も Cruithin も共に ★Qritenī という古い語形に帰している。おそらく《切る、刻み込む》という意味を表わす言葉から派生したものだろう。したがって、この名称の本来の意味は《入墨（刺青）をした人人》（Picti/lat.《彩色した人々》）であった可能性がある。最も早い時期のギリシア人著述家たちは子音 P- で始まる名前を借用した。後になって、理由はわからないが、今日のように子音 B- で始まる名前が取って代わった。

プラデリ Pryderi/wal. [prə'deri] マビノギ四枝に登場する、*ダヴェドの王プイスとその妃フリアンノンの息子。4篇のうち最初の物語では、プラデリの不思議な誕生から結婚に至るまでの成長ぶりを描く。2番目の物語では、プラデリはブリタニア王ブラーンがアイルランド王マソルフに対して起こした戦争の生き残り7人のひとりとして登場する。3番目の物語ではプラデリは主人公となり、プラデリとその家族が、彼の父の敵対者が仕掛けた魔法の陰謀によりひどい仕打ちを受けたことが伝えられる。4番目の物語は、プラデリがまたしても魔法によって遂に殺される顛末を描いている。ケルト学者 E.*アヌイルによると、元々はプラデリの生涯は合わせて一巻を成しており、マビノギ四枝の中心テーマだった。しかし、現在残っている諸伝承では広範囲にわたって、プラデリは他の人物の脇役として登場する。

プラドウェン Prydwen/wal. ['prədwen] ウェールズ伝承に現われる*アーサー王の船。『キルフフとオルウェン』では、アーサー王とその従者たちはこの船に乗って、ディウルナハ Diwrnach という男の持つ大釜を奪いにアイルランドへ渡る。これと類似した題材は詩『アンヌヴンの略奪』にも見られる。そこでは探検の目的地はアイルランドではなく*アンヌヴンで、大釜の所有者はアンヌヴンの王である。それらと異なりモンマスの*ジェフリーの作品では、プラドウェンは聖母マリアの絵を描いたアーサー王の楯を指している。

ブラートナド Bláthnat/ir. ['bla:θnad] *アルスター物語群に現われる*クー・ロイ王の妃。クー・フリンへの恋から敵に自分の夫の秘密を漏らし、詩人フェルヘルトネに殺される。

ブラトワク・マク・コン・ブレタン Blathmac mac Con Brettan/ir. ['blaθμak mak kon 'bˈretan] 8世紀の聖職者，詩人。作品のうち二つの詩作が17世紀の写本に残されている。これらは，キリストの生涯について，作者がその聴衆に向かって，受難の出来事を8世紀当時のアイルランド社会の想像力と考え方で理解できるよう試みている。そのため，これらの詩は中世初期のアイルランド文化を理解するのに高い価値がある。

ブラーン・ヴェンディゲイド Brân Fendigeid/wal. [braːn venˈdigeid] 『シールの娘ブランウェン』に登場するブリタニア王。ベンディゲイドヴラン Bendigeidfran とも呼ばれる。父親はシールで，マナウアダンとブランウェンという弟妹がいる。母親はペナルジン Penarddun で，『ブランウェン』の中ではベリ・マウル Beli Mawr 王の娘となっている。ところが別の物語『シールの息子マナウアダン』では，ベリ・マウル王の息子カスワサウン Caswallawn は，3人兄妹ブラーン，マナウアダン，ブランウェンの叔父ではなく従兄弟という扱いになっており，矛盾が生じている。このことから，おそらくペナルジンは元々ベリの姉または妹と見なされていたのではないかと推測されている。

　ブラーン自身は物語の中で，明らかに神話的性格を帯びている。あまりにも身体が大きくて家にも屋敷にも入れず，アイルランド王マソルフとの戦いのために遠征に出かけたときには，他の船と並んでアイルランド海を歩いて渡った。戦闘中に毒を塗った槍で足に致命傷を受け，遺言として，生き残った自軍の戦士たちに，自分の首を切り落とし，国の守護となるようそれを首都ロンドンに，顔を大陸側に向けて埋葬するように命じた。数多くの学者が，*聖杯伝説の中に，ブラーンの物語に見られる幾つかの特徴が残されているとした。しかし，ブラーンの物語が聖杯伝説にどの程度まで影響を与えたかは議論されている。

ブランノウィケス族 Brannovices 古代の*民族誌によれば，ロワール河とセーヌ河に挟まれた地域の部族連合アウレルキ族の中の一支族。この名は，文字通り《カラスの戦士》を意味する。

『ブランの航海』 Immram Brain/ir. [ˈimraμ bran] 8世紀初頭に成立した，一部は散文，一部は韻文の航海譚（*イムラウ）。この種の文学ジャンルにおける最古の例であり，キリスト教伝来以前のアイルランドの宗教的イメージとキリスト教思想とが結びついている。物語は次のように始まる。主人公の*ブラン・マク・フェヴィルの城砦に不思議な女が現われる。女は銀の小枝を携えており，その小枝は不思議な音楽を鳴り響かせる。女の言葉によると，小枝は楽園の島エウィン・アヴラハの林檎の木のものという。女はブランに選ばれし者としてその島を訪れるよう誘いに来たという。見知らぬ訪問者が小枝を持ち消え去ると，ブランは9人（数）ずつ3組の者を伴い，3艘の舟で島を捜しに出帆する。洋上に出て2日後に*マナナーン・マク・リルと出会い，楽園の島への針路を示される。大笑いしている者たちがいる悦楽の島を通り過ぎた後，女だけが住む島にたどり着く。そこでブランと仲間たちは栄華と歓喜を極める長い歳月を過ごすが，彼らにはまるでたった1日しか経っていないかのようだった。しかし仲間のひとりネフタン Nechtan に里心がつき，ブランたちはアイルランドに帰ることにする。島の女頭領は帰郷しないようにと戒め，どんなことがあってもアイルランドの大地に足

を触れないようにブランに厳命する。アイルランドに着き、ネフタンが禁止を忘れ大地を踏んだとたん、彼は瞬く間にすでに遠い昔に死んだ者のように塵埃となった。やがて、ブランは船の上から、岸辺に集まったアイルランドの人々に自分たちの冒険について語った後、再び船出した。

ブラン・マク・フェヴィル《フェヴァルの息子ブラン》 Bran mac Febail/*ir.* [bran mak 'fʲevilʲ] 『ブランの航海』の主人公。

フリアンノン Rhiannon/*wal.* [ɾiˈannon] ＊マビノギ四枝の1番目、3番目の物語の主人公。1番目は、彼女がダヴェドの王プイスと出会い、結婚し子供を産むという物語が描かれている（＊ダヴェドの王プイス）。3番目の物語（『シールの息子マナウアダン』）では、1番目の出来事から多年を経たのちを扱う。フリアンノンは夫の死後、息子＊プラデリの戦友マナウアダンと結ばれる。家族は敵対者の魔法による企みで三つの大きな災いをこうむるが、遂にマナウアダンは苦労の末に魔法使を見つけだし、罰を与える。フリアンノンは特に1番目の物語では明らかに神話的性格を帯びている。例えば、彼女はプイスと出会うとき不思議な馬に乗っている。また、息子の出産と息子が届けられた館での子馬の出産とは、意味不明の仕方だが結びつけられている。このことから多くの著述家は、フリアンノンとケルトの馬の女神とのつながりを推測している（＊エポナ）。

ブリウグ briugu/*ir.* ['bʲɾʲiuɣu] 中世アイルランドで、持てる富により、更にまた外来者〔他のトゥアトからの来訪者〕を客として惜しみなくもてなすことにより、社会的に高い地位にあった者。

この言葉は、英語では普通《hospitaller》と翻訳される。年代記の例証によると、ブリウグの称号と制度は16世紀まで存続した。多くの物語の中で、ブリウグは神話的性格を備え、その館（＊ブルデン）はしばしば不吉な出来事の舞台となる。

ブリガンティア Brigantia ローマ支配下の＊ブリガンテス族の居住地で特に信仰されたケルトの女神。ブリガンティアの名は、七つの奉献碑文に見られる。そのうちの二つ（RIB 627, 628）で、この女神は、ローマの勝利の女神ウィクトリア Victoria と同一視される。他のある碑文（RIB 1131）は、アフリカ起源の女神カエレスティス Caelestis と同一視して

カエレスティス・ブリガンティア女神の祭壇。イングランド北部コーブリッジ出土

いる。スコットランド南部のビーレンズ Birrens から出土したレリーフ（RIB 2091）（現在エディンバラ国立博物館蔵）は、ブリガンティアを、城壁を象った冠をかぶり、ウィクトリアの翼をもった*ミネルウァとして表わしている。

ブリガンテス族 Brigantes 古代の民族誌によれば、イングランド北部のケルト部族。43年のローマ人のブリタニア侵入後、この部族の女王カルティマンドゥアは真っ先に占領軍に協調したが、48～69年にかけてローマ人はブリガンテス族に対して幾度か戦いを企てた。140年頃、フォース河口とクライド河口の間にアントニヌス Antoninus の長城が建設され、彼らは最終的にローマの統治下に置かれた。

ブリギッド【1】 Brigit/*ir.* [ˈbʲrʲiɣʲidʲ] 『サナス・ホルミク』によると、キリスト教伝来以前の女神で、特に詩人に崇められた。コルマクによると、*ダグダの娘で、二人の姉妹がいた。この二人もブリギッドという名前で、特に医術と鍛冶工芸と関連があった。ブリギッドという名前は、ブリガンティー★Brigantī という古い形に遡り、おそらく《豊かな、富裕な》というような意味を持っていた。この古い形は、ブリテン島の女神名をラテン語化した形*ブリガンティアと一致し、河の名前ブレイント Braint（アングルシー島 Anglesey）やブレント Brent（ミドルセックス Middlesex）に残っている。このことから★Brigantī はさまざまなケルトの女神の異名だったと推測されている。

ブリギッド【2】 Brigit/*ir.* [ˈbʲrʲiɣʲidʲ] アイルランド教会で最も有名な聖女。キルデア Kildare（キル・ダラ Cill Dara/*ir.*）の修道院の創設者で、500年頃に生きたとされる。7世紀からアイルランド中にブリギッド崇拝が広まり、アイルランド修道士の布教活動にともなって大陸にも達した。

650年頃コギトスス Cogitosus と呼ばれる聖人伝作者が、キルデア修道院のためにラテン語で聖女の伝記を書いた。しかしこの『ブリギッド伝』*Vita Brigitae* は伝説的な色彩が強く、この修道院創設者について史実と見なされる出来事はほんのわずかしか含まれていない。このことから、当時すでにキルデアにはブリギッドに関する確かな記憶は残っていなかったと考えられる。その代りに、伝承における聖女の人物像は、同名のケルトの女神（*ブリギッド【1】）がもつ多くの特徴を取り込んでいるように推測される。春の始まる2月1日（*イムボルグ）が聖女の祭日として祝われていたという状況は、すでにそのことを示唆しているだろう。また家畜や農耕の守護聖人としてのブリギッド崇拝や、崇拝において明かり〔灯〕や火が重要な役割をもつことも、キリスト教以前のイメージの名残として解釈されている。今世紀に至るまで、アイルランドのとりわけ田舎では、農耕や牧畜と関連した多種多様な民間習俗がブリギッド祭と結び付いていた。灯心草や藁で編んだブリジッド・クロス（クロス・ヴリーデ Cros Bhríde/*ir.*《ブリギットの十字架》）は、来たる年の幸福と繁栄を家族にもたらすとされ、伝統に従って家屋の梁に掛けられる。

ブリクリウ Bricriu/*ir.* [ˈbʲrʲikʲrʲu] *アルスター物語群に登場するコンホヴァル・マク・ネサ王の従臣。意地の悪い発言で不和を惹き起こすので至るところで恐れられ、Nemthenga《毒舌》の異名を持つ。『ブリクリウの饗応』では重要な

役割を演じている。

『ブリクリウの饗応』 Fled Bricrenn /ir. [fʲlʲeð ˈvʲrʲikʲrʲeN] アルスター物語群に属する。『赤牛の書』や15/16世紀の写本の幾つかに伝えられているが、それぞれに異なる省略や脱落や追加の部分がある。物語は、好ましからざる人間として敬遠されていた*ブリクリウが自分の館で酒宴の仕度を整え、アルスターの勇者たちを宴会に誘うことから始まる。ブリクリウは最高の勇者に与えられる*クラド＝ミールを、*ロイガレ・ブアダハとコナル・ケルナハと、更にクー・フリンにも約束し、宴の最中に3人の勇者の間に争いを引き起こす。3人は賢人*シェンハの忠告に従い、誰が最高の勇者かについての判定を中立の裁定者に委ねることにする。しかし、3人はコナハト王*アリルの裁定にもマンスター王クー・ロイの裁定にも同意しなかった。こうして争いは収まらなかったが、ある日、えたいの知れないとてつもなく大きい男がアルスターの宮廷に現われる。大男は居並ぶ勇者たちに、誰か斧で自分の首を刎ねる者はいないか。ただし、明くる日には今度は自分がその挑戦者の首を刎ねる、という難題を吹っかける。そしてロイガレとコナルが次々とこれに挑む。ところがこの二人は、大男が首を刎ねられた後で意外にも生き返ると、自分たちの首を斬らせるという約束を果たすことが恐ろしくなり逃亡する。遂にクー・フリンが最後に挑戦し、約束を守って翌朝首を斬らせるために現われた。するとこの見知らぬ者は、実はクー・ロイ王であったが、斧でクー・フリンの首に軽く触れると、この者こそがアイルランド一の英雄であることを告げる。――A.*グレゴリーは『ムルテウネのクーフリン』の第4章と第5章でこの物語を翻案している。打ち首試しのモチーフは、14世紀後期の中期英語の韻文説話『ガウェイン卿と緑の騎士』*Sir Gawain and the Green Knight* で広く知られている。

ブリージ Bríd →ブリギッド

ブリジッド →ブリギッド

フリース、ジョン Rhŷs, John (1840～1915) ケルト学者。ウェールズ南部のポンテルイド Ponterwyd 生まれ。バンゴール、オクスフォード、パリ、そしてライプツィヒで言語学を学んだ後、初めウェールズの視学官となり、1877年オクスフォード大学に新設されたケルト学の教授職に招聘された。その後、主要な関心はケルト言語学史と文献学の諸問題となる。その他にも、広い読者層を対象にした著作『ウェールズ人』*The Welsh People* (1900；D. ブリンモア＝ジョーンズ Brynmor-Jones 共著) や、民俗学的研究『ウェールズとマン島のケルト民話』*Celtic Folklore, Welsh and Manx* (2巻本、1901) を公にした。またケルト人の宗教と神話の問題を、『アーサー王伝説研究』*Studies in the Arthurian Legend* (1881) や『ケルト人異教徒によって説かれた宗教の起源と展開』*On the Origin and Growth of Religion as Illustrated by Celtic Heathendom* (1888) で取り扱った。フリースはエディンバラとウェールズの名誉博士号を受け、1907年には爵位を受けた。主な教え子にJ.*モリス＝ジョーンズやJ.G.*エヴァンズが数えられる。

ブリタニア Britannia →プラデイン

フリディシュ Flidais /ir. [fʲlʲiðʲiʃ] アルスター物語群に登場する*フェルグス・マク・ロイヒの妻。『アイルランド来寇の書』では、*トゥアタ・デー・ダナンの

一人とされる。また、アイルランド南部のエオガナハト・カシル Eoganacht Caisil の門閥の家系図では、フリディシュにはフォルトハイン Foltchain《美しき髪の》というあだ名が付けられていて、ニア・シェガウィン Nia Segamain《鹿の贈り物=子孫のニア》という名の王の母とされる。多くの文献に、《野獣》や《鹿》を指す雅語的表現としてブアル・フリディシュ buar Flidais《フリディシュの畜獣》が使われている。このことから、フリディシュはキリスト教以前の森の女神や野獣の守り神に由来していると考えられる。

ブリテウ brithem/*ir.* [ˈbrʲiθʲeμ]　中世アイルランドにおいて裁判官、あるいは広い意味での法律家を指した。この言葉はアイルランド語のブレト breth《裁き》から派生しており、言葉通りには《裁く者》というほどの意味がある。どの部族連合体（*トゥアト）にも王（*リー）に任命されたブリテウがいたと考えられる。このいわば裁判官はアイルランド社会で確固たる地位を築き上げていたが、16〜17世紀の英国による征服以後その役目を奪われた。法律家養成学校で法律論文が数多く書かれたが、その中の最も古いものは7/8世紀まで遡る。ブリテウの複数形ブリテウィン brithemain が英語化された形から、英語では伝統的アイルランド法を〈*ブレホン法〉と呼ぶ。

『ブリテン島三題歌』 Trioedd Ynys Prydein/*wal.* [ˈtrioið ˈənis ˈbrədein]　歴史・伝説を扱った押韻詩の集成。作品の選別や順番はそれぞれ異なるが、1ダースを越える13〜17世紀の写本に残されている。どの三題歌も、ある一つの共通点をもつ三つの有名な名前がまとめられている。例えば《ブリテン島の三豚飼い》と題した三題歌には、*コース・ヴァーブ・コスヴレウィ、*ドラスタン・ヴァーブ・タスフ、*プラデリ・ヴァーブ・プイス・ペン・アンヌウンという3人の名前が挙げられている。幾つかの詩では――上述のものも含むが――、その共通点と関連して個々の名前と結びついた伝承が短く説明されている。集成全体には特に宮廷風アーサー王文学の影響が見てとれるため、これらの歌は比較的後に手を加えられている。しかし主要部はかなり古い時代のものであり、一部は口頭伝承にまで遡る。三題歌には、ブリテン島のケルト人の失われた物語について数多くの言及があるため、ケルト文学研究上価値の高い資料である。

『ブリテンの予言』 Armes Prydein/*wal.* [ˈarmes ˈprədein]　『タリエシンの書』に伝わる韻文形式の政治的予言。この予言で不詳の作者は、ブリタニア、アイルランド、スコットランド、ブルターニュのケルト人が、ダブリンのヴァイキングと同盟を結び、憎まれ者のアングロ=サクソン人を追い払うだろうと予言している。この詩は930年頃の成立で、とりわけサクソン王エゼルスタン Aethelstan の勢力拡大に対して作られたものと推測される。

ブリトウィウス Britovius　ケルトの神。この神への信仰は、ニーム Nimes で発見された二つの碑文（CIL XII-3082, 3083）で明らかになった。この碑文では、*ローマ風解釈により*マルスと同一視されている。

ブリトン語　5/6世紀以前のスコットランド、イングランド、ウェールズ、コーンウォールで話された言語。この言語から*ブルトン語、*コーンウォール語、*カンブリア語、ウェールズ語が分化した。

この言語は碑文の形では残っておらず，ギリシア，ラテン，アングロ゠サクソンの現存資料に個々の単語や固有名詞が幾つか認められるのみである。この言語は*ガリア語とよく似ていたと推測されることから，この二つをまとめて《ガロ゠ブリトン語》と呼ぶこともある。

『ブリトン人の歴史』 Historia Brittonum/*lat.*　島への最初の入植から7世紀に至るまでの住民とブリタニアの歴史をラテン語で著わした書。830年頃，さまざまな文献資料や口頭伝承を基にまとめられたもので，6種類の稿本が40以上の写本に残されている。一部の写本は著者をネンニウス Nennius と呼ばれるウェールズ人聖職者としているが，これは作者不明で伝わった作品に後から書き加えられた。この歴史書は初期中世ウェールズ史の最も重要な資料の一つに数えられる。6世紀末のブリトン人詩人5人についての言及（カンヴェイルズ）や，軍指導者アーサーによるサクソン人征服者に対する12の勝利の描写は有名である。

プリニウス（ガイウス・プリニウス・セクンドゥス） Gaius Plinius Secundus（大プリニウス）　1世紀のローマの軍人または将校，自然研究家，著述家。数多くの著作のうち102巻から成る『博物誌』*Historia Naturalis* のみが現存している。その中でプリニウスは，多数の専門書を拠り所に当時の博物学的知識について百科事典的概観を与えている。この著作は記述内容が豊富なため，古代の学問の様々な分野について価値ある資料である。有名なものは，*ドルイドと彼らが*ヤドリギを尊重することに関する覚書である。

ブルグ・ナ・ボーネ Brug na Bóinne /*ir.* [bruɣ na 'bo:N'e]　*神話物語群におけるニューグレンジ Newgrange のケルト以前の墳墓一帯を指す。妖精オイングスの住みかとされる。

ブルターニュ Bretagne　→アレモリカ

ブルターニュもの Matière de Bretagne/*fr.*　主にケルト伝承の題材を翻案した中世叙事詩を表わす（*アーサー王文学）。この概念は古フランス語期詩人ボデル Bodel, Jean まで遡る。著作『サクソン人の歌』（*Chanson de Saisnes*, 1200年頃）の序で，ケルトの題材を，擬古的な《ローマもの》Matière de Rome や歴史的な《フランスもの》Matière de France と区別した。ボデルは当時の評価に沿って，古典的な題材の編纂を《賢明で教訓的》であり，民族的な英雄叙事詩を《真実》とし，民間説話的なケルト題材の編纂はむしろ《役には立たないが楽しい》（vain et plaisant）と特徴づけた。

ブルデン bruiden/*ir.* ['bruðen]　宴会場または大広間を有する館を指す。『マク・ダトーの豚の話』によると，アイルランドにはかつてそのような館が六つあったという。それぞれの館の持主（*ブリウグ）は，*マク・ダトー，*ダ・デルガ，フォルガル・マナハ，マク・ダ゠レオ Mac Da-Reo，ダ゠ホカ Da-Choca，そしてブリウグのブライ Blaí だったという。

ブルートゥス Brutus　モンマスの*ジェフリー作『ブリタニア列王史』*Historia Regnum Britanniae* に登場する，トロイアのアエネアス Aeneas の子孫。狩猟の際，誤って父親のシルウィウス Silvius を殺したかどでイタリアから追放され，地中海諸国の冒険的な流浪の旅を家臣らと続けた後，彼にちなんで名付

けられる島に到達し（この名称の正しい語源については*プラデインを参照），最初のブリタニア王となった。ブルートゥスの名はジェフリーの諸作品の古フランス語，中期英語，中期ウェールズ語版に残っている（『諸王年代記』，*ラーヤモン，*ワース）。

ブルトン語　ブルターニュのケルト語。4〜6世紀にブリテン島南西部からの移住者によって導入された言語。このため，大陸に分布しているにもかかわらず，大陸ケルト語には含めない。もっと正確に言えば，ブルトン語は，*コーンウォール語，*カンブリア語，*ウェールズ語と同様，島嶼ケルト語のブリトン語派に属する。最古の資料には，註釈や，9〜12世紀のラテン語文献に現われる人名・地名がある。14〜15世紀からある程度まとまった言語資料が見られる。現在，日常語としてのブルトン語は，歴史的にレオン県，トレギエ県，コルヌアイユ県，ヴァンヌ県と呼ばれた地域に散在するにすぎない。

ブルー・ナ・ボーニェ　→ブルグ・ナ・ボーネ

ブレ buile　→バレ

ブーレ Bouray　パリ南方約35キロメートルのラ・フェルテ=アレ la Ferté-Alais の近くにある。1845年，この地のジュイヌ Juine 川から青銅の薄板で作られたケルトの神像（高さ42センチ）が見つかった。*あぐらをかいた鹿のひづめのような足やぴったりとくっついた首環（*トルク）の描写は，この作品がケルト由来であることを示している。一方で，表現の写実性にはすでに明らかなローマの影響が見てとれる。この像はおそらく紀元前1世紀末か，それ以降のものと考えられる。現在，サン=ジェルマン=アン=レーの国立古代博物館所蔵。

ブレイス語　→ブルトン語

ブレス Bres/*ir.* [bʳes]　物語『マグ・トゥレドの戦い』に登場するトゥアタ・デー・ダナンの王。彼の本当の名前はエオフ Eochu である。あだ名ブレス〈美しき者〉は，父親エラタが，〈アイルランドの美しいものは全てブレスと比べられるだろう〉と予言したことにちなんでいる。

ブレタ・ネウェド Bretha Nemed/*ir.* [ˈbʳeθa ˈNʹeμʹeð]　特定の特権的な職業層，とりわけ詩人の権利と義務に取り組んだ法律論文集。この論文集の起源はアイルランド南部マンスターにあると推測され，部分的には少なくとも7世紀まで遡ることができる。

ブレニン brenin/*wal.* [ˈbrenin]　ウェ

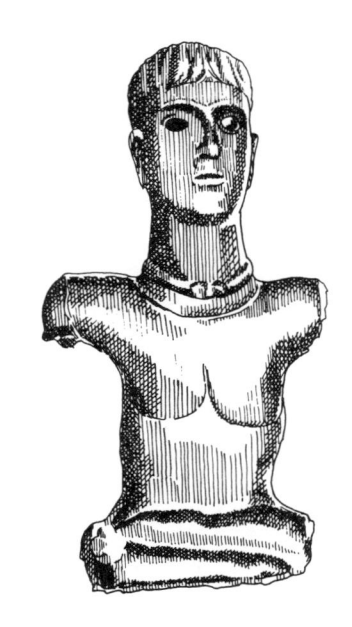

ブーレで出土した青銅のケルト神像

ールズ語で《王》を表わす。同義語に rhi（アイルランド語で rí）があるが，これは特に初期の資料や複合語の中にしか見られない。比較言語学では，brenin は *brigantīnos に遡るとしている。この語は本来《女神ブリガンティアの伴侶》といった意味を表わしていたのではないかと考えられる。このような見解は，特にアイルランド語文献に見られる王と王権を表わす女神との聖婚という考え方に示されている。女神ブリガンティア信仰は，イングランド北部やスコットランド南部の碑文によっても裏付けられている。

ブレホン法 Brehon Laws/eng. アイルランド語ブリテウィン brithemain《法律家》（複数形）に由来する英語化された名称で，アングロ＝サクソンの立法に対する伝統的なアイルランドの法律を指す。→法律，ブリテウ

ブレンダン Brendan（**ブレンダヌス** Brendanus/lat., **ブレーニン** Brénaind/ir.） アイルランドの聖人，6世紀の修道院創設者。約束の地への彼の不思議な航海（イムラウ）に関する伝承は，ケルトの題材とキリスト教のイメージが結び付き，9世紀に成立したと推測される。そのラテン語版『聖ブレンダンの航海』 *Navigatio Sancti Brendani* は中世にヨーロッパ中に広まり，12世紀以降多くの言語に訳された。

ブレンノス Brennos ギリシアの歴史書に記された，ケルト人の軍を率いた指導者。その軍は，紀元前279年にマケドニアとテッサリアに侵入し掠奪した。ケルト人がデルフォイ攻撃に失敗した時，ブレンノスは負傷し，退却の際に自殺したとされる。ローマの伝承によると，前387年にケルト人の軍がローマを占領し，最後に残った者たちをカピトゥリウムの丘で包囲したが，その時の王の名がブレンノス（ブレンヌス Brennus/lat.）である。包囲されたローマ人は莫大な身代金を支払って解放されたと言われる。その際ブレンノスは金を計量するのに不正なはかりを用いたらしい。ローマ人がこれに不平を言うと，ブレンノスは〈ウァエ・ウィクティス Vae victis〉《悲しきかな。敗れしもの》と応え，自分の剣を天秤の皿に投げ入れたという。画家セバスティアーノ・リッチ Ricci, Sebastiano（1659〜1734）は「カミッルスとブレンノス」という油彩画を描き（現在コルシカのアジャクシオ Ajaccio 博物館蔵），フリードリヒ・A. フォン・グレーフェニッツ Grevenitz, Friedrich Augst von（1730〜1809）は「ブレンノス」という題の詩を書いた。

ブロイター Broighter 北アイルランド，デリー Derry（英名ロンドンデリー）にある。1896年，近くのフォイル湾 Lough Foyle 岸で多数の金細工が発見された。その中には管状のトルクや，漕ぎ手の座席やマストやオールを付けたボートの模型なども含まれている。これらの品々は，おそらく紀元前1世紀頃に神への奉納物として岸辺に置かれたものであろう。発見された後しばらくはロンドンの大英博物館に収められていたが，現在，ダブリンのアイルランド国立博物館所蔵。

『フロイヒの牛捕り』 Táin Bó Froích/ir. [taːnʲ voː vroiç] 物語『クアルンゲの牛捕り』の《前話》の一つ。『レンスターの書』と『レカンの黄書』と，15/16世紀に成立した他の二つの写本に残されている。現存する物語の構成は，互いにほとんどつながりのない二つの部分から成る。前の部分には，主人公フロイヒ

がアリルとメドヴの王夫婦の娘フィンダヴィルに求婚するさまが描かれる。フロイヒがフィンダヴィルとの婚約の代償として，アリルとメドヴの側についてアルスターへ向かうコナハト人の遠征に加わる約束をすることで，このエピソードは終わる。物語の後の部分は，フロイヒが武者コナル・ケルナハの助けを得て，妻と（フィンダヴィルではない！）三人の息子と，牛を略奪者の手中から救い出す次第を扱っている。

『リスモール司祭の書』には，フロイヒのフィンダヴィルへの求婚譚がバラードとして収められている。このバラードは1756年には早くも英訳が出版され，特にJ.*マクファースンに影響を与えた。A.*グレゴリー作『ムルテウネのクーフリン』第9章は，この物語の再話である。

フロイヒ・マク・イディト Froech mac Idaith/ir. [froiç mak ˈiðiθ] 『フロイヒの牛捕り』の主人公。妖精のベー・ヴィンド Bé Find と，アイルランドとスコットランドきっての美男子イダト Idath との息子とされる。フロイヒは『クアルンゲの牛捕り』でクー・フリンに対し一番手として決闘を挑み，討たれる。

ブロデイウェズ Blodeuwedd/wal. [bloˈdeiweð] 『マソヌイの息子マース』に登場するセイ・サウ・ガフェスの妻。この女性は，魔法によって花（ブロデイ blodeu/wal.）から作られた。

『フロナブイの夢』 Breuddwyd Rhonabwy/wal. [ˈbreiðuid r̥oˈnabui] おそらく13世紀に成立した風刺物語で，『ヘルゲストの赤書』によって伝えられている（*マビノギオン）。物語はポウィス王マレディズ Maredudd の息子マダウグ Madawg （1132〜1160）が，反乱を起こした自分の弟を探索するために，主人公フロナブイ Rhonabwy を派遣するところから始まる。探索中，フロナブイは二人の連れと共に，貧しく汚い宿に泊まる。その晩に見た夢の中で，フロナブイは*アーサー王の時代にいた。馬に乗った立派な身なりの二人が近づき，彼と仲間をセヴァーン川の岸辺に布陣する名君アーサー王のもとに連れていく。慌しく場面が展開する中，フロナブイはカラダウグ・ヴレイフヴラス，ケイ・ヴァーブ・カニール，オウェイン・ヴァーブ・イリエン，またウェールズ伝説の他の登場人物と出会う。最後にアーサー王の従者たちがコーンウォールへ出発する準備にとりかかり，陣内が騒がしくなったので，フロナブイは目を覚ます。

文学 ケルト語による文学の始まりは，キリスト教伝来以前の時代まで遡る。これは，最古のケルト語詩の形式的な言語と，他の印欧語の比較可能な文学遺産を比べた結果，明らかである。最も古い時期に，これらの文学が口承によって伝えられたことは，*カエサルの言及によって確認される（『ガリア戦記』6-14）。ケルト人は地中海域で発達した様々な種類の記述システムを知っていたが，ごく限られた範囲でしか使用しなかった。口頭伝承の担い手として，古代の民族誌はまず第一にバルドとドルイドを挙げている。

ケルト諸民族の口頭伝承は，*キリスト教化後の中世アイルランドとウェールズで初めて書き記された。ラテン語写本の欄外に註釈や短い詩が書かれているように，すでに中世初期には文字の使用は始まっていたが，現存する最も古いアイルランド語あるいはウェールズ語のまとまった文献は12／13世紀頃になってからのものである（『赤牛の書』『レンスターの

書』『バリーモートの書』『カイルヴァルジンの黒書』『フラゼルフの白書』)。

最も初期のアイルランド語文学に属するものに，頭韻はあるが脚韻のない詩と，アイルランドの法律と，聖人伝と（*ブリギッド，*パトリック，オイングス・マク・オインゴヴァン），そして多数の散文物語がある。その物語は，伝説や民間説話の題材やモチーフの他に，歴史的な出来事やキリスト教以前の*神話の伝承に手を加えたものであった。19世紀以降，これらの伝承文学を分類することが定着し，普通，*フィン物語群，歴史物語群，*アルスター物語群，*神話物語群に分けられる。しかし，この分類は便宜上のものにすぎず，物語の多くは複数の物語群に属するべきものであるし，また*『ディンヘンハス』や『アイルランド来寇の書』のようなこの分類の中に収まらないものもある。17世紀にG.*キーティングが土着の伝説素材をまとめあげ，近現代アイルランド文学発展の道標となった。

中世ウェールズ語文学はごく一部しか残されていない。これは，伝承が難しい状況だったために，多くが失われてしまったことによる。その中には，*カンヴェイルズによる初期の詩や，予言詩『ブリテンの予言』や，記憶のための押韻詩『ブリテン島三題歌』，またゲレイント・ヴァーヴ・エルビンやヘレズやフラゼルフ・ハイルやイリエン・フレゲドのような物語の主人公にまつわる詩〔節〕群，そして，今日マビノギの名で知られる散文物語がある。アングロ=ノルマン人のウェールズ征服の結果，ケルトの題材やモチーフがラテン語や古フランス語の文学に採り入れられたことは，ヨーロッパの文学の発展にとって重要だった（アーサー王文学）。

アイルランドやウェールズ以外のケルト人地域においては，固有の文学はようやく中世後期から近代初期以降のものしか残っていない。

ベア Beare の老女　→カレフ・ヴェーリ

ベー・ヴィンド Bé Find/*ir.*[bʲeː vʲind]　『フロイヒの牛捕り』に現われる主人公フロイヒの母親。*トゥアタ・デー・ダナンに属し，女神*ボアンドの妹。

ヘカタイオス Hekataios（ミレトス Miletos の）　紀元前6／5世紀の小アジア生まれのギリシア人地理学者。各地を旅行し見聞を記述したが，その著作は伝わらず，後代の著述家の引用だけが知られている。おそらく彼は，リグリア人の隣人であるケルト人と，マッサリア（マルセイユ）の後背地のケルト人について

写本に挿絵をほどこす中世の修道士

報告した。しかし、彼がこれらの地域について実際どれほど知っていたのかはわからない。

『ベゴラへの求婚』 Tochmarc Becfola/*ir.* ['toχmark 'b'egola] 歴史物語群に属する。最古の稿本は『レカンの黄書』と16世紀に成立した写本の一つに残されている。物語は、アイルランド王ディアルミド・マク・アイダ・スラーネの、ベゴラへの恋について描いている。ヒロインはシードからタラ（テウィル）の王の居所へ赴き、王妃となるが、他の男のために夫を捨てる。——この題材は、A. *クラークの詩作『ベゴラへの求婚』に、また J. *スティーヴンズの『アイルランド妖精物語』に再話された。

ベスト、リチャード・I. Best, Richard Irvine (1872〜1959) アイルランド人。アルスター地方デリー Derry 生まれのケルト学者、古文書学者。1904年から40年まで、ダブリンの国立図書館に初めは司書として、後には館長として勤めた。1940年から47年までダブリンの*ケルト研究所で教授職にあった。アイルランド語文献学の基礎となる文献目録の他、数多くの古文書学研究やアイルランド語文献を公表した。O. *バーギンと共同で刊行した『赤牛の書』(1929) や、同じく『レンスターの書』(1954〜83；バーギンや M. A. *オブライエンと共同で刊行) は今日も高い評価を得ている。

ベディヴェア Bedivere ウェールズ語の人名*ベドウィルの英語形。

ベドウィル・ヴァーブ・ベドラウグ Bedwyr fab Bedrawg/*wal.* ['bedwir va:b 'bedraug] 詩『門番は何者か』に登場する、*アーサー王の従者の一人。『*キルフフとオルウェン』は、友人のケイ・ヴァーブ・カニルが行なうどのような冒険にも恐れず挑戦する人物と伝えている。また彼ほどの美男子は、ブリタニアではアーサー王とドリヒ・エイル・キブザル Drych Eil Cibddar をおいては誰もいないという。ベドウィルは隻腕だったが、同じ戦場で戦士が3人がかりでも彼よりすばやく敵に傷を負わせることはできなかった。ベドウィルについては、モンマスのジェフリーも、アーサー王の重要な臣下として描いている。ジェフリーの記述によれば、彼はアーサー王からノルマンディを領封されており、ローマ皇帝軍との戦いでケイとともに戦死した。それに比べて、*クレティアン・ド・トロワや彼に続く後継者による作品においては、アーサー王物語群中の他の登場人物の方が目立ち、ベドウィルは裏方にまわっている。1400年頃の中期英語作品『アーサー王の死』*Le Morte Arthur* でベドウィルは初めて、死にゆくアーサー王の最後の介添えとして描かれている。トマス・*マロリー卿の『アーサー王の死』*Le Morte Darthur* の中に次のような場面が描かれている。ベドウィルはアーサー王の末期の願いに応えて、王の剣を海に投げ、他の者の手に執られないようにした。そして瀕死の王を小舟に載せると、王はアヴァロンへと運ばれたという。近代になって作られたこの伝説の再話では、ベドウィルとアーサー王との人間関係に焦点があてられており、ベドウィルは王の忠実な臣下であると同時に、王妃*グウェンフイヴァルの恋人にもなっている。この点については、クレティアン・ド・トロワの作品中で*ランスロの果たしていた役割を、ベドウィルが引き受けている。

ペトロコリイ族 Petrocorii 古代の民族誌によれば、ドルドーニュ県に住ん

でいたケルト部族。この部族名はかつてウェスンナ Vesunna と呼ばれたペリグーの Périgueux の町名に残っている。

ペナルジン Penarddun/*wal.* [pe'narðin] 『シールの娘ブランウェン』に登場する，主人公ブランウェンの母親。ペナルジンはベリ・マウル王の娘，あるいは他の伝説では姉または妹とされている。

ペニャルバ・デ・ビリャスタル Peñalba de Villastar スペイン中東部テルエル Teruel 地方にある。1908年この近くで岩に書かれた碑文が多数発見された。この中で最も長い重要な碑文は，1～2世紀に，ラテン文字を用いてケルト・イベリア語で書かれている。碑文の解釈は細部に至るまで見解が分かれているが，どうやらケルトの神*ルグス（*ルグ）への奉献碑文らしい。

ベー・フマ Bé Chuma/*ir.*[bʹeːˈxuma] アイルランド王*コン・ケードハタハをめぐる伝承に登場する*トゥアタ・デー・ダナンの女。海神*マナナーン・マク・リルの息子と通じたために自らの一族から追い出された。アイルランドでコンの恋人となり，彼女の求めに応じてコンは息子*アルトを追放する。しかし，この不当な行ないのために国が災厄に見舞われたので，コンはついに彼女と別れる。

ベラトゥカドルス Belatucadrus ケルトの神。この名は，綴り方は異なるが，イングランド北部から出土した約25の碑文に見られる。五つの奉納物（RIB 918, 948, 970, 1784, 2044）では，この神は*マルスと同一視される。

ベリサマ Belisama ケルトの女神。この言葉は《たいそう輝くもの，輝きあるもの》を意味し，おそらく*ベレヌス神の名と同じ語根である。ベリサマ信仰は，オランジュ Orange の北東約25キロメー

ギリシア文字で書かれた女神ベリサマへの奉献碑文

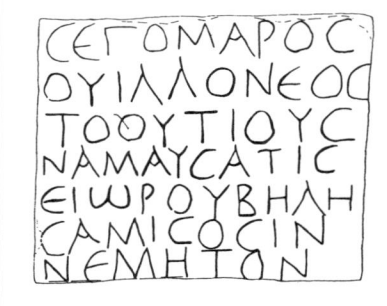

```
CEΓOMAPOC
OYIΛΛONEOC
TOOYTIOYC
NAMAYCATIC
EIWPOYBHΛH
CAMICOCIN
NEMHTON
```

トルのヴェゾン=ラ=ロメーヌ Vaison la Romaine で出土したギリシア文字で書かれたガリア語の碑文で明らかになった（RIG I-G-153）。この碑文には，ニーム出身のガリア人セゴマロスが，自分が女神ベリサマの聖域（*ネメトン nemeton）にこれを奉納したと述べている。アリエージュ県サン=リジエ Saint-Lizier から出土したラテン語の碑文（CIL XIII-8）は，*ローマ風解釈によりベリサマを*ミネルウァと同一視している。地理学者プトレマイオス（2, 3-2）の著作には，イングランドの河口の名称ベリサマ・エイスヒュシス Βελίσαμα εἴσχυσις が見られる。フランスでは，この女神の名は，ベレーム Belesmes，ベレーマ Beleymas，ベレーム Bellême，ブレーム Blesmes，ブリーム Blismes の地名に残った。

ベリ・マウル・ヴァーブ・マノガン Beli Mawr fab Mynogan/*wal.* [ˈbeli maur vaːb məˈnogan] ウェールズの系譜に現われる，多くのウェールズ有力門閥の神話的先祖。『マクセン帝の夢』や『シーズとセヴェリスの物語』の中では，ブリタニアの王，またシーズ Lludd，セヴェリス Llefelys，カスワサウン Caswallawn ら諸王の父としている。『ブリトン人の歴史』では*カエサルの敵として登場するが, Bellinus filius Minocanni 《ミノカンの息子ベッリヌス》というラテン語名となっている。

ヘルウェティイ族 Helvetii　古代の民族誌によれば, 今日のスイスのケルト住民。*タキトゥス(『ゲルマニア』28)によると, ヘルウェティイ族は元々, ライン河とマイン河と中部山地の間の地域, すなわち今日のドイツ南西部に住んでいたが, 紀元前1世紀中にスイス中部に移住した。*カエサル(『ガリア戦記』1-2)によると, ライン河がヘルウェティイ族をゲルマン人から切り離し, ジュラ山脈が彼らとケルト人のセクァニ族の間にあり, レマン湖とローヌ河が彼らと紀元前121年に創られたローマ属州ガリア・ナルボネンシスを隔てていた。この部族の一部は, ゲルマン人のキンブリ族 Cimbri の移動に合流し, 紀元前107年フランス南部アジャン Agen でローマ軍を破った。紀元前58年ヘルウェティイ族全部族連合は, 首長オルゲトリクスの計画によりフランス南西部に入植するために居住地を離れたが, *ビブラクテでカエサルに敗れ, 帰還を余儀無くされた。アウグストゥス帝治世下ヘルウェティイ族の居住地はローマ帝国に併合され, 5世紀初めにローマ軍が退却した後は彼らの土地にはゲルマン系ブルグント人とアレマン人が入植した。

ベルガエ人 Belgae　古代の民族誌によれば, マルヌ河とセーヌ河とライン河と北海沿岸に囲まれた地域に住む一部ガリア人と一部ゲルマン人の諸部族。*カエサル(『ガリア戦記』2-3〜4)によると, この名称は, *アンビアニ族, *アトレバテス族, アトゥアトゥキ族 Atuatuci, ベロウァキ族, カエロシ族 Caerosi, カエマニ族 Caemani, カレティ族 Caleti, コンドルシ族 Condrusi, *エブロネス族, メナピイ族 Menapii, モリニ族 Morini, ネルウィイ族 Nervii, *レミ族, *スエッシオネス族, ウェリオカッセス族 Veliocasses, ウィロマンドゥイ族 Viromandui を含む。カエサルによるベルガエ人征服の後, アウグストゥス帝の下で, 彼らの居住地からローマ属州ガリア・ベルギカ地方が創られた。その主邑ドゥロコルトルム Durocortorum は現在フランスのランス Reims である。

ベルグシア Bergusia　ケルトの女神。*アレシアから出土した奉献碑文(CIL XIII-11247)によると, ベルグシアは*ウクエティス神の伴侶である。

ヘルクレス Hercules/lat.　ギリシアの英雄ヘラクレス Herakles のラテン語名。ゼウスとアルクメネの息子で, 数えきれない冒険をなした神話伝説の英雄として人気が高い。ローマ領ガリアで100を越える奉献碑文が発見され, そのほとんどがローマ属州の北東部から出土している。また約350の彫像も見つかり, これらは棍棒とライオンの皮をもつ典型的な姿となっている。幾つかの碑文では, ヘルクレスは, アンドッスス Andossus (CIL XII-4316, XIII-226), グライウス Graius (CIL XII-5710), イルンヌス Ilunnus (CIL XII-4316) という土着の異名をもつ。文献資料だけだが, ヘルクレスは*オグミオスと同一視されている。

『ヘルゲストの赤書』Llyfr Coch Hergest/wal. [ɬivr kɔːχ ˈhergest]　重要なウェールズ語写本の一つ。かつての保管場所にちなんでこの名が付けられた。1400年頃に成立したと推測され, 中期ウェールズ語詩・散文のほぼすべての分野

にわたる作品例が収録されている。ただし宗教と法律だけは含まれない。ウェールズの題材を用いた11の物語は、今日『マビノギオン』の総称で知られる。その他にも、外国文学作品のウェールズ語訳、医学書や文法書、格言、12～14世紀に在位した王の頌歌が含まれている。現在オクスフォードのボドリー図書館蔵。

ペルスヴァル Perceval　ウェールズ語のペレディルに対応するフランス語名。*クレティアン・ド・トロワの同名の韻文物語に対応するケルトの作品は、中期ウェールズ語の散文物語『エヴラウグの息子ペレディル』である。

ベルティネ Beltaine/ir. ['b'eltan'e]　アイルランドの暦で夏の始まり（5月1日とその前夜）を指す。語源不明。コルマクの語彙集『サナス・ホルミク』によれば、ベルティネには*ドルイドの立会いのもと、無病息災を祈願して牛〔家畜〕に二つの火の間を通らせた。

ベルン・スコリア〔**スコリア・ベルネンシア**〕Scholia Bernensia/lat.〕　コメンタ・ベルネンシア Commenta Bernensia/lat. とも言う。ローマの詩人*ルカヌスの著作の註釈を集成したもの。一部の註釈は4世紀に、一部は8～9世紀に溯るが、10世紀にまとめられた唯一の写本により伝えられている（現在ベルンの市立図書館蔵）。

宗教史上重要なのは、ルカヌスがガリアの神々、*テウタテス、*エスス、*タラニスに捧げられる人身御供について述べている箇所である（『ファルサリア』1-444～446）。このスコリアの匿名の筆者は、それぞれ意見の異なる資料を引用し、テウタテスを*メルクリウスあるいは*マルスと、エススを*マルスあるいは*メルクリウスと、タラニスを*ディス・パテルあるいはユピテルと同一視している。さらに筆者は、人身御供の三つの異なる方法を挙げている。テウタテスへの生贄は、水を満たした大桶に窒息するまで頭を浸けられる。エススへの生贄は、〈四肢が身体から解き放たれるまで〉（この正確な意味は不明）木に吊るされる。タラニスへの生贄は、木製の桶の中で焼かれる。タラニスへの生贄の描写は、ゴネストロップの大釜に描かれている図に認められると考える研究家もいる。エススへの生贄は、木に吊るされ槍で突かれるゲルマンの神オーディンへの生贄と比べられる。ガリアの神々とローマの神々との同一視が信憑性のある古代の伝承に基づくものかどうかは、疑問とされている。碑文から裏付けられるのは、テウタテスとマルス、タラニスとユピテルの同一視だけである。

ヘレクラ Herecura　→アエラクラ

ヘレズ Heledd/wal. ['heleð]　7世紀にウェールズ王国*ポウイスを統治したとされる*カンザラン王の姉または妹。ヘレズの運命は一群の詩の題材となり、『ヘルゲストの赤書』やそれ以降の写本に伝えられ、おそらく9～10世紀成立。これらの詩は、当時散文の形で伝えられ、あるいは誰もが当然のように知っていた物語の、劇的なクライマックスを占めていたとも推測される。その代表的な詩「カンザランの館」 Stafell Gynddylan の中でヘレズは、王の死後、敵に破壊された王城の無惨な状況を語る。かつてかがり火や蠟燭があかあかと照らしていた王城は、今はもう暗闇に包まれている。歌声が響いていたところに、今は沈黙が漂っている。別の詩節ではヘレズは、兄弟の死と、庇護もなく敵に身をさらす自分の運命を嘆き歌う。詩群の3ヵ所でヘレズ

は王家の滅亡を招いた自らをとがめる。しかしこれらの詩句が何を指しているのかは、残された詩節からは推察できない。

ベレヌス Belenus、あるいは**ベリヌス** Belinus　ケルトの神。この名称は、ケルト語の《輝く、光る》の意であると推測される。

ベレヌス信仰は、碑文と、上部イタリアとアルプス東部地域とガリア南部で見つかった文献資料で明らかになった。すでにテルトゥッリアヌス Tertullianus（『弁明』*Apologeticum* 24、『異教徒について』*Ad Nationes* 2-8）が、ベレヌスをアルプス東部のローマ属州ノリクム Noricum の神として言及している。これまでにこの地方ではベレヌスへの奉納一つ（CIL III-4774）が発見されている。ほとんどの碑文（CIL V-732〜755, 8212）は、上部イタリアのローマ人地区アクィレイア Aquileia やその付近で見いだされた。これらの奉納の中には、*ローマ風解釈によりベレヌスを*アポロと同一視するものもある。これについては、歴史家ヘロディアノス Herodianos の証言がある（『神君マルクス以後の歴史』*Ab Excessu Divi Marci* 8-3-8）。彼によると、238年皇帝マクシミヌス Maximinus がアクィレイアを攻囲した時、守護神ベレヌス／アポロが町を加護するという神託のうわさが広まった。のちにマクシミヌスの兵士たちは、戦いに加担する神の姿を町の上空に見たと述べたという。『ヒストリア・アウグスタ』*Historia Augusta* として知られるローマ皇帝伝もこの出来事を報告している（『二人のマクシミヌス皇帝伝』*Maximini duo* 22-1）。

さらに、上部イタリアにおけるベレヌス信仰は、古代のユリウム・カルニクム Iulium Carnicum（CIL V-1829）、コンコルディア Concordia（CIL V-1866）、アルティヌム Altinum（CIL V-2143〜2146）から出土した合計六つの奉納により明らかになっている。また、ローマ（CIL VI-2800）とリミニ Rimini（CIL XI-353）でベレヌスへの奉納が一つずつ発見された。

ガリアのブルディガラ Burdigala（現ボルドー Bordeaux）から古代後期の詩人アウソニウス Ausonius がベレヌスの聖域について報告している（『ブルディガラの教師たちの思い出』*Commemoratio Professorum Burdigalensium* 4-7以下と10-22以下）。しかしこれに関する碑文の証拠がこれまでないことから、ここにあるベレヌスという名前は、単にアポロを学識者らしく言い換えたのではないかと推測される。それに対し、幾つかのベレヌスへの献碑文がフランス南部で出土した。これには、ベレヌスの名をギリシア文字で宝石（CIL XII-5693）に刻んだり、ラテン語で石に刻んだりした碑文（CIL XII-5958）もある。ベレヌスのためにギリシア文字で書かれたガリアの碑文（RIG I-G-28）が、サン゠シャマ Saint-Chamas から出土している。さらに、マルセイユ（RIG I-★G-24）とサン゠レミ゠ド゠プロヴァンス（RIG I-G-63）から出土した、一部破壊された二つの碑文に見られる神名もベレヌスと推測される。

ベッロウァキ族 Bellovaci　*カエサル（『ガリア戦記』2-4他）によると、*ベルガエ人の中でもその数と勢力において群をぬいていた部族。この部族名は、かつてカエサロマグス Caesaromagus と呼ばれたボヴェー Beauvais の町名に残っている。

ヘロドトス Herodotos　最初のギリ

シア人歴史家の一人。紀元前484年頃ハリカルナッソス（小アジア）で生まれた。各地を旅行した後，ギリシア人と異邦人との戦いについて歴史を著わしたが，これは民族学的にも貴重なものである。その2カ所（2-33, 4-49）で，古代の著述家では最初期の一人としてケルト人に言及している。彼によると，ケルト人はイストロス河（ドナウ河）の水源地域と，ヘラクレスの柱の対岸すなわちイベリア半島に住んでいた。この記述の出典は，紀元前6世紀のギリシアの航海記と推測される。

ヘンウェン Henwen/*wal.* ['henwen]
『ブリテン島三題歌』に登場する魔法の力を持つ牝豚。豚飼いの*コース・ヴァーブ・コスヴレウィのもとにあった。コースはヘンウェンの後を追って，コーンウォールからグウェントやダヴェドを経てグウィネズまで行った。旅の途中ヘンウェンは，ウェールズ南部で小麦と大麦と蜜蜂を産み出したが，北部では狼と鷲と猫のような怪物を産んだ。

ベン・シーデ ben síde/*ir.* [bʲen ʃiːðe]
（英語化された形は banshee [bænˈʃiː] バンシー。）アイルランドの民間信仰では，ある家の近くで悲嘆の叫びをあげ，その家の誰かがまもなく死ぬことを告げる謎に満ちた女とされる。この叫び，あるいは呼び声は，ほとんどの場合，彼女がそこに姿を現わしたことを示す唯一の手掛かりとなる。家族の誰かが見たと主張する場合は，たいてい長い白髪の老女として説明される。バンシーは，現代アイルランド語形バン・シー bean sí が英語化されたものである。古い語形ベン・シーデは，中世アイルランド文学において，丘や墳丘（陵墓）に住むと考えられた妖精を表わした。中世の数多くの文献によれば，それらの妖精は独自のやり方でそれぞれの土地の王を見守り，王の死を臣下と同じように悼んだとされる。死を告げる者という妖精のイメージは，イングランドによるアイルランド征服の結果，高い身分の家庭からアイルランドの民衆すべてに広がったと推測される。

変遷 →歴史

ベンディゲイドヴラン Bendigeidfran →ブラーン・ヴェンディゲイド

ホ

Boadicea **ボアディケア** →ボウディッカ

ボアン →ボアンド

ボアンド Bóand/*ir.* ['boand] 後代のボアン。英語形はボイン Boyne。現代のボイン河。この名称はすでに地理学者プトレマイオス Ptolemaios（2世紀）に，本来の形 bouinda が現われており，おそらく《白い牛》を意味していた。

*神話物語群では，ボアンドはボイン河に名前を与える神として登場する。*ネフタンあるいはエルクワルの妻とされ，また*ダグダの恋人ともされる。ボイン渓谷にあるニューグレンジのケルト以前の墳墓一帯は，彼女にちなんで*ブルグ・ナ・ボーネと呼ばれる。

ボイイ族 Boii 古代の*民族誌によれば，元来ガリアに住んでいたケルト部族。紀元前4世紀にボイイ族は上部イタリアに移住し，ポー平原に定住した。彼らの主邑は，かつてフェルシナ Felsina と呼ばれたボノニア Bononia（現ボローニャ Bologna）だった。紀元前193年ボイイ族はローマ人に敗北し，アルプスを越えて撤退し，彼らにちなんで名付けられたボヘミア（ボイオハエムム Boiohaemum）に入植した。ボイイ族の一部は

紀元前1世紀中頃そこから西へ移動して*ヘルウェティイ族と合流し、残りのボイイ族は南東へ進み小ハンガリー低地に定住した。

ホイネブルク Heuneburg　ドイツ南西部バーデン=ヴュルテンベルク州、ジークマリンゲン Sigmaringen 郡のドナウ河西岸にある、青銅器時代から中世初期まで使用された城砦の現在名。ここには紀元前6〜5世紀に初期ケルトの首長の城砦があり、今日最もよく調査された遺跡である。城砦の底面は3ヘクタールに及び、全ての側面は城壁で守られていた。考古学調査の結果によると、これらの城壁はそれぞれ異なった時期に改築された。改築にはほとんど常に木材と石と土砂が用いられた。ただ一部だけ、地中海式の城壁に倣って、石灰岩の切石の礎石の上に日干し煉瓦で高さ3〜4メートルの城壁も作られた。このために、数千立方メートルの四角い切石が6キロメートル離れた石切場から運び込まれた。当時の城砦の内部では、住居や貯蔵庫や工房の遺構が見つかった。これらの建造物は木材と土壁で建てられ、小路によって互いに隔てられていた。発掘では大量の壊れた土器が見つかったが、青銅や鉄や貴金属の物品はわずかだった。これは、ホイネブルクは居住の終りには完全に掠奪されてしまったか、あるいは住民によって動産はすべて持ち去られたことを物語っている。

ホイネブルク付近の*ホーミヒェレを含めた多数の墳丘は、この初期ケルトの集落が重要な地位を占めていたことを明らかにしている。1985年、近くのヘルベルティンゲン=フンデルジンゲン Herbertingen-Hundersingen にある、ハイリヒクロイツタールの修道院が所有したかつての十分の一税穀物庫にホイネブルク

日干し煉瓦の城壁に守られたホイネブルクの城砦（復元図）

博物館が開設された。そこでは，解説・図解のパネルや映像や，発掘品や模型によって，ホイネブルクの歴史やその研究内容をわかりやすく説明している。博物館から一周8キロメートルのハイキングコースが設けられ，付近の墳丘群や後期ケルトの方形土塁を一巡できる。

ボイン →ボアンド

ポウイス Powys/*wal.* ['powis]　ウェールズ中部の地方。5世紀初めにローマ軍が撤退した後，ここにケルト人の独立王国が興り，12世紀後半に分割されるまで，領土の広さは変化しながらも存続する。現在のポウイスは1974年にブレコンシャー，ラドノアシャー，モントゴメリーシャーが合併して新設されたが，中世のポウイスと比べて南方に大きく拡大している。

法官 →ブリテウ

方形土塁 Viereckschanzen/*dt.*　土塁と壕によって外の世界と隔てられた特別な形式のケルトの祭祀場。この名称は伝統的なものだが，誤解を招きやすい。というのは，方形土塁は以前考えられたような防備施設とは無関係だからである。

方形土塁は，フランス大西洋岸からボヘミアに至る幅広い地帯に分布している。特に，ライン河，マイン河，イン河間のドイツ南部に多い。方形土塁が築かれた場所の地形は千差万別だが，明らかに開けた場所にあることはごくまれである。時おり泉や河川の近くで見つかっているが，そのような場所であることが選択の基準であったのかどうかは，評価が定まっていない。

方形土塁の外形上の特徴は，一辺の長さが不規則で，正方形に近いか，あるいはほぼ長方形になっている。バーデン＝ヴュルテンベルク州とバイエルン州で計測された遺跡200弱のうち，最大のものは1.7ヘクタール，最小のものは0.2ヘクタールである。通常一つしか門がない。ドイツ南部のものは，門はたいてい東に位置し，稀に南や西にあることもあるが，北にはない。三つの遺跡から，合わせて九つの内部建築物の土台が認められたが，たぶん祭祀目的に使われたのであろう。発掘や航空写真によって，多くの方形土塁の内側に竪坑が掘られていたことがわかった。これが生贄用のものか，井戸なのかは，確定されていない。

多くの場合発掘に際し，紀元前2～1世紀の手づくりの実用土器の破片が出土した。ローマの土器が出土したことは，方形土塁の多くがローマ時代になってからも——おそらく別の目的で——使用されたことを推測させる。

ボウディッカ Boudicca　タキトゥス（『年代記』14-31～37，及び『アグリコラ』*Agricola* 15以下）とカッシウス・ディオ Cassius Dio（『ローマ史』42）によると，ブリタニアのイケニ族の女王。占領国ローマの彼女に対する不当な干渉は，60年にブリタニア人数部族の反乱を招いた。ブリタニア人は，カムロドゥヌム Camulodunum（コルチェスター Colchester），ウェルラミウム Verulamium（セント・オールバンズ St. Albans），ロンディニウム Londinium（ロンドン）等のローマ人都市を征服したが，ローマの総督スエトニウス・パウリヌス Suetonius Paulinus によって潰滅的打撃を受け，ボウディッカはその後まもなく毒をあおいで自殺した（タキトゥス），あるいは病死した（カッシウス・ディオ）。

1921年ボウディッカという名の女神に捧げられた祭壇がボルドーで発見された。

碑文（ILTG 141）によると，これはブリタニア人商人が寄進したものであり，その石質調査により，この祭壇はイングランド北部産であることがわかった。おそらく船のバラストとしてボルドーに持ち込まれたのであろう。歴史上のボウディッカと同名の女神との関係は，明らかではない。おそらく女王は女神にちなんで名付けられたが，死後，女王自身も女神として信仰されるようになったのであろう。

歴史上の女王ボウディッカは，ジョン・フレッチャー Fletcher, John（1579～1625）とリチャード・グローヴァー Glover, Richard（1712～1785）による戯曲それぞれで主人公となっている。ウィリアム・カウパー Cowper, William（1731～1800）と，アルフレッド・テニスン卿 Lord Tennyson, Alfred（1809～1892）が，ボウディッカのバラードを創作した。女王が戦車に乗っている青銅の記念碑は，トマス・ソーニークロフト Thornycroft, Thomas（1815～1885）が制作し，ロンドンのテムズ河に架かるウェストミンスター橋近くに建てられた。

奉納物 信者が祈願成就したため（ex voto/*lat.*《誓約のため》）祭祀場に献じた供物。その動機は，たいてい病気や飢饉や戦争のような危難から運よく切り抜けたことである。病気治癒を祈願して，病人あるいは発病した身体の一部を形どった奉納物の彫像がしばしば発見されている。ケルト人の奉納物の重要な出土地に，セーヌ河水源（*セクァナ）にある祭祀場や*シャマリエールの聖域が挙げられる。そこでは非常に保存状態の良い木偶が数千も発見され，これらには人物像が多数あったばかりか，四肢や内臓を象ったものもあった。

法律 *神話と同じように，ケルト人の法律は太古にはもっぱら口承のみによって伝えられた。そのため，法律に関する最古の報告は古代の*民族誌によるものだが，これらはわずかの断片的で，あまり体系的でない観察に限られる。この中には，例えば*カエサルによる，ドルイドの裁判官としての機能や，*カルヌテス族の聖地で毎年開かれる彼らの法廷についての報告（『ガリア戦記』6-13），あるいは*女性や*子供の法的な地位についての報告（同6-19）がある。それに対して法律書や法的規定は，ようやく*キリスト教化後の時代になって書き記された。アイルランド最古の〔法律〕文献は7／8世紀の

セーヌ河の水源地で発見された奉納物の土偶

ものである。一方，ウェールズの法律の諸規定そのものは10世紀のヒューウェル・ザー Hywel Dda の法律まで遡れるが，部分的には更に後の時代の起源である。

アイルランドの法律はようやくここ数十年で概要が明らかになったが，初めは特に古代的な特徴についての研究に偏っていた。近年はこれに対して，キリスト教や中世の社会関係の影響がしだいに考慮されている（*ブレホン法，*ブリテウ）。

ホーエンアスペルク Hohenasperg

ドイツ南西部バーデン＝ヴュルテンベルク州，ルートヴィヒスブルクの西にある高台。山頂そのものは大規模な上部構造物が建っているために考古学発掘が実施されなかったにもかかわらず，最も重要な初期ケルトの*首長の城砦の一つとされる。これは，一方では山の支配的な位置から，他方ではハルシュタット後期からラ・テーヌ前期にかけての多数の*首長の墳墓に地理的に近いことから，推論される。*ホイネブルクと同様に，新しい方の墳墓は古いものよりも城砦の近くに位置している。これらの文化財のうちで最も重要なものには，*グラーフェンビューレや*クラインアスペルクレや*ホーホドルフや*ヒルシュランデンの墳墓が数えられる。

牧畜

ケルト人の農業にとって農耕と並んで決定的な役割を担っていた。牧畜に関する今日の知識は，特に集落のゴミ捨て場の考古学調査による獣骨の発掘品に基づいている。最も一般的な家畜は牛で，車輛の牽引にも農耕にも使われ，牝牛は牛乳の供給源ともなった。次の位置を占めるのは*豚であり，古代の*民族誌の記述にたびたび言及されている。主に羊毛を得るために飼育された羊と山羊は，牛や豚に比べてただ従属的な位置を占めていたにすぎない。家禽には鶏とガチョウがあった。*馬と異なりケルト人の牛や豚はその野生種よりもはるかに小さく，これはおそらく越冬用の家畜飼料が乏しかったことに関連している。

アイルランドでは，はるかのち中世になっても，家畜の所有はある男とその家族の富と社会的地位を示す指標となった。このため家畜という要因は物語においても重要な役割を担っている。

母系制

主に母親の系統によって継承される親族関係。これに応じて，母系制社会においては，子供は母親の家族のみに属すると見なされ，父親の家族には属さない。初期資料の例証によると，例えば（ケルト人ではない！）*ピクト人の王位は母系制の原則に従って継承された。それとは逆に，アイルランドでは常に父系親族関係によって氏族（フィネ）が形成され，母親の親族は子供に対してただ若干の権利と義務を保持していたにすぎない。

女性が社会的，政治的な権力を行使する母権制と，母系制とは異なる。

母権制，家母長制 →女性，→ケルト・イデオロギー，→母系制

母神 →アヌ，→マトロナエ／マトレス

ポコルニー，ユリウス Pokorny, Julius（1887～1970）

言語学者，ケルト学者。プラハ生まれ。法学と言語学を学んだ後，かつて K.*マイヤーが占めていたベルリンのフンボルト大学のケルト学教授職に招聘された。ユダヤ人の血を引くため停職処分になり迫害を受け，1943年スイスに逃れて，没するまでチューリヒ大学の私講師として暮らした。主著『インド＝ゲルマン語語源辞典』*Indogermanisches etymologisches Wörter-*

buch（2巻本，1959〜1970）で特に有名である。その他に，アイルランド語文献多数の校訂出版や翻訳，アイルランド語学習の参考文献や，ヨーロッパ先史に関する刊行も行なった。島嶼ケルト語におけるケルト語以前の*基層言語の影響に関する研究は，特に弟子 H. ヴァーグナーによって継承された。──ジェイムズ・ジョイス Joyce, James（1882〜1941）の小説『ユリシーズ』*Ulysses* 第10章に，ケルト神話の研究者として《ウィーンのポコルニー教授》が登場する。

ポセイドニオス Poseidonios 紀元前2／前1世紀のギリシアの哲学者，地理学者，歴史家。アパメイア（シリア）生まれ。地中海全域を広く旅行した後，ロドス島でストア派哲学の教師として活躍した。多くの著作を成したが，そのうち20篇余りの題名や内容が知られている。歴史学の主著は，52巻からなる歴史書で，断片のみ現存する*ポリュビオスの世界史以降を叙述したものである。その第23巻には，ガリアとその住民についての詳細な記載があったとされ，*アテナイオス，シチリアの*ディオドロス，*ストラボンによる引用や借用により部分的に復元されている。ポセイドニオスの叙述は，その正確さと多彩さ故にギリシア・ローマの*民族誌の証言の中でも傑出している。その叙述は長い間，古代におけるケルト文化の見方を決定し，近代のケルト人像にも多大な影響を与えてきた（*ケルト・イデオロギー）。

ボップ，フランツ Bopp, Franz（1791〜1867）ドイツ人。比較言語学の創始者の一人とされる。1838年『比較言語研究の観点から見たケルト諸言語について』*Über die celtischen Sprachen vom Gesichtspunkte der vergleichenden Sprachforschung* の研究によって，ケルトの諸言語が印欧語族を構成する一つの語派であることを証明した。それ以前にすでにジェイムズ・カウルズ・プリチャード Prichard, James Cowles やアドルフ・ピクテ Pictet, Adolphe がこの見解を主張していた。

ボディオカッセス族 Bodiocasses, あるいは**バイオカッセス** Baiocasses（ウアディカシオイ族 Uadikasioi/*gr.*）

古代の*民族誌によると，ケルト人の部族。彼らにちなんでバイユー Bayeux と名付けられた町の付近に住んでいた。ケルト学者*トゥルナイゼンの推測によると，buidechas/*air.*《ブロンドの巻毛》と同じガリア語が，ボディオカッセス族の名称に関係するらしい。しかし上記のように伝えられる名前に変形があるため，これは疑わしい。

ボドヴ【1】 Bodb/*ir.* [boðv] *神話物語群に現われるダグダの息子で，*トゥアタ・デー・ダナンの王。彼の王宮は妖精の丘シード・アル・フェウィン Síd ar Femin とされる。物語『フィントラーグの戦い』では，ボドヴは*フィン・マク・クウィルの武者団の《世界の王》(rí an domhain) に対する戦いで武者団を助ける。

ボドヴ【2】 Bodb/*ir.* [boðv] 後代のバドヴ Badb，戦いの鬼神。彼女はふつう鳥の姿で現われ，武者たちに戦いをしかける。戦死者の死骸に小躍りして喜ぶ。

ボトリータ Botorrita スペイン北東部，アラゴン地方の主要都市サラゴサの南々西約20キロメートルに位置する。1970年，この地の北約1キロメートルにある古代遺跡コントレビア・ベライスカ Contrebia Belaisca の考古学調査が建

設工事に先立って行なわれた。この際、他の発掘品に混じって、イベリア文字の一種が書き付けられた青銅板（40.5センチ×10センチ）が見つかった。調査の結果、この*ケルト・イベリア語の碑文は、おそらく紀元前2世紀末から前1世紀初頭のものと判断された。いろいろな碑文解釈の試みがなされたが、本文の内容についてはこれまで見解は一致していない。第1の部分はどう見てもある特定の建物を破壊することを禁じたもので、第2の部分はこの禁止命令を出した人物の名前が挙げられていると考えられている。現在この碑文はサラゴサの考古学博物館所蔵。

ホーホシャイト Hochscheid　ドイツ西部ラインラント＝プファルツ州、フンスリュック山地のベルンカステル＝ヴィットリヒ Bernkastel-Wittlich 郡にある。ホーホシャイトの東南約3キロメートルに位置する高層湿原で、1939年利水工事の際にガロ＝ローマ時代の聖なる泉が発見された。同年に実施された考古学調査で、ガロ＝ローマ時代の回廊神殿と、多くの石像や貨幣や土器が見つかった。多数の杯の破片は、泉の水が治癒のために飲まれたことを物語っている。続く1962年から66年までと72年の発掘で、近在の宿泊施設や浴場や更にもう一つの建物が考古学調査された。1940年に発見された碑文によると、神殿はケルトの*夫婦の神々に献じられた。女神の名前として*シロナが出ているが、他方では男性の伴侶はローマ風解釈により*アポロと同一視されている。発掘品の考古学的分析が明らかにしたところでは、この遺跡は紀元50年から150年の間に建てられた。3世紀の終りに放棄され、神殿は——おそらくキリスト教徒によって——破壊された。

ホーホドルフ Hochdorf　ドイツ南西部バーデン＝ヴュルテンベルク州、ルートヴィヒスブルク郡にある。1968年この近くで、紀元前6世紀後半の最も重要なケルトの*首長の墳墓の一つが発見された。1978～79年に、耕作地の中にあってほとんど平らになってしまったこの墳丘の考古学調査が行なわれた。そして、贅沢に飾りつけられた墓室が手つかずのまま発見された。墓室の中には、40歳前後の男性の保存状態のよい遺骨が、打ち出し細工の青銅の寝台（クリネー）の上に安置されていた。死者には、白樺の樹皮で作った帽子〔笠〕と釣針3個と矢の入った箙（えびら）を含む、数多くの個人の持ち物が手向けられていた。更に死者の衣服は埋葬のために特別に作られた金の装飾で飾られていた。その他の副葬品には、四輪の*車両と*馬銜（はみ）や、大量の飲食器も見つかり、その中には地中海域から輸入された500リットルの容量を誇る青銅の*大釜もあった。

遺跡の環境条件がよかったので有機物も例外的に保存状態がよく、当時の生活や環境を遡って推論することができた。例えば、箙や矢の調査から、当時の高度な専門知識によって選ばれた木材の種類に関する情報が得られた。大釜にはまだ蜂蜜酒の沈殿物が残っていたので、分析により酒造法や墳墓の周辺の植生についての知識が得られた。繊維の遺物の検査から、布地の材質や製造法や使用された生地の染色について価値ある認識を得ることができた。

1985年、ホーホドルフの墳丘は、7000立方メートルの土砂と280トンの岩石を使って元の形に復元された（高さ6メートル、直径60メートル）。墳墓の発掘品は入念な保存処理と復元ののち、現在シ

ホーホドルフの墳墓で出土した青銅の寝台に表現された四輪戦車図

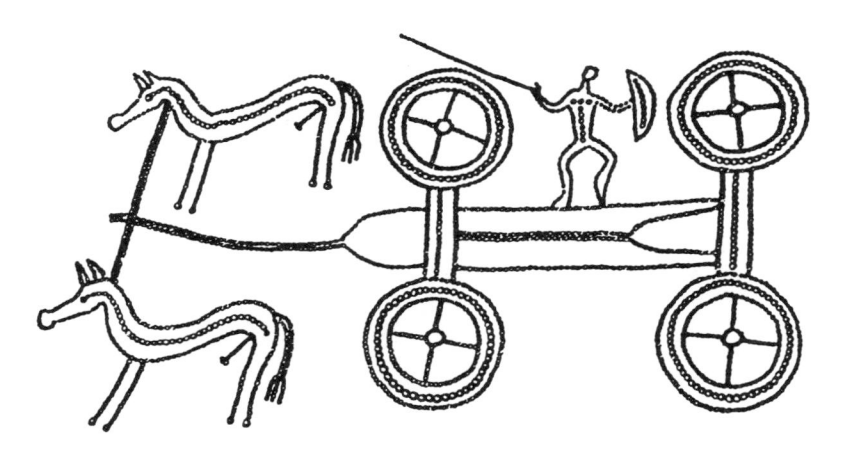

ュトゥットガルトの州立ヴュルテンベルク地方博物館所蔵。現地では1991年以来, ホーホドルフ=アン=デア=エンツ Enz のケルト博物館が, 原物に忠実なレプリカを用いて発掘調査結果を紹介している。この近くに複数のケルト人住居が復元され, 野外博物館として公開される。

ホーミヒェレ Hohmichele *ホイネブルクの西2キロメートルにあるケルトの*首長の墳墓。直径80メートル弱, 高さ14メートルの, 中欧では最大級の墳墓の一つ。1937〜38年この墳墓の一部が考古学調査され, 遺跡の中央部に厚板で作られた中央墓室が見つかったが, 内部は盗掘者によって完全に荒らされてしまっていた。墳丘の周縁で多数の隣接墓が発見され, 中には手つかずの男女合葬の墓もあった (6号隣接墓室)。四輪の*車両や馬衛や多数の生活用品や*装身具も見つかった。

ボーラワ Bórama/ir. [ˈboːraμa] 中世の資料は, レンスターが長い世代にわたってウイ・ネール朝 Uí Néill の王に支払ったという貢ぎ物をこのように呼んでいる。この貢納に関する出来事を, 同様に『ボーラワ』*Bórama* と呼ばれる物語が, 一部は散文, 一部は韻文の形で伝えている。現存するこの物語のテキストはおそらく10/11世紀頃に成立した。長短二つの稿本が『レンスターの書』といわゆる『レカンの書』に伝えられている。この物語によると, 1世紀に, *トゥアタル・テフトワル王の二人の娘がレンスター王のせいで死んだため人命金(エーリク éraic)としてボーラワを徴収した。請求があまりにも高額だったので, 幾多の戦いを引き起こし, 時にはレンスター王が勝ち, 時にはタラ (*テウィル) に住むウイ・ネール朝の王が勝った。やっと7世紀になって, 聖モ・リン Mo Ling がレンスター王の求めに応じて策略によりこの貢納金の廃止を実現した。

ポリュビオス Polybios 紀元前2世紀のギリシアの歴史家。メガロポリス

ホーミヒェレの車両墓（復元図）

（ギリシア）生まれ。168年に捕虜としてローマに連行され，地中海西域への旅行を数度試みた。断片のみ現存する彼の主著『歴史』Ἱστορίαι は40巻を数え，紀元前264年から144年までを扱った世界史である。その中で著者は，ローマの興隆から世界国家に成長するまでを叙述し，分析しようとした。第2巻の第27～31節では，テラモン岬の戦い（紀元前225年）に関する記述でケルト人の*軍事に関する貴重な情報を伝えている。

ボルウィンヌス Bolvinnus ケルトの神。この神への信仰は，ニエーヴル県ブイ Bouhy から出土した二つの奉献碑文（CIL XIII-2899, 2900）が明らかにした。その中で，この神はローマ風解釈により*マルスと同一視されている。

ボルウォ Borvo，あるいはボルモ Bormo ケルトの神。この名は，おそらく《沸く》というケルト語から派生し，温泉地で信仰された神と関連しているだろう。ボルウォは，オート＝マルヌ県の温泉地ブルボンヌ＝レ＝バン Bourbonne-les-Bains や，ソーヌ＝エ＝ロワール県のブルボン＝ランシー Bourbon-Lancy の名に残っている。ボルウォの奉献碑文（CIL XIII-2805～2808, 5911～5920）は，この二つの町と，ニエーヴル県のアントラン Entrains（CIL XIII-2901）とサヴォワ県のエクス＝レ＝バン Aix les Bains（CIL XIII-2443, 2444）で発見された。ブルボン＝ランシーから出土した碑文（CIL XIII-5911）の一つは，*ローマ風解釈によりボルウォを*アポロと同一視している。この神の伴侶として女神*ダモナが幾つかの奉納に見られる。さらにガリアでは，ボルマヌス神 Bormanus（CIL XII-494, 1561）とボルマナ神 Bormana（CIL XII-1561, CIL XIII-2452）への碑文が見つかり，ボルマニクス Bormanicus という名の神への二つの奉納（CIL II-2402, 2403）がポルトガルから出土した。

ホルダー，アルフレート Holder, Alfred（1840～1916） ウィーン生まれの古文書学者及び言語学者。ハイデルベルクとボンの大学で学んだ後，1870年から死に至るまでカールスルーエのバーデン大公宮廷および大公図書館の司書として働いた。この間，多くの写本を公にし，主にラテン語文献の研究や出版を行なった。1891年から1913年にかけて刊行された3巻に及ぶ主著『古ケルト語語彙集』*Altceltischer Sprachschatz* は，古代の碑文や文学作品の中に含まれるケルト語の語彙を，アルファベット順に完全に網羅しようとしたものである。この収集に匹敵する完全性を誇る作品は今日まで現われていないが，ケルト語学の発展や数多くの考古学上の新発見にともない，個個の事例の増補改訂が必要である。

ホルツガーリンゲン Holzgerlingen ドイツ南西部バーデン＝ヴュルテンベルク州のベーブリンゲン Böblingen 郡にある。19世紀中葉，砂岩の一種で作られた二面の神像（高さ2.3メートル）が見つかった。おそらく紀元前5世紀のものと考えられ，現在シュトゥットガルトの州立ヴュルテンベルク地方博物館所蔵。

ホルツハウゼン Holzhausen ドイツ南部バイエルン州ミュンヒェン郊外にある。1957～63年，ここにある最も有名なケルトの*方形土塁の一つが考古学調査され，この聖域に施された拡張工事の合わせて5次の各工期を識別することに成功した。囲い地の中の片隅にあった木造建築物の遺構のそばで，深さ35メートル，12メートル，6.5メートルの三つの竪坑

ホルツガーリンゲンで出土した二面の神像石柱

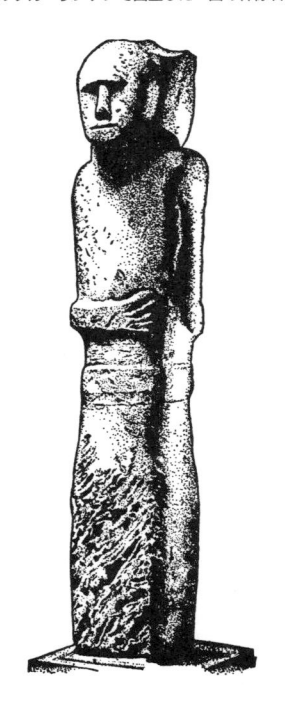

が発見された。これらはおそらく生贄の残存物処理に使われたと思われる。

ポンポニウス・メラ Pomponius Mela　43／44年『地方誌』*De Chorographia* の表題のもとに、現存する最古のラテン語地理誌を著わした。*ドルイド（3-2-18以下）と、ブルターニュ西岸のセナ Sena 島（現サン島 Sein）にあるガリアの神の聖域（3-6-8）に関する報告はよく知られている。このローマの地理学者の記述によると、この聖域は、ガリゼナエ Gallizenae と呼ばれる9人の乙女に守られていた。この処女たちには魔法の歌によって嵐を呼び起こし、どのような獣にも姿を変え、不治の病を治し、未来を予言する能力があるとされた。島嶼ケルトの伝承でこれに相当するのは、モンマスのジェフリーにより残された*アヴァロンと呼ばれる島の伝説であると考えられる。

マ

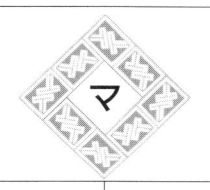

埋葬形式 →死と埋葬

マイヤー, クーノ Meyer, Kuno (1858〜1919) ハンブルク生まれのケルト学者。古代史家マイヤー, エドゥアルト Eduard (1855〜1930) の弟。E. *ヴィンディシュのもとで言語学などを学んだ後, 1884〜1911年リヴァプール大学でドイツ語・ドイツ文学を教えた。学問上の主な関心はアイルランド語・アイルランド語文学に向けられ, 出版と (英語への) 翻訳によって更なる普及を試みた。1903年, 彼の提案でダブリンに*アイルランド語研修所が創設された。ケルト学の研究誌として, ドイツで L. Ch. *シュテルンと共に『ケルト言語学誌』*Zeitschrift für celtische Philologie* を, アイルランドでは J. *ストローンと共に雑誌『エーリウ』*Ériu* を創刊した。11年, H. *ツィマーの後任としてベルリン大学ケルト言語学教授職に招聘され, 没するまでその職にあった。12年, 彼のアイルランド語と文化への尽力に対して, ダブリンとコーク両市は名誉市民の称号を贈った。

マイルグン Maelgwn/*wal.* ['mailgun] 6世紀前半にウェールズ北部の王国*グウィネズを治めていた王。マイルグンに関する最古の資料は, 同時代人である*ギルダスに負っている。彼は著作『ブリタニアの破滅について』*De excido Britanniae* の中でマイルグンの生活態度を鋭く批判している。伝説中の人物としてマイルグンは『タリエシン物語』に現われる。

マイル・ドゥーン Mael Dúin/*ir.* [mail duːnʲ] 物語『マイル・ドゥーンの航海』の主人公。

『マイル・ドゥーンの航海』 Immram Curaig Maíle Dúin/*ir.* ['imraμ 'kuriɣ/ 'μaiľe duːnʲ] 10世紀に一部は散文, 一部は韻文で記された航海譚 (*イムラウ)。この物語は『レカンの黄書』に完全な形で保存され, 『*赤牛の書』と他の二つの写本にも断片が残されている。物語の主人公マイル・ドゥーン Máel Dúin は武者とキルデアの修道院の修道女との息子である。父親が殺された後, マイル・ドゥーンは王の宮廷で育てられ, 青年となったとき初めて出自について知らされる。父親の死に関して聞き知り, 同志数人と共に武装して舟に乗り, 仇討ちに旅立つ。航海の間に一行は不思議な冒険を次々と体験する。人食い大アリの島や, 金の大林檎(りんご)を食べて生きる鳥の島。三つ目の島で優雅に着飾った女に客として迎えられ, 3日間歓待を受ける。しかし, 一行の一人が女主人にマイル・ドゥーンと褥(しとね)を共にする気がないかと問い質すと, 明くる朝, 一同は再び洋上を漂う舟の上にいるのに気づく。更に多くの冒険を経たのち, ようやくマイル・ドゥーンたちはアイルランドにぶじ帰り着く。

マイル=ムレ・マク・ケーレヒル Mael-Muire mac Célechair/*ir.* [mail 'murʲe mak 'kʼeːlʼeχirʼ] 『赤牛の書』を書いた二人の写筆僧のうちの一人。いわゆる四巨匠の年代記の記述によると、彼は1106年クロンマクノイズの修道院にある石造りの教会で略奪者たちに殺害された。このことから、『赤牛の書』の最も古い部分が書かれたのは1100年頃だと判断される。

マヴィイ Mavilly　フランス東部ブルゴーニュ地方、コート＝ドール県にある。ガロ＝ローマ時代に重要な聖なる泉があった。ここで発見された石柱は四面にガリアの神像が描かれていた。帽子をかぶらず、鎖帷子を着て立つ男神像は最も有名で、首環（*トルク）を着け、槍と盾を手にしている。その左側には女神が男神の肩の上に手をおいて寄り添う。右側には羊頭の蛇がとぐろを巻き、鎌首をもたげている。様式からしてこの石柱は1世紀初頭のものと考えられる。描かれた神の名前は碑文がないために推定しかできない。

マク mac/ir. [mak]　《△△の息子》を意味し、しばしばアイルランドやスコットランドの人名の一部を成す（*オー）。語源的にウェールズ語の人名に使われる*アプ／アブと対応し、アングロ＝ノルマンのフィッツ Fitz（フィッツジェラルド Fitsgerald＝マッギャラルト MacGearailt）と同じ意味である。女性名でこの言葉に相当するのはニー ní《△△の娘》、またはニク nic（ニー・ウィク ní mhic《△△の息子の娘》）で、ウェールズ語ではメルフ merch／ヴェルフ ferch となる。

マク・クル, マク・ケーフト, マク・グレーネ Mac Cuill, Mac Cécht, Mac Gréine/ir. [mak kuLʼ, mak kʼeːχt, mak ˈgrʼeːnʼe]　『アイルランド来寇の書』に登場するトゥアタ・デー・ダナンの三王。*ミールの息子たちが来寇したとき、アイルランドを共同で治めていたとされる。王妃はそれぞれ*バンヴァ、*フォードラ、*エーリウだったという。

『マクセン帝の夢』 Breuddwyd Macsen/wal. [ˈbreiðuid ˈmaksen]　マビノギオンの名で知られる物語群の中の一つ。物語は、ローマ皇帝マクセン Macsen が夢の中で見た幻の美しい女性に恋をする場面から始まる。マクセンが派遣した使者たちは、帝の夢に現われたのはブリタニアの王女エレン・リイザウグ Elen Luyddawg であることを見つけだす。その後マクセンはブリタニアを征服すると、エレンを妃とし、エレンの父親にブリテン島の支配権を与える。彼がローマを離れている間、ローマ人が新たな皇帝を選出するが、エレンの弟たちの精力的な援助により、帝国支配を回復することに成功する。

この物語の主人公マクセンの名は、ロ

マヴィイ出土の石柱に表わされた夫婦神と羊頭の蛇

ーマ皇帝マクセンティウス Maxentius（306〜312）に由来する。しかしマクセンの歴史的なモデルは、ローマ軍司令官マグヌス・マクシムス Magnus Maximus である。彼は383年ブリタニアにいる自分の部隊によって皇帝に選ばれ、その後無惨な最期を遂げるまでの5年間、ブリタニア、ガリア地方、スペインを支配下に置いた。

マク・ダトー《二人の唖の息子》 Mac Dathó/ir. [mak ˈdaθoː] 物語『マク・ダトーの豚の話』の主人公。本名はメス・ロイダ Mes Roeda で、《大きな森のオークの実り》〔オークの実＝どんぐりは豚の冬場の飼料だった〕を意味する。

『マク・ダトーの豚の話』 Scéla mucce Meic Dathó/ir. [ˈʃkʲeːla ˈmukʲe mikʲ ˈdaθoː]
*アルスター物語群に属する。この物語の現存する最古の稿本は『レンスターの書』に残されている。物語はこのように始まる。アルスター王*コンホヴァルと、コナハト王アリルは、同じ頃マク・ダトー Mac Dathó のところへ使いを送り、彼が所有する猛犬アルヴェ Ailbe を譲るように頼む。マク・ダトーはどちらの使いにも敢えて断ることができず、コンホヴァルにもアリルにも犬を譲る約束をし、二人を宴席に招待する。その席上に調理された巨大な豚が運び込まれると、豚を切り分ける名誉をめぐって（*クラド＝ミール）、アルスターとコナハトの勇者たちは互いに激しく言い争う。そして、*コナル・ケルナハがその争いに勝ち、コナハトの者たちには豚の前足だけしか渡そうとしなかったので、遂に戦いが始まり、アルスターの勇者たちが打ち勝つ。敗走するコナハト人を追いかけた猛犬アルヴェは、アリルの戦車の御者に殺される。

マクダレーネンベルク Magdalenenberg ドイツ南西部シュヴァルツヴァルト地方のフィリンゲン＝シュヴェニンゲン Villingen-Schwenningen 郊外にある、ケルトの首長の墳墓の現代名。この遺跡は原寸直径104メートル、高さ8〜10メートルで、鉄器時代における中欧最大級の墳墓であり、*ホーミヒェレと並んで、この種の遺跡としては最古のものである。墳丘の中央部は、古代に盗掘されたと見られる中央墓室も含め、既に1890年に発掘された。1970〜74年に完全に調査されたが、その際中央墳墓の他に合計126の副墓も発掘された。これらの墓室とオークの厚板で作った中央墓室の小さな発掘品は、現在フィリンゲン＝シュヴェニンゲンのフランツィスカーナー博物館に収められている。墳丘は発掘終了後高さ6.5メートルで復元され、築造当時の外観の印象を今なおよく伝えている。

マグ・トゥレド Mag Tuired/ir. [maɣ ˈturʲeð] コナハト地方北西部にある平原。伝承によれば、ここで先史時代の重要な戦いが2度、最初は*フィル・ヴォルグと*トゥアタ・デー・ダナンの間で、次はトゥアタ・デー・ダナンとフォウォレの間で繰り広げられた。戦いに至るいきさつと2度の戦いの成行きは、物語『マグ・トゥレドの戦い』に描かれている。

『マグ・トゥレド（モイトゥラ）の戦い』 Cath Maige Tuired/ir. [kaθ ˈmaɣʲe ˈturʲeð] 神話物語群の中で最も重要な作品。この物語に伝わる出来事に関する言及や指摘は、中期及び初期近代アイルランド語文学作品の随所に見られる。この事実から多数の稿本が流布していたことが推測されるにもかかわらず、たった二つの稿本しか残っていない。中世アイルランド語の古い稿本は、おそらく11世紀

に書き留められ，16世紀の写本に残された。後代の稿本は，初期近代アイルランド語時代に現存する形が成立し，1650年頃の写本に残されている。

物語の主題は，魔術に長けた*トゥアタ・デー・ダナンと鬼神の*フォウォレとの戦いである。後代の稿本が決戦の叙述に終始しているのに対し，古い稿本は争いに至るいきさつも描いている。物語は，トゥアタ・デー・ダナンの王ヌアドゥがアイルランド到着後まもなく，*フィル・ヴォルグとの戦いのさなかに片手を失うことから始まる。医師のディアン・ケフトがヌアドゥに銀の義手をつけるが，ヌアドゥは不具者となったので王位にとどまることが許されない。彼の代りにトゥアタ・デー・ダナンはブレス・マク・エラタンを王に選ぶ。ブレスはフォウォレの王とトゥアタ・デー・ダナンの女の間に出来た子である。しかしブレスは，統治者としての義務をないがしろにし，暴虐にもトゥアタ・デー・ダナンの指導者たちに厳しい夫役を命じる。そこで，詩人のカルブレが王に対し呪いの詩（諷刺）を詠み，民は王に退位を迫る。ブレスはフォウォレの親族に助けを求め，双方は戦いに備える。トゥアタ・デー・ダナンの指揮は*ルグ・マク・エトネンが取る。マグ・トゥレドの決戦で，ルグはフォウォレの一つ眼の頭領バラルを倒す。これによってルグはトゥアタ・デー・ダナンが敵フォウォレに勝利するのを助け，フォウォレはとうとうアイルランドを永久に追放される。古い稿本では，ブレスは犂で田を耕す技術と種播きと収穫とをトゥアタ・デー・ダナンに教えることで赦免されるが，後代の稿本ではブレスもまたルグに討たれる。

マクニール，オーン MacNeill, Eoin （1867〜1945） 歴史家，政治家。北部アイルランド，アントリーム州のグレナーム Glenarm 出身。アイルランド初期中世史の分野で最も権威のある研究者の一人だった。法学を学んだ後，1893年に D. ハイドたちとゲーリック・リーグ Gaelic League を創設し，機関誌『ゲーリック・ジャーナル』*Gaelic Journal* を発行する。1908年，ダブリンのユニヴァーシティ・コレッジの初期アイルランド史の教授職に就く。この分野における主要な著作に，『アイルランドの諸時代』*Phases of Ireland*（1919）や『ケルティック・アイルランド』*Celtic Ireland*（1921）が挙げられる。

マクファースン，ジェイムズ Macpherson, James（1736〜1796） スコットランド高地地方のラスヴァン Ruthven 出身。アバディーンとエディンバラで学んだ後，最初は故郷の村の学校教師になるが，のちにエディンバラで家庭教師として働く。1759年，劇作家ホーム Home, John（1722〜1805）や神学者カーライル Carlyle, Alexander（1718〜1800）と知り合う。この二人がスコットランド高地地方のゲール語詩に興味があることを知ると，マクファースンは自らがスコットランド・ゲール語から翻訳したと称する16篇の短い文献を見せた。ホームの仲介でこの文献はエディンバラ大学の詩学・修辞学教授ブレア Blair, Hugh（1718〜1800）の目に触れ，その勧めにより，1760年6月『スコットランド高地地方の古代詩断片集』*Fragments of Ancient Poetry, Collected in the Highlands of Scotland* の題名で出版された。この本の好評を受け，マクファースンは高地地方を旅した後，62年に『フィンガル』*Fingal*，そして63

年『テモラ』Temora の二つの叙事詩を公にする。この2書の題名を補って，編者マクファースンにより，3世紀に生きたゲール語詩人オシアンを作者とする副題が付けられた。この3書は，まとめてブレアの《原典注釈論文》を付し，65年に『オシアンの作品集，フィンガルの息子たち』The Work of Ossian, the Son of Fingal と題して，2巻本の全集として出版された。この時すでに英国では，この詩の信憑性について敵意に満ちた論議が起きていた。

マクファースンは，さまざまなケルトの伝説群から，名前や出来事やモチーフを頼りに大部分を自分で編集したことが今日ではわかっている。同じく，1807年に出版されたこの詩のスコットランド・ゲール語テキストは，マクファースンが主張したような原典ではなく，逆に英語の作品を後から翻訳したものである。マクファースンは素材を情感豊かに描くことによって当時の読者の趣味に迎えられ，《オシアン作品群》は多くの同時代人に——たとえ不完全であっても——真のケルト語詩の翻訳と見なされた。この作品群はさまざまな言語に翻訳されてヨーロッパ中に広まり，シュトゥルム・ウント・ドラング〔主情性を重んじるドイツの文学革新運動〕やロマン主義に多大の影響を与えた。ドイツでオシアン詩に深い感銘を受けた人々の中には，ヘルダーHerder, Johann G. von（『オシアンに関する往復書簡からの抜粋と諸民族の古歌』Auszug aus einem Briefwechsel über Ossian und die Lieder alter Völker, 1773）や，《オシアン作品群》の一部をドイツ語に翻訳し，自作の小説『若きウェルテルの悩み』Die Leiden des jungen Werthers（1774）の中で用いた若きゲーテもいた。

『**マグ・ムクラマの戦い**』Cath Maige Mucrama/ir. [kaθ 'maγ'e 'mukrama] 歴史物語群に属し，『レンスターの書』に伝わる。舞台は3世紀，ルギド・マク・コン王と，その乳兄弟で，アリル・アウロム王の息子エオガン Eogan との争いを描いている。ルギドは野戦でエオガンに敗れ，スコットランドに逃れる。スコットランド王の助けで新しい軍を備えたルギドは，エオガンとその同盟者アルト・マク・コン王をマグ・ムクラマの戦いで打ち破る。対抗者の死後，ルギドは抵抗を受けることもなくアイルランド全土を治める。しかし，彼はある訴訟で不当な審判を下したために，《王者の正義》の掟を犯してしまう。このために国土は荒廃し，民衆は王の退位を強いる。その後，ルギドは里親アリル・アウロムのもとへ逃れるが，アリルは息子の仇であるルギドを討つ。

マグ・ムルテウネ Mag Muirthemne /ir. [maγ 'murθ'eμ'n'e] アルスター物語群に登場する英雄クー・フリンの故郷。住まいは，特に後代のテキストでは，ドゥーン・デルガ Dún Delga，あるいは（後代の）ドゥーン・デルガーン Dún Delgá(i)n（ダンダーク Dundalk/eng.）の城砦とされる。この地名はダンダーク南の平原を指している。

マグ・メル《喜びの平原》Mag Mell/ ir. [maγ m'eL] 人間の住む世界とは異なる楽園だが，詳細はわからない。

『**マグ・ラトの戦い**』Cath Maige Ratha/ir. [kaθ 'maγ'e 'Raθa] 歴史物語群に属する。現存する最古の稿本は，言語の形態からみて10世紀初頭のもので，『レカンの黄書』に残されている。この物語はアイルランドの上王ドゥナル・マ

ク・アイダと，その里子でアルスター王のコンガル・クライン Congal Claen の間の争いを伝えている。二人はある宴でささいなことから諍いを始める。コンガルはスコットランド王と結び，里親のドウナルに宣戦布告する。3日にわたるマグ・ラトの会戦でアルスターとスコットランドの連合軍は敗れ，コンガルは敗死する。

マク・ロト Mac Roth/*ir.* [mak Roθ] 物語『クアルンゲの牛捕り』に登場する，コナハトの*アリル王の物見兼使者。たった1日でアイルランド全土を歩き通すことができたという。

魔術 →デフィキオ，→アミュレット，→宗教，→呪術

魔術，あるいは**魔法** 今日の言葉の用法によれば，私益のため，または他を害するため，超人的なものあるいは超人的な力を意のままにする能力を指す。*宗教と比較して，魔術に特徴的なのは，その威力が共同社会規模のものでもなければ，また共同社会の承認により祈り願うのでもなく，ある個人の特定の所作や呪文により引き起こされるということである。

この言葉に相当する*ウェールズ語はヒッド hud で，語源も意味も古ノルド語の seiðr に対応する（*ケルト─ゲルマン民族の文化関係）。*アイルランド語ではブリヒト bricht《呪詛》であるが，ほとんど同じものが*ガリア語にあったことがわかっている（*ラルザクの碑文）。

魔術の一つの形は，すでにハルシュタット期やラ・テーヌ期のケルト人に見られるが，これは災厄から身を守るのに役立つという*アミュレットの慣習である。これに対して危害を与える魔術の一つに呪詛を記した薄板の使用があるが，これは古典古代の影響を受けガリアやブリテン島のローマ化したケルト人の間で行なわれたことが立証されている（*デフィキオ/*lat.*《降神術》。中世アイルランド文献には多数の例が見られる。例えば，呪いの魔力（諷刺）や，魔術的な禁忌（*ゲシュ）の強制や，またさまざまな予言などの形がある。しかしそれにもかかわらず，どの魔術に関する叙述が物語上の空想の産物なのかはしばしば明らかでない（例：『タリエシン物語』に登場する魔女*ケリドウェン）。更にまた，どの叙述がキリスト教以前の魔術に基づくものかもしばしば不明である。しかも，キリスト教の著述家が宗教行為をしばしば魔術として捉えていたため（*ドルイド），魔術を解釈することはいっそう難しくなっている。

『マソヌイの息子マース』Math fab Mathonwy/*wal.* [ma:θ va:b ma'θonwi] *マビノギ四枝の4番目の物語。魔法の力を持つ*グウィネズ王マース Math と，二人の甥*グウィディオンと*ギルヴァイスイ，及びこの二人の甥セイ・サウ・ガフェスの間の複雑な物語である。

物語はまず，ギルヴァイスイが伯父に仕える乙女ゴイウィン Goewin に恋をするところから始まる。マースは平和時はいつも乙女の膝の上に両足を乗せておかないと休めないので，ギルヴァイスイの兄グウィディオンは王をゴイウィンから引き離すために，王とダヴェドの王*プラデリとの間に戦いを引き起こした。マースが戦場にいる間に，ギルヴァイスイはゴイウィンのところに押しかけ乙女を凌辱する。マースはこのことを知るや，罰として二人の甥を一年ごとに鹿，猪，狼の番（つがい）に変え，それぞれの仔をもうけさせた。その罰が済むと，王は好意をもって再び二人を宮廷に迎え入れた。その後，

マース王の姪であり、グウィディオンとギルヴァイスイの姉妹である*アリアンフロドは、謎に満ちた方法で双子の*ダラン・アイル・トンとセイ・サウ・ガフェスを産む。アリアンフロドはセイに対して、決して人間の女と結婚しないという運命を定めるが、マースとグウィディオンは草花からブロデイウェズ Blodeuwedd という名の女を造り出し、セイの妻とする（ウェールズ語で blodeu は《花》、gwedd は《姿，形》を意味する）。ところがブロデイウェズはセイを裏切り、恋人グロヌイと共にセイの暗殺を企てる。しかし、セイはグウィディオンの力を借りてグロヌイを討ち果たす。

『マッコングリニの夢想』 Aisling Meic Chon Glinne/ir. [ˈaʃˈliɲˈe μikʼχon ɡʼlʼiNʼe] アイルランドのパロディー物語。11世紀に成立したと考えられ、12世紀に書かれた長短二つの稿本が伝わっている。物語の内容は、8世紀前半、さすらいの学僧アニアル・マッコングリニ Aniar Mac Con Glinne がアイルランド遍歴の途中、コークの修道院長と対立し、教会嘲弄の理由で死刑を宣告される。彼は機転と想像力を働かせて二度も処刑を免れ、しまいにはマンスター王の宮廷に入り込むことに成功する。そしてマッコングリニが王を大食いの妖怪から助けたとき、死刑宣告は破棄された。更にその上にこの遍歴の学僧はたっぷり報酬を与えられる。

食べ物の名をふんだんに取り入れ、機知に富んだ洒落と技巧を用いて描かれたこの物語は、中世アイルランドの修道院制への辛辣な諷刺であり、同時に異界空想（アシュリング aisling《夢想》、フィーシュ fís《幻想》）や不思議な航海（イムラウ《航海》）などの人気のある文学ジャンルのパロディーでもある。——A.*クラークの喜劇『学問の徒』*The Son of Learning*（1926）はこの話に着想を得ている。

末世 →終末論

マッツハウゼン Matzhausen ドイツ南部、チェコと国境を接するオーバープファルツ地方のノイマルクト Neumarkt 郊外。ここで最も美しいレンズ壺の一つが見つかった（土器）。この壺は男女一組と子供1人が埋葬された墓で発見され、同じ墓で見つかった*フィブラが紀元前4世紀初期のものであることから、その頃のものとされる。壺のレンズの形をした胴部の上面は、ケルト美術では唯一の押し型文様で縁取られた動物のフリーズで飾られている。鹿とノロジカと猪とガチョウが一番ずつ描かれ、更に犬と狼が1頭ずつ1羽の兎を追う姿もある。壺は現在ベルリンの先史博物館所蔵。

祭り キリスト教以前のケルト人による季節と結びついた祭儀については、全く知られていない。いわゆるコリニーの暦もこのことについてはなんの言及もない。ただ一年の最初の月の後半2日目に《TRINOX SAMONI SINDIU 今日（は）トリノクス・サモニ》の註があるのみだが、この日はガリア人にとって特別な意味があったことを想像させる。中世アイルランドについては、それぞれの季節の始まりに催された四つの重要な祭りがあった。中でも最も重要な二つの祭りは、冬の始まり11月1日に行なわれた*サウィンと、夏の始まり5月1日に行なわれた*ベルティネの祭りだった。あとの二つ、2月1日のインボルクの祭りと8月1日のルーナサ（ルグナサド）の祭りは、春と秋の始まりを告げていた。これらの祭りはどれも前日〔晦日〕の夜に始めら

れた。これは、ケルト人が*時間を昼ではなく、夜の始まりを起点として一日を区切っていたことによる。四つの祭りが、夏至や冬至、あるいは春分や秋分の時期と重なっていないことは注目に値する。つまり、これらの祭日は、天文の観察に拠ったのではなく、自然のリズムに従って定められているのである。

マトゥヌス Matunus　ケルトの神。マトゥヌス信仰は、イングランド北部のハイ・ロチェスター High Rochester 付近で1715年に発見された唯一の奉献碑文（RIB 1265）により明らかになった。マトゥヌスの名前は、おそらく神*アルタイウスや女神*アンダルタやアルティオの名前と同様に、《熊》を意味するケルト語から派生した（参照：math/air.《熊》）。

マトロナ Matrona　マルヌ河のケルト名。カエサル（『ガリア戦記』1-1）によると、この河は、セーヌ河（セクァナ）の支流で、本来の*ガリアとベルガエ人の居住地の境界だった。同名の女神への信仰は、ラングル Langres の町に近いマルヌ河水源地で発見された奉献碑文（CIL XIII-5674）により明らかになった。

マトロナエ／マトレス／マトラエ Matronae/Matres/Matrae　ある特定の母神。マトロナエ信仰は、ローマ帝国領の特に2世紀から4世紀にかけてケルト人とゲルマン人が多数定住した地域で発見された、1100を超える奉献碑文と石像美術によって明らかである。これらの遺物の多くは、個別に発見されたものでなく、ボン Bonn やペシュ Pesch、アイフェル山地のネッタースハイム Nettersheim のような信仰の中心地付近で多量に発見された。

マトロナエは、たいてい豪華な衣装を身にまとった女性3人の座像として描写され（*数）、花や果物や穂などを手に持っている。既婚の女性ばかりでなく未婚の女性（頭巾をかぶらず髪を解いているので判別できる）も、マトロナエとして表現された。碑文では多くの場合マトロナエは異名を持ち、時にはラテン語だがたいていケルト語かゲルマン語の異名が添えられた。またこれらの異名は、比較的頻繁に、民族や部族や地名から派生している。

碑文や図像から判断すると、マトロナエは、豊饒と多産をもたらす者とされた。家族あるいはより大きな集団、さらに地域全体がこの女神たちの庇護のもとにあった。おそらくゲルマン人とケルト人の宗教観が混淆したであろうマトロナエ信仰についての詳細は、明らかでない。

マナナーン・マク・リル Manannán mac Lir/ir. ['manaNaːn mak Lʹirʹ]　アイルランド文学において、海の向こうにあり、文献では*エウィン・アヴラハ、*マグ・メル、あるいは*ティール・タルンギリと呼ばれる、謎に満ちた異界の支配者。マク・リル《海の子》の名前は、マナナ

マトロナエ像。コート＝ドール県ヴェルトール出土

ーンが海を住処としていることを指している。盛期及び後期中世の学者は、リルという語をマナナーンの父親の名前と説明した。しかし、このリルという人名は、白鳥の騎士伝説のアイルランド語ヴァージョンで、15世紀に作られた物語『リルの子供たちの最期』の登場人物として初めて現われる。

　マナナーンが役割を担う最も早い時期の物語に、『*モンガーンの誕生』『*ブランの航海』『*クー・フリンの病』が挙げられる。後代の文献では、マナナーンはしばしばトゥアタ・デー・ダナンの一人に数えられ、例えば魔の霧フェート・フィアダのような魔術的な性格を帯びた贈物の提供者とされる。

　マハ Macha/*ir.* ['maχa]　*アルスター物語群に登場する。物語『*ウラドの人々の衰弱』ではマハはクルンフ Crunnchu という豊かな農民の妻だが、他の資料によると王の娘、あるいはモリーガンのような神話上の人物である。おそらくマハはもともと王権と結びついた女神で、アルスター王と*聖婚で結ばれるものと信じられていた可能性もある。

　マビノギ mabinogi/*wal.* [mabi'nogi]
　14世紀のある写本の中では、ラテン語 infantia《幼年時代》のウェールズ語訳であるとされる。このため、マビノギとは本来ある人物の幼年時代を指していたが、のちに意味が広がってある幼年時代の物語を指すようになったと推測される。*マビノギ四枝と呼ばれる写本伝承の名称の意味は論争の的になっている。これは、神話・伝説的人物たちが不思議な冒険を行なう四つの物語を一まとめに呼んだものである。よく知られている見方によると、マビノギ四枝の1番目に述べられる*プラデリの誕生と幼年時代の物語が、この物語群の核心部だったのだろうとしている。しかし、それではなぜ四つの物語の現存する形がマビノギという名で呼ばれるようになったのかについては、不明である。J. *フリースや A. *ナットや J. ロート Loth らが主張した説、すなわち、マビノギは、マビノグ mabinog つまり修行中の詩人が吟謡することを許された物語のレパートリーを意味するとする説は、現在は既に否定されている。実際マビノグという言葉は、E. ウィリアムズによって作られたものである。

　『マビノギオン』 Mabinogion/*wal.* [mabi'nogjon]　シャーロット・ゲストが 1838～49年に出版したウェールズ語散文物語12篇を収録した英訳3巻本の表題。収められている物語は、『*ダヴェドの王プイス』『*シールの娘ブランウェン』『シールの息子マナウアダン』『*マソヌイの息子マース』『マクセン帝の夢』『シーズとセヴェリスの物語』『キルフフとオルウェン』『フロナブイの夢』『泉の貴婦人』『エヴラウグの息子ペレディル』『エルビンの息子ゲレイント』『タリエシン物語』である。

　このマビノギオンという語は、中期ウェールズ語マビノギ mabinogi の複数形であるが、この語形は写本には一度しか現われず、しかもどうみても誤記である。更に、単数形の mabinogi は、上述の物語のうち最初の4篇だけを指している。にもかかわらず、ゲストによって考案されたこの名称は広く普及し、J. ロート（*Les Mabinogion*, 1913）やグウィン・ジョーンズ Jones, Gwyn とトマス・ジョーンズ Jones, Thomas（*The Mabinogion*, 1948）らの第一級の翻訳書でもそのまま表題として使われるようになった。しかし今日ではゲストとは異

なる定義がなされており，マビノギオンとは上述の物語のうち最後の一つを除く11の物語を指す。この11の物語は『ヘルゲストの白書』と『フラゼルフの赤書』と呼ばれる二つの写本によって伝えられている。しかしそれに対して最後の物語『タリエシン物語』はこれら二つの写本には収められておらず，そのためマビノギオンの物語には含めない。

すべての物語の内容は，元来口伝された物語の題材を文書に書き留めたものである。中世のウェールズ詩の中に散見される言及から，現在残っている稿本とは異なる稿本も流布していたことがわかる。比較研究の結果，物語の内容は，一部は神話，一部は伝説，一部は民間説話に由来していることが明らかになった。

マビノギ四枝 Pedeir Ceinc y Mabinogi/wal. ['pedeir keiŋk ə mabi'nogi]　中期ウェールズ語散文物語『ダヴェドの王プイス』『シールの娘ブランウェン』『シールの息子マナウアダン』『マソヌイの息子マース』4篇を指す。これらは『フラゼルフの白書』と『ヘルゲストの赤書』の中に完全な形で残っている。この2写本よりも更に古い13世紀前半の写本にも，断片が二つ残っている。4篇の物語は全て，おそらく11世紀に，同一の著者による作品として成立した。しかしこれらは，かつては口承された民間説話，伝説，またキリスト教以前の神話から採った題材，モチーフに手を加えたものである。これらの物語の現存する形は，中世貴族社会の娯楽として供されたものである。不特定の過去に設定され，互いの運命はゆるやかにしか結びついていない大勢の登場人物が，冒険の中で不思議な体験をするさまを描いている。→マビノギ

マーフィー，ジェラルド Murphy, Gerard (1901～1959)　北アイルランド生まれのケルト学者。古典文献学並びにアイルランド語言語学を学んだ後，最初はダブリンのアイルランド国立図書館で，R. I. ベストのもとで働いた。1930年以降，ダブリンのユニヴァーシティ・コレッジでケルト言語学を教えた。雑誌『エーグシェ』Éigse (1939～)を創刊して発行を続けるかたわら，フィン物語群について基礎となる研究（『ドゥアナレ・フィン』Duanaire Finn II・III, 1933～1954）や，古・中期アイルランド語詩の解釈付き対訳選集『初期アイルランド叙情詩』Early Irish Lyrics (1956)や，初期アイルランド文学の一般読者向け紹介書『古代アイルランドの伝説と神話』Saga and Myth in Ancient Ireland (1955)と『オシアン説話と中世アイルランドの伝奇物語』The Ossinaic Lore and Romantic Tales of Medieval Ireland (1955)を出版した。

マポヌス Maponus　ケルトの神。この名前は《子供》あるいは《息子》というケルト語から派生した（参照：mac/ir., mab/wal.《息子，少年》）。マポヌス信仰は，イングランド北部で発見された幾つかの碑文（RIB 583, 1120～1122, 2063；AE 1975-568）や，1471年にシャマリエールで発見された鉛板により明らかになっている。最初にあげた四つの奉献では，この神はローマ風解釈によりアポロと同一視されている。これに対応して，はっきりとマポヌスとわかるたった二つの図像は，古典古代の手本に習い裸でリュラ〔竪琴〕を持ち立った姿で描かれている。この神の名は，ウェールズ伝承における伝説上の人物マポン・ヴァーブ・モドロンの名に残っている。

『幻の予言』 Baile in Scáil/*ir.* ['baľe in ska:l] 歴史物語群に属する。現存する形は11世紀に成立したと推測され，15世紀と16世紀の二つの写本に残されている。主人公は伝説に包まれた*コン・ケードハタハ王で，アイルランドの伝承によると2世紀の人という。物語は次のように始まる。ある日コンはタラ（テウィル）の王城で防塁の上を歩いていたとき，霊石*ファールを踏んだ。すると石は突然大きく叫んだ。コンの詩人（*フィリ）は王に告げる。石の叫ぶ回数は，将来アイルランドを支配することになる王の子孫の数となろう。そのとき急に辺りに魔法の霧が立ち込め，やがて王と詩人は1本の黄金の木が立つ野原にいた。そこへ謎の騎馬武者が現われ，二人を館に連れていく。アイルランドの《支配》（flathius）の化身である乙女が水晶の玉座に座っていた。騎馬武者はルグ・マク・エトネンと名乗り，《支配》が黄金の杯にビールを注ぐ間に（支配権委譲の象徴か？），未来のアイルランド王たちの名前を予言する。コンの詩人がそれらの名前を4本のイチイの棒にオガム文字で書きつけた後，幻は再び忽然と消え去った。

マボン・ヴァーブ・モドロン Mabon fab Modron/*wal.* ['mabon va:b 'modron] 詩『門番は何者か』に登場する，*イシル・ベンドラゴン王の従者。『キルフフとオルウェン』によれば，マボンは生まれて間もなく母*モドロンのもとからさらわれ，カイル・ロイウ Caer Loyw（グロスター）に囚われの身となる。アーサー王とその従者たちによってようやくマボンは救出される。『ブリテン島三題歌』にこの伝承をほのめかしている詩があり，そこではマボンは《ブリテン島の高貴な三虜囚》のひとりとされている。

　マボンという人名と囚われの身という題材は，*アーサー王宮廷文学に借用された。*クレティアン・ド・トロワは，韻文物語『エレク』の中で魔法仕掛けの庭園を描き，そこはマボナグラン Mabonagrain という騎士が警護している。*ウルリヒ・フォン・ツァツィクホーフェンの韻文物語『ランツェレット』では，これと類似したマブツ Mabuz という人物が登場する。囚われの身という題材がケルト伝承においてどのような意味をもっていたのかは，現存する資料からはもはや明らかではない。W.J.*グリフィズの推測によると，この人物は神話に起源があ

アポロ・マボヌス神の祭壇。イングランド北部ヘクサム・アビー

り，『*ダヴェドの王プイス』の中の王子*プラデリの誘拐と関連しているという。マボンと神話とを関連づける一つの手がかりとなるのは，マボンの古い語形が古代の碑文にあるケルトの神を表わしていることである（*マポヌス）。

マーリン Merlin →マルジン

マルヴィーナ Malvina （スコットランド・ゲール語 mala mhín《美しい額》からの造語。）J.*マクファースンの《オシアン作品集》に登場する，高貴な武者トスカル Toscar の娘。詩によると，詩人オシアンの一人息子オスカルの許嫁。オスカルの夭折後，彼の年老いた父親の世話をした。この名前や人物はマクファースンの創作で，ケルトの伝承には対応するものはない。

マルク →マルフ

マルケッルス Marcellus（ボルドー Bordeaux の）または**マルケッルス・エンピリクス** Empiricus 紀元400年ごろの医学著述家。医術書『薬物誌』*De medicamentis* には当時の民間医術が鮮明に浮び上がっており，幾つかのガリア語の決り文句的な言い回しが残されているが難解である。

マルジン Myrddin/wal. ['mərðin] あるいは**マーリン**（英語形） ウェールズの伝承における有名な詩人，予言者。グウェンゾレイ・ヴァープ・ケイディアウ王の従者であり，*アルヴデリズの戦いで正気を失ったとされる。グウェンゾレイの敵対者フラゼルフ・ハイルを恐れてマルジンはスコットランドの森林地帯に逃亡し，孤独のうちに予言の力を身につけた。

一般的には，モンマスの*ジェフリー作『ブリタニア列王史』に登場するメルリヌス Merlin(us) の名前の方がよく知られている。しかし，ジェフリーはウェールズ伝承から有名な予言者としてメルリンの名前と特徴を借りたにすぎない。それに対して，アイルランドの物語『スヴネの狂乱』を思わせる，森に棲む野人としてのマルジンの伝説は，韻文叙事詩『メルリン伝』においてようやく形づくられた。しかしこの作品は，『ブリタニア列王史』とは対照的に，あまり大きな影響を及ぼさなかった。――ロマン主義の時代には，メルリンの人物像はどこの国でも人気があった。ドロテーア・シュレーゲル Schlegel, Dorothea (1763～1839) の『魔術師メルリンの物語』*Geschichte des Zauberers Merlin* (1804) や，ルートヴィヒ・ウーラント Uhland, Ludwig (1787～1862) の『野人メルリン』*Merlin der Wilde* (1831) や，またニコラウス・レーナウ Lenau, Nikolaus (1802～1850) の『森の詩』*Waldliedern* (1843～44) におけるケルトの詩人の重要な役割が挙げられる。メルリンを題材として扱った近年最も有名な翻案は，タンクレート・ドルスト Dorst, Tankred (1925～) の戯曲『メルリンあるいは荒野』*Merlin oder das Wüste Land* (1981) だろう。

マルス Mars ローマの宗教における戦いの神。この名は，ラテン語の碑文や文献にケルトの神々を表わす名称として現われる。これらの神々は，一部補足的にケルト語名が付いているものもある（いわゆる*ローマ風解釈）。すでに*カエサルは，ガリア人がマルスを戦争を司るものとみなしていたことを報告している。「戦争をすると決断した時，彼らはたいてい戦利品をこの神に捧げる。勝つと，捕らえた動物を犠牲に捧げ，他の戦利品を一カ所に集める。そのような戦利品を

積み重ねた山は多くの部族で神聖な場所に見ることができる」(『ガリア戦記』6-17)。おびただしい数の奉献碑文は、マルス信仰がケルト人の住むローマ帝国属州に流布していたことを示すのもである。碑文により、*アラトル、*アルピオリクス、*バッレクス、*ベラトゥカドルス、*ボルウィンヌス、*ブラキアカ、*ブリトウィウス、*ブデニクス、*ブクセヌス、*カムルス、*カトゥリクス、*キコッルス、*クナベティウス、*コキディウス、*コンダティス、*コロティアクス、*コソスス、*ディノモゲティマルス、*ディウァンノ、*イオウァントゥカルス、*ラトビウス、*レヌス、*レウケティウス、*メドキウス、*モゲティウス、*ムッロ、*ナベルクス、*ノドンス、*オケルス、*ランドサティス、*リギサムス、*ルディアヌス、*セゴモ、*スメルトリウス、*テウタテスという異名がわかっている。テウタテスとマルスが同一視されたことは、ローマの詩人*ルカヌスの作品を註釈したベルン・スコリアに残されている。上記の異名の多くは1、2度現われるにすぎず、それゆえにマルスのそれぞれの異名は各々の部族の神を表わしていたと考えられる。

マルヌ →マトロナ

マルフ・ヴァーブ・メイルフィヤウン March fab Meirchiawn/wal. [marχ va:b 'meirχjaun] 『ブリテン島三題歌』に登場する《ブリテン島の三航海者》のひとり。『フロナブイの夢』では、マルフはスカンディナヴィアの軍を率いており、アーサー王の従兄弟で助言者でもある。別の三題歌では、エシストの夫、また彼女の恋人ドラスタンの伯父とされている。したがって、マルフはトリスタンものの宮廷文学の稿本におけるマルクMark(e)王と対応している。

マロリー,サー・トマス Malory, Sir Thomas 英国人作家。15世紀初めウォーウィックシャー Warwickshire 生まれ、1471年ロンドン没。1450年から70年の間に*アーサー王をめぐる宮廷ロマンの膨大な再話集を編纂した。個々の物語は、緩やかに結びついているにすぎない。著者の死後、出版者カクストン Caxton, William によって一冊の本にまとめ上げられ、1485年『アーサー王の死』Le Morte Darthur の書名で出版された。この作品は中世アーサー王文学の最後を飾り、とりわけアングロ=サクソンの言語圏において、このジャンルの近代的な受容に大きな影響を与えた。

マンスター →ムウ

マン島語 Manx マン島のケルト語。*アイルランド語や*スコットランド・ゲール語とともに島嶼ケルト語のゴイデル語派を形成する。マン島語は4／5世紀頃アイルランドからの入植者によってこの島にもたらされたが、この言語の発達における初めの1000年についてはただ地名と人名が見つかっているのみである。最初の充実した言語資料は、18／19世紀になってようやく手稿や書籍に残されている。これらは、宗教書の翻訳や辞書や文法書の他に、一部は起源が16世紀にまで遡る土着の詩歌やバラードを収めている。すでに19世紀初頭には、英語の普及と影響の増大によってマン島語の没落が始まった。最後の母語者は1974年に97歳で死亡した。

マンヒング Manching 南ドイツ、インゴルシュタット南方約8キロメートルにある。この町の東側に、紀元前2／1世紀に最大級のケルトのオッピダがあった。面積380ヘクタールを超え、延長7キロメートルを超える高さ5メートル

の城壁で囲まれていた。すでに19世紀に最初の発掘と1938年に考古学調査とが行なわれたが、55年以後この遺跡は数次にわたる発掘調査によって計画的に研究が進められた。その結果、この遺跡は最もよく知られるオッピダになった。考古学発掘品は、一部はミュンヒェンの州立先史コレクションに、一部はインゴルシュタットの市立博物館に収められている。1988年以来、遺跡にある小さな博物館が付属の考古学研修コースを用いて遺跡の調査研究の現況を報告している。

三

ミアハ Miach/*ir.* [mʹiax] 物語『*マグ・トゥレドの戦い*』に登場する、医師 *ディアン・ケーフトの息子。父親が退位した王 *ヌアドゥのために、切り落とされた右腕の代りに銀の義手を作ったとき、ミアハは呪術によってその義手の上を肌で覆った。この干渉に激怒したディアン・ケーフトは息子を殺す。その墓から彼の筋と関節の数に相当する365種類の薬草が生い茂ったので、姉妹が摘み取り、効能に従って分類した。しかし、ディアン・ケーフトが嫉妬のあまり薬草を投げ散らしたので、それらの薬草の効能に関する知識は失われてしまう。

右 →デシェル

三つのロマンス Y Tair Rhamant/*wal.* [ə tair ʹramant] ウェールズ語で慣用されている『*泉の貴婦人*』『*エヴラウグの息子ペレディル*』『*エルビンの息子ゲレイント*』の物語3篇を指す総称。これらは、『*キルフフとオルウェン*』や『*フロナブイの夢*』と同様、アーサー王物語群の中に含まれている。しかし、三つの物語は、フランスやアングロ＝ノルマンの宮廷文学と近似していることから、ウェールズ伝承の中でも特殊な位置にある。このことはまず第一に、作品の中に描かれている、あるいは前提となっている、物質的・精神的文化が該当する。衣服、武器、城砦の記述は、戦いや社交礼式の描写と同じように、12世紀における宮廷の理想像に負うている。それに対応して、アーサーは（『*キルフフとオルウェン*』におけるような）魔術的な性格と力をもった戦士の一群の指導者としてではなく、模範的な騎士共同社会の最高封建君主として登場する。『*キルフフとオルウェン*』や『*フロナブイの夢*』と対照的なのは、ウェールズやコーンウォールではなく、民間説話的世界を舞台としていることである。

三つの物語にはこのような共通点がある一方、文体や構成や筋の流れについて明確な違いもある。そのために、これらは別々の著述家たちによって作られたのではないかとも推測される。三つのロマンスと、*クレティアン・ド・トロワによる『イヴァイン』『ペルスヴァル』『エレク』との間にも、明らかな共通点がある。三つのロマンスのウェールズ人著述家たちは、おそらくこれらフランス語の物語と内容がよく似通った物語を知っていたのだろう。しかし彼らはこの与えられた題材をまったく独自に作り上げた。

ミデ Mide/*ir.* [ʹmiðʹe] アイルランド中東部にあった王国で、*コーゲドの一つに数えられる。この語は本来《中央》を意味する。多くの文献でミデのテウィルはアイルランド王（ard-rí）の居所とされ、*タルティウの丘やボイン河流域のニューグレンジなど神話物語群にゆかりの深い地域を含む。現代アイルランド語はミー Mí、英名はミーズ Meath である。英国支配下に入った17世紀以降、レンス

ター州に統合された。

ミディル Midir/*ir.* ['m'iðʼir]　神話物語群に登場する*トゥアタ・デー・ダナンの支配者の一人。物語『エーダインへの求婚』では，妖精オイングスの里親，そして主人公エーダインの夫として主要な役割を演じる。

ミネルウァ Minerva　ローマの宗教における工芸と技術の女神。紀元前3世紀の終わりからギリシアの女神アテナと同一視された。*カエサルは，ケルトの女神の名にミネルウァの名前を用いている。ガリア人は，ミネルウァは工芸と技術を司ると信じていた（『ガリア戦記』6-17）。ガリアのミネルウァは，歴史家ポンペイウス・トログス Pompeius Trogus の失われた歴史書からの抜粋を3世紀に集成したローマの著述家ユスティヌス Iustinus の著作にも現われる。彼の記述によると，マルセイユの町を包囲した軍の指揮官の夢にミネルウァが現われ，彼はたいそう驚いて包囲を解いた。この指揮官は，後にマルセイユでミネルウァの立像を見，夢に現われた女神の原像であることに気付く（『抄録』*Epitome* 43-4 f.）。その後，キリスト教の著述家マルセイユのサルウィアヌス Salvianus（『神の支配について』*De Gubernatione Dei* 6-60）とトゥールのグレゴリウス Gregorius（『聖マルティヌスの奇跡について』*De miraculis Sancti Martini* 17-5）が，この女神への信仰について記述しており，さらに7世紀には司教ノワヨンのエリギウス Eligius が，織物や染色その他の仕事に従事する女性はこの女神に祈りを捧げてはいけないと忠告している（『聖エリギウス伝』*Vita Sancti Eligii* 2-16）。この場合，ミネルウァという名の背後にどのようなケルトの女神が隠されているのかは，もちろん明らかではない。

碑文では，ミネルウァは女神ベリサマやスリスと同一視される。ガリアのミネルウァの彫像として，フィニステール県ケルギギリイ Kerguilly で発見された1世紀初めの青銅像の頭部がある（現在レンヌのブルターニュ博物館蔵）。ミネルウァの特徴は，島嶼ケルトの伝承では特に*ブリギッドに見られる。

『**名字義**』　→『コール・アンマン』

ミール Míl/*ir.* [m'i:lʼ]　『アイルランド来寇の書』に登場する，アイルランド人の神話的な祖先。彼の先祖は，ノアの息子の一人ヤフェトの子孫だとされる。この書の叙述によると，彼らはまずスキタイ人の土地に住み，のちにエジプトに移るが，そこで迫害された。数々の冒険の後，船でスペインへたどり着き，その地でミールが生まれたとされる。ミールはスキュティアとエジプトで将軍として優遇され，スキタイ人の王女とエジプトのファラオの娘との間に合わせて8人の息子をもうけた。父親の死後，息子たちはアイルランドを占領し，島を分け合ったとされる。

ミールとその息子たちをめぐる伝承は，中世初期に旧約聖書とラテン語文学作品の影響をうけて成立したと推測される。アイルランド人がスキュティア及びスペイン発祥とする伝説は，スキュティア〔スキタイ〕Scythae とスコティ Scoti《アイルランド人》，あるいはイベリア／ヒベリア (H)iberia《スペイン》とヒベルニア Hibernia《アイルランド》というラテン語名でのつながりについて語源的根拠もなく想像したことに基づいているらしい。

民間説話　ケルト人がすでに古代において，不可思議な出来事にまつわる物語

を口誦していたことは十分考えられる。物語の信憑性はさておき，まず娯楽が第一であったとされる。しかしながら，ケルト人自身は物語を口承で伝え，しかも古代の*民族誌はこれに無関心であったために，このことについて詳細は知られていない。

中世ケルト諸文学に関してはようやく事情が知られるようになるが，これらには国際的に広まっていた民間説話のモチーフによる影響が数多く見られる。この影響は，すでに最初期のアイルランドやウェールズの伝説の中にさえ直接的に現われ，ケルト伝承の特色を持つ*アーサー王文学にも間接的に現われる。しかし多くの場合，残された文献において，民間説話的な特徴と，神話的あるいは伝説的な特徴とを，識別するのは難しい。その上，残された文章は，すべて多かれ少なかれ文筆的慣例の影響を受けており，また口頭で伝承された物語の忠実な収録ではない。

民間説話の最初の収録はようやく19世紀になって行なわれる。もっとも重要な収録家としては，アイルランドでは Th. C. *クローカーや D. *ハイドや J. *カーティン，スコットランドでは J. F. *キャンベル，ウェールズでは J. *フリースや W. J. *トマス，ブルターニュでは F.-M. *リュゼールが挙げられる。アイルランドの収録はもっとも広範囲にわたっているが，特に地方では20世紀まで口誦が行なわれた。

民族衣装 →衣服

民族誌（古代の） ギリシアとローマの著述家たちのケルト人についての報告。考古学発掘品と並ぶケルト人の歴史と文化についての主な情報源である。古代人の理解によりそれぞれを区別しなかったので，民族学，地理学，歴史などが様々に入り交じって伝えられている。

ケルト人についての最古の報告は紀元前6/5世紀のものである。歴史家ヘロドトスの証言は著作が残っているが，地理学者ヘカタイオスの報告は後代の著述家の言及によってのみ知られている。おそらく後期ローマの詩人*アウィエヌスの情報源も紀元前6世紀のものである。クセノポン Xenophon やプラトン Platon やアリストテレス Aristoteles のような著述家のまばらな観察の他に，ヘレニズム時代の*ポリュビオスによる歴史書にも貴重な報告がある。アテナイオスやシチリアの*ディオドロスや*ストラボンによる抜粋の中に残された*ポセイドニオスの記述は，古代の民族誌の最も印象深い証言に数えられる。ラテン語文献に浸透しているケルト人とゲルマン人を区別する概念は，カエサルの記述に初めて現われる。アウグストゥス帝時代とその後の時代の著述家では，特に*リウィウスや*ポンポニウス・メラや*ルカヌスや*プリニウスや*タキトゥスが重要である。

これらの証言については，三つの誤解の源に注意を払わねばならない。まず第一には，著述家の誤り，見落し，誤った情報の可能性である。第二に，古代の民族誌の限られた世界観を無視することは，誤った評価をすることになる。題材を理想的にも，また総括的に貶めても述べることができるのである。しばしばギリシア人やローマ人がケルト人との戦いに巻き込まれた時には，とかくケルト人の軍事が強調されがちになる。三つ目は，古代の文学上の慣習を誤解することにある。例えばいわゆる主題の移行が行なわれること，つまり，ある異民族に関する民族誌的観察をある他の民族に対して恣

意的に転用することである。したがって古代の民族誌の全ての証言は、綿密な資料批判が必要であり、またできるだけ考古学発掘品を用いて検証しなければならない。

ム

ムウ Mumu/*ir.* ['muμu]　アイルランド南部にあった王国で、*コーゲドの一つ。*ミデの代わりにこのムウを北部と南部の二王国とし、それぞれをコーゲドとして数える文献もある。『アイルランド来寇の書』や神話物語群とゆかりの深い土地が多い。首邑はカシェル Caisel だった。

ムギン Mugain/*ir.* ['muγin']　*アルスター物語群に登場する、*コンホヴァル・マク・ネサ王の妃。エオヒド・フェドレフ王の娘で、コナハトのメドヴの妹とされる。

ムシェツケー・ジェフロヴィツェ Mšecké Žehrovice　チェコ、プラハの西北西約40キロメートルにある。この近くでラ・テーヌ期のケルト人集落と*方形土塁が発掘された。1943年ここから砂岩で作られた石像の頭部が出土したが、この像はケルトの*美術では表現が最も豊かなものの一つである。この像はおそらく紀元前2世紀後半に破壊されてばらばらとなり、やがて幾つかの陶片や獣骨と一緒に埋められた。現在プラハの国立博物館所蔵。

ムッロ Mullo　*ローマ風解釈により*マルスと同一視されたケルトの神。この名の語源についてはまだ見解が一致していない。ラテン語の mulus《ラバ》の他、アイルランド語の mul《丘, 堆積》が比較の対象とされたが、この場合カエサル（『ガリア戦記』6-17）が報告した、戦利品をある場所に運び集め山積み cumulus にするというガリア人の風習が想定された。この神への奉献碑文は、クラーン Craon（CIL XIII-3096）、ナント Nantes（CIL XIII-3101, 3102）、レンヌ（CIL XIII-3148, 3149；AE 1969/70, 405）、アロンヌ Allonnes（ILTG 343〜345）で発見された。

ムルス・ガリクス（ガリア壁） Murus Gallicus/*lat.*　後期ケルトの都市型設備（オッピダ）に見られる典型的な城壁の構造。井桁状に木材を重ねて置き、互いに釘でつなぎ留めた枠構造から成り、枠構造の中は土石で埋め、外側は切石を積んだ石垣で覆った。カエサルは（『ガリア戦記』7-23）、この建築構造は火災にも破城槌に対しても同様に抵抗力があるとしている。この城壁の普及は、実質上ライン河左岸の西方ケルト地域の他は、

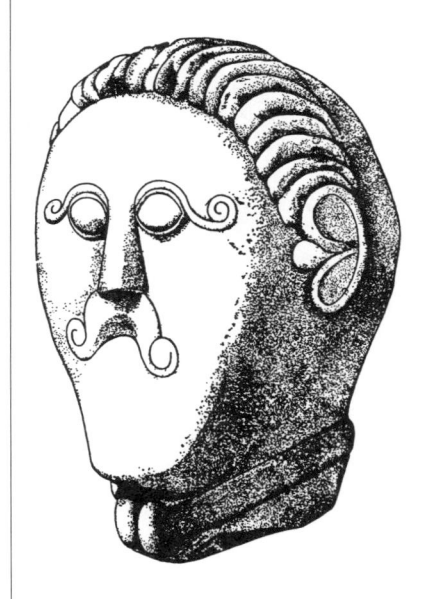

ムシェッケー・ジェフロヴィツェ出土の砂岩像頭部

ムル……ムル

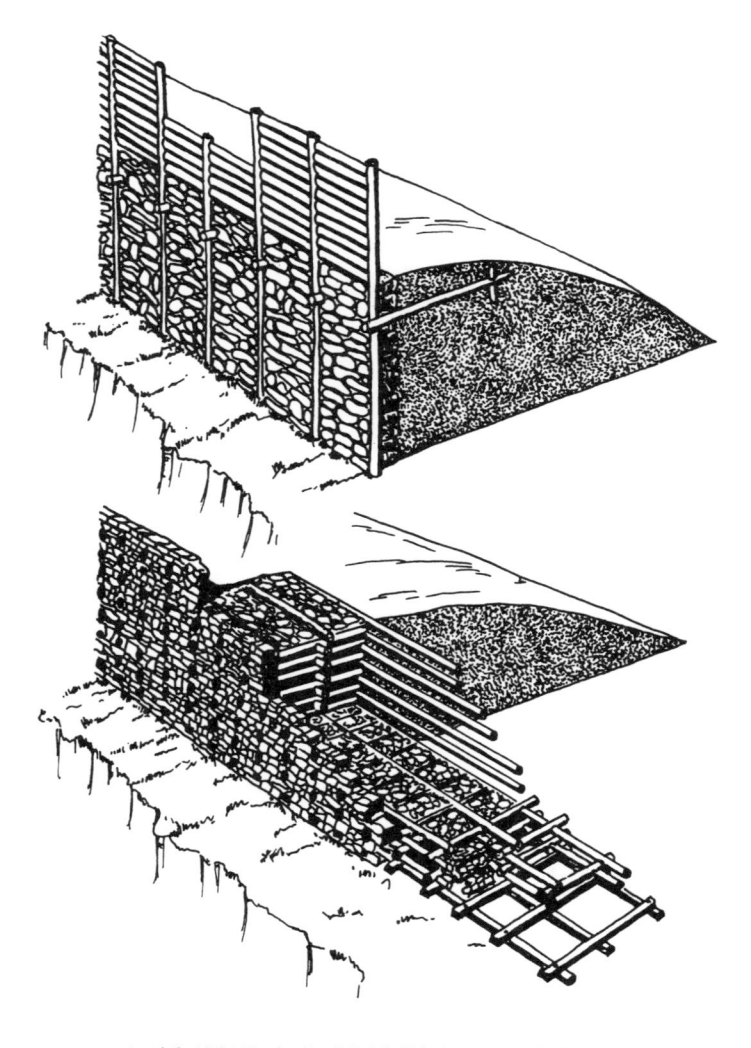

オッピダの城壁2種：立て杭・横桁式壁（上）と，ムルス・ガリクス（下）

ドイツ南部の幾つかの例に限られる。これに対して，ボヘミアやモラヴィアなどの東方ケルト圏のオッピダの特徴は，立て杭を使った城壁である。この城壁は，一定の間隔に立てた杭と，後ろに盛った土石の中に入れた横桁をつないだもので，杭の間は石垣で覆われていた。

ムルフー Muirchú/ir. ['murʹχu:] 7世紀の聖職者。670年頃，ラテン語の聖*パトリック伝を書いた。

ムルヘルタハ・マク・エルカ Muirchertach mac Erca/ir. ['murʹʹcertaχ mak 'erka] 6世紀の歴史上の王。後世に彼をめぐる数多くの伝説が成立した。最も有名なものは『*ムルヘルタハ・マク・エルカの最期』である。

『ムルヘルタハ・マク・エルカの最期』 Aided Muirchertaig meic Erca/ir. ['aðʹeð 'μurʹçeRtiγ μʹikʹ 'eRka] 歴史物語群に属する。現存する形は11世紀に成立したと推測され，『レカンの黄書』と，さらにもう一つの15世紀の写本に残されている。物語はこのように始まる。アイルランド王ムルヘルタハ・マク・エルカ（6世紀）はある日，狩りの途中，魔術を使う類まれな美女シーン Sín と出会う。彼女がもとで王は妃や子と衝突し，司祭カルネフ Cairnech は王を破門する。シーンの魔術のせいでしだいに王の心は病み，遂に自分の館の火事に遭い落命する。——A.*クラークの劇作品『計画準備完了』The Plot is Ready (1943) はこの物語に着想を得ている。

◆メ◆

メス・ゲグラ Mes Gegra/ir. [mʹes 'gʹeγra] *アルスター物語群に登場するレンスター王。物語『*エーダルの戦い』では，武者コナル・ケルナハが王を決闘で倒し，その脳みそを勝利のしるしにアルスターに持ち帰る次第が描かれている。物語『コンホヴァルの最期』では，コナハト人ケト・マク・マーガハが石灰と混ぜて固められたメス・ゲグラの脳みそを投石器の飛礫として用い，アルスター王*コンホヴァル・マク・ネサに瀕死の重傷を負わせる。

メス・ブアハラ Mes Buachalla/ir. [mʹes 'buaχaLa] 物語『ダ・デルガの館の崩壊』に登場する，コナレ・モール王の母親。

メディオマトリキ族 Mediomatrici/lat. 古代の民族誌によれば，今日のロレーヌにあたる地域に住んでいたケルト部族。この名は，おそらくかつてディウォドゥルム Divodurum と呼ばれたメス（メッツ）Metz/fr.(dt.) の町名に残っている。

メドヴ Medb/ir. [mʹeðv] *アルスター物語群に登場する，コナハト王アリルの妃。アイルランド王エオヒド・フェドレフの娘で，アリルと結ばれる前にすでに三度結婚していたとされる。『クアルンゲの牛捕り』では主役を演じるが，彼女のアルスター住民に対する飽くなき敵愾心が実質上この物語の進展を決定づける。おそらく，メドヴの人物像は，聖婚によって王と結ばれた，王権を象徴する女神に遡るものであろう。

メドキウス Medocius ローマ風解釈により*マルスと同一視されたケルトの神。この神への信仰は，1891年コルチェスターで発見された奉献碑文（RIB 191）により明らかになった。

メドラウド Medrawd/wal. ['medraud] *アーサー王物語群に登場する戦士。『*カンブリア年代記』の記述によれば，メドラウドは53年頃カムランの戦い

で戦死したとされる。12世紀のウェールズ詩人たちは, 彼を勇者の鑑(かがみ)としている。モンマスのジェフリーが初めて彼をアーサー王の不実な甥として描いた。モルドレド Mordred (=メドラウド) は王の不在中に王位を簒奪し, 王妃グウェンフイヴァルと姦通する。そのため『ブリテン島三題歌』では《ブリテン島の三悪漢》の一人とされている。

メーヴ →メドヴ

メルクリウス Mercurius ローマの宗教における商業の神。この名は, ラテン語の碑文や文献にケルトの神々を表わす名称としても現われる。これらの神々は, 一部補足的にケルト語名が付いているものもある (いわゆる*ローマ風解釈)。すでにカエサルが, ガリア人はメルクリウスを最も信仰すると述べている。〈ガリア人は, メルクリウスの像を最も多く創り, あらゆる技芸の発明者で, 道先や旅を導くもの, 金もうけや商売に最大の影響力を持つと信じた〉(『ガリア戦記』6-17)。ローマの詩人ルカヌスの作品を註釈したベルン・スコリアは, それぞれ異なった資料によってこの神をガリアの神テウタテスやエススと同一視している。キリスト教護教論者テルトゥリアヌス Tertullianus (『弁明』*Apologeticum* 9-5) とミヌキウス・フェリクス Minucius Felix (『オクタウィウス』*Octavius* 30-4) は, この神への人身御供について報告している。メルクリウスのケルト語の異名は, 碑文によってアドスメリウス, *アルタイウス, *アルウェルノリクス, *アルウェルヌス, *キッソニウス, *ドゥミアティス, *イオウァントゥカルス, モックス, *ウィスキウスがわかっている。島嶼ケルトの伝承における*ルグ・マク・エトネンは, メルクリウスの特徴を備えている。

メルディ族 Meldi 古代の*民族誌によれば, マルヌ河下流域に住んでいたケルト部族。メルディ族の土地で船が建造されたが, *カエサルは, これらの船で紀元前54年にブリタニアへの第2次遠征を企てた。この部族名は, モー Meaux の町名に残っている。

メルラン, メルリン Merlin/fr., dt. →マルジン

メンヒル Menhire 先史時代の石造モニュメントの一形式。単独で垂直に立てられた石で, 高さ20メートルに及ぶものもある。この名称はケルト語に由来しているが (ブルトン語/maen《石》とhir《長い》), この名称で呼ばれる石造物はケルト人出現以前のものである。

ガロ=ローマの羊頭の蛇をもつメルクリウス像

モ

モイ・トゥラ，モイトゥラ Moytura →マグ・トゥレド

文字 →文学

モグ・ルト Mog Ruith/*ir.* [moγ Ruθ] 魔術に通じたドルイド。紀元1世紀あるいは3世紀に生きたという。『レカンの黄書』と『バリーモートの書』に残された物語によると，彼はアイルランドの詩人（エーゲス）と戦争捕虜であるブリタニア人女奴隷との間の息子。彼の魔術の師は，アイルランドのドルイドだけでなく，新約聖書に現われる（使徒言行録8）魔術師シモン・マグス Simon Magus だったという。

モグ・ルトの名前はロト・マク・リグル Roth mac Riguill という王を引き合いに《ロトの下僕》と説明された。他の著述家はその名前を Magus Rotarum つまり《車輪の魔術師》と解釈し，この名前の主には車輪の助けで未来を予言する能力があるとした。そして，モグは洗礼者ヨハネの首を切る覚悟のあったただ一人の人物とされる。この邪悪な行ないがアイルランド人すべてに寒さと飢えと疾病をもたらしたという。

モゲティウス Mogetius ローマ風解釈により*マルスと同一視されたケルトの神。この神の名は，ブールジュ Bourges（CIL XIII-1193）とシュタイアーマルク州ゼッガウ Seggau（CIL III-5320）で発見された二つの奉献碑文に現われる。

モックス Moccus ケルトの神。ラングルで発見された奉献碑文（CIL XIII-5676）では，*ローマ風解釈により*メルクリウスと同一視されている。モックスの名は，おそらく《豚》を意味するアイルランド語のムック mucc やウェールズ語のモハン mochyn と関係している。

モードレッド，モルドレ，モルドレート Mordred（あるいは類似の形） ウェールズ語名*メドラウドの英語，フランス語，ドイツ語形。

モドロン・ヴェルフ・アヴァサハ Modron ferch Afallach/*wal.* ['modron verχ a'vaɬaχ] 『キルフフとオルウェン』に登場する少年マボンの母親。マボンは誕生して間もなく誘拐されるが，後に*アーサー王とその従者たちに救出される。その他に『ブリテン島三題歌』では，モドロンはオウェイン・ヴァーブ・イリエンやモルヴィズ・ヴェルフ・イリエンの母親となっている。碑文で証明されたこの名の古形は*マトロナ（ラテン語では複数形*マトロナエ）である。

モナ島 Mona/*lat.*，**モーン島** Môn/*wal.* 古代の民族誌における，ウェールズ北西海岸にあるアングルシー島。タキトゥスによると（『年代記』14-29〜30），紀元60年ローマ軍は司令官スエトニウス・パウリヌス Suetonius Paulinus 指揮下この島に侵攻し，激しい抵抗を受けた。海岸に配置されたケルト人兵士は，梳いた髪に黒衣をまとい松明を持つ女たちに援護されていた。そして，*ドルイドたちは両手を掲げ侵略者たちの上に神々の災いが降りかかるようにと叫んだ。その後間もなく軍団はこの演技による恐怖を振り払うと，守り手を殺戮し，この島の神域を破壊した。このローマの歴史家の叙述から出発して，18世紀初頭のウェールズの古代研究家 H.*ロウランズは，このモナ島はブリタニアのドルイドの主要な拠点の一つだったであろうという説を一般に普及させた。前ローマ時代におけるケルト人の祭祀場と信ずべき遺跡は，1942／43年島の西岸にある湖シーン・ケ

リグ・バーハの岸辺で発見された。

物語録 今日の研究では通常，中世アイルランドの物語文学を内容によって幾つかの《物語群》に分ける。たいていは，*フィン物語群，*アルスター物語群，歴史物語群，神話物語群に分けられる。これに対して，中世の語り手自身は伝統的な物語を，現代の民間説話研究と同じように，物語の題材のタイプごとに分類していたと考えられる。この物語区分に関する今日の知識は，中世の二つの物語録が主な源泉となっている。物語録(A)は『レンスターの書』に，もう一つの物語録(B)は16世紀の手稿に残されている。物語録(B)は中期アイルランド語の物語『ウラルド・マク・コシェの技芸』*Airec menman Uraird maic Coise* にはめ込まれているが，この物語の写本伝承は14世紀にまで遡る。物語録の中で最も重要な物語区分は，*アデド《最期》，アテド《駆落ち》，バレ《狂乱》，カト《戦い》，コンベルト《誕生》，*エフトラ《異界行》，*イムラウ《航海》，オルギン《殺戮》，ターン《牛捕り》，トホマルク《求婚》，トガル《破壊》である。

モラン Morann /*ir.* ['moraN] 紀元1世紀に生きたという，伝説上の賢明な法官。帝王学の書『モランの遺言』の著者とされ，アイルランドのキリスト教化以前にすでに，キリスト教における神の救済の恩恵を受けることになった数少ない人物の一人とされる。モランはイド id あるいはシーン sín という襟状のものを付けていて，不当な判決を下すよう脅されると，いつもこれで自分の首を締めつけたとされる。別の伝承によると，この襟は，被告人が有罪か無罪どうかを知るために，モランが罪人の首に付けるためのものだったとされる。

『モランの遺言』 Audacht Morainn /*ir.* ['auðaχt 'moriN] 8世紀に書き留められたと推測される格言集。伝承によれば，伝説の法官モランによるもので，本来彼の里子だったアイルランド王フェラダハ・フィンド・フェフトナハ Feradach Find Fechtnach のために書かれたものだった。この著作の核心は《王者の正義》(*フィール・ヴラテウォン)であり，その正義が人々に幸福をもたらす効果が，多数の格言から成る文章で詳細に描かれている。

モリーガンまたは**モリーギン** Morrígain /*ir.* ['moR'i:γin] あるいは(後代の)モリーグ Morrígu, モーリーグ Mórrígu. 戦の女神。この名前はおそらく本来は《夢魔の女王》を意味した(中高ドイツ語 mar《夜の亡霊》，英語 nightmare, そして古アイルランド語 rígain《女王》を参照)。後世には，この名前は《大(アイルランド語 mór《大きい》)女王》と解釈された。モリーガンは戦の女神ボドヴとマハの姉妹とされ，時には同一視される。『マグ・トゥレドの戦い』の物語では，モリーガンは決戦を前に*ダグダと共寝し，*フォウォレとの戦いに彼とその一族を援助することを誓う。『*クアルンゲの牛捕り』の物語では，*クー・フリンがアリルとメドヴの軍勢と戦うのを妨げるために，モリーガンは若い美女やウナギや狼や若い雌牛の姿となって彼の前に現われる。

モリス＝ジョーンズ，ジョン Morris-Jones, John (1864〜1929) アングルシー島生まれのケルト学者。オクスフォード大学で数学とケルト言語学を学ぶ。1889年からバンゴールでウェールズ語と文学を教えた。主著に『歴史・比較ウェールズ語文法』*A Welsh Grammer,*

Historical and Comparative（1913）や，ウェールズ語古典詩のウェールズ語による韻律紹介と分析『ケルズ・ダヴォド』*Cerdd Dafod* が数えられる。また，J. *フリース及び D. ブリンモア＝ジョーンズ Brynmor-Jones 編著『ウェールズの人々』*The Welsh People*（1900）で，「島嶼ケルト語における前アーリア語統語論」*Pre-Aryan Syntax in Insular Celtic* を発表した。その論の中で，アイルランド語やウェールズ語におけるケルト語以前の基層言語の影響を検証し，島嶼ケルト語と北アフリカのハム系言語との統語上の一致点を最も早い時期に指摘した一人となった。彼はウェールズ文化への功績に対して1918年叙爵された。

モリタスグス Moritasgus ケルトの神。アレシアで発見された二つの碑文（CIL XIII-11240, 11241）でアポロンと同一視されている。アレシアで発見された別の碑文（AE 1965-181）では，アポロ・モリタスグスは，女神ダモナの伴侶である。

モルヴィズ・ヴェルフ・イリエン Morfudd ferch Urien/wal. ['morvið verχ 'irjen] 『キルフフとオルウェン』に登場するフレゲド王イリエン Urien の娘。母親は，『ブリテン島三題歌』の一つによれば，*モドロン・ヴェルフ・アヴァサハであると言われる。別の三題歌ではモルヴィズは*カノン・ヴァーブ・クラドゥノの愛人となっており，14世紀の詩人もその関係について言及している。しかしこれに関連した伝説はなにも残っていない。

モルヴラン・ヴァーブ・テギド Morfran fab Tegid/wal. ['morvran va:b 'tegid] 『タリエシン物語』に登場する魔法使*ケリドウェンの息子。母親は息子に予言と物語を話す力が身に付くような飲み物を醸造するが，彼より先に従者のグウィオン・バーハが飲んでしまう。『フロナブイの夢』ではモルヴランは*アーサー王の助言者の一人として登場する。『キルフフとオルウェン』では，モルヴランはあまりにも醜い容貌のため皆に魔物と思われて*カムランの戦いで傷一つ受けずに生き残ったと伝えられている。

モルガヌグ，イオロ →ウィリアムズ，エドワード

モルティヌス Moltinus ケルトの神。*アエドゥィ族が住んでいた地域にあるブルゴーニュ地方のマコン Mâcon で出土した奉献碑文（CIL XIII-2585）と，インスブルック近郊ヴィルテン＝フェルディデナ Wilten-Veldidena で出土した呪詛を書き付けた板（*デフィキオ）により知られる。語源学上この名前はアイルランド語モルト molt やウェールズ語モシト mollt《牡羊》と関連している。これに対応するガリア語の名称はムートン mouton/fr.《羊，去勢羊》の形で今日まで残っている。

モールヴェン Morven （スコットランド・ゲール語 mór-bheinn《大きな山》に由来。）J. *マクファースン作《オシアン作品群》における，スコットランドのハイランド地方西部にある*フィンガル王の領土。この地名はマクファースンの創造で，古いケルトの伝承には見あたらない。

モンガーン Mongán/ir. ['monɡaːn] 7世紀に生きた歴史上の王で，のちに数多くの伝説がまつわりついた。海神*マナナーン・マク・リルの息子で，妖精の世界（シード）との緊密な関係が強調され，意のままにさまざまな動物に変身できる能力が述べられている。これらの伝承を

後代にまとめたものが，物語『モンガーンの誕生とドゥヴ・ラハのモンガーンへの恋』である。

『モンガーンの誕生とモンガーンのドゥヴ・ラハへの恋』 Compert Mongáin ocus serc Duibe Lacha do Mongán /ir. ['komb'eRt 'μoŋgaːn' ogus ʃerg 'duv'e 'Laχa do 'μoŋgaːn] 歴史物語群に属する。初期近代アイルランド語で15世紀の写本に残されている。*マナナーン・マク・リルは，アイルランド王フィアハナ Fiachna を戦いで助ける代償として，フィアハナの姿になってその妻クインティゲルン Cuintigern と一夜を共にすることを許される。その結果産まれたモンガーンは実の父のもとで育てられ，父から魔術を習う。後にモンガーンは，彼と同じようないきさつで同じ夜に生まれたドゥヴ・ラハ Dub Lacha と結ばれる。物語の後半では，モンガーンが軽率な約束から妻をレンスター王に奪われるが，遂には自らの魔術の力によって妻を奪い返す次第が描かれている。――J.*スティーヴンズの『アイルランド妖精物語集』(1920) と，A.*クラークの戯曲『計画準備完了』(1950) にこの物語の再話がある。

『門番は何者か』 Pa ŵr yw'r porthor? [pa uːr iur 'porθor] 『カイルヴァルジンの黒書』に収められている詩で，不完全な形で残されている。題名はこの詩の1行目から採られた。この詩はアーサー王と門番*グレウルイド・ガヴァイルヴァウルとの間の対話になっており，門番がアーサー王にその従者たちの名前を尋ねる。アーサー王は*ベドウィル，*ケイ，マナウアダンの名を挙げ，それぞれのなし遂げた英雄的な偉業を一言二言述べていく。この詩は1100年以前に成立し，アーサー王文学の最古の資料の一つである。

モン・ラソワ Mont Lassois フランス東部ブルゴーニュ地方，コート＝ドール県のシャティヨン＝シュル＝セーヌ Châtillon-sur-Seine に程近い丘。今日までに知られている最大級の初期ケルトの*首長の城砦が，紀元前6/5世紀にここにあった。この丘から南方5キロメートル以内に，合わせて五つの首長の墳墓が発見された。その一つは有名な*ヴィクスの墳墓である。

ヤ

ヤーコプスタール, パウル

Jacobstahl, Paul（1880〜1957） ベルリン生まれの考古学者。ベルリン、ゲッティンゲン、ボンの大学で学んだ後、マールブルク大学の考古学教授として教鞭を取る。主な研究領域は、ギリシア・ローマ古典期と同時代の中欧との間の関係である。また、彼の提唱により、マールブルク大学にドイツ先史・原史の正教授職がドイツで初めて設置された。1935年ユダヤ系の血統のために停職処分を受け、英国に移住した。37年からオクスフォード大学で教え、この地で晩年を過ごした。ケルト考古学の分野における彼の主著は、今日もなお評価の高い作品『初期ケルト美術』*Early Celtic Art*（1944）である。

鋏門 後期ケルトの城壁で護られた集落（*オッピダ）で、特にライン河右岸に特徴的な城門構造。この構造では、城壁が門のあたりでほぼ直角に内側に曲がり込み、その奥に門が設けられている。外から見ると、長く狭い通路の奥にある。これによって、攻め手はわずかな兵数でしか門を攻めることができず、同時に門へ通じる隘路の両側の城壁上にいる護り手から身を守らねばならなかった。

ヤドリギ 広葉樹や針葉樹に寄生する、茎の短い灌木状の常緑植物。果実は鳥が食べ、それによって種子が運ばれる。大*プリニウスによると（『博物誌』16-249

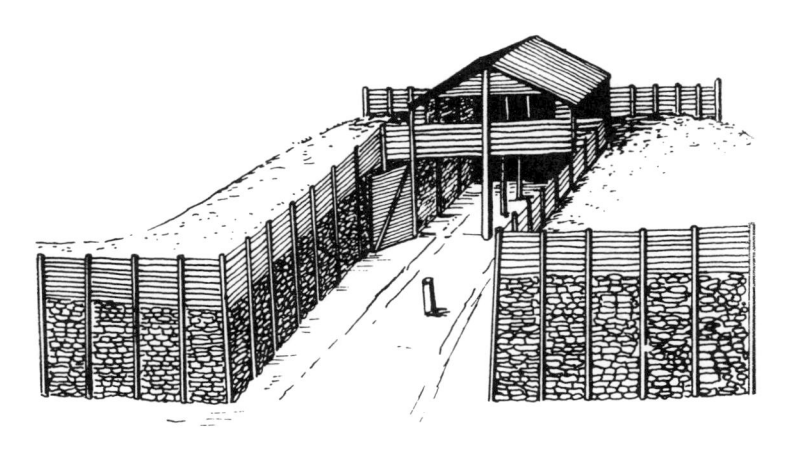

マンヒング東門の鋏門

〜251），ドルイドにとって，ヤドリギと，その寄生主の樹木——オークが前提である——ほど神聖なものはなかった。彼の報告によると，そのようなヤドリギはごくまれにしか見つからず，人は強い畏敬の念をもってそれに近づいた。採取に適した時期は特に，満ちつつある月が力をみなぎらせながら，まだ満ちてはいない，新月後6日目とされた。《彼らはヤドリギを〈万能薬〉を意味する彼らの言葉で表わす。樹の下で慣例に従って犠牲と祝宴が準備されたのち，初めて角を冠に飾られた白い牡牛2頭が連れて来られる。白い衣をまとった神官が樹に登り，黄金の鎌でヤドリギを切り落とすと，白いケープで受けとめられる。それから犠牲獣が屠られる。そのとき，神に自らが犠牲獣を与えた者たちのために自らの贈物を祝福してくれるように祈る。彼らは，生殖能力のない生きものがこれを飲むと生殖能力が授けられ，またこれをあらゆる毒の解毒剤だと考えている。》

ユ

ユートリーベルク Üetliberg スイス，チューリヒ湖の北西端にある山。1980年以降，山頂の発掘調査により，紀元前5世紀の城壁遺構やギリシアからの輸入陶器の残骸が白日にさらされた。この山頂には紀元前5世紀頃初期ケルトの首長の城砦があり，この近くにある紀元前5世紀頃の幾つかの墳墓もこの城砦に属したと考えられる。

ユピテル Iupiter ローマの宗教における最高神で，先史時代の光と天の神。カエサルは，あるケルトの神をユピテルと呼んだ。彼によると，ガリア人はユピテルを天の支配者と考えていた（『ガリア戦記』6-17）。このときカエサルがどのケルトの神を言っていたのか明らかではない。名前が伝わっている神々の中でこの特徴を持つ神は，タラニスである。この神の名前は，《雷鳴》を意味するケルト語から派生したものである。ローマの詩人ルカヌスの著作の註釈集ベルン・スコリアでも，タラニスはユピテルと同一視されている。ダルマチアのスカルドナ Scardona で，ユピテル・タラヌクス Taranucus への奉献（CIL III-2804）が発見された。イギリスのチェスターで出土した碑文（RIB 452）には，ユピテルの異名としてタナルス Tanarus という名がある。これは，おそらくタラヌス Taranus の書き誤りであろう。ガロ＝ローマ時代の図像では，ユピテルは，古典の手本にならい笏と稲妻を持ち鷲を連れ髭を生やした男として現われる。さらにこれに加えて，あるいはこの代りに，ユピテルのアトリビュートとして車輪をもっていることもある。

ユピテルと巨人の円柱 2／3世紀に上部ゲルマニア北部とローマ属州ガリア・ベルギカ東部に広まった礼拝記念碑の一群。これらはたいてい，鱗片文様で装飾された数メートルの高さの円柱に，頭飾として足が蛇のような巨人の台上に騎乗した神ユピテルの彫像がある。台座は，たいていいわゆる四つの神々の石が正方形を成し，その石には様々なローマの神々（多くはユノ，ミネルウァ，メルクリウス，ヘルクレス）のレリーフが施されている。四つの神々の石碑の上にしばしば中間の台座があり，ほとんどは七曜神の彫像があるが，時には別の神々が描かれていることもある。ユピテルと巨人の円柱が普及した地域と奉献碑文によると，寄進者は全てローマ化したケルト人だった。このため，ユピテルの姿にケルトの

ユピテルと巨人の円柱の頭頂部。
オーヴェルニュ地方ヌシェル出土

天の神（*タラニス）の彫像を推測できるし，円柱の形状に神聖な樹木（*オーク）崇拝の継承を見ることができる。

ヨ

羊頭の蛇　胴は蛇だが，牡羊の頭と角を持ち，時には魚の尻尾を持つ，ケルト伝説上の動物。この蛇はケルトやガロ＝ローマの美術に，時には単独で（例：アグリの兜の頬当（ほおあて）），時には異なる神々のアトリビュートとして現われる（例：*ゴネストロップの大釜，*マヴィイの祭壇）。ケルト人の宗教において羊頭の蛇がもつ意味については，文献資料が欠けているため推測するのみである。

予言　ケルト人に関する古代の報告でよく言及される。シチリアの*ディオドロスや*ストラボンによると，予言の方法の一つは，ナイフで人を刺し，身体の倒れる方角や肢体の痙攣の仕方で未来を占うというものであった。その他にも，鳥の飛翔や，あるいは*生贄を観察することによって，予言することも言及されている。中世の*文学に叙述される予言の方法に，*インバス・フォロスナや*テニウ・ライダや*タルヴェシュがある。

ヨンヌ河　→イカウナ

ラ

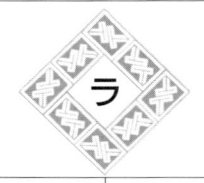

ライガレ Laegaire →ロイガレ

来世観 ＊キリスト教化以前の時代の来世観については，十分にわかっていない。現存する間接的証拠は，考古学において確かめられた埋葬の風習であり，これによると来世で現世の生が継続するという観念があったらしい（＊死と埋葬）。古代の民族誌による報告は，幾度も転生の教義に言及しているが，その際ギリシア・ローマの世界観から用語が造り出されているため解釈が難しい。まれに古典古代の説話文学に海の彼方にある冥界の観念についての指摘を見て取ることができるが，おそらく宗教史的資料価値のあるものはない。同様のことは，中世アイルランドやウェールズの物語にも当てはまる。これらは，民間伝承の主題を取り入れ，その上例外なくキリスト教の世界像に基づいている。

妖精の国（＊シード，＊アンヌヴン）に関する島嶼ケルト人の観念は，本来の意味における来世の観念とは区別される。この国は，死者の国とは考えられていない（＊異界）。

ラインハイム Reinheim 独仏国境に近いザールブリュッケン Saarbrücken の南東20キロメートル。ラインハイム南方の砂礫採掘坑で1954年2月，紀元前400年頃のケルトの＊首長の墳墓が発見された。安置されていたはずの遺骨は，石灰質を破壊してしまう土壌のせいでなにも残っていなかった。しかし，副葬品から，埋葬されていたのは社会上層の女性だったと結論づけられる。死者は首環や多数の金の腕環や指輪や，ガラスやオイルシェール〔油頁岩〕の腕環をつけていた。死者の右側に，埋葬時には織布の袋に入れられていた青銅の手鏡があった。左側には，所狭しと並んだ琥珀やガラスや金属の装飾品が発見された。これらは有機物で作られた入れ物に収められていたらしいが，容器は跡形もなく失われていた。その他にも，金鍍金された青銅のポット1個や，青銅の皿2枚や，残骸が残る飲料容器2個などの飲食器類も収められていた。発掘品は現在ザールブリュッケンの先史博物館所蔵。

ラヴリド Labraid/ir. ['Lavrið] ＊歴史物語群の物語に登場する王。紀元前4または前3世紀にレンスター地方を支配したという。彼のあだ名はロングシェフ Loingsech《亡命者》と，モイン Moen《啞》と，ロルグ Lorc《猛者》だった。このように呼ばれるようになった経緯は『ディン・リーグの殺戮』に記されているが，この物語の現存する形が書き下ろされたのはおそらく9世紀頃だったとされる。これよりわずかばかり新しい民間伝承によれば，ラヴリドは馬の耳をしていた。この秘密を守るために，王の髪を切った床屋はすぐに殺された。ある寡婦の息子が秘密を知るが，母親の嘆願で死を免れる。しかし，息子は秘密を隠しておけず，ある＊ドルイドの忠告に従って柳

の木に秘密を打ち明けた。やがて柳は切り倒され，その木からハープが作られた。するとそのハープの音は，皆に「ラヴリドは馬の耳」という言葉に聞こえたという。

　この物語はほぼ間違いなく，ミダス王のロバの耳について語る古代の物語の影響を受けて成立したものだろう（オウィディウス『変身物語』11-146～193参照）。この物語は，17世紀に G.*キーティングの歴史書に収録され，おそらくそこからアイルランドの語り部たち多数の口承レパートリーに取り入れられた。

ラギン Laigin/*ir.*['Laɣin]　アイルランド東部にあった王国で，*コーゲドの一つ。この名前は古来 laigen《槍》に由来すると推測される。歴史物語群の物語の多くはこの王国が舞台となっている。この名称から英語名レンスター Leinster が派生した。

ラ・グロフザンク La Graufesenque
南仏アヴェロン Aveyron 県のミヨ Millau から遠くないタルン Tarn 川左岸にある。1～2世紀にガリアの土器生産の最も重要な中心地の一つだった。1901年以来この地の発掘で見つかっている書き付けは，今日のガリア語研究にとって重要である。これは，主に個々の壺の名称や，生産された様々な土器の形や大きさや数量を記録したもので，焼いた土片にイタリア風のラテン文字を引っ搔いて記してある。

ラ・テーヌ La Tène　スイスのヌーシャテル Neuchâtel 湖北端に位置する，マラン Marin 近くの浅瀬。ローマ時代以前のケルト人の*祭祀場〔聖域〕があり，数知れない槍や剣や盾や，*フィブラやその他多くの奉納物が湖の中に沈められた。この考古学発掘地にちなんで，ローマによる征服以前の鉄器時代の後半を*ラ・テーヌ期と呼ぶ。この鉄器時代は紀元前5～前1世紀に及び，一般的に前期〔I期〕・中期〔II期〕・後期〔III期〕に分けられ，地域によって時代区分も様々に異なる。ラ・テーヌ期の初めには，それ以前のハルシュタット文化（ハルシュタッ*ト）の周縁地域に新しい経済・文化の中心地が形成され，固有のケルトの美術が展開するが，これはおそらく宗教や世界観の著しい変革に伴ったものである。それに続いて，ケルト人は地中海域の他民族と頻繁に接触するようになり，そして軍事的に対立した。この時代の末期はケルト人の〔いわゆる〕オッピダの時代となり，*カエサルのガリア征服により時代の幕を閉じる。

ラート ráth/*ir.*[Ra:θ]　一つあるいは複数の土塁とその外側に位置する環濠によって外界から隔てられた，円形の囲い地。この種の遺構のほとんどは紀元後1000年の間に作られたものであり，本来は農業施設だった。

ラトクローガン Rathcroghan　→クルアハン

ラトビウス Latobius　ケルトの神。この名は，ローマ属州ノリクム地方で出土した四つの奉献碑文により明らかになったが，語源は詳らかではない。そのうち二つ（CIL III-5320, 5321）はオーストリアのシュタイアーマルク州ゼッガウで，残りの二つ（CIL III-5097, 5098）はケルンテン州ザンクト・パウルで発見された。最初に挙げた碑文では，ラトビウスは*ローマ風解釈により*マルスと同一視されている。この神の巨大な彫像の破片は現在ザンクト・パウル St. Paul の修道院博物館蔵。

ラドラ Ladra/*ir.*['Laðra]　『アイル

ランド来寇の書』に登場する舵取り。ノアの大洪水の40日後にケスィルとその従者たちをアイルランドへ導く。

ラーヤモン Layamon　イギリスの聖職者。1200年頃アングロ゠ノルマンの詩人*ワースの長詩『ブリュの歌』*Roman de Brut* を英訳した。その作品は古英語詩を模範にして，頭韻を持つ長い詩行で書かれ，3万2241行と原作のほぼ2倍の文量である。

ラルザク（ロスピタレ゠デュ゠ラルザク） Larzac (l'Hospitalet-du-Larzac)　南仏アヴェロン県ラ・グロフザンクの南方約15キロメートルにある。1983年夏，ガロ゠ローマ時代の墓域の考古学調査で，100年頃にガリアの言語で呪文を書き付けた鉛板が見つかった。160語余が約1000文字で書かれており，これまでに知られている最も長いガリアの言語による文章である。この鉛板は骨灰を収めた壺の蓋で，おそらく危害を及ぼすための呪いであろう。文章の意味内容は，ガリア語に関する知識不足から多くの点で議論されていて評価が定まらない。

ランスロ Lancelot/*fr.*，または**ランスロット**/*eng.*　*アーサー王文学のフランスやドイツの作品の幾つかでは，アーサー王の妃グニエーヴル Guenièvre/*fr.*，ギネヴラ Ginevra/*dt.*〔グウィネヴィア/*eng.*〕（*グウェンフイヴァル/*wal.*）の恋人。この題材を扱っている現存する最古の形は，*クレティアン・ド・トロワや*ウルリヒ・フォン・ツアツィクホーフェンによって12世紀に創られた。ランスロという名前は，モンマスのジェフリーや中世ウェールズの作品には見あたらない。この人物はおそらく，ケルト起源ではなく，フランス起源だろう。

リ

リー rí/*ir.* [Rʼi:]　王を表わす。法律書は更に，部族の王（リー・トゥアテ rí tuaithe；*トゥアト参照）と，幾つかの部族連合のより地位の高い王（リー・トゥアト rí tuath，あるいはルイリー ruiri）と，アイルランドの五つの《国》のそれぞれの上に立つ王（リー・コーギド rí cóicid；*コーゲド参照）を区別している。上王（アルドリー ard-rí）〔英名ハイ・キング High King〕やアイルランド王（リー・エーレン rí Érenn）の称号は，それに対して中世盛期に至るまで現実的な意味を持たず，文学においてのみ重要な役割を担っていた。王の主要任務は，戦時に軍を動員すること（スローガド slógad）と，平時に法を保つことだった。この際，《王者の正義》（フィール・ヴラテウォン）という概念が中心的な意義となり，これが実現されるかどうかにこそ，王とその臣民の禍福が左右された。数多くの伝説や讃歌に，王位の受任が，支配者とその領地，あるいは人格化された《支配》(flathius) との婚姻として描かれている。これらの文献が，王と支配の女神との*聖婚というキリスト教以前の考え方を保っていたことは，大いにありうる。

リア・ファール　→ファール

リアト・マハ Liath Macha/*ir.* [Lʼiaθ ˈmaχa]　*アルスター物語群に登場する，英雄クー・フリンの風のように速い名馬2頭のうちの1頭。物語『クー・フリンの誕生』の古いほうの稿本によると，この馬は持主と同じ夜に生まれた。

リウィウス，ティトゥス Livius, Titus　紀元前後のローマの歴史家。その主著は，ローマの起源からアウグスト

ゥス帝の治世に至る膨大な歴史記述である。この歴史書は諸写本に『ローマ建国史』*Ab urbe condita* という題名で表わされ，本来142巻から成っていたが，そのうちの第1～10巻（紀元前753～293），第21～45巻（紀元前219～167），および幾つかの短い断片のみが現存している。ケルト人の上部イタリアへの侵入（*アンビガトゥス）とローマの掠奪（*ブレンノス）に関するリウィウスの叙述は有名である。

リガニ Rigani 《女王》を意味するガリア語。語源的に同義のアイルランド語リーガン rígain に対応する（モリーガン）。ピュイ＝ド＝ドーム県のルズー Lezoux における発掘で発見されたガリア語の奉献碑文では，あるいは女神の名前として現われているのかもしれない。この碑文は1世紀前半のもので，e... ieuririgani rosmertiac という内容になっており，《これを私はリガニとロスメルタに献じた》とも翻訳できる。しかし，この奉献が単独の神へのものだったことも考えられ，その場合は，リガニは女神*ロスメルタのあだ名あるいは尊称と理解されるべきだろう。女神リガニを前ローマ時代の図像に再発見しようとする考古学者ジャン＝ジャック・アット Hatt, Jean-Jacques（1913～）の試みは慎重に評価されなければならない。

リークス rix（rīg-s）《王》を意味するガリア語。*アンビオリクスや*オルゲトリクスや*ウェルキンゲトリクスのような数多くの人名に見られる。この言葉のアイルランド語形は*リーである。ウェールズ語ではこれに対してすでに早い時期に*ブレニンに置き換えられた。ケルト語の ★rīg-s は，語源的にラテン語の rēx や古インド語の rājā に対応する。ドイツ語では，フリートリヒ Friedrich やハインリヒ Heinrich のような名前の第2音節における外来語として現われる。

リース，ジョン→　フリース，ジョン

『リスモール司祭の書』 The Book of the Dean of Lismore　スコットランド＝ゲール語やアイルランド語で作られたバラードや*バルドの詩を収集した写本。1512年から1526年にかけて，スコットランドの聖職者ジェイムズ・マッグレガー Macgregor, James とその兄弟のダンカン Duncan によって集成された。現存するスコットランド＝ゲール語文学最古の作品が収められている。

リタウィス Litavis　ケルトの女神。この女神の名は，古代インド語の pṛth(i)vī（ケルト語では最初のpが脱落）と古英語の folde《大地》に対応する。この言葉の本来の意味はおそらく《広い》である。この名前は，島嶼ケルト語ではサダウ Llydaw の語形でウェールズ語に残り，ブルターニュを表わす。リタウィスへの奉献がコート＝ドール県のエニェ＝ル＝デュク Aignay-le-Duc（CIL XIII-2887）とマラン Mâlain（CIL XIII-5599, 5601, 5602）で発見され，その碑文には，この女神の伴侶として神マルス・*キコッルスの名がある。

リー・バン Lí Ban/*ir.* [L'i: ban]　物語『クー・フリンの病』に登場する，妖精ラブリド・ルアト＝ラーヴ＝アル＝フラデヴ Labraid Luath-lám-ar-chlaideb の妻で，妖精ファン Fann の姉妹。

リベニツェ Libenice　チェコ，ボヘミア中部コリーン Kolín 郊外。1959年，この近くの紀元前4/3世紀のケルトの*祭祀場が考古学調査された。施設は80×20メートル強の，土塁と壕で囲まれた広場だった。そのほぼ中央で女性の墓が発

見され，その墓の東の端には幾つかの1対ずつ並べた祭祀用柱や，食物や飲料の供物用の穴や，ステレ〔石柱〕も見つかった。青銅の首環2個（*トルク）は本来木製の神像を飾っていたものかも知れない。獣骨が見つかったことから，ここで動物も生贄に捧げられていたことが考えられる。

リュゼール，フランソワ＝マリー Luzel, François-Marie（1821～1895）　ブルターニュ，ケラムボルニュ Keramborgne 出身の民俗学者。故郷の様々な土地で，高校教師，ジャーナリスト，図書館司書として働いた。ブルトン語の神秘劇の出版のほかに，数多くの土着の伝説や，歌謡を公にした。その中には，フランス語訳のついたブルトン語の民謡集『バス＝ブルターニュの詩歌』*Gwerziou Breiz-Izel*（1868～1874）や，『バス＝ブルターニュの民謡』Soniou Breiz-Izel（1890）や，ブルトン語民間伝承のフランス語訳『バス＝ブルターニュの民話集』*Contes populaires de Basse-Bretagne*（1887）がある。

料理　→食習慣

リル　→マナナーン・マク・リル

リンゴネス族 Lingones　古代の民族誌によれば，マルヌ川上流域に住んでいたケルト部族。リンゴネスの名は，かつてアンデマントゥンヌム Andemantunnum と呼ばれたラングル Langres の町名に残っている。

リンドウ・モス Lindow Moss　イングランド中部，チェシャー Cheshire のウィルムスロウ Wilmslow 近くにある泥炭湿原。1984年夏，若い男の遺骸が発見されたが，紀元前4世紀に生贄(いけにえ)として湿原に沈められたものと考えられる。遺骸は狐の毛皮で作られた腕環以外になもまとっていなかったが，丁寧に手入れされた指の爪は死者が社会上層の一員であったことを思わせる。さらに詳しい調査によると，殴打，絞首，のどの切開が同時に行なわれたことが死因となった。この三重の処刑法は，特にアイルランドの伝承によく現われる三重の死というモチーフに関係すると考えられる（数）。死者の胃から検出された*ヤドリギの花粉の残留物は，この生贄が*ドルイドにより実施されたものと考えられるきっかけとなった。この遺骸は現在ロンドンの大英博物館所蔵。

ル

ルアド・ロエサ Ruad Ro-fesa/*ir.* ['Ruað 'Ro-esa]　*ダグダの別名。この名は《大いなる知恵の権力者》を意味した。

ルイス，ヘンリー Lewis, Henry（1889～1968）　ウェールズ南部，アニスタウエ Ynystawe 出身のケルト学者。カーディフで学んだ後，1921年にスウォンジー Swansea のユニヴァーシティ・コレッジでウェールズ語学および文学の初代教授職を占め，54年まで在職した。1937年デンマークの言語学者ペデルセン（ペーザソン）Pedersen, Holgar（1867～1953）と共に英語版『比較ケルト文法』*A Concise Comparative Celtic Grammar* を出版したが，これはペデルセンの2巻の大著『ケルト語比較文法』*Vergleichende Grammatik der keltischen Sprachen*（1909/13）を改訂したものである。これ以外にも，ルイスは中世コーンウォール語（『中世コーンウォール語ハンドブック』*Llawlyfr Cernyweg Canol 2*；1946）と中世ブルトン語（『中世ブルトン語ハンドブック』*Llawlyfr Llydaweg Canol 2*；1966）

の研究の基礎となる手引書を，ウェールズ語で著わした。一般向きの著書『ウェールズ語の基礎』*Datblygiad yr Iaith* (1931) は，1989年ドイツ語改訂版が『ウェールズ語・その発展の基礎』*Die kymrische Sprache. Grundzüge ihrer Entwicklung* という書名で出版された。

ルイド →スイド

ルカヌス，マルクス・アンナエウス Lucanus, Marcus Annaeus 1世紀のローマの詩人。数多くの作品のうち，ポンペイウスとカエサルとの内戦を扱った未完の叙事詩10巻だけが現存している。諸写本には『内乱記』*Bellum civile* という表題が記されているが，今日ではルカヌスの注釈の一つに従って『ファルサリア』*Pharsalia* とも呼ばれる。この著作の第1巻の第396〜465行には，ガリア諸部族に関する民族誌的記載が多数あり，その中にはケルトの*バルドと*ドルイドについての記述や，ケルトの神々，*テウタテス，*エスス，*タラニスについての有名な言及もある。第3巻で，ルカヌスはガリアの聖なる森（*ネメトン）について記している。その森の木は，カエサルがある包囲戦の際に伐採した。――このエピソードに着想を得て，コンラート・フェルディナント・マイヤー Meyer, Conrad Ferdinand (1825〜1898) は，詩『聖地』*Das Heiligtum* を書いた。

ルギド・マク・コン Lugaid mac Con/*ir.* ['Luɣið' mak kon] *歴史物語群に登場する，3世紀にアイルランドを治めたとされる王。物語『*マグ・ムクラマの戦い』は，ルギドが自分の乳兄弟エオガンとその叔父*アルトと争い，勝利を収めるが，不運な統治の末に，王座と命を失う次第が描かれている。

ルギド・ラーガ Lugaid Lága/*ir.* ['Luɣið' 'La:ɣa] *歴史物語群に登場する，*アリル・アウロム王の兄弟。物語『*マグ・ムクラマの戦い』では，追放された*ルギド・マク・コンに同行し，戦いで味方を優勢に導く。一騎打ちでアルト・マク・コンを倒すが，後にその息子で跡を継いだコルマク・マク・アルトに仕える。*フィン物語群では，*フィアナの最も重要な武者の一人とされる。

ルグス Lugus ケルト人の神。おそらく*ペニャルバ・デ・ビリャスタルの碑文に言及されている神。これ以外にも多くの碑文から Lugoues（主格）や Lugouibus（与格）の語形でも知られるが，これは男性あるいは女性の神々を表わす複数形である。とりわけ今日のフランスにしばしば見られた地名ルグドゥヌム Lug(u)dunum は，この神への信仰が広がっていたことを示すためにたびたび引き合いに出されるが，ほとんどの例証は中世のものである。A.*ダルボワ・ド・ジュバンヴィル以来，カエサルが言及している（『ガリア戦記』6-17-1）ガリアの最高神をルグスとすることが多いが，この同一視は多くの例証に反している。

ルグナサド Lugnasad/*ir.* ['Luɣnasað]
アイルランドの暦では，秋の始まり（8月1日の前夜）。この日は収穫の始まりとして，村落の祭りとして祝われた。『サナス・ホルミク』によれば，先史時代には，このような行事は*ルグ・マク・エトネンに捧げられたとされ，祭りの名前はこのことに由来しているという。

ルグ・マク・エトネン Lug mac Ethnenn/*ir.* [Luɣ mak 'eθn'eN] *神話物語群に登場する。*トゥアタ・デー・ダナンの医師*ディアン・ケーフトの息子キアンが父親で，母親はフォウォレの巨人*バラルの娘*エトネ。物語『マグ・トゥレ

ドの戦い』では主要な役割を演じ，フォウォレとの戦いでトゥアタ・デー・ダナンを勝利に導く。ルグには，サウィルダーナハ Samildánach《百芸に通じた》や，ラーウファダ Lámfada《長い手の》などの呼び名がある。物語『幻の予言』では*コン・ケードハタハ王のもとに現われ，*アルスター物語群の幾つかでは*クー・フリンの父親として登場する。ルグは，ルグウァリウム luguvalium（カーライル Carlisle）ルグドゥヌム Lug(u)dunum（リヨン Lyon，ラン Laon，ライデン Leiden）などの地名に信仰の名残が見えるケルト人の神ルグスの面影を残している。カエサルによれば，ルグスは*ガリアの最高神だった。→*メルクリウス

ルディアヌス Rudianus ケルトの神。この神への信仰は，四つの奉献碑文により明らかになっている。そのうちの二つ（CIL XII-1566, 2204）は，ドローム県のサン・テティエンヌ St. Etienne とサン・ジェニ St. Génis で見つかり，他の二つ（CIL XII-381, 382）は，ヴァール県のサン・ミシェル・ド・ヴァルボンヌ St. Michel de Valbonne で見つかった。最後に挙げた碑文で，この神は*ローマ風解釈により*マルスと同一視されている。

ルディオブス Rudiobus ケルトの神。この神への信仰についての唯一の言及は，*ヌヴィ=アン=シュリア Neuvy-en-Sullias から出土した馬の小彫像の台座に刻まれた奉献碑文（CIL XIII-3071）に見られる。

ルテニ族 Ruteni 古代の*民族誌によれば，フランスのアヴェロン県の地域に住んでいたケルト部族。この部族名は，かつてセゴドゥヌム Segodunum と呼ばれたロデス Rodez の町名に残った。

ルーナサ →ルグナサド

ルナン，エルネスト Renan, Ernest (1823〜1892) 宗教学者，オリエント学者。ブルターニュのトレギエ Tréguier 生まれ。イエスの生涯を小説風に描いた著作『イエスの生涯』*La Vie de Jésus* (1863) で有名になった。1854年既にルナンは研究誌『二つの世界』*La Revue des Deux Mondes* に論文「ケルト人の詩歌に関する試論」*Essai sur la poésie des races celtique* を書き，59年その改訂稿が書籍の形で出版された。そこでは，ケルト諸民族とその文学は自発的で自然で素朴で，情緒纏綿たるものと特徴づけている。同時に，ケルト人が規律や政治組織や健全な実践主義に対して抱く反感を強調している。ルナン当時のケルト文化地域の住民に特徴的なことは，過去への，そして受動的で内向的な生活態度への偏愛だとする。しかしながらこのよう

ルディオブス神に奉納された青銅の馬の像

な評価は，ケルト諸民族や言語や文化についての個人的な見識に基づいたもので，非常に限られた範囲にだけ当てはまるものである。この評価はむしろ，はるかにロマン主義の思想や著者の少年期の思い出が刻み込まれたものである。実際ルナンは，英語やフランス語に翻訳されたごくわずかなケルトの文学作品しか知らなかった。彼の考えの多くは友人のM. *アーノルドから得たものだったが，一般のケルト人像に広範囲にわたる影響を及ぼした。→*ケルト・イデオロギー

ルヌラエ《小さな月》 lunulae/*lat.* 三日月型で平たい，特徴のある形をした装身具。金の板を打ち延ばしたもので，特に縁や先端が幾何学模様の彫金で装飾されている。西欧では合わせて100以上，そのうちアイルランドでほぼ80の例が見つかっている。18～19世紀のケルト人像は，しばしばこのルヌラエがドルイドの礼装の一部であったとしているが，実際はこれらは前期青銅器時代のものであり，したがってケルト以前に起源がある。

ルフタ Luchta/*ir.* ['Luχta] 物語『マグ・トゥレドの戦い』に登場するトゥアタ・デー・ダナンの工匠。フォウォレとの戦いの間，戦士たちに盾と槍の柄を作りつづける。

レ

霊魂輪廻(りんね) →再生

『レヴォル・ラグネフ』 →『レンスターの書』

レヴォルハム Leborcham/*ir.* ['L'evorχam] *アルスター物語群に登場する老女。*コンホヴァル王の宮廷におり，醜い姿で，人を傷つける呪詛により皆に恐れられた。しばしば王や宮廷の者のために使者の役目を果たす。

レウケティウス Leucetius のちにはロウケティウス Loucetius とも呼ばれるケルトの神。この神の名は《光る，輝く》を意味するケルト語から派生した。この神への信仰は，ヴォルムス（CIL XIII-6221），マインツ郊外マーリエンボルン Marienborn（CIL XIII-7241, 7242），オーバー＝オルム Ober-Olm（CIL XIII-7249 a），クライン＝ヴィンテルンハイム Klein-Winternheim（CIL XIII-7252），グロースクロッツェンブルク・アム・リメス Großkrotzenburg am Limes（CIL XIII-7412），ヴィースバーデン＝フラウエンシュタイン Wiesbaden-Frauenstein（CIL XIII-7608），ストラスブール Strasbourg（CIL XIII-11605）とイングランドのバース Bath（RIB 140）で発見された奉献碑文により明らかにされた。これによると，この神は主に*トレウェリ族の土地で信仰されたらしく，特に後にあげた二つの奉献の寄進者は，碑文で部族の一員だったことがわかる。レウケティウスはローマ風解釈により*マルスと同一視される。

『レカンの黄書』（The Yellow Book of Lecan/*eng.*） 一巻にまとめたアイルランド語の集成写本で，主要部分は14世紀末に成立したものである。歴史物語群や，*神話物語群や，*アルスター物語群の多くの説話が収録されている。現在はダブリンのトリニティ・コレッジの図書館に所蔵されている。この『レカンの黄書』と混同してはならないのが，15世紀初頭に成立した『レカンの書』*The Book of Lecan*で，これはダブリンのロイヤル・アイリッシュ・アカデミーの図書館に所蔵されている。

歴史 ケルト諸民族の歴史は1000年をはるかに越える。彼らの舞台は，ブリテ

ン諸島やアイルランドから東南ヨーロッパや小アジアのアナトリア半島まで含めた、中欧や西欧の広い範囲にわたっている。

ケルトの歴史の始まりは、紀元前600年〜450／400年頃の発掘遺跡ハルシュタットにちなんで名付けられた時代に形を成す。最も初期の考古学例証（＊首長の墳墓、＊首長の城砦）や、古代の民族誌の記述はこの時代のものである。次に発掘地ラ・テーヌにちなんで名付けられた時代が続き、紀元前5世紀中葉から、前2世紀／前1世紀のローマによるケルト人居住地域征服にまで及ぶ。このラ・テーヌ期は更に区分され、ケルト諸民族が上部イタリアやバルカン圏や小アジアなどの諸地域を支配した拡張期（前4世紀〜前3世紀）と、前1世紀中葉の＊カエサルによるローマのガリア征服で終わる＊オッピダ期（前2世紀〜前1世紀）に分けられる。紀元1世紀のうちにブリタニアの大部分もローマによって征服されるが、アイルランドはローマ帝国の勢力圏外にとどまる。

すでに2世紀にはガリア南部を起点にケルト人の＊キリスト教化が始まり、3〜4世紀にはローマ領ブリタニアにも広がり、更にローマ帝国の国境を越えて伝播してゆく。

5世紀初頭、ゲルマン人の侵入によりローマの最後の駐留部隊がブリテン島から撤退する。ゲルマン諸部族はライン河を渡り、ローマを侵略し、ローマ化されたケルト人の居住地域にゲルマン諸王国を築く。

5／6世紀にはアングロ＝サクソン人がブリテン島の広い地域を征服する。スコティと呼ばれるケルト系アイルランド人がスコットランドの一部とその島嶼部に入植するが、同じ頃、ブリテン島南西部のケルト人が前進するアングロ＝サクソン人の圧力に押され、ブルターニュへ移住する。

6世紀からアイルランドに修道院文化が咲き誇り、〔修道院の積極的な布教活動によって〕アングロ＝サクソン諸王国やフランク王国の精神生活に影響を与える。ブリテン島北部のケルト諸王国の住民は7世紀のうちにアングロ＝サクソン人の征服によりウェールズの同胞から切り離され、しだいに同化されていく。ケルトの言語はこの時からアイルランド、スコットランド、ウェールズ、コーンウォールとブルターニュでのみ話されるようになる。これらの地域はすべて中世からイングランドやフランスの王国の勢力圏に入り、徐々に国家的・政治的独立性を失ってゆく。古代においてアルプス以北で最も重要な民族とされたケルト人の末裔は、現在は西ヨーロッパの周縁にしか見いだすことができない。

歴史物語群 Historical Cycle ＊E. オカリーによって名付けられた、紀元前3世紀から紀元11世紀までに起きたとされる出来事にまつわるアイルランド語物語の総称。これに属する物語の現存する稿本は、大部分が8世紀から14世紀までに書き記され、歴史的事実と、神話や伝説や民間説話の伝承に手が加えられたものである。しばしば著名な王が物語の中心になっているので、歴史物語群という代りに《王の物語群》Cycles of the Kings とも呼ばれる。登場する重要な王たちは、＊ラヴリド・ロングシェフ、＊コン・ケードハタハ、＊ルギド・マク・コン、＊コルマク・マク・アルト、ローナーン・マク・コルマーン Rónán mac Colmáin（『ローナーンの息子殺し』）、モンガーン・マク

・フィアハナ、*ドウナル・マク・アイダ、*ディアルミド・マク・アイダ・スラーネ、*グアレ・アドネなど。また、『ボーラワ』は数世紀に及ぶ長い時代を背景にした物語である。

レクソウィイ族 Lexovii 古代の*民族誌によれば、セーヌ河下流域に住んでいたケルト部族。レクソウィイ族の名は、かつてノウィオマグス Noviomagus と呼ばれたリジュー Lisieux の町名に残っている。

レドネス族 Redones 古代の*民族誌によれば、ブルターニュ東部のケルト部族。この部族名は、かつてコンダテ Condate と呼ばれたレンヌ Rennes の町の名に残っている。

レトリク retoiric →ロスカダ

レヌス Lenus *ローマ風解釈によれば*マルスと同一視されるケルトの神。レヌス信仰は、*トレウェリ族の西方の居住地で発見された八つの奉献碑文（CIL XIII-3654, 3970, 4030, 4137, 7661 ; Fi 20, 21 ; Ne 9）により明らかにされている。さらに、ウェールズ南東のカイルウェント Caerwent で発見された（失われた）彫像の台座（RIB 309）とグロスターシャーのチェドワース Chedworth の祭壇（RIB 126）にもレヌスの名が見られる。チェドワースの祭壇に刻まれた碑文（現在チェドワース博物館蔵）の下にレリーフがあり、レヌスは右手に槍を持ち、左手に斧を持った姿で描かれている。更にレヌスの青銅像（現在ボンの州立ライン地方博物館蔵）と等身大より大きい石の偶像の破片（現在トリーアの州立ライン地方博物館蔵）が見つかっている。

レヌス Rhenus 古代の*民族誌におけるライン河の名称。比較言語学は、本来の名称として《河》ほどの意味を持つ *reinos という語形を復元している。これが、ケルト語の *rēnos になり、ローマ人に受け継がれた。これに対してゲルマン語では *reinos が *rīnaz になった。そこから、古高ドイツ語 Rīn、更に新高ドイツ語 Rhein が生じた。

複数の古代の著述家が、ケルト人は新生児が本当に夫婦の子であるかどうかをライン河の水で試して確かめようとしたことを報告している。

さらにローマの詩人プロペルティウス Propertius（『詩集』 *Elegiae* 4-10-41）は、ケルト人の貴族ウィル(リ)ドマルス Vir(i)domarus（紀元前3世紀）がレヌスの子孫であると自認していたことに言及している。ガロ＝ローマ時代には、祭壇の碑文（AE 1969/70, 434）に書かれていたような、RHENO PATRI《父な

レヌス神像。グロスターシャー、チェドワース出土

るレヌス》の考えが現われた。この碑文は1970年にストラスブールで発見された（現在、ストラスブール市立考古学博物館蔵）。

レプラコーン Leprechaun/*eng.* アイルランドの民間信仰に登場する機敏な小人または小妖精。物語の多くでは秘密の宝を守るものとして、また、ドイツのハインツェルメンヒェンと同じように、家事などを手伝う家の小妖精としても現われる。英語の leprechaun は、近代アイルランド語のさまざまな方言——ルプラハーン luprachán、レムレハーン loimreachán、ルーラカン lúracan（レンスター地方）、ルフラマーン luchramán（アルスター地方）、ルーラカーン lúracán（コナハト地方）、ルフラガーン luchragán、ルルガダーン lurgadán、クルーラカーン clúracán（マンスター地方）などの派生形に由来している。この言葉の中期アイルランド語形は、ルホルパーン luchorpán《小さな身体》である。

レヘレンヌス Leherennus ケルトの神。今日のオート=ピレネー県のアルディエージュ Ardiège 付近で信仰されていたことが、奉献碑文（CIL XIII-96～117）により明らかになっている。この神はおそらくケルト以前に起源をもつが、ローマによるガリア征服後、*ローマ風解釈により*マルスと同一視された。

レポンティイ族 Lepontii 古代の民族誌によれば、中央アルプスのケルト部族。レポンティイ族の名は、テッシン〔ティチーノ〕州のリフィネンタール Livinental（ヴァレ・レヴェンティナ Valle Leventina/*ita.*）の地名に残っている。

レポント語 上部イタリアに住んだケルト人が使用したが、死滅した言語。ルガーノ Lugano 近郊で発見された40余りの短い碑文が知られ、紀元前5／6世紀頃以降に異なる2種類のエトルリア文字で記されたものである。

レミ族 Remi 古代の*民族誌によれば、マルヌ河とエーヌ河に挟まれた地域に住んでいたケルト部族。すでに紀元前57年ローマと同盟したため、影響力が強く、重要だった。*カエサル（『ガリア戦記』6-12）によると、この部族は彼の時代にはガリアの最有力部族アエドゥイ族に次ぐ勢力であった。この部族名は、かつてドゥロコルトルム Durocortorum と呼ばれたランス Reims の町の名に残っている。

レモウィケス族 Lemovices 古代の*民族誌によれば、フランスのリモージュ Limoges あたりに住んでいたケルト部族。この町はかつてアウグストリトゥム Augustoritum と呼ばれたが、現在の町名はこの部族に由来する。

レンスター →ラギン

『レンスターの書』 Lebor Laignech/*ir.* ['L'evor 'Laɣn'ex] (The Book of Leinster) 古文書学者 E. オカリーにならってこのように呼ばれる、最も膨大なアイルランド語古写本の一つ。1160年頃成立し、現在羊皮紙 187 葉が残っている。『アイルランド来寇の書』や、『ディンヘンハス』と『クアルンゲの牛捕り』の稿本や、*アルスター物語群の数多くの物語が収録されている。1782年以降、ダブリンのトリニティ・コレッジ図書館所蔵。

◆ ロ ◆

ロイガレ・ブアダハ《**勝利のロイガレ**》Loegaire Buadach/*ir.* ['Loiɣar'e 'buaðax] *アルスター物語群に登場する、

アルスターの重要な武者。父親コナド Connad あるいはコナハ Connach にちなんで，マク・コニド mac Connaid あるいはマク・コニヒ mac Connaich とも呼ばれる。物語『ロイガレ・ブアダハの最期』に彼の死が描かれている。

『ロイガレ・ブアダハの最期』 Aided Loegairi Buadaig/ir. ['aðeð 'loiɣar'i 'vuaðiɣ'] *アルスター物語群に属する。16世紀の写本にこの物語の唯一の稿本が伝わっている。物語は，ロイガレが詩人（*フィリ）のアイド・マク・アンニネ Aed mac Ainninne の処刑を防ごうとして非業の死を遂げるさまを描いている。アイドはアルスター王コンホヴァルの妻と姦通の罪を犯したため，湖に沈められることになった。しかしアイドは魔術を使って，連れて行かれるどの湖も一滴の水も残さず干上がらせてしまう。ところが，ついにロイガレの家の前にある湖では魔術が利かなかった。だがロイガレはよりによって我が家の前でフィリが殺されるのを黙って見過ごす気はなく，抜き身の剣を手に家を跳び出す。そのときロイガレはすさまじい勢いで戸口のまぐさに頭をぶつけてしまい，これがもとでまもなく息を引き取る。しかしアイドはどさくさに紛れてまんまと逃げのびる。

ロイグ・マク・リアンガヴラ Loeg mac Riangabra/ir. [Loiɣ mak 'R'ianɣavra] *アルスター物語群に登場する。英雄*クー・フリンの戦車の御者で，忠実な従者。

ロウランズ，ヘンリー Rowlands, Henry（1655〜1723） 古代研究家。アングルシー島（*モナ島）に生まれ，生涯を島で過ごした。英国教会の聖職者だったため，余暇に歴史研究にいそしむことができた。著作『復元された古代モナ』 *Mona Antiqua Restaurata*（1723）ではアングルシーの先史や原史時代の遺跡を取り扱っているが，彼は恣意的に根拠もなくそれらの遺跡がケルト人の*ドルイドによって建設されたものとした。その結果，J. *オーブリーや，W. *ステュークリーとともに，ケルト人の宗教やその神官についての一般的なイメージに後々まで影響を及ぼした（*ケルト・イデオロギー）。

ロクベルテューズ Roquepertuse 南仏，エクス＝アン＝プロヴァンス西方15キロメートルのアルク Arc の谷にある岩山上に築かれた，先史時代の集落の現在名。考古学発掘品は，新石器時代後期から，火事による破壊でこの土地が放棄される紀元前2世紀末まで，人が住んでいたことを示している。すでに1860年，この地でいわゆる*あぐら姿の，ケルトの

ロクベルテューズから出土した男性座像

戦士を描いたと思われる石像の一部が2体掘り出された。続く1919〜27年の発掘で，同じような石像の1体ないし幾つかの破片の他に，馬の頭で飾られたフリーズ〔帯状装飾〕1枚と，双頭の神の石像1体と，猛禽の像1体と，人の頭蓋骨を収めるための穴を穿った石柱3本が見つかった。これまでこれらの発掘品は一部が誤解の生じやすい復元でマルセイユのシャトー・ボレリ Château Borély に展示されていたが，総合的な考古学検証ののち，現在は同じマルセイユに新設された旧施療院博物館 Musée de la Vieille Charité に展示されている。

ロスカダ（単数形ロスカド）roscada
アイルランドの中世文献に存在する文章の形式で，散文と，韻を踏み詩節をもつ形式の詩，あるいは音節を数える形式の詩との中間の範疇にあり，そのどれにも属さない。意図的に謎めいた言葉を用い，あてこすりの多い言い回しで，頭韻を踏んだ普通にない語順で表現され，古風で珍しい言葉を好むという特徴がある。このような特徴を示す文章は，散文物語の中で独白として語られ，あるいは retoiric とされるものに用いられた。このような文章の多くは難解さのために十分な研究がなされていない。いずれにせよ，ロスカダがキリスト教到来以前の口承の詩に遡るということはありえない。

ロスメルタ Rosmerta ケルトの女神。単独であるいはメルクリウスの伴侶として，特にガリア北東部で信仰された。パテラ（供物皿）と豊穣の角がこの女神のアトリビュートであるが，メルクリウスと関わりが深いため，時には伝令神の杖（メルクリウスの杖）を持った姿でも表わされている。この女神の名称には，＊スメルトリウス（スメルトリオス）神と同じ語根が含まれており，この女神の守護神としての権能を示すと考えられる。

ロダ Loda J. ＊マクファースン作の《オシアン作品群》に登場する亡霊。ロホリン（スカンディナヴィア）のゲルマン族戦士の信仰をあつめる。詩作『ロダの戦い』*Cath-Loda* によれば，蒼穹がそのすみかであり，その意思が託宣によって告げられる神木がある。詩作『カリク・フラ』*Carric-Thura* では，石を積んだ場所がその聖域である。そこでスコットランド王＊フィンガルは亡霊と出会い，戦って勝つ。——カーステンス Carstens, Asmus Jacob（1754〜1798）はこのエピソードから絵画「ロダの亡霊とフィンガルの戦い」(1796；コペンハーゲン国立美術館所蔵）を描き，シューベルト Schubert, Franz（1797〜1828）は歌曲「ロダの亡霊」(1815) を作った。

ローデンバハ Rodenbach ドイツ西部カイザースラウテルン Kaiserslautern の北西10キロメートルにある。1874年この近くで，紀元前5世紀のケルト人の＊首長の墳墓が発見された。剣1振，短剣1振，大きな槍の穂3筋などの他に，青銅の容器も多数発掘された。死者には金の腕環と指輪が一つずつ手向けられていた。発掘品は現在シュパイヤーのプファルツ歴史博物館所蔵。

『ローナーンの息子殺し』Fingal Rónáin/ir. ['f'inγal 'Ro:na:n'] ＊歴史物語群に属する。＊『レンスターの書』と，1500年頃の写本の一つに伝えられている。この物語は，レンスター王ローナーン Rónán の若い後妻が義理の息子である父思いの王子に恋するが，想いをかなえられないことを逆恨みし，王に王子を讒言（ざんげん）する。ローナーンは怒りに駆られ，兵に槍で王子を殺させるが，王子の死の間

際に真相を知る。殺された王子の乳兄弟が王妃の父と一族を討ち取って復讐し，それを知った王妃も自害する。ローナーンは自分の無分別が犯した罪を悔い嘆き，悲痛の果てに命尽きる。

ローマ風解釈 Interpretatio Romana/*lat.* 外来の神々をローマの神々の名前で呼ぶ古代に広まった方法。この表現は，ローマの歴史家タキトゥスの『ゲルマニア』*Germania* 43章の箇所に遡る。この著書では，若い兄弟として信仰されたゲルマン人の二柱の神々を，《ローマ風解釈によって》(interpretatione Romana) 双子の神々カストルとポルクスと同一視している。

ローマ風解釈は，文献だけでなく，祭祀にも一般に行なわれていた。それゆえにしばしば奉献碑文には，その神の土着名とローマ名が並べられた。またローマ名だけを用いた場合，頻繁にわざわざDEO《神へ》あるいはDEAE《女神へ》という，一般にローマの神々に対しては見られない補足があれば，寄進者が土着の神を念頭においていたことを示している。

特別の理由で〔ローマとケルトの〕二柱の神が同一視されているが，いつも明らかとは限らない。土着の神々の本質は，せいぜいローマ風解釈を基に類推できる程度である。名前だけ伝わったケルトの神々の多くは，碑文や文献では比較的少数のローマの神名で表わされている。最もよく現われるのは，*アポロ，*マルス，*メルクリウスである。ケルトの複数の神が単一のローマの神と同一視されることが多いが，一柱のケルトの神が二柱の異なるローマの神と同一視されるのは例外的である。

ワ

ワイン →食習慣

ワース Wace 12世紀のアングロ＝ノルマン詩人。1155年頃，モンマスの*ジェフリー作『ブリタニア列王史』の最初の土着語翻案『ブリュ物語』*Roman de Brut* を完成させた。このおよそ1500行に及ぶ作品で初めて円卓について言及し，中期英語期詩人ラーヤモンと並んで，とりわけフランス語の*アーサー王文学に影響を与えた。

■ケルト及びガロ=ローマ発掘品を収蔵する博物館

以下に50音順で国別・都市別に掲載したリストは，地域を越えた最重要収蔵品を展示し，またケルト人の歴史や文化に焦点を当てている博物館を選んだものである。もちろん，紙数制限のために取り上げられなかった地方小博物館にも見るべきものが多数あることは自明のことである。すべての読者に，訪問の前に，とりわけ遠方からの旅の前には，開館時間と休館日を調べられることを強くお勧めする。

アイルランド
　ダブリン　National Museum of Ireland

イタリア
　アンコーナ　Museo Nazionale Archeologico delle Marche
　コモ　Museo Civico Archeologico
　トリーノ　Museo di Antichità
　パドヴァ　Museo Civico Archeologico
　ブレシア　Museo Civico Romano
　ボローニャ　Museo Civico Archeologico
　ミラノ　Civiche Raccolte Archeologiche del Castello Sforzesco
　ローマ　Musei Capitolini

英国
　エディンバラ　National Museum of Antiquities
　カーディフ　National Museum of Wales
　ベルファスト　Ulster Museum
　ロンドン　British Museum

オーストリア
　ウィーン　Naturhistorisches Museum, Prähistorische Abteilung
　ザルツブルク　Museum Carolino Augusteum
　ハライン　Keltenmuseum
　ハルシュタット　Prähistorisches Museum

博物館

スイス
　ジュネーヴ　Musée d'Art et d'Histoire
　チューリヒ　Schweizerisches Landesmuseum
　ヌーシャテル　Musée Cantonal d'Archéologie
　バーゼル　Historisches Museum
　ビール／ビエンヌ　Museum Schwab
　ベルン　Historisches Museum

マルティニ　Fondation Pierre Gianadda
ローザンヌ　Musée Cantonal d'Archéologie et d'Histoire

スペイン
ソリア　Museo Numantino
マドリッド　Museo Arqueológico Nacional

スロヴァキア共和国
ブラティスラヴァ　Slovenské Národné Muzeum

チェコ共和国
プラハ　Národní Muzeum
ブルノ　Moravské Muzeum

デンマーク
コペンハーゲン　Nationalmuseet

ドイツ連邦共和国
インゴルシュタット　Stadtmuseum
エーベルディンゲン=ホーホドルフ　Keltenmuseum Hochdolf/Enz
カールスルーエ　Badisches Landesmuseum
ザールブリュッケン　Landesmuseum für Vor- und Frühgeschichte
シュトゥットガルト　Württembergisches Landesmuseum
シュパイヤー　Historisches Museum der Pfalz
トリーア　Rheinisches Landesmuseum
フィリンゲン=シュヴェニンゲン　Franziskaner-Museum
フライブルク　Museum für Ur- und Frühgeschichte
ヘルベルティンゲン=フンデルジンゲル　Heuneburgmuseum
ベルリン　Museum für Vor- und Frühgeschichte
ボン　Rheinisches Landesmuseum
マインツ　Landesmuseum
マンハイム　Städtisches Reiss-Museum
マンヒング　Museum Manching
ミュンヒェン　Prähistorische Staatssammlung

ハンガリー
ブダペスト　Magyar Nemzeti Múzeum

フランス
 アヴィニョン　Musée Calvet
 アリーズ=サント=レーヌ　Musée Alesia
 アルジャントン=シュル=クルーズ　Musée Archéologique d'Argentomagus
 アングレーム　Musée de Beaux-Arts
 ヴィエンヌ　Musée de Beaux-Arts et d'Archéologie
 エクス=アン=プロヴァンス　Musée Granet
 エクス=レ=バン　Musée Archéologique et Lapidaire
 エペルネ　Musée Municipal
 オセール　Musée Archéologique (Musée d'Art et d'Histoire)
 オータン　Musée Rolin
 オルレアン　Musée Historique et Archéologique
 ボルドー　Musée d'Aquitaine
 カルナック　Musée de Préhistoire
 カンペール　Musée Départemental Breton
 ギリー=アン=ヴェクサン　Musée Archéologique Départemental du Val d'Oise
 クレルモン=フェラン　Musée Bargoin
 コンピエーニュ　Musée Vivenel
 サン=ジェルマン=アン=レー　Musée des Antiquités Nationales
 サン=レミ=ド=プロヴァンス　Hôtel de Sade
 ストラスブール　Musée Archéologique
 シャティヨン=シュル=セーヌ　Musée Archéologique
 シャロン=シュル=ソーヌ　Musée Denon
 シャロン=シュル=マルヌ　Musée Municipal
 ディジョン　Musée Archéologique
 トゥール　Musée Archéologique de Touraine
 トゥールーズ　Musée Saint-Raymond
 トロワ　Musée de Beaux-Arts et d'Archéologie
 ナンシー　Musée Historique Lorrain
 ナント　Musée Dobrée
 ニーム　Musée Archéologique
 パリ　Bibliothèque Nationale
 マルセイユ　Musée d'Archéologie Méditerranéenne
 モルレ　Musée Municipal
 ランス　Musée Saint-Rémi
 リヨン　Musée de la Civilisation Gallo-Romaine
 ルーアン　Musée des Antiquités de la Seine-Maritime
 レンヌ　Musée de Bretagne
 ロアンヌ　Musée Déchelette

ブルガリア
　ソフィア　Narodnija Archeologiceski Muzej

ベルギー
　トングレン　Provinciaal Gallo-Romeins Museum
　ブリュッセル　Musées Royaux d'Art et d'Histoire

旧ユーゴスラヴィア諸国
　ザグレブ　Arheološki Muzej
　サライェヴォ　Zemaljski Muzej
　ベオグラード　Narodni Muzej
　リュブリアナ　Narodni Muzej

ルーマニア
　ブカレスト　Muzeul National de Istorie

■参考文献

1 参考文献

▼古代史, 考古学
L'Année philologique, Paris 1924 ff.
Archäologische Bibliographie, Berlin 1913 ff.

▼言語, 文学, 民話
Bibliotheca Celtica: A Register of Publications relating to Wales and the Celtic Peoples and Languages, Aberystwyth 1912 ff.
Bromwich, R., *Medieval Celtic Literature: A Select Bibliography,* Toronto 1974.
Lapidge, M. und R. Sharpe, *A Bibliography of Celtic-Latin Literature 400-1200,* Dublin 1985.
Best, R. I., *Bibliography of Irish Philology and of Printed Irish Literature,* Dublin 1913 (repr. with augm. indexes, Dublin 1992).
–, *Bibliography of Irish Philology and Manuscript Literature.* Publications 1913-1941, Dublin 1942.
Baumgarten, R., *Bibliography of Irish Linguistics and Literature 1942-1971,* Dublin 1986.
Smith, P., *Oidhreacht Oirghiall. A bibliography of Irish literature and philology relating to the south-east Ulster-north Leinster region: printed sources,* Belfast 1995.
Parry, T. und M. Morgan, *Llyfryddiaeth Llenyddiaeth Gymraeg: Bibliography of Welsh Literature,* Cardiff 1976.
Watts, G. O., *Llyfryddiaeth Llenyddiaeth Gymraeg,* Cyfrol 2 (1976-1986), Cardiff 1993.
Williams, J. E. C. und M. B. Hughes, *Llyfryddiaeth yr Iaith Gymraeg: Bibliography of the Welsh Language,* Cardiff 1988.
Broudic, F., *Langue et littérature bretonnes: bibliographie,* 3 Bde., Rennes 1984-1992.
Schneiders, M. und K. Veelenturf, *Celtic Studies in the Netherlands: a bibliography,* Dublin 1992.

▼書誌（アーサー王文学, オシアン）
Bulletin bibliographique de la Société internationale arthurienne, Paris 1949ff.
Palmer, C., *Arthurian bibliography III: 1978-1992,* Cambridge 1996.
Pickford, C. E. und R. Last, *The Arthurian Bibliography.* 2 Bde., Cambridge 1981-1983.
Reiss, E. u. a., *Arthurian Legend and Literature.* Annotated Bibliography, 1: The Middle Ages, New York 1984.
Black, G.F., Macpherson's Ossian and the Ossianic Controversy. A Contribution towards a Bibliography, in: *Bulletin of the New York Public Library* 30 (1926) 424-439, 508-524.
Dunn, J. J., Macpherson's Ossian and the Ossianic Controversy: A Supplementary Bibliography, in: *Bulletin of the New York Public Library* 75 (1971) 465-473.

2 事典

▼一般
Dictionary of the Middle Ages, 13 Bde., New York 1982-1989.

Kindlers Neues Literaturlexikon, 20 Bde., München 1988-1992.
Lexicon Iconographicum Mythologiae Classicae, München 1981 ff.
Lexikon des Mittelalters, München 1977 ff.
Realencyclopädie der classischen Altertumswissenschaft, Stuttgart/München 1894-1980.
Reallexikon der germanischen Altertumskunde, Berlin 1973 ff.
Sachwörterbuch der Mediävistik (KTA 477), Stuttgart 1992.

▼専門

Bartrum, P. C., *A Welsh Classical Dictionary. People in History and Legend up to about AD 1000,* Aberystwyth 1993.
Green, M. J., *Dictionary of Celtic Myth and Legend,* London 1992.
Lacy, N. J. (Hrsg.), *The New Arthurian Encyclopaedia,* London 1991.
Ó hÓgáin, D., *Myth, Legend and Romance: An Encyclopaedia of the Irish Folk Tradition,* London 1990.
Pelletier, A., *La civilisation gallo-romaine de A à Z,* Lyon 1993.
Stephens, M. (Hrsg.), *The Oxford Companion to the Literature of Wales,* Oxford 1986.
Thomson, D. (Hrsg.), *The Companion to Gaelic Scotland,* Oxford 1983.
Welch, R. (Hrsg.), *The Oxford Companion to Irish Literature,* Oxford 1996.

3　校訂出版と翻訳

▼古代著述家

Duval, P.-M., *Sources écrites de l'histoire de la Gaule,* 2 Bde., Paris 1971.
Herrmann, J. (Hrsg.), *Griechische und lateinische Quellen zur Frühgeshichte Mitteleuropas,* 4 Bde., Berlin 1988-1992.
Tierney, J. J., The Celtic Ethnography of Posidonius, in: *PRIA* 60 (1960) 189-275.
Zwicker, J., *Fontes historiae religionis Celticae,* Berlin 1934-1936.

▼アイルランド語，ウェールズ語，中世文献

Ahlqvist, A., *The Early Irish Linguist. An Edition of the Canonical Part of the Auraicept na nÉces,* Helsinki 1983.
–, Le Testament de Morann, in: *EC* 21 (1984) 151-170 und *EC* 24 (1987) 325.
Anderson, M. O., *Adomnán's Life of Columba,* Rev. ed., Oxford 1991.
d'Arbois de Jubainville, H., *Cours de littérature celtique,* 12 Bde., Paris 1883-1902.
Atkinson, R., *The Book of Leinster,* Dublin 1880.
–, *The Book of Ballymote,* Dublin 1887.
–, *The Yellow Book of Lecan,* Dublin 1896.
Bergin, O. und R. I. Best, Tochmarc Étaíne, in: *Ériu* 12 (1938) 137-196.
Best, R. I. und O. Bergin, *Lebor na hUidre: The Book of the Dun Cow,* Dublin 1929.
Best, R. I., O. Bergin, M. A. O'Brien und A. O'Sullivan, *The Book of Leinster, formerly Lebar na Núachongbála,* 6 Bde., Dublin 1954-1983.
Bhreathnach, M., A new edition of Tochmarc Becfhola, in: *Ériu* 35 (1984) 59-91.
Binchy, D. A., *Críth Gablach,* Dublin 1941 (MMIS 11).
–, *Scéla Cano meic Gartnáin,* Dublin 1963 (MMIS 18).
–, *Corpus iuris hibernici,* 6 Bde., Dublin 1978.
Birkhan, H., *Keltische Erzählungen vom Kaiser Arthur,* 2 Bde., Kettwig 1989.
Bromwich, R., *Trioedd Ynys Prydein: The Welsh Triads,* Cardiff ²1978.
–, The ›Tristan‹ Poems in the Black Book of Carmarthen, in: *StC* 14/15 (1979/80) 54-

65.

Bromwich, R. und D. S. Evans, *Culhwch ac Olwen: an edition and study of the oldest Arthurian tale,* Cardiff 1992.

Byrne, F. J. und P. Francis, Two Lives of Saint Patrick: Vita Secunda and Vita Quarta, in: *JRSAI* 124 (1994) 5-117.

Calder, G., *Auraicept na n-Éces: The Scholar's Primer*, Edinburgh 1917.

Carey, J., Scél Túain meic Chairill, in: *Ériu* 35 (1984) 93-111.

Carney, J., *The Poems of Blathmac, Son of Cú Brettan, together with The Irish Gospel of Thomas and A Poem on the Virgin Mary,* Dublin 1964 (ITS 47).

Clarke, B., *Geoffrey of Monmouth: Vita Merlini,* Cardiff 1973.

Comyn, D. S. und P. S. Dinneen, *Foras Feas ar Éirinn: Elements of the History of Ireland,* 4 Bde., London 1902-1914 (ITS 4,8,9,15).

Connolly, S. und J.-M. Picard, Cogitosus: Life of Saint Brigit, in: *JRSAI* 117 (1987) 5 -27.

Cross, T. P. und A. C. L. Brown, Fingen's Night-watch, in: *Romanic Review* 9 (1918) 29-47.

Cross, T. P. und C. H. Slover, *Ancient Irish Tales,* London 1936.

Dillon, M., The Trinity College Text of Serglige Con Culainn, in: *SGS* 6 (1949) 139-175.

–, The Wasting Sickness of Cú Chulainn, in *SGS* 7 (1953) 47-88.

–, *Serglige Con Culainn,* Dublin 1953 (MMIS 14).

–, *Stories from the Acallam,* Dublin 1970 (MMIS 23).

Dobbs, M., The Ban-Shenchas, in: *RC* 47 (1930) 283-339, *RC* 48 (1931) 163-234 und *RC* 49 (1932) 437-489.

Evans, J. G. und J. Rhŷs, *The Text of the Mabinogion from the Red Book of Hergest,* Oxford 1887.

–, *The Text of the Bruts from the Red Book of Hergest,* Oxford 1890.

Evans, J. G., *The Black Book of Carmarthen,* Pwllheli 1906.

–, *The White Book Mabinogion,* Pwllheli 1907.

–, *Facsimile and Text of the Book of Aneirin,* 2 Bde., Pwllheli 1908.

–, *Facsimile of the Black Book of Carmarthen,* Oxford 1908.

–, *Facsimile and Text of the Book of Taliesin,* Llanbedrog 1910.

–, *The Poetry in the Red Book of Hergest,* Llanbedrog 1911.

Ford, P. K., *The Mabinogi and other Medieval Welsh Tales,* Berkeley (Calif.) 1977.

–, *Ystoria Taliesin,* Cardiff 1992.

Gantz, J., *The Mabinogion,* Harmondsworth 1976.

–, *Early Irish Myths and Sagas,* Harmondsworth 1981.

Gray, E. A., *Cath Maige Tuired: The Second Battle of Mag Tuired,* Dublin 1982 (ITS 52).

Greene, D., *Fingal Rónáin and other stories,* Dublin 1955 (MMIS 16).

Guyonvarc'h, Ch.-J., La Mort du fils unique d'Aife, in: *Ogam* 9 (1957) 115-121.

–, Le Meurtre de Conchobar, in: *Ogam* 10 (1958) 129-138.

–, La Maladie de Cuchulainn et l'unique jalousie d'Emer, in: *Ogam* 10 (1958) 285-310.

–, La Mort violente de Celtchar fils d'Uthechar, in: *Ogam* 10 (1958) 371-380.

–, La Mort violente de Loegaire Victorieux, in: *Ogam* 11 (1959) 423-424.

–, La Naissance de Conchobar, in: *Ogam* 11 (1959) 56-65 und 335-336, *Ogam* 12 (1960) 235-240.

–, La Conception des deux porchers, in: *Ogam* 12 (1960) 73-90.

–, L'Ivresse des Ulates, in: *Ogam* 12 (1960) 487-506 und *Ogam* 13 (1961) 343-360.

–, La Mort tragique des enfants de Tuireann, in: *Ogam* 16 (1964) 231-256 und *Ogam* 17 (1965) 189-192.
Guyonvarc'h, Ch.-J. und F. Le Roux, La Conception de Cúchulainn, in: *Ogam* 17 (1965) 363-410.
–, Le Rêve d'Óengus, in: *Ogam* 18 (1966) 117-150.
–, La Courtise d'Étain, in: *Celticum* 15 (1966) 283 ff.
–, La Mort de Cúchulainn, Version A, in: *Ogam* 18 (1966) 343-399.
Gwynn, E. J., *The metrical Dindshenchas,* 5 Bde., Dublin 1903-1935.
Gwynn, J., *Liber Ardmachanus: The Book of Armagh,* Dublin 1913.
Hamel, A. G. van, *Compert Con Culainn and other stories,* Dublin 1933 (MMIS 3).
Haycock, M., Preiddeu Annwn and the figure of Taliesin, in: *StC* 18/19 (1983/84) 52-78.
Henderson, G., *Fled Bricrenn: The Feast of Bricriu,* London 1899 (ITS 2).
Henry. P. L., Verba Scáthaige, in: *Celtica* 21 (1990) 191-207.
–, "Amra Con Roi", in: *EC* 31 (1995) 179-194.
Hollo, K., The Feast of Bricriu and the Exile of the Sons of Dóel Dermait, in: *Emania* 10 (1992) 18-24.
Hull, V., *Longes mac nUislenn: The Exile of the Sons of Uisliu,* London 1949.
–, Noínden Ulad: The Debility of the Ulidians, in: *Celtica* 8 (1968) 1-42.
Jackson, K. H., *The Gododdin: The Oldest Scottish Poem,* Edinburgh 1970.
–, *A Celtic Miscellany: Translations from the Celtic Literatures,* Harmondsworth 1971.
–, *Aislinge Meic Con Glinne,* Dublin 1990.
Jarman, A. O. H. und E. O. Jones, *Llyfr Du Caerfyrddin gyda rhagymadrodd, nodiadau testunol a geirfa,* Cardiff 1982.
Jarman, A. O. H., *Aneirin: Y Gododdin,* Llandysul 1988.
Jones, G. und T. Jones, *The Mabinogion,* Rev. ed., London 1974.
Jones, B., *Y Tair Rhamant,* Aberystwyth 1960.
Jones, T., The Black Book of Carmarthen ›Stanzas of the Graves‹, in: *PBA* 53 (1967) 97-137.
Kelly, F., *Audacht Morainn,* Dublin 1976.
Knott, E., *Togail Bruidne Da Derga,* Dublin 1936 (MMIS 8).
Koch, J. T., *The 'Gododdin' of Aneirin. Text and Context from Dark-Age North Britain*, Cardiff 1997.
Lautenbach, F., *Der keltische Kessel. Wandlung und Wiedergeburt in der Mythologie der Kelten. Irische, walisische und arthurianische Texte,* Stuttgart 1991.
Lehmann, R., *Fled Dúin na nGéd,* Dublin 1964 (MMIS 21).
–, The Banquet of the Fort of the Geese, in: *Lochlann* 4 (1969) 131-159.
Macalister, R. A. S., *Lebor Gabála Érenn: The Book of the Taking of Ireland,* Dublin 1938-1941 (ITS 34,35,39,41).
MacGearailt, U., The Edinburgh Text of Mesca Ulad, in: *Ériu* 37 (1986) 133-180.
MacMathúna, S., *Immram Brain: Bran's Journey to the Land of the Women,* Tübingen 1985.
MacNeill, E. und G. Murphy, *Duanaire Finn: The Book of the Lays of Fionn,* London/Dublin 1908-1953 (ITS 7,28 und 43).
MacNeill, E., Ancient Irish Law: The Law of Status or Franchise, in: *PRIA* 36 (1923) 265-316.
MacQueen, W. und J. MacQueen, Vita Merlini Silvestris, in: *Scottish Studies* 29 (1989)

77-93.
Marstrander, C., A new veirson of the Battle of Mag Rath, in: *Ériu* 6 (1911) 226-247.
Meid, W., *Die Romanze von Froech und Findabair: Táin Bó Froích,* Innsbruck 1970.
Meyer, K., Compert Conchobuir, ›The Conception of Conchobar‹, in: *RC* 6 (1884) 173-182.
–, *The* ›*Cath Finntrága*‹ *or Battle of Ventry,* Oxford 1885.
–, The Adventures of Nera, in: *RC* 10 (1889) 212-228.
–, Scél Baili Binnbérlaig, in: *RC* 13 (1892) 220-228.
Meyer, K. und A. Nutt, *The Voyage of Bran, Son of Febal, to the Land of the Living,* 2 Bde., London 1895-1897.
Meyer, K., Baile in Scáil, in: *ZCP* 3 (1901) 457-466, *ZCP* 12 (1918) 232-238, *ZCP* 13 (1921) 371-382.
–, *The Death-Tales of the Ulster Heroes,* Dublin 1906 (RIA Todd Lecture Series 14).
–, *The Instructions of King Cormac mac Airt,* Dublin 1909 (RIA Todd Lecture Series 15).
Mulchrone, K., *Caithréim Cellaig,* Dublin 1971 (MMIS 24).
Nic Dhonnchadha, L., *Aided Muirchertaig meic Erca,* Dublin 1964 (MMIS 19).
Ní Shéaghdha, N., *Agallamh na Seanórach,* 3 Bde., Dublin 1942-1945.
–, *Tóruigheacht Dhiarmada agus Ghráinne: The Pursuit of Diarmaid and Gráinne,* Dublin 1967 (ITS 48).
O'Curry, E., The Fate of the Children of Tuireann, in: *Atlantis* 4 (London 1863) 157-227.
Ó Cuív, B., *Cath Muighe Tuireadh: The Second Battle of Magh Tuireadh,* Dublin 1945.
O'Daly, M., *Cath Maige Mucraime: The Battle of Mag Mucraime,* Dublin 1975 (ITS 50).
Ó Donovan, J. und W. Stokes, *Cormac's Glossary (Sanas Chormaic),* Calcutta 1868.
O'Duffy, R., Oidhe Chloinne Tuireann, in: *Society for the Preservation of the Irish Language* Vol. 8 (Dublin 1901) 1-64.
Ó Fiannachta, P., *Táin Bó Cuailnge,* Dublin 1966.
O'Grady, S. H., *Silva Gadelica: A Collection of Tales in Irish,* 2 Bde., London 1892.
Ó hAodha, D., *Bethu Brigte,* Dublin 1978.
–, The Lament of the Old Woman of Beare, in: D. Ó Corráin u. a. (Hrsg.), *Sages, Saints, and Storytellers: Celtic Studies in Honour of Prof. J. Carney* (Maynooth 1989) 308-331.
O'Keeffe, J. G., *Buile Shuibhne,* Dublin 1932 (MMIS 1).
O'Mara, R., *König der Bäume: Das altirische Epos von der »Ekstase des Suibhne«,* München 1985.
O'Rahilly, C., *The Stowe Version of Táin Bó Cuailnge,* Dublin 1961.
–, *Cath Finntrágha,* Dublin 1962 (MMIS 1962).
–, *Táin Bó Cuailnge from the Book of Leinster,* Dublin 1967.
–, *Táin Bó Cuailnge: Recension I,* Dublin 1976.
Ó Riain, P. und M. Herbert, *Betha Adamnáin: the Irish Life of Adamnán,* London 1988 (ITS 54).
Oskamp, H. P. A., *The Voyage of Máel Dúin,* Groningen 1970.
–, Echtra Condla, in: *EC* 14 (1974) 207-228.
Pokorny, J., Conle's abenteuerliche Fahrt, in: *ZCP* 17 (1927) 193-205.
–, Altkeltische Dichtungen, Bern 1944.

Quiggin, E. C., *Poems from the Book of the Dean of Lismore*, Cambridge 1937.
Richards, M., *Breudwyt Ronabwy allan o'r Llyfr Coch o Hergest*, Cardiff 1948.
Roberts, B. F., *Cyfranc Lludd a Llefelys*, Dublin 1976 (MMWS 7).
–, Rhai o Gerddi Ymddiddan Llyfr Du Caerfyrddin, in: R. Bromwich und R. B. Jones (Hrsg.), *Astudiaethau ar yr Hengerdd* (Cardiff 1978) 281-325.
Roider, U., *Wie die beiden Schweinehirten den Kreislauf der Existenzen durchwanderten: De chophur in da muccida*, Innsbruck 1979.
Ross, N., *Heroic Poetry from the Book of the Dean of Lismore*, Edinburgh 1939.
Rowland, J., *Early Welsh Saga Poetry: A Study and Edition of the ›Englynion‹*, Cambridge 1990.
Shaw. F., *The Dream of Oengus (Aislinge Óenguso)*, Dublin 1934.
Stern, L. C., Fled Bricrenn nach dem Codex Vossianus, in: *ZCP* 4 (1903) 143-177.
Stokes, W. und E. Windisch, *Irische Texte mit Übersetzungen und Wörterbuch*, 5 Bde., Leipzig 1880-1905.
Stokes, W., *The Bórama*, in: *RC* 13 (1892) 32-124.
–, The Bodleian Dindshenchas, in: *Folk-Lore* 3 (1892) 467-516.
–, The Edinburgh Dindshenchas, in: *Folk-Lore* 4 (1893) 471-497.
–, The Prose Tales of the Rennes Dindshenchas, in: *RC* 15 (1894) 272-336 und 418-484, *RC* 16 (1895) 31-83, 135-167 und 269-313.
–, The Bodleian Amra Choluim Chille, in: *RC* 20 (1899) 30-55, 132-183, 248-289, 400-437 und *RC* 21 (1900) 133-136.
Stokes, W. und J. Strachan, *Thesaurus palaeohibernicus: a collection of Old Irish glosses, scholia, prose, and verse*, Cambridge 1901-1903.
Stokes, W., The Colloquy of the Two Sages, in: *RC* 26 (1905) 4-64.
Strachan, J. und J. G. O'Keeffe, *The Táin Bó Cuailnge from the Yellow Book of Lecan, with Variant Readings from the Lebor na hUidre*, Dublin 1912.
Thomson, D. S., *Branwen uerch Lyr*, Dublin 1961 (MMWS 2).
Thomson, R. L., *Pwyll Pendeuic Dyuet*, Dublin 1957 (MMWS 1).
–, *Owein, or Chwedyl Iarlles y Ffynnawn*, Dublin 1968 (MMWS 4).
Thorpe, L., *Geoffrey of Monmouth: The History of the Kings of Britain*, Harmondsworth 1966.
Thurneysen, R., *Sagen aus dem alten Irland*, Berlin 1901.
–, Eine irische Parallele zur Tristan-Sage, in: *Zeitschrift für romanische Philologie* 43 (1924) 385-402.
–, *Scéla Mucce Meic Dathó*, Dublin 1935 (MMIS 6).
–, Baile in Scáil, in: *ZCP* 20 (1936) 213-227.
Vendryes, J., *Airne Fíngein*, Dublin 1953 (MMIS 15).
–, La Destruction de Dind Rig, in: *EC* 8 (1958/59) 7-40.
Vielhauer, I., *Geoffrey of Monmouth: Vita Merlini. Das Leben des Zauberers Merlin*, Amsterdam 1964.
Watson, J. C., *Mesca Ulad*, Dublin 1941 (MMIS 13).
–, Mesca Ulad, in: *SGS* 5 (1942) 1-34.
Watson, W. J., *Scottish Verse from the Book of the Dean of Lismore*, Edinburgh 1937.
Williams, I., *Pedeir Keinc y Mabinogi*, Cardiff 1930.
–, *Canu Aneirin*, Cardiff 1938.
Williams, I, und J. E. C. Williams, *The Poems of Taliesin*, Dublin 1968 (MMWS 3).
Williams, I. und R. Bromwich, *Armes Prydein*, Dublin 1972 (MMWS 6).
Windisch, E., *Táin Bó Cualnge nach dem Buch von Leinster*, Leipzig 1905.

Winterbottom, M., *Gildas: The Ruin of Britain and other works,* London 1978.

Wright, N., *The Historia Regum Britanniae of Geoffrey of Monmouth I Bern, Burgerbibliothek MS. 568,* Cambridge 1985.

–, *The Historia Regum Britanniae of Geoffrey of Monmouth II The First Variant Version,* Cambridge 1988.

4 古代までの考古学，宗教史，文化史

Alcock, L., *Arthur's Britain,* Harmondsworth 1971.

–, *Camelot. Die Festung des König Artus? Ausgrabungen in Cadbury Castle 1966-1970,* Bergisch Gladbach 1974.

Allain, J., L. Fleuriot und L. Chaix, Le Vergobret des Bituriges à Argentomagus. Essai d'interprétation d'une fosse cultuelle, in: *RAE* 32 (1981) 11-32.

Allason-Jones, L. und B. McKay, *Coventina's Well,* Chesters 1985.

Allason-Jones, L., *Women in Roman Britain,* London 1989.

Allen, D. F., *The Coins of the Ancient Celts,* Edinburgh 1980.

Almagro Gorbea, M. u. a., Les fouilles du Mont-Beuvray, Nièvre, Saône-et-Loire. Rapport biennal 1988-1989, in: *RAE* 42 (1991) 271-298.

Almagro-Gorbea, M. und G. Ruiz Zapatero (Hrsg.), *Los Celtas: Hispania y Europa,* Madrid 1993.

Anati, E., *I Camuni: alle radici della civiltà europea,* Milano 1984.

–, *Felsbilder: Wiege der Kunst und des Geistes,* Zürich 1991.

Archéologie d'Entremont au Musée Granet, Aix-en-Provence 1987.

Arnold, B. und D. B. Gibson (Hrsg.), *Celtic chiefdom, Celtic state. The evolution of complex social systems in prehistoric Europe*, Cambridge 1995.

Arsdell, R. D. van, *Celtic Coinage of Britain,* London 1989.

Aspects de la religion celtique et gallo-romaine dans le nord-est de la Gaule à la lumière des découvertes récentes, Saint-Dié-des-Vosges 1989.

P. Audin, Césaire d'Arles et le maintien de pratiques païennes dans la Provence du 6e siècle, in: *La patrie gauloise d'Agrippa au 6e siècle* (Lyon 1983) 327-338.

–, Les Eaux chez les Arvernes et les Bituriges, in: *La Médecine en Gaule* (Paris 1985) 121-144.

Audouze, F. und O. Buchsenschutz, *Villes, villages et campagnes de l'Europe celtique. Du début du IIe millénaire à la fin du Ier siècle avant JC,* Paris 1989.

Bammesberger, A. und A. Wollmann (Hrsg.), *Britain 400-600: Language and History,* Heidelberg 1990.

Baratta, G., Una divinità gallo-romana: Sucellus. Un'ipotesi interpretativa, in: *Archeologia Classica* 45 (1993) 233-247.

Barker, G., *Prehistoric Farming in Europe,* Cambridge 1985.

Barruol, G., Mars Nabelcus et Mars Albiorix, in: *Ogam* 15 (1963) 345-368.

Bauchhenss, G., *Jupitergigantensäulen,* Stuttgart 1976.

Bauchhenss, G. und P. Noelke, *Die Iupitersäulen in den germanischen Provinzen,* Köln 1981.

Bauchhenss, G. und G. Neumann (Hrsg.), *Matronen und verwandte Gottheiten,* Bonn 1987.

Beck, A., Der hallstattzeitliche Grabhügel von Tübingen-Kilchberg, in: *FBW* 1 (1974) 251-281.

Beck, C. und S. Shennan, *Amber in Prehistoric Britain,* Oxford 1991.

Beeser, J., Der Kouro-Keltos von Hirschlanden, in: *FBW* 8 (1983) 21-46.

Beiträge zur Urnenfelderzeit nördlich und Südlich der Alpen. Ergebnisse eines Kolloquiums, Bonn 1995.

Bémont, C., Rosmerta, in: *EC* 9 (1960) 29-43.

–, A propos d'un nouveau monument de Rosmerta, in: *Gallia* 27 (1969) 23-44.

–, A propos des couples mixtes gallo-romains, in: L. Kahil u. a. (Hrsg.), *Iconographie classique et identité régionales* (Paris 1986) 131-153.

Benoit, F., *Les Mythes de l'Outre-Tombe. Le Cavalier à l'anguipède et l'écuyère Epona,* Bruxelles 1950 (Coll. Latomus 3).

–, L'Ogmius de Lucien et Hercule Psychopompe, in: *Beiträge zur älteren europäischen Kulturgeschichte. FS für Rudolf Egger* I (Klagenfurt 1952) 144-158.

–, *Mars et Mercure. Nouvelles recherches sur l'interprétation gauloise des divinités romaines,* Aix-en-Provence 1959.

–, *Art et dieux de la Gaule,* Paris 1969.

–, *Entremont: capitale celto-ligure des Salyens de Provence,* Paris 1969.

–, *Le Symbolisme dans les sanctuaires de la Gaule,* Bruxelles 1970 (Coll. Latomus 105).

Berchem, D. van, Les Routes et l'Histoire. *Études sur les Hélvètes et leurs voisins,* Genf 1982.

Bergquist, A. und T. Taylor, The Origin of the Gundestrup Cauldron, in: *Antiquity* 61 (1987) 10-24.

Bertin, D. und J.-P. Guillaumont, *Bibracte (Saône-et-Loire): une ville gauloise sur le Mont Beuvray,* Paris 1987 (Guides archéologiques de la France 13).

Biel, J., *Der Keltenfürst von Hochdorf,* Stuttgart 1985.

Bieńkowski, P., *Die Darstellung der Gallier in der hellenistischen Kunst,* Wien 1908.

–, *Les Celtes dans les arts mineurs gréco-romains,* Kráków 1928.

Billy, P.-H., *Thesaurus Linguae Gallicae*, Hildesheim 1993.

–, *Atlas Linguae Gallicae*, Hildesheim 1995.

Birkhan, H., *Germanen und Kelten bis zum Ausgang der Römerzeit,* Wien 1970.

–, *Kelten. versuch einer Gesamtdarstellung ihrer Kultur*, Wien ²1997.

Birley, R., The Deities of Roman Britain, in: *ANRW* II 18. 1 (1986) 3-112.

Bittel, K., W. Kimmig und S. Schiek (Hrsg.), *Die Kelten in Baden-Württemberg,* Stuttgart 1981.

Bittel, K., S. Schiek und D. Müller, *Die keltischen Viereckschanzen,* Stuttgart 1990.

Bober, Ph. P., Cernunnos: Origin and Transformation of a Celtic Divinity, in: *American Journal of Archaeology* 55 (1951) 13-51.

Les Bois sacrés. Actes du colloque intenrational Naples, 23-25 nov. 1989, Neapel 1993.

Botheroyd, P. und S. Botheroyd, *Deutschland — Auf den Spuren der Kelten,* München 1989.

Boucher, S., *Recherches sur les bronzes figurés de Gaule préromaine et romaine,* Roma 1976.

–, L'image de Mercure en Gaule, in: *La patrie gauloise d'Aprippa au 6e siècle* (Lyon 1983) 57-69.

–, L'image et les fonctions du dieu Sucellus, in: *Caes* 23 (1988) 77-86.

Boudet, R., *Rituels celtes d'Aquitaine*, Paris 1996.

Bourgeois, C., *Divona. 1. Divinités et ex-voto du culte gallo-romain de l'eau. 2. Monuments et sanctuaires gallo-romains de l'eau,* Paris 1991-1992.

Brailsford, J. W. und J. E. Stapley, The Ipswich Torcs, in: *Proceedings of the Prehistoric Society* 38 (1972) 219-234.

Brailsford, J., *Early Celtic Masterpieces from Britain in the British Museum,* London

1978.

Brun, P., *Princes et princesses de la Celtique. Le premier âge du fer en Europe 850-450 av. J.-C.*, Paris 1987.

Brun, P. und B. Chaume (Hrsg.), *Vix et le phénomène princier chez les Celtes*, Paris 1996.

Brun, P. und B. Chaume, *Vix et les éphémères principautés celtiques. Les VIe et Ve siècles avant J.-C. en Europe centre-occidentale*, Paris 1997.

Brunaux, J. L. und P. Meniel, Das Oppidum von Gournay-sur-Aronde, in: *Antike Welt* 14, 1 (1983) 41-45.

Brunaux, J. L. u. a., *Gournay I. Les fouilles sur le sanctuaire et l'oppidum (1975-1984)*, Amiens 1985.

Brunaux, J. L., *Les Gaulois: sanctuaires et rites*, Paris 1986.

–, *Les religions gauloises. Rituels celtiques de la Gaule indépendante*, Paris 1996.

Brunaux, J. L. und A. Rapin, *Gournay II. Boucliers et lances: dépôts et trophées*, Paris 1988.

Brunaux, J. L. und B. Lambot, *Guerre et armement chez les Gaulois 450-52 av. J.-C.*, Paris 1988.

Büchsenschütz, O., Neue Ausgrabungen im Oppidum Bibracte, in: *Germania* 67 (1989) 541-550.

Büchsenschütz, O. und L. Olivier (Hrsg.), *Les Viereckschanzen et les enceintes quadrilatérales en Europe celtique*, Paris 1990.

Cahen-Delhaye, A. u. a. (Hrsg.), *Les Celtes en Belgique et dans le Nord de la France*, Lille 1984.

Campanile, E. (Hrsg.), *I Celti d'Italia*, Pisa 1981.

Capelle, T., Eisenzeitliche Bauopfer, in: *Frühmittelalterliche Studien* 21 (1987) 182-205.

Le Carnyx et la Lyre. Archéologie musicale en Gaule celtique et romaine. Besançon 1993.

Les Celtes dans le Jura, Yverdon 1991.

Les Celtes en Champagne. Cinq siècles d'histoire, Epernay 1991.

Celtíberos, Zaragoza 1988.

Celtic Coinage: Britain and beyond. The 11th Oxford Symposium on Coinage and Monetary History, Oxford 1992.

The Celts, Milano 1991.

Chadwick, N. K., *The Druids*, Cardiff 1966.

Champion, T. C., Written sources and the study of the European Iron Age, in: T. C. Champion und J. V. S. Megaw (Hrsg.), *Settlement and Society* (Leicester 1985) 9-22.

Charles-Edwards, T. M., Native Political Organization in Roman Britain and the Origin of MW brenin, in: M. Mayrhofer u. a. (Hrsg.), *Antiquitates Indogermanicae: Gedenkschrift für H. Güntert* (Innsbruck 1974) 35-45.

Chevallier, R., Des dieux gaulois et gallo-romains aux saints du christianime. Recherches sur la christianisation des cultes de la Gaule, in: *La patrie gauloise d'Agrippa au 6e siècle* (Lyon 1983) 283-326.

–, *La Romanisation de la Celtique du Pô. Essai d'histoire provinciale*, Roma 1983.

La Civilisation de Hallstatt. Bilan d'une rencontre, Liège 1989.

Čižmář, M., Erforschung des keltischen Oppidums Staré Hradisko in den Jahren 1983-1988, in: *AKorrBl* 19 (1989) 265-268.

Collis, J., *Oppida: Earliest Towns north of the Alps*, Sheffield 1984.

Coulon, G., *Les Gallo-Romains. Au carrefour de deux civilisations*, 2 Bde., Raris 1990.

–, *L'enfant en Gaule romaine*, Paris 1994.
Cunliffe, B. (Hrsg.), *Coinage and Society in Britain and Gaul*, London 1981.
–, (Hrsg.), *The Oxford Illustrated Prehistory of Europe*, Oxford 1994.
–, *The Ancient Celts*, London 1997.
Cunliffe, B. und P. Davenport, *The Temple of Sulis Minerva at Bath*, 2 Bde., Oxford 1985-1988.
Cunliffe, B., *Die Kelten und ihre Geschichte*, Bergisch Gladbach 1988.
–, *Iron Age Communities in Britain*, London ³1991.
Dannheimer, H. und R. Gebhard (Hrsg.), *Das keltische Jahrtausend*, Mainz 1993.
Dauzat, A. und C. Rostaing, *Dictionnaire étymologique des noms de lieux en France*, Paris ²1979.
Dayet, M., Recherches archéologiques au ›Camp du Château‹ (1955-1959), in: *RAE* 18 (1967) 52-106.
Deonna, W., Télesphore et le ›genius cucullatus‹ celtique, in: *Latomus* 14 (1959) 43-74.
Deyts, S., *Divinités indigènes en Bourgogne à l'époque gallo-romaine*, Dijon 1967.
–, *Les Bois sculptés des Sources de la Seine*, Paris 1983.
–, *Les Sanctuaires des Sources de la Seine*, Dijon 1985.
–, *Images des dieux de la Gaule*, Paris 1992.
Dillon, M. und N. K. Chadwick, *Die Kelten von der Vorgeschichte bis zum Normanneneinfall*, Zürich 1966.
Dirkzwager, A., *Strabo über Gallia Narbonensis*, Leiden 1975.
Dobesch, G., *Die Kelten in Österreich nach den ältesten Berichten der Antike*, Wien 1980.
–, Caesar als Ethnograph, in: *Wiener humanistische Blätter* 31 (1989) 18-51.
–, Ancient Literary Sources, in: *The Celts* (Milano 1991) 35-41.
–, *Das europäische "Barbaricum" und die Zone der Mediterrankultur*, Wien 1995.
Dottin, G., *La langue gauloise*, Paris 1920.
Drack, W. und H. Schneider, *Der Üetliberg – die archäologischen Denkmäler*, Zürich 1979 (Archäologische Führer der Schweiz 10).
Drack, W., Der frühlatènezeitliche Fürstengrabhügel auf dem Üetliberg, in: *Zeitschrift für Schweizerische Archäologie und Kunstgeschichte* 38 (1981) 1-28.
Drda, P. und A. Rybová, *Les Celtes de Bohême*, Paris 1994.
Dressler, W., Galatisches, in: W. Meid (Hrsg.), *Beiträge zur Indogermanistik und Keltologie, Julius Pokorny zum 80. Geburtstag gewidmet* (Innsbruck 1967) 147-154.
Driehaus, J., Zum Grabfund von Waldalgesheim, in: *HBA* 1 (1971) 101-113.
–, Zum Krater von Vix. Fragen an die klassische Archäologie, in: *HBA* 8 (1981) 103-113
Drinkwater, J. F., *Roman Gaul*, Ithaca (New York) 1983.
Drioux, G., *Cultes indigènes des Lingons*, Paris 1934.
Duval, A., *L'art celtique de la Gaule au Musée des antiquités nationales*, Paris 1989.
Duval, P.-M., Vulcain et les métiers du métal, in: *Gallia* 10 (1952) 43-57.
–, Le dieu Smertrios et ses avatars gallo-romains, in *EC* 6 (1953/54) 219-238.
–, *Le groupe de bas-reliefs des ›Nautae Parisiaci‹, Monuments et mémoires de la Fondation Eugène Piot 48,2* (1956) 64-90.
–, Teutates – Esus – Taranis, in: *EC* 8 (1958/59) 41-58.
–, Esus und seine Werkzeuge auf Denkmälern in Trier und Paris, in: *Trierer Zeitschrift* 36 (1973) 81-88.
–, *Les Dieux de la Gaule*, Paris 1976.

–, *Die Kelten,* München 1978 (Universum der Kunst).
–, Problèmes des rapports entre la religion gauloise et la religion romaine, in: P. MacCana und M. Meslin (Hrsg.), *Rencontres de religions* (Paris 1986) 39-56.
–, *Monnaies gauloises et mythes celtiques,* Paris 1987.
–, *La vie quotidienne en Gaule pendant la paix romaine (Ier-IIIe siècle ap. J.C.),* Paris ³1988.
–, *Travaux sur la Gaule.* Textes revus et mis à jour, 2 Bde., Roma 1989.
Ebel, C., *Transalpine Gaul: the emergence of a Roman province,* Leiden 1976.
Echt, R., Technologische Untersuchungen an frühlatènezeitlichem Goldschmuck aus Bad Dürkheim (Rheinland-Pfalz), in: *AKorrBl* 18 (1988) 183-195.
Egg, M. und A. France-Lanord, *Le char de Vix,* Bonn 1987.
Egger, R., Genius cucullatus, in: *Wiener Praehistorische Zeitschrift* 19 (1932) 311-323.
Eggert, M.K.H., Die »Fürstensitze« der Späthallstattzeit: Bemerkungen zu einem archäologischen Konstrukt, in: *Hammaburg N. F.* 9 (1989) 53-66.
Eluère, C., J. Gomez de Soto und A. Duval, Un chef-d'œuvre de l'orfèvrerie celtique, le casque d'Agris, in: *Bulletin de la Société Préhistorique Française* 84 (1987) 8-21.
Eluère, C., *Das Gold der Kelten,* München 1987.
Endert, D. van, *Die Wagenbestattungen der späten Hallstattzeit und der Latènezeit im Gebiet westlich des Rheins,* Oxford 1987.
–, *Die Bronzefunde aus dem Oppidum von Manching,* Stuttgart 1991 (Die Ausgrabungen in Manching 13).
Engels, H.-J., Der Fürstengrabhügel von Rodenbach, in: *Bonner Hefte zur Vorgeschichte* 3 (1972) 25-52.
Eska, J. F., *Towards an Interpretation of the Hispano-Celtic Inscription of Botorrita,* Innsbruck 1989.
–, Syntactic notes on the great inscription of Peñalba de Villastar, in: *BBCS* 37 (1990) 104-107.
Euskirchen, M., Epona, in: *BRGK* 74 (1993) 607-850.
Evans, D. E., *Gaulish Personal Names,* Oxford 1967.
–, Celts and Germans, in: *BBCS* 29 (1980/82) 230-255.
–, The Celts in Britain (up to the formation of the Brittonic languages): history, culture, linguistic remains, substrata, in: K. H. Schmidt (Hrsg.), *Geschichte und Kultur der Kelten* (Heidelberg 1986) 102-115.
–, The identification of Continental Celtic with special reference to Hispano-Celtic, in: J. Untermann und F. Villar (Hrsg.), *Lengua y cultura en la Hispania prerromana* (Salamanca 1993) 563-608.
Fasce, S., Le guerre galliche di Livio e l'epopea mitologica celtica, in: *Maia* 37 (1985) 27-43.
Fauduet, I., *Les temples de tradition celtique en Gaule romaine,* Paris 1993.
–, *Atlas des sanctuaires romano-celtiques de Gaule romaine,* Paris 1993.
Fellendorf-Boerner, G., Die bildlichen Darstellungen der Epona auf den Denkmälern Baden-Württembergs, in: *FBW* 10 (1985) 77-141.
Feugère, M. (Hrsg.), *Le verre préromain en Europe occidentale,* Montagnac 1989.
Fichtl, S., *Les Gaulois du Nord de la Gaule (150-20 av. J.-C.),* Paris 1994.
Filip, J., Keltische Kultplätze und Heiligtümer in Böhmen, in: H. Jankuhn (Hrsg.), *Vorgeschichtliche Heiligtümer und Opferplätze in Mittel- und Nordeuropa* (Göttingen 1970) 55-77.
–, *Celtic Civilization and its Heritage,* Rev. ed., Praha 1976.

Filtzinger, P. u. a. (Hrsg.), *Die Römer in Baden-Württemberg,* Stuttgart ³1986.
Finlay, I., *Celtic Art: An Introduction,* London 1973.
Fischer, F., Die Kelten bei Herodot: Bemerkungen zu einigen geographischen und ethnographischen Problemen, in: *Madrider Mitteilungen* 13 (1972) 109-124.
–, ΚΕΙΜΗΛΙΑ. Bemerkungen zur kulturgeschichtlichen Interpretation des sogenannten Südimports in der späten Hallstatt- und frühen Latène-Kultur des westlichen Mitteleuropa, in: *Germania* 51 (1973) 436-459.
–, *Der Heidengraben bei Grabenstetten. Ein keltisches Oppidum auf der Schwäbischen Alb bei Urach,* Stuttgart ²1979.
Fischer, F., D. Müller und H. Schäfer, Neue Beobachtungen am Heidengraben bei Grabenstetten, Kreis Reutlingen, in: *FBW* 6 (1981) 333-349.
Fischer, F. und J. Biel, Frühkeltische Fürstengräber in Mitteleuropa, in: *Antike Welt* 13, Sondernummer (1982).
Fischer, F., Das Handwerk bei den Kelten zur Zeit der Oppida, in: *Das Handwerk in vor- und frühgeschichtlicher Zeit* II (Göttingen 1983) 39-49.
–, Der Handel der Mittel- und Spätlatènezeit in Mitteleuropa aufgrund archäologischer Zeugnisse, in: *Untersuchungen zu Handel und Verkehr der vor- und frühgeschichtlichen Zeit in Mittel- und Nordeuropa* I (Göttingen 1985) 285-298.
–, Caesar und die Helvetier. Neue Überlegungen zu einem alten Thema, in: *BJb* 185 (1985) 1-26.
Fischer, F. u. a., Studien zum Silberring von Trichtingen, in: *FBW* 12 (1987) 205-250.
Fleuriot, L., Le vocabulaire de l'inscription gauloise de Chamalières, in: *EC* 15 (1976/77) 173-190.
Focke, F., Das Dreigötterrelief von der Brigachquelle, in: *Badische Fundberichte* 20 (1956) 123-126.
Forrer, R., *Keltische Numismatik der Rhein- und Donaulande,* Ergänzte Neuausgabe in 2 Bänden, Graz 1968.
Foster, J., *Bronze Boar Figurines in Iron Age and Roman Britain,* Oxford 1977.
Fox, C., *A Find of the Early Iron Age from Llyn Cerrig Bach, Anglesey,* Cardiff 1947.
–, *Pattern and Purpose. A Survey of Early Celtic Art in Britain.* Cardiff 1958.
Freeman, P., Elements of the Ulster Cycle in Pre-Posidonian Literature, in: J. P. Mallory und G. Stockman (Hrsg.), *Ulidia* (Belfast 1994) 207-216.
Frei-Stolba, R., Götterkulte in der Schweiz zur römischen Zeit unter besonderer Berücksichtigung der epigraphischen Zeugnisse, in:*Bulletin des antiquités luxembourgoises* 15 (1984) 75-126.
Frey, O.-H., Die Goldschale von Schwarzenbach, in: *HBA* 1 (1971) 85-100.
Frey, O.-H. und H. Roth (Hrsg.), *Studien zu Siedlungsfragen der* Latènezeit, Marburg 1984.
Frey, O.-H., Zum Handel und Verkehr während der Frühlatènezeit in Mitteleuropa, in: *Untersuchungen zu Handel und Verkehr der vor- und frühgeschichtlichen Zeit in Mittel- und Nordeuropa* I (Göttingen 1985) 231-257.
–, Einige Überlegungen zu den Beziehungen zwischen Kelten und Germanen in der Spätlatènezeit, in: *Gedenkschrift für G. v. Merhart* (Marburg 1986) 45-79.
Friell, J. G. P. und W. G. Watson, *Pictish Studies. Settlement, Burial and Art in Dark Age Northern Britain,* Oxford 1984.
Furger-Gunti, A., *Die Helvetier. Kulturgeschichte eines Keltenvolkes,* Zürich 1984.
Gager, J. G., *Curse Tablets and Binding Spells from the Ancient World,* New York 1992.

Gauthier, N., *L'évangélisation des pays de la Moselle. La province romaine de Première Belgique entre antiquité et moyen âge (IIIe-VIIIe siècle)*, Paris 1980.

Gebhard, R., *Der Glasschmuck aus dem Oppidum von Manching*, Stuttgart 1989 (Die Ausgrabungen in Manching 11).

–, *Die Fibeln aus dem Oppidum von Manching*, Stuttgart 1991 (Die Ausgrabungen in Manching 14).

Göbel, J. u. a., Der spätkeltische Goldschatz von Niederzier, in: *BJb* 191 (1991) 27-84.

Gold der Helvetier, Zürich 1991.

Gorrochategui Churruca, J., *Estudio sobre la onomástica indígena de Aquitania*, Bilbao 1982.

Gorrochategui, J., Die Crux des Keltiberischen, in: *ZCP* 45/50 (1997) 250-272.

Gose, E., *Der Tempelbezirk des Lenus Mars in Trier*, Berlin 1955.

Goudineau, C., *César et la Gaule*, Paris 1990.

Goudineau, C. und C. Peyre, *Bibracte et les Eduens*, Paris 1993.

Gräber – *Spiegel des Lebens: zum Totenbrauchtum der Kelten und Römer am Beispiel des Treverer-Gräberfeldes Wederath-Belginum*, Mainz 1989.

Graf, F., Menschenopfer in der Burgerbibliothek. Anmerkungen zum Götterkatalog der »Commenta Bernensia« zu Lucan 1,445, in: *ASchw* 14 (1991) 136-143.

Grassi, M. T., *I Celti in Italia*, Milano 1991.

Green, M. J., The Iconography and Archaeology of Romano-British Religion, in: *ANRW* II 18. 1 (1986) 113-162.

–, *The Gods of the Celts*, Gloucester 1986.

–, *Symbol and Image in Celtic Religious Art*, London 1989.

–, *Animals in Celtic Life and Art*, London 1992.

–, *Keltische Mythen*, Stuttgart 1994.

–, *Exploring the World of the Druids*, London 1997.

Green, M. J. (Hrsg.), *The Celtic World*, London 1995.

Gricourt, D. und D. Hollard, Taranis, le dieu celtique à la roue, in: *Dialogues d'histoire ancienne* 16 (1900) 275-315.

–, Taranis, caelestium deorum maximus, in: *Dialogues d'histoire ancienne* 17 (1991) 343-400.

Grilli, A., La migrazione dei Galli in Livio, in: *Studi in onore di F. R. Vonwiller* II (Como 1980) 183-192.

Gross, W. H., Zu Problemen des »Fürstengrabes« von Vix, in: *HBA* 7 (1980) 69-76.

Gruel, K., *La Monnaie chez les Gaulois*, Paris 1989.

Guillaumet, J. -P., *L'artisanat chez les Gaulois*, Paris 1996.

Gutenbrunner, S., Mars Cnabetius, in: *ZCP* 20 (1936) 278-283.

–, Mercurius Gebrinius, in: *ZCP* 20 (1936) 391-394.

Guyonvarc'h, Ch.-J., *nemos, nemetos, nemeton; les noms celtiques du ›ciel‹ et du ›sanctuaire‹, in *Ogam* 12 (1960) 185-197.

–, Le théonyme gaulois (Mars) Mullo ›aux tas (de butin)‹, irlandais mul, mullach ›sommet arrondi, colline‹, in: *Ogam* 12 (1960) 452-458.

–, Le théonyme gaulois BELISAMA ›la très brillante‹, in: *Ogam* 14 (1962) 161-173.

Hachmann, R., Gundestrup-Studien, in: *BRGK* 71 (1990) 565-904.

Härke, H., *Settlement Types and Settlement Patterns in the West Hallstatt Province*, Oxford 1979.

Haffner, A., *Die westliche Hunsrück-Eifel-Kultur*, Berlin 1976.

Hafner, G., Herakles — Geras — Ogmios, in: *JRGZM* 5 (1958) 139-153.

Die Hallstattkultur. *Bericht über das Symposium in Steyr 1980 aus Anlaß der Internationalen Ausstellung des Landes Oberösterreich,* Linz 1981.

Hanoteau, M. T., Epona, déesse des chevaux. Figurations découvertes en Suisse, in: *Helvetia archaeologica* 11 (1980) 2-20.

Hanson, W. S., *Agricola and the Conquest of the North,* London 1987.

–, Tacitus' ›Agricola‹: An Archaeological and Historical Study, in: *ANRW* II 33·3 (1991) 1741-1784.

Harmand, J., Le portrait de la Gaule dans le ›De Bello Gallico‹ I-VII, in: *ANRW* I 3 (1973) 523-595.

–, *Vercingétorix*, Paris 1984.

Harrison, F., Celtic musics: characteristics and chronology, in: K. H. Schmidt (Hrsg.), *Geschichte und Kultur der Kelten* (Heidelberg 1986) 252-263.

Hatt, J.-J., Les croyances funéraires des Gallo-Romains d'après les tombes, in: *RAE* 21 (1970) 7-97.

–, Les dieux gaulois en Alsace, in: *RAE* 22 (1971) 187-276.

–, La divinité féminine souveraine chez les Celtes continentaux, d'après l'épigraphie gallo-romaine et l'art celtique, in: *CRAI* 1981 12-20.

–, Apollon Guérisseur en Gaule, in: C. Pelletier (Hrsg.), *La Médecine en Gaule* (Paris 1985) 205-238.

–, *La Tombe gallo-romaine*, Pasis ²1986.

–, *Mythes et dieux de la Gaule. 1. Les grandes divinités masculines,* Paris 1989.

Hawkes, C. F. C., Britain and Julius Caesar, in: *PBA* 63 (1977) 125-192.

Heichelheim, F. M., Genii cucullati, in: *Archaeologia Aeliana* (4) 12 (1935) 187-194.

Heinz, W., Der Diana Abnoba-Altar in Badenweiler, in: *Antike Welt* 13,4 (1982) 37-41.

Henderson, I., *The Picts,* London 1967.

Henig, M., *Religion in Roman Britain,* London 1984.

Henry, P. L., Interpreting the Gaulish Inscription of Chamalières, in: *EC* 21 (1984) 141-150.

Herrmann, F.-R. und O.-H. Frey, *Die Keltenfürsten von Glauberg*, Wiesbaden 1996.

Heuneburg-Studien, Berlin 1962 ff.

Höckmann, U., Gallierdarstellungen in der etruskischen Grabkunst des 2. Jhs. v. Chr., in: *Jahrbuch des Deutschen Archäologischen Instituts* 106 (1991) 199-230.

Holder, A., *Alt-celtischer Sprachschatz,* 3 Bde., Leipzig 1891-1913.

Homeyer, H., Zum Keltenexkurs in Livius' 5. Buch (33,4-35,3), in: *Historia* 9 (1960) 345-361.

Horne, P. D. und H. C. King, Romano-Celtic Temples in Continental Europe: a gazetteer of those with known plans, in: W. Rodwell (Hrsg.), *Temples, Churches and Religion: recent research in Roman Britain* (Oxford 1980) 369-555.

Hoz, J. de, La epigrafía celtibérica, in: *Reunión sobre epigrafía hispánica de época romana-republicana* (Zaragoza 1986) 43-102.

–, Hispano-Celtic and Celtiberian, in: G. W. MacLennan (Hrsg.), *Proceedings of the First North American Congress of Celtic Studies* (Ottawa 1988) 191-207.

–, The Celts of the Iberian Peninsula, in: *ZCP* 45 (1990) 1-37.

Hundert Meisterwerke keltischer Kunst, Trier 1992.

Hundt, H.-J., Vorgeschichtliche Gewebe aus dem Hallstätter Salzberg, in: *JRGZM* 6 (1959) 66-100, 7 (1960) 126-150 und 14 (1967) 38-67.

–, Neunzehn Textilreste aus dem Dürrnberg bei Hallein, in: *JRGZM* 8 (1961) 7-25.

Hutton, R., *The Pagan Religions of the Ancient British Isles. Their Nature and*

Legacy, London 1991.
Irlinger, W., *Der Dürrnberg bei Hallein IV: Die Siedlung auf dem Ramsaukopf*, München 1994.
–, Viereckschanzen und Siedlungen — Überlegungen zu einem forschungsgeschichtlichen Problem anhand ausgewählter südbayerischer Fundorte, in: C. Dobiat (Hrsg.), *Festschrift für Otto-Hermann Frey zum 65. Geburtstag* (Marburg 1994) 285-304.
Jackson, K. H., *Language and History in Early Britain*, Edinburgh 1953.
Jacobi, G., *Werkzeug und Gerät aus dem Oppidum von Manching*, Stuttgart 1974 (Die Ausgrabungen in Manching 5).
Jacobsthal, P., *Early Celtic Art*, 2 Bde., Oxford 1944.
James, S., *Exploring the World of the Celts*, London 1993.
Joachim, H.-E., Die Verzierung auf der keltischen Röhrenkanne von Waldalgesheim, in: *AKorrBl* 8 (1978) 119-125.
–, Eine Rekonstruktion der keltischen, ›Säule‹ von Pfalzfeld, in: *BJb* 189 (1989) 1-14.
Joachim, H.-E. u. a., *Waldalgesheim: das Grab einer keltischen Fürstin*, Bonn 1995.
Joffroy, R., *L'Oppidum de Vix et la civilisation hallstattienne finale*, Paris 1960.
–, *Vix et ses trésors*, Paris 1979.
Jolliffe, N., Dea Brigantia, in: *Archaeological Journal* 98 (1942) 36-61.
Jud, P. (Hrsg.), *Die spätkeltische Zeit am Oberrhein — Le Rhin supérieur à la fin de l'époque celtique*, Basel 1993.
Kappel, I., *Die Graphittonkeramik von Manching*, Wiesbaden 1969 (Die Ausgrabungen in Manching 2).
Kaul, F. u. a., *Thracian Tales on the Gundestrup Cauldron*, Amsterdam 1991.
Keller, F. J., *Das keltische Fürstengrab von Reinheim I*, Mainz 1965.
Die Kelten in Mitteleuropa: Kultur, Kunst, Wirtschaft, Hallein 1980.
Der Keltenfürst von Hochdorf. Methoden und Ergebnisse der Landesarchäologie, Stuttgart 1985.
Kenner, H., Zu namenlosen Göttern der Austria Romana II: Genius cucullatus, in: *Römisches Österreich* 4 (1976) 147-161.
–, Die Götterwelt der Austria Romana, in: *ANRW* II 18.2 (1989) 875-974 und 1652-1655.
Kimmig, W., *Die Heuneburg an der oberen Donau*, Stuttgart ²1983.
–, Die Goldschale von Zürich-Altstetten, in: *Homenaje a Martin Almagro* (Madrid 1983) 101-118.
–, *Frühe Kelten in der Schweiz im Spiegel der Ausgrabungen auf dem Üetliberg*, Zürich 1983.
–, Der Handel in der Hallstattzeit, in: *Untersuchungen zu Handel und Verkehr der vor- und frühgeschichtlichen Zeit in Mittel- und Nordeuropa* I (Göttingen 1985) 214-230.
–, Eisenzeitliche Grabstelen in Mitteleuropa. Versuch eines Überblicks, in: *FBW* 12 (1987) 251-297.
Kimmig, W. u. a., *Das Kleinaspergle. Studien zu einem Fürstengrabhügel der frühen Latènezeit bei Stuttgart*, Stuttgart 1988.
King, A., *Roman Gaul and Germany*, London 1990.
Klingshirn, W. E., *Caesarius of Arles. The Making of a Christian Community in Late Antique Gaul*, Cambridge 1993.
Ködderitzsch, R., Die große Felsinschrift von Peñalba de Villastar, in: H. M. Ölberg und G. Schmidt (Hrsg.), *Sprachwissenschaftliche Forschungen: FS für J. Knobloch* (Innsbruck 1985) 211-222.

Köves-Zulauf, T., Les Vates des Celtes, in: *Acta Ethnographica, Budapest* 4 (1955) 171-275.

–, Helico, Führer der gallischen Wanderung, in: *Latomus* 36 (1977) 40-92.

Kraußhe, D., *Hochdorf III. Das Trink- und Speiseservice aus dem späthallstattzeitlichen Fürstengrab von Eberdingen-Hochdorf (Kr. Ludwigsburg)*, Stuttgart 1996.

Kremer, B., *Das Bild der Kelten bis in augusteische Zeit: Studien zur Instrumentalisierung eines antiken Feindbildes bei griechischen und römischen Autoren*, Stuttgart 1994.

Kromer, R., *Das Gräberfeld von Hallstatt*, Firenze 1959.

Krüger, E., Die gallischen und die germanischen Dioskuren, in: *Trierer Zeitschrift* (1940) 8-27 und (1941/42) 1-66.

Kruta, V., Remarques sur les fibules de la trouvaille de Duchcov (Dux), Bohème, in: P.-M. Duval u. a. (Hrsg.), *Recherches d'archéologie celtique et gallo-romaine* (Paris 1973) 1-33.

–, Le casque d'Amfreville-sous-les-Monts (Eure) et quelques problèmes de l'art celtique du IVe siècle avant notre ère, in: *EC* 15 (1978) 405-424.

–, *Les Celtes*, Paris ²1979 (Coll. Que sais-je?).

–, *Die Kelten*, Luzern 1986.

Künzl, E., *Die Kelten des Epigonos von Pergamon*, Würzburg 1971.

Kurz, G., *Keltische Hort- und Gewässerfunde in Mitteleuropa*, Stuttgart 1995.

Kurz, S., Figürliche Fibeln der Frühlatènezeit in Mitteleuropa, in: *FBW* 9 (1984) 249-278.

Kurzynski, K. v., *"Und ihre Hosen nennen sie bracas": Textilfunde und Textiltechnologie der Hallstatt- und Latènezeit und ihr Kontext*, Espelkamp 1996.

Kyll, N., Zum Fortleben der vorchristlichen Quellenverehrung in der Trierer Landschaft, in: *Festschrift Matthias Zender* (Bonn 1972) 497-510.

Laet, S. de, *La Belgique d'avant les Romains*, Wetteren 1982.

Laing, Ll. und J. Laing, *Celtic Britain and Ireland, AD 200-800*, Dublin 1990.

–, *The Picts and the Scots*, London 1993.

Lambert, P.-Y., La tablette gauloise de Chamalières, in: *EC* 16 (1979) 141-169.

–, A restatement on the Gaulish tablet from Chamalières, in: *BBCS* 34 (1987) 10-17.

–, Sur la bronze celtibère de Botorrita, in: R. Bielmeier u. a. (Hrsg.), *Indogermanica et Caucasica. FS Karl Horst Schmidt* (Berlin 1994) 363-374.

–, *La langue gauloise*, Paris 1994.

P. Lambrechts, *Contributions à l'étude des divinités celtiques*, Brugge 1942.

–, *L'exaltation de la tête dans la pensée et dans l'art des Celtes*, Brugge 1954.

Landes, C. (Hrsg.), *Dieux Guérisseurs en Gaule Romaine*, Lattes 1992.

Lantier, R., Le dieu celtique de Bouray, in: *Monuments et mémoires de la Fondation Eugène Piot* 34 (1934) 35-58.

Lavagne, H., Les dieux de la Gaule Narbonnaise: ›romanité‹ et romanisation, in: *Journal des Savants* 1979, 155-197.

Le Gall, J., *Alésia*, Paris 1985 (Guides arch. de la France).

–, *Fouilles d'Alise-Sainte-Reine 1861-1865*, 2 Bde., Paris 1989.

–, *Alesia. Archéologie et Histoire*. Nouv. éd. rev. et augm., Paris 1990.

Lehmann, A., *La rôle de la femme dans l'histoire de la Gaule*, Paris 1944.

Lejars, Th., *Gournay III. Les fourreaux d'épées*, Paris 1994.

Lejeune, M., Lepontica, in: *EC* 12 (1968/71) 337-500.

Lejeune, M. und R. Marichal, Textes gaulois et gallo-romains en cursive latine I

Lezoux, in: *EC* 15 (1976/77) 151-156.
–, Textes gaulois et gallo-romains en cursive latine II Chamalières, in: *EC* 15 (1976/77) 156-168.
Lejeune, M. u. a., Textes gaulois et gallo-romains en cursive latine III Le plomb du Larzac, in: *EC* 22 (1985) 95-177.
Lejeune, M., Les premiers pas de la déesse Bibracte, in: *Journal des savants* 1990, 69-96.
Lenerz-de Wilde, M., *Iberia Celtica: Archäologische Zeugnisse keltischer Kultur auf der Pyrenäenhalbinsel,* 2 Bde., Wiesbaden 1991.
Le Roux, F., Des chaudrons celtiques à l'arbre d'Esus. Lucain et les Scholies Bernoises, in: *Ogam* 7 (1955) 33-58.
–, Le cheval divin et le zoomorphisme chez les Celtes, in: *Ogam* 7 (1955) 101-122.
–, Taranis: dieu celtique du ciel et de l'orage, in: *Ogam* 10 (1958) 30-39.
–, Le dieu celtique aux liens: De l'Ogmios de Lucain à l'Ogmios de Dürer, in: *Ogam* 12 (1960) 209-234.
–, La Divination chez les Celtes, in: A. Caquot und M. Leibovici (Hrsg.), *La Divination* (Paris 1968) 233-256.
–, La Religion des Celtes, in: H. C. Puech (Hrsg.), *Histoire des Religions* (Paris 1970) I 781-840.
Le Roux, F. und Ch.-J. Guyonvarc'h, *Les Druides,* Rennes 1986.
Lessing, E., *Die Kelten. Entwicklung und Geschichte einer europäischen Kultur.* Mit Texten von V. Kruta, Freiburg 1979.
–, *Hallstatt: Bilder aus der Frühzeit Europas,* Wien 1980.
Leunissen, P. M. M., Römische Götternamen und einheimische Religion in der Provinz Germania Superior, in: *FBW* 10 (1985) 155-195.
Linckenheld, E., Sucellos et Nantosuelta, in: *RHR* 99 (1929) 40-92.
Linduff, K. M., Epona. A Celt among the Romans, in: *Latomus* 38 (1979) 817-837.
Loicq, J., Ogmios-Varuna et l'organisation de la fonction de souveraineté dans le panthéon celtique, in: *Orientalia Jacques Duchesne-Guillemin emerito oblata* (Leiden 1984) 341-382.
Lorenz, H., Totenbrauchtum und Tracht. Untersuchungen zur regionalen Gliederung in der frühen Latènezeit, in: *BRGK* 59 (1978) 1 ff.
Luxusgeschirr keltischer Fürsten: Griechische Keramik nördlich der Alpen, Würzburg 1995.
Lynch, F., *Prehistoric Anglesey,* Llangefni 1970.
McManus, D., *A Guide to Ogam,* Maynooth 1991.
MacReady, S. und F. H. Thompson (Hrsg.), *Cross-Channel Trade between Gaul and Britain in the pre-Roman Iron Age,* London 1984.
Magnen, R. und E. Thevenot, *Epona, Déesse gauloise des chevaux, protectrice des cavaliers,* Bordeaux 1953.
Maier, B., Of Celts and Cyclopes: notes on Athenaios IV 36 p. 152, in: *StC* 30 (1996).
–, Is Lug to be identified with Mercury (Bell. Gall. VI 17, 1)? New suggestions to an old problem, in: *Ériu* (1996).
Maier, F., *Die bemalte Spätlatène-Keramik von Manching,* Stuttgart 1970 (Die Ausgrabungen is Manching 3).
Malitz, J., *Die Historien des Poseidonios,* München 1983.
Mansfeld, G., *Die Fibeln der Heuneburg 1950-1970: Ein Beitrag zur Geschichte der Späthallstattfibel,* Berlin 1973 (Heuneburgstudien 2).

Marco Simón, F., El dios céltico Lug y el santuario de Peñalba de Villastar, in: *Estudios en homenaje a A. Beltrán Martínez* (Zaragoza 1986) 731-753.

Marek, J., Das helvetisch-gallische Pferd und seine Beziehung zu den prähistorischen und zu den rezenten Pferden, in: *Abhandlungen der Schweizerischen Paläontologischen Gesellschaft* 25 (1988) 1-62.

Marichal, R., *Les graffites de La Graufesenque*, Paris 1988.

Maringer, J., Menschenopfer im Bestattungsbrauch Alteuropas, in: *Anthropos* 37/38 (1942/43) 1-112.

Marinis, R. C. de, Golasecca Culture and its Links with Celts beyond the Alps, in: *The Celts* (Milano 1991) 93-102.

Martin, R. und P. Varène, *Le monument d'Ucuetis à Alésia*, Paris 1973.

Maxwell, G., *A Battle Lost. Romans and Caledonians at Mons Graupius*, Edinburgh 1990.

Meduna, J., Das keltische Oppidum Staré Hradisko in Mähren, in: *Germania* 48 (1970) 34-59.

Megaw, R. und V. Megaw, The stone head from Mšecké Žehrovice: a reappraisal, in: *Antiquity* 62 (1988) 630-641.

–, *Early Celtic Art*, London 1989.

–, *The Basse-Yutz find*, London 1990.

Megaw, J. V. S., Music Archaeology and the Ancient Celts, in: *The Celts* (Milano 1991) 643-648.

Meid, W., Remarks on the Celtic Ethnography of Posidonius in the Light of Insular Celtic Traditions, in: *Abhandlungen der Österreichischen Akademie der Wissenschaften* 123,4 (1986) 60-74.

–, *Zur Lesung und Deutung gallischer Inschriften*, Innsbruck 1989.

–, *Gaulish Inscriptions*, Budapest 1992.

–, *Die erste Botorrita-Inschrift*, Innsbruck 1993.

–, Die "große" Felsinschrift von Peñalba de Villastar, in: R. Bielmeier u. a. (Hrsg.), *Indogermanica et Caucasica. FS Karl Horst Schmidt* (Berlin 1994) 385-394.

–, *Celtiberian Inscriptions*, Budapest 1994.

–, *Kleinere keltiberische Sprachdenkmäler*, Innsbruck 1996.

Meid, W. und P. Anreiter (Hrsg.), *Die größeren altkeltischen Sprachdenkmäler. Akten des Kolloquiums Innsbruck 1993*, Innsbruck 1995.

Meniel, P., *Chasse et élevage chez les Gaulois (450-52 av. J.-C.)*, Paris 1987.

–, *Les sacrifices d'animaux chez les Gaulois*, Paris 1992.

Merten, H., Der Kult des Mars im Trevererraum, in: *Trierer Zeitschrift* 48 (1985) 7-113.

Mitchell, S., *Anatolia: Land, Men and Gods in Asia Minor. I. The Celts in Anatolia and the Impact of Roman Rule*, Oxford 1993.

Moosleitner, F., L. Pauli und E. Penninger, *Der Dürrnberg bei Hallein*, 3 Bde., München 1972-1978.

Moosleitner, F., *Die Schnabelkanne vom Dürrnberg*, Salzburg 1985.

Moreau, J., *Die Welt der Kelten*, Stuttgart 1958.

Motyková, K. u. a., *Závist: ein keltischer Burgwall in Mittelböhmen*, Praha 1978.

–, Die bauliche Gestalt der Akropolis auf dem Burgwall Závist in der Späthallstatt- und Frühlatènezeit, in: *Germania* 66 (1988) 391-436.

–, Die Siedlungsstruktur des Oppidums Závist, in: *AKorrBl* 20 (1990) 415-426.

Müller, F., Der zwanzigste Brief des Gregor von Nyssa, in: *Hermes* 74 (1939) 66-91.

Müller, F., Zur Datierung des Goldschatzes von Erstfeld UR, in: *Jahrbuch der Schweizerischen Gesellschaft für Ur- und Frühgeschichte* 73 (1990) 83-94.

–, Keltische Wagen mit elastischer Aufhängung: Eine Reise von Castel di Decima nach Clonmacnoise, in: *Trans Europam. FS für Margarita Primas* (Bonn 1995) 265-275.

Müller, K. E., *Geschichte der antiken Ethnographie und ethnologischen Theoriebildung*, 2 Bde., Wiesbaden 1972-1980.

Müller, U. A., Das Pferd in der griechisch-keltischen Frühgeschichte, in: *Helvetia archaeologica* 21 (1990) 153-166.

Nagy, P., Technologische Aspekte der Goldschale von Zürich-Altstetten, in: *Jahrbuch der Schweizerichen Gesellschaft für Ur- und Frühgeschichte* 75 (1992) 101-116.

Nash, D., Reconstructing Posidonius' Celtic Ethnography: some considerations, in: *Britannia* 7 (1976) 111-126.

–, *Coinage in the Celtic World*, London 1987.

Navarro, J. M. de, A Doctor's Grave of the Middle La Tène Period from Bavaria, in: *Proceedings of the Prehistoric Society* 21 (1955) 231-248.

Nerzic, C., *La Sculpture en Gaule Romaine*, Paris 1989.

Nicolaisen, W. F. H., *Scottish Place-Names. Their Study and Significance*, London 1976.

Nicoll, E. H., (Hrsg.), *A Pictish Panorama*, Forfar 1995.

Nierhaus, R., Zu den ethnographischen Angaben in Lukans Gallien-Exkurs, in: *BJb* 153 (1953) 46-62.

Nortmann, H., *Die Altburg bei Bundenbach: ein Führer zur keltischen Burg*, Bundenbach 1990.

Oeftiger, C., *Mehrfachbestattungen im Westhallstattkreis: Zum Problem der Totenfolge*, Bonn 1984.

Olmsted, G., *The Gundestrup Cauldron, Bruxelles 1979* (Coll. Latomus 162).

–, The Meter of the Gaulish Inscription from Larzac, in: *The Journal of Indo-European Studies* 17 (1989) 155-163.

–, *The Gaulish Calendar. A Reconstruction from the Bronze Fragments from Coligny*, Bonn 1992.

Overbeck, B., *Die Welt der Kelten im Spiegel der Münzen*, München 1980.

Padel, O. J., *Cornish Place-Name Elements*, Cambridge 1985.

–, *A Popular Dictionary of Cornish Place-Names*, Newmill, Penzance 1988.

Pare, C. F. E., Fürstensitze: Celts and the Mediterranean World. Developments in the West Hallstatt Culture in the 6th and 5th Centuries BC, in: *Proceedings of the Prehistoric Society* 57 (1991) 183-202.

–, *Wagons and Wagon-Graves of the Early Iron Age in Central Europe*, Oxford 1992.

Parzinger, H., Zur Belegungsabfolge auf dem Magdalenenberg bei Villingen, in: *Germania* 64 (1986) 391-407.

Pascal, C. B., *The Cults of Cisalpine Gaul*, Bruxelles 1964 (Coll. Latomus 75).

Pauli, L., *Die Gräber vom Salzberg zu Hallstatt*, Mainz 1975.

–, *Keltischer Volksglaube. Amulette und Sonderbestattungen am Dürrnberg bei Hallein und im eisenzeitlichen Mitteleuropa*, München 1976.

–, Die Herkunft der Kelten: Sinn und Unsinn einer alten Frage, in: *Die Kelten in Mitteleuropa* (Hallein 1980) 16-24.

–, Heilige Plätze und Opferbräuche bei den Helvetiern und ihren Nachbarn, in: *ASchw* 14 (1991) 124-135.

Pelletier, C. (Hrsg.), *La Médecine en Gaule*, Paris 1985.

Peschel, K., Kelten und nordwestalpine Hallstattkultur. Ethnographische Bemerkungen zu einer archäologischen Karte, in: *Ethnographisch-archäologische Zeitschrift* 29 (1988) 259-300.

Petres, E. F., On Celtic Animal and Human Sacrifices, in: *Acta Archaeologica Academiae Scientiarum Hungaricae* 24 (1972) 365-383.

Piboule, A. und M., Le Culte des sources rurales en Bourbonnais, in: *La Médecine en Gaule* (Paris 1985) 145-156.

Piggott, S., The Carnyx in Early Iron Age Britain, in: *The Antiquaries Journal* 39 (1959) 19-32.

–, Nemeton, Temenos, Bothros. Sanctuaries of the Ancient Celts, in: *I Celti e la loro cultura nell'epoca preromana e romana nella Britannia* (Roma 1978) 37-54.

–, *The Druids,* London 1985.

Pingel, V., *Die glatte Drehscheiben-Keramik von Manching,* Stuttgart 1971 (Die Ausgrabungen in Manching 4).

Pink, K., *Einführung in die keltische Müuzkunde mit besonderer Berücksichtigung des österreichischen Raumes,* Wien 1974.

Planck, D. u. a., Eine neuentdeckte keltische Viereckschanze in Fellbach-Schmieden, Rems-Murr-Kreis. Vorbericht der Grabungen 1977-1980, in: *Germania* 60 (1982) 105-172.

Planck, D., Die Viereckschanze von Fellbach-Schmieden. in: *Der Keltenfürst von Hochdorf. Methoden und Ergebnisse der Landesarchäologie* (Stuttgart 1985) 341-354.

Pleiner, R., *The Celtic sword*, Oxford 1993.

Plonéis, J.-M., *La toponymie celtique. L'origine des noms de lieux en Bretagne,* Paris 1989.

Powell, T. G. E., *Die Kelten,* Köln 1959.

Prosdocimi, A. L., Note sul celtico in Italia, in: *Studi etruschi* 57 (1991) 139-177.

Py, M., *Les Gaulois du Midi. De la fin de l'Age de Bronze à la conquête romaine*, Paris 1993.

Raftery, B. (Hrsg.), *L'art celtique,* Paris 1990.

Raftery, B., *Pagan Celtic Ireland*, London 1994.

Rambaud, M., *L'Art de la déformation historique dans les Commentaires de César,* Paris ²1966.

Ramseyer, D., Châtillon-sur-Glâne (FR) — Un habitat de hauteur du Hallstatt final. Synthèse de huit années de fouilles (1974-1981), in: *Jahrbuch der Schweizerischen Gesellschaft für Ur- und Frühgeschichte* 66 (1983) 161-188.

Rankin, H. D., *Celts and the Classical World,* London 1987.

Reddé, M., Les scènes de métier dans la sculpture funéraire gallo-romaine, in: *Gallia* 36 (1978) 43-63.

Reichenberger, A., Temenos — Templum — Nemeton — Viereckschanze: Bemerkungen zu Namen und Bedeutung, in: *JRGZM* 35 (1988) 285-298.

Rémy B., Les inscriptions de médecins en Gaule, in: *Gallia* 42 (1984) 115-152.

Reynolds, P., The Food of the Prehistoric Celts, in: J. Wilkins u. a. (Hrsg.), *Food in Antiquity* (Exeter 1995) 303-315.

Riek, G. und H.-J. Hundt, *Der Hohmichele: Ein Fürstengrabhügel der späten Hallstattzeit bei der Heuneburg,* Berlin 1962 (Heuneburgstudien 1).

Rivet, A. L. F. und C. Smith, *The Place-Names of Roman Britain,* London 1979.

Rivet, A. L. F., *Gallia Narbonensis. Southern Gaul in Roman Times,* London 1988.

Roche-Bernard, G., *Costumes et textiles en Gaule romaine,* Paris 1993.

Romeuf, A.-M., Ex-voto en bois de Chamalières (Puy-de-Dôme) et des Sources de la Seine: essai de comparaison, in: *Gallia* 44 (1986) 65-89.

Roquepertuse et les Celto-Ligures, Marseille 1992.

Ross, A., Esus et les trois ›grues‹, in: *EC* 9 (1960) 405-438.

–, *Pagan Celtic Britain,* London 1967.

–, *The Pagan Celts,* London 1986.

Rozoy, J. G. u. a. (Hrsg.), *Les Celtes en Champagne. Les Ardennes au second âge du fur,* Charleville-Mézières 1987.

Rusu, M., Das Keltische Fürstengrab von Ciumeşti in Rumänien, in: *BRGK* 50 (1969) 267-300.

Salviat, F., *Entremont antique,* Aix-en-Provence 1973.

–, *Glanum,* Paris 1979.

Les sanctuaires celtiques et leurs rapports avec le monde méditerranéen, Paris 1991.

Les sanctuaires de tradition indigène en Gaule romaine, Paris 1994.

Sanquer, R., La grande statuette de bronze de Kerguilly en Dineault (Finistère), in: *Gallia* 31 (1973) 61-80.

Schaaff, U. u. a., *Vierrädrige Wagen der Hallstattzeit. Untersuchungen zu Geschichte und Technik,* Mainz 1987.

Schiering, W., Zeitstellung und Herkunft der Bronzesitula von Waldalgesheim, in: *HBA* 5 (1975) 77-97.

Schindler, R., *Die Altburg bei Bundenbach. Eine befestigte Höhensiedlung des 2./1. Jhs. v. Chr. im Hunsrück,* Mainz 1977.

Schlette, F., *Kelten zwischen Alesia und Pergamon,* Leipzig 1976.

Schmidt, K. H., Die Komposition in gallischen Personennamen, in: *ZCP* 26 (1957) 33-301.

–, Gallisch nemeton und Verwandtes, in: *Münchener Studien zur Sprachwissenschaft* 12 (1958) 49-60.

–, The Gaulish Inscription of Chamalières, in: *BBCS* 29 (1980/82) 256-268.

–, Handwerk und Handwerker in altkeltischen Sprachdenkmälern, in: *Das Handwerk in vor- und frühgeschichtlicher Zeit* II (Göttingen 1983) 751-763.

–, Keltisch-germanische Isoglossen und ihre sprachgeschichtlichen Implikationen, in: H. Beck (Hrsg.), *Germanenprobleme in heutiger Sicht* (Berlin 1986) 231-247.

–, The Celts and the ethnogenesis of the Germanic people, in: *Historische Sprachforschung* 104 (1991) 129-152.

–, Celtic Movements in the First Millenium B. C., in: *Journal of Indo-European Studies* 20 (1992) 145-178.

–, The Celtic Problem: Ethnogenesis (Location, Date?), in: *ZCP* 45 (1992) 38-65.

–, "Galatische Sprachreste", in: E. Schwertheim (Hrsg.), *Forschungen in Galatien* (Bonn 1994) 15-28.

Schmidt, K. H. (Hrsg.), *Geschichte und Kultur der Kelten,* Heidelberg 1986.

Schmidt, K. H., The Postulated Pre-Indo-European Substrates is Insular Celtic and Tocharian, in: T. L. Markey und J. A. C. Greppin (Hrsg.), *When Worlds Collide: Indo-Europeans and Pre-Indo-Europeans* (Ann Arbor 1990) 179-202.

–, Zum plomb du Larzac, in: A. T. E. Matonis und F. Melia (Hrsg.), *Celtic Languages, Celtic Culture: A FS for E. P. Hamp* (Van Nuys, Calif. 1990) 16-25.

Schwerteck, H., Zur Deutung der großen Felsinschrift von Peñalba de Villastar, in: *Actas del II coloquio sobre leguas y culturas prerromanas de la Península Ibérica*

(Salamanca 1979) 185-196.
Schwinden, L., Gallo-römisches Textilgewerbe nach Denkmälern aus Trier und dem Trevererland, in: *Trierer Zeitschrift* 52 (1989) 279-318.
Seewald, O., Die Lyrendarstellung der ostalpinen Hallstattkultur, in: *Festschrift A. Orel* (Wien 1960) 159-171.
Simone, C. de, Gallisch, *Nemetios — etruskisch Nemetie, in: *Zeitschrift für vergl. Sprachforschung* 94 (1980) 198-202.
–, Celtico nemeto- ›bosco sacro‹ ed i suoi derivati onomastici, in: *Navicula Tubingensis: studia in honorem A. Tovar* (Tübingen 1984) 349-351.
Sims-Williams, P., The Additional Letters of the Ogam Alphabet, in: *CMCSt* 23 (1992) 29-75.
–, Some Problems in Deciphering the Early Irish Ogam Alphabet, in: *Transactions of the Philological Society* 91 (1993) 133-180.
Sjoestedt, M.-L., *Dieux et Héros des Celtes,* Paris 1940.
Small, A. (Hrsg.), *The Picts. A new look at old problems,* Dundee 1987.
Spindler, K., *Magdalenenberg I-VI,* Villingen-Schwenningen 1971-1980.
–, *Der Magdalenenberg bei Villingen,* Stuttgart 1976.
–, Totenfolge bei Skythen, Thrakern und Kelten, in: *Abhandlungen der Naturhistorischen Gesellschaft Nürnberg* 39 (1982) 197-214.
–, *Die frühen Kelten,* Stuttgart ²1991.
Stähelin, F., *Geschichte der kleinasiatischen Galater,* Basel 1907.
Stead, I. M., *Celtic Art,* London 1985.
–, *The Battersea Shield,* London 1985.
Stead, I. M. u. a., *Lindow Man: the Body in the Bog,* London 1986.
Sterckx, C., *Elements de cosmogonie celtique,* Bruxelles 1986.
Stöckli, W., *Die Grob- und Importkeramik von Manching,* Stuttgart 1979 (Die Ausgrabungen in Manching 8).
Stöllner, T., Neue Grabungen in der latènezeitlichen Gewerbesiedlung im Ramsautal am Dürrnberg bei Hallein. Ein Vorbericht, in: *AKorrBl* 21 (1991) 255-269.
Strobel, K., Die Galater im hellenistischen Kleinasien. Historische Aspekte einer keltischen Staatenbildung, in: *Hellenistische Studien. Gedenkschrift für H. Bengtson* (München 1991) 101-134.
–, *Die Galater, Bd. 1*, Berlin 1996.
Sutherland, E., *In Search of the Picts*, London 1994.
Swift, C., *Ogam Stones and the Earliest Irish Christians,* Maynooth 1997.
Szabó, M., *Auf den Spuren der Kelten in Ungarn,* Budapest 1971.
–, *Les Celtes de l'est. Le second âge du fer dans la cuvette des Karpates*, Paris 1992.
Szabó, M. u. a., *Les Celtes en Pannonie. Contribution à l'histoire de la civilisation celtique dans la cuvette des Karpates,* Paris 1988.
Taylor, J. J., Lunulae reconsidered, in: *Proceedings of the Prehistoric Society* 36 (1970) 38-81.
–, *Bronze Age Goldwork of the British Isles,* Cambridge 1980.
Thevenot, E., Le monument de Mavilly, in: *Latomus* 14 (1955) 75-99.
–, *Sur les traces des Mars celtiques,* Bruges 1955.
–, *Divinités et sanctuaires de la Gaule,* Paris 1968.
–, *Les Gallo-Romains,* Paris ⁶1983 (Coll. Que sais-je?).
–, *Histoire des Gaulois,* Paris ⁸1987 (Coll. Que sais-je?).
Thollard, P., *Barbarie et civilisation chez Strabon. Étude critique des livres III et IV*

de la Géographie, Paris 1987.
Thomas, C., *Christianity in Roman Britain to AD 500,* London 1981.
–, *Celtic Britain,* London 1986.
Tibiletti Bruno, M. G., Ligure, leponzio e gallico, in: A. L. Prosdocimi (Hrsg.), *Ligure e dialetti dell'Italia antica* (Roma 1978) 129-208.
Timpe, D., Der keltische Handel nach historischen Quellen, in: *Untersuchungen zu Handel und Verkehr der vor- und frühgeschichtlichen Zeit in Mittel- und Nordeuropa* I (Göttingen 1985) 258-284.
Tovar, A., The Celts in the Iberian Peninsula: archaeology, history, language, in: K. H. Schmidt (Hrsg.), *Geschichte und Kultur der Kelten* (Heidelberg 1986) 68-101.
–, The god Lugus in Spain, in: *BBCS* 29 (1982) 591-599.
Toynbee, J. M. C., Genii cucullati in Roman Britain, in: *Hommages à Waldemar Deonna* (Bruxelles 1957) 456-469.
Trésors des princes celtes, Paris 1987.
Troisgros, H., *Borvo et Damona. Divinités gallo-romaines des eaux thermales,* Bourbonne-les-Bains 1975.
Truscelli, M., I ›Keltika‹ di Posidonio e loro influsso sulla posteriore etnografia, in: *Rendiconti della Reale Accademia Nazionale dei Lincei* 11 (1935) 609-730.
Tuffreau-Libre, M., *La ceramique en Gaule romaine,* Paris 1992.
Turner, R. C. und R.G. Scaife, *Bog Bodies. New Discoveries and New Perspectives,* London 1995.
Urban, R., Die Kelten in Italien und in Gallien bei Polybios, in: *Hellenistische Studien. Gedenkschrift für H. Bengtson* (München 1991) 135-157.
Vauthey, M. und P. Vauthey, Les Ex-voto anatomiques de la Gaule romaine (Essai sur les maladies et infirmités de nos ancêtres), in: C. Pelletier (Hrsg.), *La Médecine en Gaule* (Paris 1985) 111-117.
Vendryes, J., La religion des Celtes, in: A. Grenier (Hrsg.), *Mana: Introduction à l'histoire des religions III: Les religions de l'Europe ancienne* (Paris 1948) 239-320.
Verger, S., De Vix à Weiskirchen. La transformation des rites funéraires aristocratiques en Gaule du Nord et de l'Est au Ve siècle avant J.-C., in: *Mélanges de l'École Française de Rome* 107 (1995) 335-458.
Vertet, H., Observations sur le dieu Cernunnos de l'autel de Paris, in: *Bulletin des Antiquaires de France* (1985) 163-175.
Villar, F., *Estudios de Celtibérico y de toponimia prerromana,* Salamanca 1995.
–, The Celtiberian Language, in: *ZCP* 49/50 (1997) 898-949.
Villar Liébana, F., La linea inicial del bronze de Botorrita, in: F. Villar (Hrsg.), *Studia indogermanica et palaeohispanica in honorem A. Tovar et L. Michelena* (Salamanca 1990) 375-392.
Vitali, D. (Hrsg.), *Celti ed Etruschi nell'Italia centrosettentrionale dal V secolo a. C. alle romanizzazione,* Bologna 1987.
Voyage en Massalie: 100 ans d'archéologie en Gaule du Sud, Marseille 1990.
Vries, J. de, Die Interpretatio Romana der gallischen Götter, in: *Indogermanica. FS W. Krause* (Heidelberg 1960) 204-213.
–, *Keltische Religion,* Stuttgart 1961.
Vollkommer, R., Vater Rhein und seine römischen Darstellungen, in: *BJb* 194 (1994) 1-42.
Wagner, H., Irish fáith, Welsh gwawd, Old Icelandic óðr ›poetry‹, and the Germanic god Wotan/Óðinn, in: *ZCP* 31 (1970) 46-57.

–, The Celtic Invasions of Ireland and Great Britain: Facts and Theories, in: *ZCP* 42 (1987) 1-40.
Wailes, B., The Irish Royal Sites in History and Archaeology, in: *CMCSt* 3 (1982) 1-29.
Wainwright, F. T. (Hrsg.), *The Problem of the Picts,* Edinburgh 1956.
Wait, G. A., *Ritual and Religion in Iron Age Britain,* London 1985.
Warner, R. B., The Broighter Hoard, in: B. G. Scott (Hrsg.), *Studies on Early Ireland: Essays in Honour of M. V. Duignan* (Belfast 1982) 29-38.
Watts, D., *Christians and Pagans in Roman Britain,* London 1991.
Webster, G., *Boudicca. The British revolt against Rome A. D. 60,* London 1978.
–, *The British Celts and their Gods under Rome,* London 1986.
Webster, J., Translation and Subjection: Interpretatio and the Celtic Gods, in: J.D. Hill und C. G. Cumberpatch (Hrsg.), *Different Iron Ages* (Oxford 1995) 175-181.
Weisgerber, G., *Das Pilgerheiligtum des Apollo und der Sirona von Hochscheid im Hunsrück,* Bonn 1975.
Weisgerber, L., Die Sprache der Festlandkelten, in: *BRGK* 20 (1930) 147-226.
–, Galatische Sprachreste, in: *Natalicium. Johannes Geffcken zum 70. Geburtstag* (Heidelberg 1931) 151-175.
Wernicke, I., *Die Kelten in Italien,* Stuttgart 1991.
Whatmough, J., *The Dialects of Ancient Gaul,* Cambridge (Mass.) 1970.
Wiegels, R., Die Inschrift auf dem Diana Abnoba − Altar aus Badenweiler, in: *Antike Welt* 13,4 (1982) 41-43.
Wightman, E. M., *Gallia Belgica,* London 1985.
–, Pagan Cults in the Province of Belgica, in: *ANRW* II 18.1 (1986) 542-589.
Williams, J. E.C., Posidonius's Celtic Parasites, in: *StC* 14/15 (1979/80) 313-342.
Wilson, D. R., Romano-Celtic temple architecture, in: *The Journal of the British Archaeological Association* 38 (1975) 3-27.
Wissowa, G., Interpretatio Romana: Römische Götter im Barbarenlande, in: *Archiv für Religionswissenschaft* 19 (1918) 1-49.
Wyss, R., *Der Schatzfund von Erstfeld. Frühkeltischer Goldschmuck aus den Zentralalpen,* Zürich 1975.
Zachar, L., *Keltische Kunst in der Slowakei,* Bratislava 1987.
Zahlhaas, G., Der Bronzeeimer von Waldalgesheim, in: *HBA* 1 (1971) 115-129.
Zecchini, G., *I Druidi e l'opposizione dei Celti a Roma,* Milano 1984.
Zürn, H., Eine hallstattzeitliche Stele von Hirschlanden, Kr. Leonberg, in: *Germania* 42 (1964) 27-36.
Zürn, H. und F. Fischer, *Die keltische Viereckschanze von Tomerdingen,* Stuttgart 1992.

5　中世初期から近代初期までの言語史，文学史，文化史

Aguirre, M., The Hero's Voyage in Immram Curaig Mailduin, in: *EC* 27 (1990) 203-220.
Ahlqvist, A., Two notes on Audacht Morainn, in: *Celtica* 21 (1990) 1-2.
Aitchison, N. B., The Ulster Cycle: heroic image and historical reality, in: *Journal of Medieval History* 13 (1987) 87-116.
Almqvist, B. u.a. (Hrsg.), *The Heroic Process,* Dun Laoghaire 1987.
Alphandéry, P., L'Euhémérisme et les débuts de l'histoire des religions au moyen âge, in: *RHR* 109 (1934) 5-27.
Anton, H. H., Pseudo-Cyprian De duodecim abusivis saeculi und sein Einfluß auf den Kontinent, insbesondere auf die karolingischen Fürstenspiegel, in: H. Löwe (Hrsg.),

Die Iren und Europa im früheren Mittelalter (Stuttgart 1982) 568-617.

Backhaus, N., The Structure of the List of Remscéla Tána Bó Cualngi in the Book of Leinster, in: *CMCSt* 19 (1990) 19-26.

Ball, M. J. und G. E. Jones (Hrsg.), *Celtic Languages,* London 1993.

Bartlett, R., *Gerald of Wales, 1146-1223,* Oxford 1982.

Bellingham, D., *An Introduction to Celtic Mythology,* London 1990.

Beneš, B., Spuren von Schamanismus in der Sage Buile Suibhne, in: *ZCP* 28 (1960/61) 309-334.

Bhreathnach, E., Temoria: Caput Scotorum?, in: *Ériu* 47 (1996) 67-88.

Binchy, D. A., Patrick and his Biographers Ancient and Modern, in: *StHib* 2 (1962) 7-173.

–, *Celtic and Anglo-Saxon Kingship,* Oxford 1970.

–, Varia Hibernica 1. The so-called ›rhetorics‹ of Irish Saga, in: H. Pilch und J. Thurow (Hrsg.), *Indo-Celtica. Gedächtnisschrift für Alf Sommerfelt* (München 1972) 29-38.

Boivin, J.-M., *L'Irlande au moyen âge. Giraud de Barri et la Topographia Hibernica* (1188), Paris 1993.

Bollard, J. K., The Role of Myth and Tradition in The Four Branches of the Mabinogi, in; *CMCSt* 6 (1983) 67-86.

–, Sovereignty and the Loathly Lady in English, Welsh and Irish, in: *Leeds Studies in English* 17 (1986) 41-59,

Bolle, K. W., In Defense of Euhemerism, in: J. Puhvel (Hrsg.), *Myth and Law among the Indo-Europeans* (Berkeley, Calif. 1970) 19-38.

Bowen, C., A Historical Inventory of the Dindshenchas, in: *StC* 10/11 (1975/76) 113-137.

Bradshaw, B., Geoffrey Keating: Apologist of Irish Ireland in: B. Bradshaw u. a. (Hrsg.), *Representing Ireland. Literature and the origins of conflict, 1534-1660* (Cambridge 1993) 166-190.

Breatnach, L., Canon Law and Secular Law in Early Ireland: The Significance of Bretha Nemed, in: *Peritia* 3 (1984) 439-459.

–, Zur Frage der roscada im Irischen, in: H. L. C. Tristram (Hrsg.), *Metrik und Medienwechsel* (Tübingen 1991) 197-205.

–, On the original extent of the Senchas Már, in: *Ériu* 47 (1996) 1-43.

Breatnach, P. A., The Chief's Poet, in: *PRIA* 83 (1983) 37-79.

Breatnach, R. A., The Lady and the King: A Theme of Irish Literature, in: *Studies* 42 (1953) 321-336.

Breen, A., The Evidence of Antique Irish Exegesis in Pseudo-Cyprian ›De Duodecim Abusivis Saeculi‹, in: *PRIA* 87 (1987) 71-101.

Broderick, G., *A Handbook of Late Spoken Manx,* 3 Bde., Tübingen 1984-1986.

–, *Placenames of the Isle of Man*, 2 Bde., Tübingen 1994-1995.

Bromwich, R., Celtic Dynastic Themes and the Breton Lays, in: *EC* 9 (1961) 439-474.

–, Concepts of Arthur, in: *StC* 10/11 (1975/76) 163-181.

–, Cynon fab Clydno, in: R. Bromwich und R. B. Jones (Hrsg.), *Astudiaethau ar yr Hengerdd* (Cardiff 1978) 150-164.

Bromwich, R. und R. B. Jones (Hrsg.), *Astudiaethau ar yr Hengerdd: Studies in Old Welsh Poetry,* Cardiff 1978.

Bromwich, R., The Tristan of the Welsh, in: R. Bromwich u. a. (Hrsg.), *The Arthur of the Welsh* (Cardiff 1991) 209-228.

Bromwich, R. u. a. (Hrsg.), *The Arthur of the Welsh. The Arthurian Legend in*

Medieval Welsh Literature, Cardiff 1991.

Broudic, F., *La pratique du breton de l'Ancien Régime à nos jours,* Rennes 1995.

Bruford, A., Song and recitation in early Ireland, in: *Celtica* 21 (1990) 61-74.

–, Oral and Literary Fenian Tales, in: B. Almqvist u. a. (Hrsg.), *The Heroic Process* (Dún Laoghaire 1987) 25-56.

–, Cú Chulainn — An Ill-Made Hero ?, in: H. L. C. Tristram (Hrsg.), *Text und Zeittiefe* (Tübingen 1994) 185-215.

Budgey, A., "Preiddeu Annwn" and the Welsh Tradition of Arthur, in: C. J. Byrne u. a. (Hrsg.), *Celtic Languages and Celtic Peoples* (Halifax 1992) 391-404.

Buttimer, C. G., Scéla Muicce Meic Dathó: a reappraisal, in: *PHCC* 2 (1982) 61-73.

Byrne, F. J., Tribes and Tribalism in Early Ireland, in: *Ériu* 22 (1971) 128-168.

–, *Irish Kings and High-Kings,* London 1973.

Carey, J., The Name ›Tuatha Dé Danann‹, in: *Éigse* 18 (1980/81) 291-294.

–, Coll son of Collfrewi, in: *StC* 16/17 (1981/82) 168-174.

–, Notes on the Irish War-Goddess, in *Éigse* 19 (1982/83) 263-275.

–, Nodons in Britain and Ireland, in: *ZCP* 40 (1984) 1-22.

–, Suibne Geilt and Túan mac Cairill, in: *Éigse* 20 (1984) 93-105.

–, Origin and development of the Cesair Legend, in: *Éigse* 22 (1987) 37-48.

–, Sequence and Causation in Echtra Nerai, in: *Ériu* 39 (1988) 67-74.

–, Fir Bolg: A Native Etymology Revisited, in: *CMCSt* 16 (1988) 77-83.

–, Myth and Mythography in Cath Maige Tuired, in: *StC* 24/25 (1989/90) 53-69.

–, A Tuath Dé miscellany, in: *BBCS* 39 (1992) 24-45.

Carney, J., *Studies in Irish Literature and History,* Dublin 1955.

Carson, J. A., The Structure and Meaning of ›The Dream of Rhonabwy‹, in: *Philological Quarterly* 53 (1974) 289-303.

Celtic Law Papers, Aberystwyth 1971.

Chadwick, N. K., Imbas forosnai, in: *SGS* 4 (1935) 97-135.

–, The Story of Mac Dathó's Pig, in: *SGS* 8 (1958) 130-145.

Charles-Edwards, G., The Scribes of the Red Book of Hergest, in: *Journal of the National Library of Wales* 21 (1980) 246-256.

Charles-Edwards, T. M., The Authenticity of the Gododdin: An Historian's View, in: R. Bromwich und R. B. Jones (Hrsg.), *Astudiaethau ar yr Hengerdd* (Cardiff 1978) 44-71.

–, Críth Gablach and the Law of Status, in: *Peritia* 5 (1986) 53-73.

Charles-Edwards, T. M., *The Welsh Laws,* Cardiff 1989.

–, The Arthur of History, in: R. Bromwich u. a. (Hrsg.), *The Arthur of the Welsh* (Cardiff 1991) 15-32.

–, *Early Irish and Welsh Kinship,* Oxford 1993.

Chotzen, Th. M. Th., Emain Ablach — Ynys Afallach — Insula Avallonis — Ile d'Avalon, in: *EC* 4 (1948) 255-274.

Clancy, T. O. und G. Márkus, *Iona: The Earliest Poetry of a Celtic Monastery,* Edinburgh 1995.

Clark, R., Aspects of the Morrígan in Early Irish Poetry, in: *Irish University Review* 17 (1987) 223-236.

Cohen, D. J., Suibhne Geilt, in: *Celtica* 12 (1977) 113-124.

Cooke, J. D., *Euhemerism: A Mediaeval Interpretation of Classical Paganism,* in: *Speculum* 2 (1927) 396-410.

Cormier, R. J., Remarks on ›The Tale of Deirdriu and Noisiu‹ and the Tristan Legend, in: *EC* 15 (1976/77) 303-315.

Corthals, J., The Retoiric in Aided Conchobuir, in: *Ériu* 40 (1989) 41-59.

Cronin, A., Sources of Keating's Forus Feasa ar Érinn, in: *Celtica* 4 (1943/44) 235-279 und *Celtica* 5 (1945/47) 122-135.

Cunningham, B., Seventeenth-century interpretaions of the past: the case of Geoffrey Keating, in: *Irish Historical Studies* 25 (1986) 116-128.

Davidson, H. E., *Myths and Symbols in pagan Europe. Early Scandinavian and Celtic religions,* Manchester 1988.

Davies, C., *Welsh Literature and the Classical Tradition*, Cardiff 1995.

Davies, S., *Crefft y Cyfarwydd. Astudiaeth o dechnegau naratif yn y Mabinogion*, Cardiff 1995.

Davies, S. und N.A. Jones, *The Horse in Celtic Culture. Medieval Welsh Perspectives*, Cardiff 1997.

Davies, W., The place of healing in early Irish society, in: D. Ó Corráin u. a. (Hrsg.), *Sages, Saints, and Storytellers. Celtic Studies in Honour of Prof. J. Carney* (Maynooth 1989) 43-55.

–, Celtic Women in the Early Middle Ages, in: A. Cameron u. A. Kuhrt (Hrsg.), *Images of Women in Antiquity,* rev. ed. (London 1993) 145-166 und 307.

–, Motif and Episodic Clustering in Early Irish Voyage Literature, in: H. L. C. Tristram (Hrsg.), *(Re) Oralisierung* (Tübingen 1996) 247-262.

Dillon, M., *The Cycles of the Kings,* London 1946.

–, *Early Irish Literature,* Chicago 1948.

Dillon, M. (Hrsg.), *Irish Sagas,* Dublin 1959.

Diverres, A. H., Iarlles y Ffynnawn and Le chevalier au lion: Adaptation or Common Source?, in; *StC* 16/17 (1981/82) 144-162.

Doherty, C., Exchange and Trade in Early Medieval Ireland, in: *JRSAI* 110 (1980) 67-89.

Dröge, C., Ein irischer saṃsāra? Betrachtungen zur Frage der ›keltischen Seelenwanderungslehre‹, in: *ZCP* 39 (1982) 261-268.

–, Le pays de la jeunesse dans les littératures celtiques, in: *Les Ages de la vie au Moyen Age* (Paris 1992) 23-36.

Dumézil, G., La quatrième branche du Mabinogi et la théologie des trois fonctions, in: P. MacCana und M. Meslin (Hrsg.), *Rencontres de religions* (Paris 1986) 25-38.

Dumville, D. N., Echtrae and Immram: some problems of definition, in: *Ériu* 27 (1976) 73-94.

–, Brittany and ›Armes Prydein Vawr‹, in: *EC* 20 (1983) 145-159.

–, The Historical Value of the Historia Brittonum, in: *AL* 6 (1986) 1-26.

–, Historia Brittonum: an Insular History from the Carolingian Age, in: A. Scharer und G. Scheibelreiter (Hrsg.), *Historiographie im frühen Mittelalter* (Wien 1994) 406-434.

Edel, D., *Helden auf Freiersfüßen. »Tochmarc Emire« und »Mal y Kavas Kulhwch Olwen«. Studien zur inselkeltischen Erzähltradition,* Amsterdam 1980.

–, The Arthur of Culhwch ac Olwen as a Figure of Epic-Heroic Tradition, in: *Reading Medieval Studies* 9 (1983) 3-15.

–, The 'Mabinogionfrage': Arthurian Literature between Orality and Literacy, in: H. L. C. Tristram (Hrsg.), *(Re)Oralisierung* (Tübingen 1996) 311-333.

Evans, D. S., *A Grammar of Middle Welsh,* Dublin 1964.

Falaky Nagy, J., *The Wisdom of the Outlaw. The Boyhood Deeds of Finn in Gaelic*

Narrative Tradition, Berkeley (Calif.) 1985.
–, Compositional Concerns in the Acallam na Senórach, in: D. Ó Corráin u. a. (Hrsg.), *Sages, Saints, and Storytellers: Celtic Studies in Honour of Prof. J. Carney* (Maynooth 1989) 149-158.
Fife, J., Legal aspects of the hunting-scene in 'Pwyll', in: *BBCS* 39 (1992) 71-79.
Ford, P.K., Prolegomena to a Reading of the Mabinogi: ›Pwyll‹ and ›Manawydan‹, in: *StC* 16/17 (1981/82) 110-125.
–, Aspects of the Patrician Legend, in: P. K. Ford (Hrsg.), *Celtic Folklore and Christianity. Studies in Memory of W. W. Heist* (Los Angeles, Calif. 1983) 29-49.
–, The Death of Aneirin, in: *BBCS* 34 (1987) 41-50.
–, Branwen: A Study of the Celtic Affinities, in: *StC* 22/23 (1987/88) 29-41.
–, Celtic Women: The Opposing Sex, in: *Viator: Medieval and Renaissance Studies* (Berkeley, Calif.) 19 (1988) 417-438.
Gerriets, M., Kingship and exchange in pre-Viking Ireland, in: *CMCSt* 13 (1987) 39-72.
–, The King as Judge in Early Ireland, in: *Celtica* 20 (1988) 1-24.
Gillies, W., The craftsman in early Celtic literature, in: *Scottish Archaeological Forum 11* (1981) 70-85.
Gillies, W. (Hrsg.), *Gaelic and Scotland: Alba agus a'Ghaidhlig,* Edinburgh 1989.
Goetinck, G., *Peredur: A Study of Welsh Tradition in the Grail Legends,* Cardiff 1975.
–, Peredur . . . upon reflection, in: *EC* 25 (1988) 221-232.
Gourvil, F., *Langue et littérature bretonnes,* Paris 1952.
Gray, E. A., Cath Maige Tuired: Myth and Structure, in: *Éigse* 18 (1981) 183-209 und *Éigse* 19 (1982/83) 1-35, 230-262.
Greene, D., Tabu in early Irish narrative, in: H. Bekker-Nielsen u. a. (Hrsg.), *Medieval Narrative: A Symposium* (Odense 1979) 9-19.
Griffiths, J. G., Giraldus Cambrensis Descriptio Kambriae, in: *BBCS* 31 (1984) 1-16.
Gruffydd, R. G., Canu Cadwallawn ap Cadfan, in: R. Bromwich und R. B. Jones (Hrsg.), *Astudiaethau ar yr Hengerdd* (Cardiff 1978) 25-43.
–, From Gododdin to Gwynedd: reflections on the story of Cunedda, in: *StC* 24/25 (1989/90) 1-14.
Gruffydd, W. J., *Math fab Mathonwy: An Enquiry into the Origins and Development of the Fourth Branch of the Mabinogi,* Cardiff 1928.
Guyonvarc'h, Ch.-J., Irlandais síd, gaulois *sedos ›siège, demeure des dieux‹, in: *Ogam* 14 (1962) 329-340.
Gwara, S., Gluttony lust and penance in the B-text of Aislinge Meic Conglinne, in: *Celtica* 20 (1988) 53-72.
Hamp, E., imbolc, óimelc, in: *StC* 14/15 (1979/80) 106-113.
Hanson, R. P. C., *The Life and Writings of the Historical St. Patrick,* New York 1983.
Hanson-Smith, E., Pwyll Prince of Dyfed: The Narrative Structure, in: *StC* 16/17 (1981/82) 126-134.
Harbison, P., *The High Crosses of Ireland. An iconographic and photographic survey,* 3 Bde., Bonn 1992 (Monographien des Römisch-Germanischen Zentralmuseums Mainz 17).
Harrison, F. L., *Music in Medieval Britain,* London 1968.
Hemon, R., *A Historical Morphology and Syntax of Breton,* Dublin 1975.
Henderson, G., *From Durrow to Kells: the Insular Gospel-Books 650-800,* London 1987.
Henken, E. R., *Traditions of the Welsh Saints,* Cambridge 1987.
Henry, F., *Irish High Crosses,* Dublin 1964.

–, *The Book of Kells*, London 1974.
Henry, P. L., Interpreting Críth Gablach, in: *ZCP* 36 (1978) 54-62.
–, *Saoithiúlacht na Sean-Ghaeilge*, Dublin 1978.
–, The Cruces of Audacht Morainn, in: *ZCP* 39 (1982) 33-53.
Herbert, M., *Iona, Kells, and Derry. The History and Hagiography of the Monastic Family of Columba*, Oxford 1988.
–, The preface to Amra Coluim Cille, in: D. Ó Corráin u. a. (Hrsg.), *Sages, Saints, and Storytellers: Celtic Studies in Honour of Prof. J. Carney* (Maynooth 1989) 67-75.
–, Fled Dúin na nGéd: a reappraisal, in: *CMCSt* 18 (1989) 75-87.
–, Goddess and king: The sacred marriage in early Ireland, in: L. O. Fradenburg (Hrsg.), *Women and Sovereignty* (Edinburgh 1992) 264-295.
–, Celtic Heroine ? The archaeology of the Deirdre story, in: T. O'Brien Johnson und D. Cairnes (Hrsg.) *Gender in Irish Writing* (Philadelphia 1991) 13-29.
–, Caithréim Cellaig: some literary and historical considerations, in: *ZCP* 49/50 (1997) 320-332.
Higham, N. J., *The English conquest. Gildas and Britain in the fifth century*, Manchester 1994.
Hull, V., On Amra Choluim Chille, in: *ZCP* 28 (1961) 242-252.
Hunt, T., The Art of Iarlles y Ffynnawn and the European Volksmärchen, in: *StC* 8/9 (1973/74) 107-120.
–, Some Observations on the Textual Relationship of Li Chevaliers au Lion and Iarlles y Ffynnawn, in: *ZCP* 33 (1974) 93-113.
Huws, D., Llyfr Gwyn Rhydderch, in: *CMCSt* 21 (1991) 1-37.
Isaac, G. R., *The verb in the Book of Aneirin*, Tübingen 1996.
Jackson, K. H., Common Gaelic. The Evolution of the Goedelic Languages, in: *PBA* 37 (1951) 71-97.
–, *The International Popular Tale and Early Welsh Tradition*, Cardiff 1961.
–, *The Oldest Irish Tradition: A Window on the Iron Age*, Cambridge 1964.
–, *A Historical Phonology of Breton*, Dublin 1967.
–, *The Gaelic Notes in the Book of Deer*, Cambridge 1972.
Jarman, A. O. H. und G. R. Hughes, *A Guide to Welsh Literature*, 2 Bde., Swansea 1976-1979.
Jarman, A. O. H., Early stages in the development of the Myrddin legend, in: R. Bromwich und R. B. Jones (Hrsg.), *Astudiaethau ar yr Hengerdd* (Cardiff 1978) 326-349.
–, The Delineation of Arthur in Early Welsh Verse, in: K. Varty (Hrsg.), *An Arthurian Tapestry: Essays in Memory of Lewis Thorpe* (Glasgow 1981) 1-21.
–, *The Cynfeirdd,* Cardiff 1981.
–, Llyft Du Caerfyrddin, The Black Book of Carmarthen, in:*PBA* 71 (1985) 333-356.
–, The Merlin legend and the Welsh tradition of prophecy, in: R. Bromwich u. a. (Hrsg.), *The Arthur of the Welsh* (Cardiff 1991) 117-145.
Jenkins, D., A hundred years of Cyfraith Hywel, in: *ZCP* 49/50 (1997) 349-366.
Jenkins, D. und M. E. Owen (Hrsg.), *The Welsh Law of Women,* Cardiff 1980.
Jenkins, G.H., *The Welsh Language before the Industrial Revolution*, Cardiff 1997.
Johnston, D., *The Literature of Wales*, Cardiff 1994.
Jones, T., *The Early Evolution of the Legend of Arthur*, in Nottingham Medieval Studies 8 (1964) 3-21.
Keefer, S. L., The Lost Tale of Dylan in the Fourth Branch of the Mabinogi, in: *StC*

24/25 (1989/90) 26-37.

Kelly, F., *A Guide to Early Irish Law,* Dublin 1988.

Kerlouégan, F., *Le De Excidio Britanniae de Gildas. Les destinées de la culture latine dans l'île de Bretagne au VIe siécle,* Paris 1987.

Klar, K. u. a., Welsh poetics in the Indo-European tradition. The case of the Book of Aneirin, in: *StC* 18/19 (1983/84) 30-51.

Koch, J. T., Ériu, Alba and Letha: When was a language ancestral to Gaelic first spoken in Ireland ?, in: *Emania* 9 (1991) 17-27.

Lambert, P.-Y., *Les Littératures celtiques,* Paris 1981.

Lambkin, B., The Structure of the Blathmac Poems, in: *StC* 20/21 (1985/86) 67-77.

Lapidge, M. und D. Dumville (Hrsg.), *Gildas: New Approaches,* Woodbridge 1984.

Lehmann, R.P., A study of the Buile Shuibhne, in: *EC* 6 (1953/54) 289-311 und *EC* 7 (1955/56) 115-138.

Le Roux, F., Etudes sur le festiaire celtique, in: *Ogam* 13 (1961) 481-506, *Ogam* 14 (1962) 174-184 und 343-372.

–, Le dieu-roi Nodons/Nuada, in: *Celticum* 6 (1963) 425-454.

Le Roux, F. und Ch.-J. Guyonvarc'h, *Mórrígan-Bodb-Macha: La Souveraineté guerrière de l'Irlande,* Rennes 1983.

Lewis, H. und H. Pedersen, *A Concise Comparative Celtic Grammar,* Göttingen ^{2}1961.

Lewis, H., *Die kymrische Sprache. Grundzüge ihrer Entwicklung* (Deutsche Bearbeitung von W. Meid), Innsbruck 1989.

–, *Handbuch des Mittelkornischen* (Übersetzung von S. Zimmer), Innsbruck 1990.

Lewis, H. und J. R. F. Piette, *Handbuch des Mittelbretonischen,* Innsbruck 1990.

Lloyd-Morgan, C., Narrative Structure in Peredur, in: *ZCP* 38 (1981) 187-231.

–, Breuddwyd Rhonabwy and later Arthurian Literature, in: R. Bromwich u. a. (Hrsg.), *The Arthur of the Welsh* (Cardiff 1991) 183-208.

Löffler, C. M., *The Voyage to the Otherworld Island in Early Irish Literature,* 2 Bde,, Salzburg 1983.

Loth, J., Le Mabinogi de Math vab Mathonwy d'après W. J. Gruffydd et la méthode en celto-mythologie, in: *RC* 46 (1929) 272-300.

Lovecy, I., Historia Peredur ab Efrawg, in: R. Bromwich u. a. (Hrsg.), *The Arthur of the Welsh* (Cardiff 1991) 171-182.

Low, M., *Celtic Christianity and Nature. The Early Irish and Hebridean Traditions,* Edinburgh 1995.

Lucas, A. T., *Cattle in Ancient Ireland,* Kilkenny 1989.

MacAulay, D. (Hrsg.), *The Celtic Languages,* Cambridge 1992.

MacCana, P., Aspects of the Theme of King and Goddess in Irish Literature, in: *EC* 7 (1955) 76-114, 356-413 und *EC* 8 (1959) 59-65.

–, *Branwen Daughter of Llŷr: A Study of the Irish Affinities and of the Composition of the Second Branch of the Mabinogi,* Cardiff 1958.

–, On the use of the term retoiric, in: *Celtica* 7 (1966) 65-90.

–, The Sinless Otherworld of Immram Brain, in: *Ériu* 27 (1976) 95-115.

–, *The Mabinogi,* Cardiff 1977.

–, *The Learned Tales of Medieval Ireland,* Dublin 1980.

–, *Celtic Mythology,* London 1983.

–, Early Irish Ideology and the Concept of Unity, in: R. Kearney (Hrsg.), *The Irish Mind* (Dublin 1985) 56-78.

–, The voyage of St Brendan: Literary and historical origins, in: J. de Courcy Ireland und D.C. Sheehy (Hrsg.), *Atlantic Visions* (Dún Laoghaire 1989) 3-16.

–, On the early development of written narrative prose in Irish and Welsh, in: *EC* 29 (1992) 51-67.

McCone, K., Brigit in the seventh century: a saint with three lives?, in: *Peritia* 1 (1982) 107-145.

–, Aided Cheltchair Maic Uthechair: Hounds, Heroes and Hospitallers in Early Irish Myth and Story, in: *Ériu* 35 (1984) 1-30.

–, The Würzburg and Milan Glosses: Our Earliest Sources of ›Middle Irish‹, in: *Ériu* 36 (1985) 85-106.

–, A tale of two ditties: poet and satirist in Cath Maige Tuired, in: D. Ó Corráin u. a. (Hrsg.), *Sages, Saints, and Storytellers: Celtic Studies in Honour of Prof. J. Carney* (Maynooth 1989) 122-143.

–, *Pagan Past and Christian Present in Early Irish Literature*, Maynooth 1990.

Mac Eoin, G., The briugu in early Irish society, in: *ZCP* 49/50 (1997) 482-493.

McKenna, C. M., The Theme of Sovereignty in Pwyll, in: *BBCS* 29 (1980/82) 35-52.

McKenna, M., The Breton Literary Tradition, in: *Celtica* 16 (1984) 35-51.

Mackey, J. P. (Hrsg.), *An Introduction to Celtic Christianity*, Edinburgh 1989.

MacKinnon, K., *Gaelic: a past and future prospect*, Edinburgh 1991.

McLeod, N., *Early Irish contract law*, Sydney 1992.

MacMathúna, S., The Structure and Transmission of Early Irish Voyage Literature, in: H. L. C. Tristram (Hrsg.), *Text und Zeittiefe* (Tübingen 1994) 313-357.

MacQueen, J., Maponus in Mediaeval Tradition, in; *Transactions of the Dumfriesshire and Galloway Natural History and Antiquarian Society* 31 (1954) 43-57.

Maier, B., *Die keltische Auffassung des Königtums und ihre orientalischen Parallelen*, Phil. Diss., Bonn 1991.

Mallory, J. P. (Hrsg.), *Aspects of the Táin*, Belfast 1992.

Mallory, J. P. und G. Stockman (Hrsg.), *Ulidia. Proceedings of the First International Conference on the Ulster Cycle of Tales*, Belfast 1994.

Martin, B. K., The Old Woman of Beare: A Critical Evaluation, in: *Medium Aevum* 38 (1969) 245-261.

–, Medieval Irish aitheda and Todorov's ›Narratologie‹, in: *StC* 10/11 (1975/76) 138-151.

–, ›Truth‹ and ›modesty‹: a reading of the Irish Noínden Ulad, in: *Leeds Studies in English* 20 (1989) 99-117.

Meek, D. E., Táin Bó Fraích and other ›Fraech‹ Texts: A Study in Thematic Relationships, in: *CMCSt* 7 (1984) 1-37, *CMCSt* 8 (1984) 65-85.

–, The Gaelic ballads of Mediaeval Scotland, in: *Transactions of the Gaelic Society of Inverness* 55 (1989) 47-72.

–, The death of Diarmaid in Scottish and Irish Tradition, in:*Celtica* 21 (1990) 335-361.

Meid, W., Dichtkunst, Rechtspflege und Medizin im alten Irland. Zur Struktur der altirischen Gesellschaft, in: M. Mayrhofer u. a. (Hrsg.), *Antiquitates Indogermanicae: Gedenkschrift für H. Güntert* (Innsbruck 1974) 21-34.

–, *Aspekte der germanischen und keltischen Religion im Zeugnis der Sprache*, Innsbruck 1991.

Melia, D.F., Remarks on the structure and composition of the Ulster death tales, in: *StHib* 17/18 (1978) 36-57.

Meyer, K., Der irische Totengott und die Toteninsel, in: *Sitzungsberichte der Königlich Preußischen Akademie der Wissenschaften, Phil.-hist. Klasse* 1919, 537-546.

Middleton, R., Chwedl Gereint ab Erbin, in: R. Bromwich u. a. (Hrsg.), *The Arthur of the Welsh* (Cardiff 1991) 147-157.
Morgan, T. J. und P. Morgan, *Welsh Surnames,* Cardiff 1985.
Müller-Lisowski, K., Texte zur Mog Ruith Sage, in: *ZCP* 14 (1923) 145-163.
Murdoch, B., In pursuit of the Cailleach Bérre: an Early Irish poem and the medievalist at large, in: *ZCP* 44 (1991) 80-127.
–, *Cornish Literature*, Cambridge 1993.
Murphy, G., *Saga and Myth in Ancient Ireland,* Dublin 1955.
–, *The Ossianic Lore and Romantic Tales of Medieval Ireland,* Dublin 1955.
Mytum, H., *The Origins of Early Christian Ireland,* London 1992.
Ní Chatháin, P. und M. Richter (Hrsg.), *Irland und Europa. Die Kirche im Frühmittelalter,* Stuttgart 1984.
–, *Irland und die Christenheit. Bibelstudien und Mission,* Stuttgart 1987.
Ní Chonghaile, N. und H. L. C. Tristram, Die mittelirischen Sagenlisten zwischen Mündlichkeit und Schriftlichkeit, in: H. L. C. Tristram (Hrsg.), *Deutsche, Kelten und Iren* (Hamburg 1990) 249-268.
Ó Briain, M., Oisín's Biography: Conception and Birth, in: H. L. C. Tristram (Hrsg.), *Text und Zeittiefe* (Tübingen 1994) 455-486.
Ó Broin, T., Lia Fáil: fact and fiction in the tradition, in: *Celtica* 21 (1990) 393-401.
Ó Catháin, S., *The Festival of Brigit. Celtic Goddess and Holy Woman*, Blackrock 1995.
Ó Cathasaigh, T., *The Heroic Biography of Cormac Mac Airt,* Dublin 1977.
–, The Semantics of síd, in: *Éigse* 17 (1978) 137-155.
–, The Theme of Lommrad in Cath Maige Mucrama, in: *Éigse* 18 (1980/81) 211-224.
–, The Theme of Ainmne in Scéla Cano Meic Gartnáin, in: *Celtica* 15 (1983) 78-87.
–, Cath Maige Tuired as Exemplary Myth, in: P. de Brún u. a. (Hrsg.), *Folia Gadelica* (Cork 1983) 1-19.
–, The Rhetoric of Fingal Rónáin, in: *Celtica* 17 (1985) 123-144.
–, The Rhetoric of Scéla Cano Meic Gartnáin, in: D. Ó Corráin u. a. (Hrsg.), *Sages, Saints, and Storytellers: Celtic Studies in Honour of Prof. J. Carney* (Maynooth 1989) 233-250.
Ó Coileáin, S., Echtrae Nerai and its analogues, in: *Celtica* 21 (1990) 427-440.
Ó Concheanainn, T., Notes on Togail Bruidne Da Derga, in: *Celtica* 17 (1985) 73-90.
–, The Manuscript Tradition of Mesca Ulad, in: *Celtica* 19 (1987) 13-30.
–, A Connacht Medieval Literary Heritage: Texts Derived from Cín Dromma Snechtai through Leabhar na hUidhre, in: *CMCSt* 16 (1988) 1-40.
–, The textual tradition of Compert Con Culainn, in: *Celtica* 21 (1990) 441-455.
Ó Corráin, D., Nationality and Kingship in pre-Norman Ireland, in: T. W. Moody (Hrsg.), *Nationality and the Pursuit of National Independence* (Belfast 1978) 1-35.
–, Women in Early Irish Society, in: M. MacCurtain und D. Ó Corráin (Hrsg.), *Women in Irish Society — the historical dimension* (Dublin 1978) 1-13.
Ó Corráin, D. und F. Maguire, *Gaelic Personal Names,* Dublin 1981.
Ó Corráin, D., Irish origin legends and genealogy: recurring genealogies, in: T. Nyberg u. a. (Hrsg.), *History and Heroic Tale* (Odense 1985) 51-96.
Ó Crualaoich, G., Continuity and Adaptation in Legends of Cailleach Bhéarra, in: *Béaloideas* 56 (1988) 153-178.
Ó Cuív, B. (Hrsg.), *A View of the Irish Language,* Dublin 1969.
Ó Cuív, B., Is tre fír flathemon: An Addendum, in: *Celtica* 13 (1980) 146-149.

–, Dindshenchas: the literary exploitation of Irish placenames, in: *Ériu* 41 (1990) 90-107.

O'Dwyer, P., *Célí Dé: Spiritual Reform in Ireland, 750-900*, Dublin 1981.

Ó Flaithearta, M., Echtra Nerai, Táin Bó Regamna und ihr Verhältnis zu Táin Bó Cuailnge, in: H. L. C. Tristram (Hrsg.), *Deutsche, Kelten und Iren* (Hamburg 1990) 155-176.

Ó hÓgáin, D., *Fionn mac Cumhaill. Images of the Gaelic Hero*, Dublin 1988.

–, "The River Boyne and the Ancient Seers", in: *Studia Celtica Japonica* 6 (1994) 13-35.

Ó Huallacháin, C., *The Irish and Irish — a sociolinguistic analysis of the relationship between a people and their language*, Dublin 1994.

Ó hUiginn, R., Fergus, Russ, and Rudraige: A brief biography of Fergus mac Róich, in: *Emania* 11 (1993) 31-40.

–, Cú Chulainn and Connla, in: H. L. C. Tristram (Hrsg.), *(Re)Oralisierung* (Tübingen 1996) 223-246.

O'Leary, P., Contention at Feasts in Early Irish Literature, in: *Éigse* 20 (1984) 115-127.

–, Honour-bound: the social context of early Irish heroic geis, in: *Celtica* 20 (1988) 85-107.

–, The honour of women in early Irish literature, in: *Ériu* 37 (1986) 27-44.

Ó Madagáin, B., Echoes of Magic in the Gaelic Song Tradition, in: C. J. Byrne u. a. (Hrsg.), *Celtic Languages and Celtic Peoples* (Halifax 1992) 125-140.

O'Mahoney, F. (Hrsg.), *The Book of Kells. Proceedings of a conference at Trinity College Dublin 6-9 September 1992*, Dublin 1994.

O'Rahilly, T. F., *Early Irish History and Mythology*, Dublin 1946.

Orel, V. E., OIr. áer, in: *BBCS* 32 (1985) 164-166.

Ó Riain, P., A Study of the Irish Legend of the Wild Man, in: *Éigse* 14 (1971/72) 179-206.

Oskamp, H. P. A., The Yellow Book of Lecan proper, in: *Ériu* 26 (1975) 102-119.

Owen, M. E., ›Hwn yw e Gododin, Aneirin ae Cant‹. in: R. Bromwich und R. B. Jones (Hrsg.), *Astudiaethau ar yr Hengerdd* (Cardiff 1978) 123-150,

Padel, O., The Nature of Arthur, in: *CMCSt* 27 (1994) 1-31.

Padel, O. J., The Cornish background of the Tristan stories, in: *CMCSt* 1 (1981) 53-81.

–, Geoffrey of Monmouth and Cornwall, in: *CMCSt* 8 (1984) 1-27.

Parry, T., *A History of Welsh Literature.* Translated from the Welsh by H. Idris Bell., Oxford 1955.

Patterson, N. W., Gaelic Law and the Tudor Conquest of Ireland: the social background to the last recensions of the Prologue to the Senchas Már, in: *Irish Historical Studies* 27 (1991) 1-23.

–, *Cattle-Lords and Clansmen: Kingship and Rank in Early Ireland,* London 1991.

Pilch, H., The Earliest Arthurian Tradition: The Preiddiau Annwfn of the Book of Taliesin, in: Pilch, H. (Hrsg.), *Orality and Literacy in Early Middle English* (Tübingen 1996) 147-166.

Power, R., Geasa and Álög: Magic Formulae and Perilous Quests in Gaelic and Norse, in: *Scottish Studies* 28 (1987) 69-89.

Price, G., *The Languages of Britain*, London 1984.

Price, G. (Hrsg.), *The Celtic Connection,* Gerrards Cross 1992.

–, *The Celtic Connection*, Gerrards Cross 1992.

Pryce, H., *Native Law and the Church in Medieval Wales*, Oxford 1993.

Quin, E. G., The Irish glosses, in: P. Ní Chatháin und M. Richter (Hrsg.), *Irland und Europa* (Stuttgart 1984) 210-217.

Radner, J. N., Interpreting Irony in Medieval Celtic Narrative: the case of Culhwch ac Olwen, in: *CMCSt* 16 (1988) 41-59.

Rees, A. D. und B. Rees, *Celtic Heritage: Ancient Tradition in Ireland and Wales*, London 1961.

Richter, M., *The Formation of the Medieval West. Studies in the Oral Culture of the Barbarians*, Blackrock 1994.

Roberts, B. F., *Gerald of Wales*, Cardiff 1982.

-, The Welsh Romance of the Lady of the Fountain (Owein), in: P. B. Grout u. a. (Hrsg.), *The Legend of Arthur in the Middle Ages* (Cambridge 1983) 170-182.

-, *Early Welsh Poetry: Studies in the Book of Aneirin*, Aberystwyth 1988.

-, Geoffrey of Monmouth, Historia Regum Britanniae and Brut y Brenhinedd, in: R. Bromwich u. a. (Hrsg.), *The Arthur of the Welsh* (Cardiff 1991) 97-116.

-, *Studies on Middle Welsh Literature*, Lewiston/N. Y. 1992.

Robinson, N. F., Satirists and Enchanters in Early Irish Literature, in: D. G. Lyon und G. F. Moore (Hrsg.), *Studies in the History of Religions presented to C. H. Toy* (New York 1912) 95-130.

Rockel, M., Fiktion und Wirklichkeit im Breuddwyd Macsen, in: H. L. C. Tristram (Hrsg.), *Medialität und mittelalterliche insulare Literatur* (Tübingen 1992) 170-182.

Russell, P., The Sounds of a Silence: The Growth of Cormac's Glossary, in: *CMCSt* 15 (1988) 1-30.

-, *An Introduction to the Celtic Languages*, London 1995.

-, "Notes on Words in Early Irish Glossaries 2, Imbas forosnai", in: *EC* 31 (1995) 198-200.

Ryan, M. (Hrsg.), *Ireland and Insular Art A. D. 500-1200*, Dublin 1987.

Saint Patrick, A. D. 493-1993, Woodbridge 1993.

Sayers, W., ›Mani maidi an nem...‹: Ringing changes on a cosmic motif, in: *Ériu* 37 (1986) 99-116.

-, Bargaining for the life of Bres in ›Cath Maige Tuired‹, in: *BBCS* 34 (1987) 26-40.

Schmidt, K. H., Die Würzburger Glossen, in: *ZCP* 39 (1982) 54-77.

-, The Celtic Languages in their European Context, in: *Proceedings of the Seventh International Congress of Celtic Studies* (Oxford 1986) 199-221.

Schrijver, P., *Studies in British Celtic Historical Phonology*, Amsterdam 1995.

Scowcroft, R. M., Leabhar Gabhála, in: *Ériu* 38 (1987) 80-142, *Ériu* 39 (1988) 1-66.

Sellar, W. D. H., Celtic law and Scots law: survival and integration, in: *Scottish Studies* 29 (1989) 1-27.

Sharpe, R., Vitae S, Brigitae: the oldest texts, in: *Peritia* 1 (1982) 81-106.

-, *Medieval Irish Saints' Lives. An Introduction to Vitae Sanctorum Hiberniae*, Oxford 1991.

Sigurðsson, G., *Gaelic Influence in Iceland, Reykjavík 1988* (Studia Islandica 46).

Simms, K., Guesting and Feasting in Gaelic Ireland, in: *JRSAI* 108 (1978) 67-100.

Sims-Williams, P., The Significance of the Irish Personal Names in Culhwch ac Olwen, in: *BBCS* 29 (1980/82) 600-620.

-, Gildas and the Anglo-Saxons, in: *CMCSt* 6 (1983) 1-30.

-, Some Functions of Origin Stories in Early Medieval Wales, in: T. Nyberg u. a. (Hrsg.), *History and Heroic Tale* (Odense 1985) 97-131.

-, Some Celtic Otherworld Terms, in: A. T. E. Matonis und F. Melia (Hrsg.), *Celtic*

Languages, Celtic Culture: A FS for E. P. Hamp (Van Nuys, Calif. 1990) 57-81.

–, The early Welsh Arthurian poems, in: R. Bromwich u. a. (Hrsg.), *The Arthur of the Welsh* (Cardiff 1991) 33-71.

Slotkin, E. M., The Structure of Fled Bricrenn before and after the Lebor na hUidre Interpolations, in: *Ériu* 29 (1978) 64-77.

–, The Fabula, Story, and Text of Breuddwyd Rhonabwy, in: *CMCSt* 18 (1989) 89-111.

–, Noínden: Its Semantic Range, in: A. T. E. Matonis und F. Melia (Hrsg.), *Celtic Languages, Celtie Culture: A FS for E. P. Hamp* (Van Nuys, Calif. 1990) 137-150.

Smith, R. M., The Speculum Principum in Early Irish Literature, in: *Speculum* 2 (1927) 411-445.

Spaan, D. B., The Place of Mannanán mac Lir in Irish Mythology, in: *Folklore* 76 (1965) 176-195.

Stacey, R. C., *The Road to Judgment: From custom to court in medieval Ireland and Wales*, Philadelphia 1994.

Stewart, J., Topographia Hiberniae, in: *Celtica* 21 (1990) 642-657.

Thomas, N., ›Geraint‹ and ›Erec‹: a Welsh Heroic Text and its Continental Successors, in: *Trivium* 22 (1987) 37-48.

Thomson, D., *An Introduction to Gaelic Poetry*, Edinburgh ²1989.

Thomson, D. S. (Hrsg.), *Gaelic and Scots in Harmony*, Glasgow 1990.

Thomson, R. L., The Manx traditional ballad, in: *EC* 9 (1960/61) 521-548 und *EC* 10 (1962/63) 60-87.

–, The Study of Manx Gaelic, in: *PBA* 55 (1969) 177-210.

–, Owain: Chwedl Iarlles y Ffynnon, in: R. Bromwich u. a. (Hrsg.), *The Arthur of the Welsh* (Cardiff 1991) 159-169.

Thurneysen, R., Zu Cormacs Glossar, in: *Festschrift Ernst Windisch* (Leipzig 1914) 8-37.

–, *Die irische Helden- und Königsage bis zum siebzehnten Jahrhundert*, Halle 1921.

–, *A Grammar of Old Irish*, Rev. ed., Dublin 1975.

Thurneysen, R., *Gesammelte Schriften* hrsg. v. P. de Bernardo Stempel und R. Ködderitzsch, 3 Bde., Tübingen 1991-1995.

Tranter, S. N. und H. L. C. Tristram (Hrsg.), *Early Irish Literature — Media and Communication. Mündlichkeit und Schriftlichkeit in der frühen irischen Literatur*, Tübingen 1989.

Trindade, W. A., The Celtic Connections of the Tristan Story, in: *Reading Mediaeval Studies* 12 (1986) 93-107 und 13 (1987) 71-80.

Tristram, H. L. C., Aspects of tradition and innovation in the Táin Bó Cuailnge, in: *Papers on language and mediaeval studies presented to A. Schopf* (Frankfurt 1988) 19-38.

Tristram, H. L. C. (Hrsg.), *Deutsche, Kelten und Iren. 150 Jahre deutsche Keltologie. Gearóid MacEoin zum 60. Geburtstag gewidmet*, Hamburg 1990.

Tristram, H. L. C., Feis und fled: Wirklichkeit und Darstellung in mittelalterlichen irischen Gastmahlerzählungen, in: H. L. C. Tristram (Hrsg.), *Medialität und mittelalterliche insulare Literatur* (Tübingen 1992) 183-220.

Tristram, H. L. C. (Hrsg.) *Medialität und mittelalterliche insulare Literatur*, Tübingen 1992.

–, *Studien zur Táin Bó Cuailnge*, Tübingen 1993.

Tymoczko, M., Animal Imagery in Loinges mac nUislenn, in: *StC* 20/21 (1985/86) 145-166.

Vendryes, J., Manannán mac Lir, in: *EC* 6 (1952) 239-254.

Vries, J. de, Le conte irlandais Aided óenfir Aífe et le thème du combat du père et du fils dans quelques traditions indo-européennes, in: *Ogam* 9 (1957) 122-138.

Wagner, H., Old Irish fír ›truth, oath‹, in: *ZCP* 31 (1970) 1-45, 57-58 und 146.

–, Zur Etymologie von keltisch Nodons, Ir. Nuadu, Kymr. Nudd/Lludd, in: *ZCP* 41 (1986) 180-188.

Wakelin, M. F., *Language and History in Cornwall,* Leicester 1975.

Watkins, C., Is tre fír flathemon. Marginalia to Audacht Morainn, in: *Ériu* 30 (1979) 181-198.

Watkins, T. A., *Kurze Beschreibung des Kymrischen,* Innsbruck 1992.

Watson, A., A structural analysis of Echtra Nerai, in: *EC* 23 (1986) 129-142.

Watson, J. C., ›Mesca Ulad‹: the redactor's contribution to the later version, in: *Ériu* 13 (1942) 95-112.

Weisweiler, J., *Heimat und Herrschaft. Wirkung und Ursprung eines irischen Mythos,* Halle 1943.

Welsh. A., The traditional narrative motifs of The Four Branches of the Mabinogi, in: *CMCSt* 15 (1988) 51-62.

–, Traditional tales and the harmonizing of story in Pwyll Pendeuic Dyuet, in: *CMCSt* 17 (1989) 15-41.

West, M., Leabhar na hUidhre's Portion in the Manuscript History of Togail Bruidne Da Derga and Orgain Brudne Uí Dergae, in: *CMCSt* 20 (1990) 61-98.

–, Aspects of diberg in the tale Togail Bruidne Da Derga, in: *ZCP* 49/50 (1997) 950-964.

Williams, G., *An Introduction to Welsh Literature,* Cardiff ²1992.

Williams, J. E. C., The Court Poet in Medieval Ireland, in: *PBA* 57 (1971) 1-51.

–, *The Irish Literary Tradition,* Transl. P. K. Ford, Cardiff 1992.

Withers, C. W. J., *Gaelic in Scotland 1698-1981,* Edinburgh 1984.

Wood, J., The Folklore Background of the Gwion Bach Section of Hanes Taliesin, in: *BBCS* 29 (1980/82) 621-634.

–, The Elphin Section of Hanes Taliesin, in: *EC* 18 (1981) 229-244.

–, Maelgwn Gwynedd: A Forgotten Welsh Hero, in: *Trivium* 19 (1984) 103-117.

Wormald, P., Celtic and Anglo-Saxon kingship: some further thoughts, in: Paul E. Szarmach (Hrsg.), *Sources of Anglo-Saxon Culture* (Kalamazoo, Michigan 1986) 151-183.

Wright, N., Geoffrey of Monmouth and Gildas, in: *AL* 2 (1982) 1-40.

–, Gildas's Reading: a survey, in: *Sacris Erudiri* 32 (1991) 121-162.

6 書誌，研究史，ケルト・イデオロギー

▼近代の民間信仰，習俗，民間説話

Aitken, H. und R. Michaelis-Jena, *Märchen aus Schottland,* Köln 1965.

Batany ,P., *Luzel. poète et folkloriste breton, 1821-1895,* Rennes 1941.

Breathnach, B., *Folk music and dances of Ireland,* Dublin 1971.

Bruford, A., *Gaelic Folktales and Mediaeval Romances,* Dublin 1969.

–, ›Deirdire‹ and Alexander Carmichael's Treatment of Oral Sources, in: *SGS* 14 (1983) 1-24.

Campbell, J. L., Notes on H. Robertson's ›Studies in Carmichael's Carmina Gadelica‹, in: *SGS* 13 (1978) 1-17.

–, Carmina Gadelica: G. Henderson's Corrections and Suggestions, in: *SGS* 13 (1978) 183-218.

Clemen, U. (Hrsg.), *Irische Märchen,* München 1971.
Collinson, F., *The traditional and national music of Scotland,* London 1966.
Cross, T. P., *Motif Index of Early Irish Literature,* Bloomington (Indiana) 1952.
Danaher, K., *The Year in Ireland,* Dublin 1972.
Davis, W., *Mythos und Volksglaube in anglo-irischer Prosa seit 1945*, Frankfurt 1996.
Delargy, J. J., The Gaelic Story-Teller, in: *PBA* 31 (1967) 177-221.
Dunleavy, J. und G. Dunleavy, Jeremiah Curtin's Working Methods: The Evidence from the Manuscripts, in: *Éigse* 18 (1981/82) 67-86.
Ellis, O., *The Story of the Harp in Wales,* Cardiff 1980.
Guilcher, J.-M., *La tradition de la danse populaire en Basse-Bretagne,* Paris 1963.
Hennig, J., The Brothers Grimm and Th. C. Croker, in: *Modern Language Review* 41 (1946) 44-54.
Irische Elfenmärchen, Frankfurt 1987.
Irische Land- und Seemärchen, Frankfurt 1988.
Karlinger, F., *Der Graal im Spiegel romanischer Volkserzählungen,* Wien 1996.
Lysaght, P., *The Banshee,* Dublin 1986.
MacCarthy, B. G., Thomas Crofton Croker 1798-1854, in: *Studies* 32 (1943) 539-556.
MacNéill, M., *The Festival of Lughnasa. A Study of the Survival of the Celtic Festival of the Beginning of Harvest,* Dublin ²1982.
Moritz, W. u. a. (Hrsg.), *Irische Land- und Seemärchen,* Marburg 1986.
Mühlhausen, L., *Diarmuid mit dem roten Bart: Irische Zaubermärchen,* Kassel 1956.
Müller-Lisowski, K., Contributions to a study in Irish folklore: traditions about Donn, in: *Béaloideas* 18 (1948) 142-199.
–, *Irische Volksmärchen,* Köln 1962.
Ó Briain, M., Cluasa Capaill ar an Rí – AT 782 i dTraidisiún na hÉireann, in: *Béaloideas* 53 (1985) 11-74.
Ó Giolláin, D., The Leipreachán and Fairies, Dwarfs and the Household Familiar: A Comparative Study, in: *Béaloideas* 52 (1984) 75-150.
Ó Súilleabháin, S. und R. T. Christiansen, *The Types of the Irish Folktale.* Helsinki 1963.
Patton, L., Alexander Carmichael, Carmina Gadelica, and the Nature of Ethnographic Representation, in: *RHCC* 8 (1988) 58-84.
Robertson, H., Studies in Carmichael's Carmina Gadelica, in: *SGS* 12 (1976) 220-265.
Sanger, K. und A. Kinnaird, *Tree of Strings – A history of the harp in Scotland*, Shillinghill Temple 1992.
Sorlin, É., *Cris de vie, cris de mort: Les fées du destin dans les pays celtiques,* Helsinki 1991 (FFC 248).
Soupault, R., *Bretonische Märchen,* Köln 1959.
Thompson, F. G., The Folklore Elements in Carmina Gadelica, in: *Transactions of the Gaelic Society of Inverness* 44 (1966) 226-255.

▼非ケルト文学におけるケルトの題材とモチーフ

Barber, R., *King Arthur: Hero and Legend,* Woodbridge 1986.
Baumstark, R. und M. Koch, *Der Gral. Artusromantik in der Kunst des 19. Jahrhunderts*, Köln 1995.
Blake, J. J., Yeats, Oisín and Irish Gaelic Literature, in: B. Bramsbäck und M. Croghan (Hrsg.), *Anglo-Irish and Irish Literature* (Uppsala 1988) 39-48.
Bromwich, R., Celtic Elements in Arthurian Romance: A General Survey, in: *The*

Legend of Arthur in the Middle Ages (Woodbridge 1983) 41-55 und 230-233.

Brown, M., *Sir Samuel Ferguson,* Lewisburg (Penna.) 1973.

Brown, T. und B. Hayley, *Samuel Ferguson: a centenary tribute,* Dublin 1987.

Brugger-Hackett, S., *Merlin in der europäischen Literatur des Mittelalters,* Stuttgart 1991.

Busee, W. G., Brutus in Albion: Englands Gründungssage, in: P. Wunderli (Hrsg.), *Herkunft und Ursprung* (Sigmaringen 1994) 207-223.

Bysveen, J., *Epic Tradition and Innovation in James Macpherson's ›Fingal‹,* Uppsala 1982.

Crick, J. C., *The ›Historia Regum Britanniae‹ of Geoffrey of Monmouth III. A Summary Catalogue of the Manuscripts,* Cambridge 1989.

–, *The ›Historia Regum Britanniae‹ of Geoffrey of Monmouth IV. Dissemination and Reception in the later Middle Ages,* Cambridge 1991.

Denman, P., *Samuel Ferguson: the literary achievement,* Gerards Cross 1990.

Dröge, C., Betrachtungen zur Ossianrezeption in Frankreich, in: *ZCP* 49/50 (1997) 118-129.

Eisner, S., *The Tristan Legend. A Study in Sources,* Evanston (Ill.) 1969.

Fackler, H. V., *That Tragic Queen: The Deirdre Legend in Anglo-Irish Literature,* Salzburg 1978.

Fallis, R., *The Irish Renaissance,* Syracuse (New York) 1977.

Flynn, J., The Route to the Táin: James Stephens' preparation for his unfinished epic, in: *PHCC* 1 (1981) 125-143.

Foster, J. W., *Fictions of the Irsih Literary Revival: A Changeling Art,* Dublin 1987.

Foster, R.F., *W. B. Yeats. A Life, vol. 1,* Oxford 1997.

Frappier, J., La Matière de Bretagne: ses origines et son développement, in: *Grundriß der romanischen Literaturen des Mittelalters* 4 (Heidelberg 1978) 183-211.

Gaskill, H., ›Ossian‹ Macpherson: towards a rehabilitation, in: *Comparative Criticism* 8 (1986) 113-146.

–, What did James Macpherson really leave on display at his publisher's shop in 1762?, in: *SGS* 16 (1990) 67-89.

Gaskill, H. (Hrsg.), *Ossian revisited,* Edinburgh 1991.

Gategno, P. J. de, *James Macpherson,* Boston 1989.

Gilardino, S. M., *La scuola romantica: la tradizione ossianica nella poesia dell'Alfieri, del Foscolo e del Leopardi,* Ravenna 1982.

Göller, K. H. (Hrsg.), *The Alliterative Morte Arthure: a reassessment of the poem,* Woodbridge 1981.

Goodrich, P. (Hrsg.), *The Romance of Merlin: an Anthology,* London 1990.

Gottzmann, C. L., *Artus-Dichtung,* Stuttgart 1989.

Gowans, L., *Cei and the Arthurian Legend,* Cambridge 1988.

Grewe, A., Ossian und seine europäische Wirkung, in: K. Heitmann (Hrsg.), *Europäische Romantik* II (Neues Handbuch der Literaturwissenschaft 15, Wiesbaden 1982) 171-188.

Harmon, M., *Austin Clarke 1894-1974: A Critical Introduction,* Dublin 1989.

Hill, J. (Hrsg.), *The Tristan Legend,* Leeds 1977.

Hoare, D. M., *The Works of Morris and Yeats in Relation to Early Saga Literature,* Cambridge 1937.

Jackson, K. H., Les sources celtiques du Roman du Graal, in: *Les Romans du Graal au XIIe et XIIIe siècles* (Paris 1956) 213-227.

Jahrmärker, M., *Ossian: eine Figur und eine Idee des europäischen Musiktheaters um 1800*, Köln 1993.
Kelly, D. (Hrsg.), *The Romances of Chrétien de Troyes: A Symposium*, Lexington (Kentucky) 1985.
Kohfeldt, M. L., *Lady Gregory. The Woman behind the Irish Renaissance*, New York 1985.
Korrel, P., *An Arthurian Triangle: A Study of the Origin, Development and Characterization of Arthur, Guinevere and Modred*, Leiden 1984.
Kosok, H., *Geschichte der anglo-irischen Literatur*, Berlin 1990.
Lacy, N. J., *The Craft of Chrétien de Troyes*, Leiden 1980.
Lange, W.-D., Keltisch-romanische Literaturbeziehungen im Mittelalter, in: *Grundriß der romanischen Literaturen des Mittelalters* 1 (Heidelberg 1972) 163-205.
Levin, I. D., *Ossian v russkoj literature*, Leningrad 1980.
Loomis, R. S. (Hrsg.), *Arthurian Literature in the Middle Ages*, Oxford 1959.
Macdonald, A. A., *The Figure of Merlin in Thirteenth Century French Romance*, New York 1990.
McFate, P., *The Writings of James Stephens*, London 1979.
McKillop, J., *Fionn mac Cumhaill: Celtic Myth in English Literature*, Syracuse (New York) 1986.
Macpherson, J., *The Poems of Ossian and Related Works*, Ed. By H. Gaskill with an introduction by F. Stafford, Edinburgh 1995.
Macrae, A. F., *W. B. Yeats. A Literary Life*, London 1995.
Maddox, D., *The Arthurian Romances of Chrétien de Troyes: Once and Future Fictions*, Cambridge 1991.
Manning, S., Ossian, Scott, and Nineteenth-century Scottish Literary Nationalism, in: *Studies in Scottish Literature* 17 (1982) 39-54.
Marcus, P. L., *Yeats and the Beginning of the Irish Renaissance*, Ithaca (New York) 1970.
–, *Standish James O'Grady*, Lewisburg (Penna.) 1971.
Martin, A., *James Stephens*, Dublin 1977.
Merriman, J. D., *The Flower of Kings: A Study of the Arthurian Legend in England between 1485 and 1835*, Lawrence 1973.
Noble, P., The heroic tradition of Kei, in: *Reading Medieval Studies* 14 (1988) 125-137.
Okun, H., Ossian in Painting, in: *Journal of the Warburg and Courtauld Instiute* 30 (1967) 327-356.
O'Leary, P., *The prose literature of the Gaelic revival, 1881-1921: ideology and innovation*, Univ. Park/Penna 1994.
Ossian und die Kunst um 1800, Hamburg 1974.
Pilch, H., *Layamons ›Brut‹*, Heidelberg 1960.
Riddy, F., *Sir Thomas Malory*, Leiden 1987.
Rubel, M. M., *Savage and Barbarian: Historical Attitudes in the Criticism of Homer and Ossian in Britain, 1760-1800*, Amsterdam 1978.
Saddlemyer, A. und C. Smythe (Hrsg.), *Lady Gregory: Fifty Years After*, Gerards Cross 1987.
Saulx, F. H. M., *Layamon's Brut. The Poem and its Sources*, Cambridge 1989.
Schirmer, W., *Die frühen Darstellungen des Arthurstoffes*, Köln 1958.
Sheehy, J., *The Rediscovery of Ireland's Past: The Celtic Revival 1830-1930*, London 1980.

Skene, R., *The Cuchulain Plays of W. B. Yeats: A Study,* London 1974.

Spisak, J. W. (Hrsg.), *Studies in Malory,* Kalamazoo (Mich.) 1985.

Stafford, F., *The Sublime Savage: James Macpherson and the Poems of Ossian,* Edinburgh 1988.

Stern, L. C., Die ossianischen Heldenlieder, in: *Zeitschrift für vergleichende Literaturgeschichte* 8 (1895) 51-86, 143-174.

Strijbosch, C., *De bronnen van De reis van Sint Brandaan,* Hilversum 1995.

Takamiya, T. und D. Brewer (Hrsg.), *Aspects of Malory,* Woodbridge 1981.

Taylor, B. und E. Brewer, *The Return of King Arthur: British and American Arthurian Literature since 1800,* Woodbridge 1983.

Thompson, R. H., *The Return from Avalon: A Study of the Arthurian Legend in Modern Fiction,* Westport (Conn.) 1985.

Thomson, D. S., *The Gaelic Sources of Macpherson's ›Ossian‹,* Edinburgh 1952.

–, Macpherson's Ossian: ballads to epics, in: *Béaloideas* 54/55 (1986/87) 243-264.

Thuente, M. H., *W. B. Yeats and Irish Folklore,* Dublin 1980.

Tieghem, P. van, *Ossian en France,* 2 Bde., Paris 1917.

–, *Ossian et l'Ossianisme dans la littérature européenne au XVIIIe siècle,* Groningen 1920.

Tombo, R., *Ossian in Germany,* New York 1901.

Topsfield, L. T., *Chrétien de Troyes: A Study of the Arthurian Romances,* Cambridge 1981.

Webster, K. G. T., *Guinevere: A Study of Her Abductions,* Milton (Mass.) 1951.

Weisweiler, J., Hintergrund und Herkunft der ossianischen Dichtung, in: *Literaturwissenschaftliches Jahrbuch der Görres-Gesellschaft* 4 (1963) 21-42.

Whitaker, M., *The Legends of King Arthur in Art,* Woodbridge 1990.

Zaenker, K. A., *Sankt Brandans Meerfahrt. Ein lateinischer Text und seine drei deutschen Übertragungen aus dem 15. Jh.,* Stuttgart 1987.

▼研究史とケルト・イデオロギー

Belier, W. W., *Decayed Gods: Origin and Development of George Dumézil's ›Idéologie tripartite‹,* Leiden 1991.

de Bernardo Stempel, P., Rudolf Thurneysen und sein sprachwissenschaftliches Werk, in: *ZCP* 46 (1994) 216-248.

Bonfante, G., Some Renaissance Texts on the Celtic Laguages and their Kinship, in: *EC* 7 (1955/56) 414-427

–, A Contribution to the History of Celtology, in: *Celtica* 3 (1956) 17-34.

Boyne, P., *John O'Donovan (1806-1861): a biography,* Kilkenny 1987.

Bromwich, R., *Matthew Arnold and Celtic Literature: a Retrospect 1865-1965,* Oxford 1965.

–, The Mabinogion and Lady Charlotte Guest, in: *Transactions of the Honourable Society of Cymmrodorion* (1986) 127-141.

Brown, T. (Hrsg.), *Celticism,* Amsterdam 1996.

Camille Jullian, *l'histoire de la Gaule et le nationalisme français.* Colloque organisé à Lyon, 6 déc. 1988, Lyon 1991.

Chapman, M., *The Gaelic Vision in Scottish Culture,* London 1978.

–, *The Celts: the construction of a myth,* London 1992.

Curtis, L. P., *Anglo-Saxons and Celts: A Study of Anti-Irish Prejudice in Victorian England,* Bridgeport (Conn.) 1968.

Daly, D., *The Young Douglas Hyde*, Dublin 1974.
Dietler, M., Our Ancestors the Gauls, in: *American Anthropologist* 94 (1994) 584-605.
Dubois, C.-G., *Celtes et Gaulois au XVIe siècle. Le développement littéraire d'un mythe nationaliste*, Paris 1972.
Dunleavy, J. E. und G. W. Dunleavy, *Douglas Hyde: A Maker of Modern Ireland*, Berkeley (Calif.) 1991.
–, *Douglas Hyde*, Berkeley/Calif. 1991.
Emery, F., *Edward Lhuyd F. R. S. 1660-1709*, Cardiff 1971.
Faverty, F. E., *Matthew Arnold the Ethnologist*, Evanston (Ill.) 1951.
Forssmann, B. (Hrsg.), *Erlanger Gedenkfeier für Johann Kaspar Zeuss*, Erlangen 1989.
Freitag, B., *Keltische Identität als Fiktion. Eine Untersuchung zu den soziokulturellen Bedingungen der anglo-irischen Literatur*, Heidelberg 1989.
Galand, R. M., *L'Ame celtique de Renan*, Paris 1959.
Genty, P., *Études sur le Celtisme*, Paris 1968.
Graus, F., Vercingetorix und die Franzosen als Nachkommen der Gallier, in: F. Graus, *Lebendige Vergangenheit* (Köln 1975) 254-267.
Grote, G., *Torn between politics and culture: the Gaelic League 1893-1993*, New York 1994.
Hablitzel, H., *Prof. Dr. Johann Kaspar Zeuss. Begründer der Keltologie und Historiker aus Vogtendorf/Oberfranken 1806-1856*, Kronach 1987.
Hadfield, A. D. und J. McVeagh, *'Strangers to that Land': British Perceptions of Ireland from the Reformation to the Famine*, Gerrards Crosss 1993.
Hunter, M., *John Aubrey and the Realm of Learning*, London 1975.
James, A., *John Morris-Jones*, Cardiff 1987.
Jenkins, G. H., Iolo Morganwg and the Gorsedd of the Bards of the Isle of Britain, in: *Studia Celtica Japonica* N. S. 7 (1995) 45-60.
Leerssen, J. T., *Mere Irish and Fíor-Ghael. Studies in the idea of Irish nationality, its development and literary expression prior to the 19th century*, Amsterdam 1986.
Lewis, C. W., *Iolo Morganwg*, Carnarfon 1995.
Littleton, C. S., *The New Comparative Mythology. An Anthropological Assessment of the Theories of Georges Dumézil*, Berkeley (Calif.) ³1982.
Morgan, P., *Iolo Morganwg*, Cardiff 1975.
Motte, O., *Camille Jullian: Les années de formation*, Roma 1990.
Ó Glaisne, R., *Dúbhglas de h-Íde (1860-1949): Ceannródaí Cultúrtha, 1860-1910*, Dublin 1991.
Ó Lúing, S., *Kuno Meyer 1858-1919*, Dublin 1991.
–, Richard Irvine Best: Librarian and Celtic Scholar, in: *ZCP* 49/50 (1997) 682-697.
Orr, L., The mid-nineteenth-century Irish context of Arnold's Essay on Celtic Literature, in: C. Machann und F. D. Burt (Hrsg.), *Matthew Arnold in His Time and Ours* (Charlottesville 1988) 135-155.
Ó Tuama, S. (Hrsg.), *The Gaelic League Idea*, Cork 1972.
Owen, A. L., *The Famous Druids. A survey of three centuries of English literature on the Druids*, Oxford 1962.
Parry-Williams, J., *John Rhŷs, 1840-1915*, Cardiff 1954.
Phillips, D. Rh., *Lady Charlotte Guest and the Mabinogion*, Swansea 1921.
Piggott, S., *William Stukeley: An Eighteenth-century Antiquary*, London 1985.
–, *Ancient Britons and the Antiquarion Imagination*, London 1989.

Pokorny, J., Keltologie, in: K. Hönn (Hrsg.), *Wissenschaftliche Forschungsberichte, Geisteswissenschaftliche Reihe* Bd. 2 (Bern 1953) 95-186.

Poppe, E., Lag es in der Luft? J. K. Zeuß und die Konstituierung der Keltologie, in: *Beiträge zur Geschichte der Sprachwissenschaft* 2 (1992) 41-56.

Roberts, B. F., *Edward Lhuyd: The Making of a Scientist,* Cardiff 1980.

–, Edward Lhuyd and Celtic Linguistics, in: *Proceedings of the seventh international congress of Celtic Studies* (Oxford 1986) 1-9.

Schmidt, K.H., Stand und Aufgaben der deutschsprachigen Keltologie, in: M. Rockel und S. Zimmer (Hrsg.), *Akten des ersten Symposiums deutschsprachiger Keltologen* (Tübingen 1993) 1-35.

School of Celtic Studies: Fiftieth Anniversary Report 1940-1990, Dublin 1990.

Shaw, F., The Background to Grammatica Celtica, in: *Celtica* 3 (1956) 1-16.

Sims-Williams, P., The Visionary Celt: The Construction of an Ethnic Preconception, in: *CMCSt* 11 (1986) 71-96.

Sommerfelt, A., Edward Lhuyd and the comparative method in linguistics, in: *Norsk Tidsskrift for Sprogvidenskap* 16 (1952) 370-374.

Stoll, A., *Asterix: das Trivialepos Frankreichs,* Köln 1974.

Tierney, M., Eugene O'Curry and the Irish tradition, in: *Studies* 51 (1962) 449-462.

Tourneur, V., Esquisse d'une histoire des études celtiques, Liège 1905.

Vercingetorix et Alesia, Paris 1994.

Viallaneix, P. und J. Ehrard (Hrsg.), *Nos ancêtres les Gaulois,* Clermont-Ferrand 1982.

Williams, G. J., The History of Welsh Scholarship, in: *StC* 8/9 (1973/74) 195-219.

※参考文献に関する略語一覧

1. 研究誌，叢書，選集のタイトル

AKorrBl	*Archäologisches Korrespondenzblatt* (Mainz 1971-)
AL	*Arthurian Literature* (Woodbridge, Suffolk 1981-)
ANRW	*Aufstieg und Niedergang der römischen Welt* (Berlin 1971)
ArSt	*Arthurian Studies* (Cambridge 1981-)
ASchw	*Archäologie der Schweiz* (Basel 1978-)
BBCS	*The Bulletin of the Board of Celtic Studies* (Cardiff 1921-)
BJb	*Bonner Jahrbücher* (Bonn 1895-)
BRGK	*Bericht der Römisch-Germanischen Kommission* (Frankfurt a. M. 1994-)
Caes	*Caesarodunum* (Orléans 1967-)
Celtica	*Celtica* (Dublin 1946-)
Celticum	*Celticum* (Rennes 1961-)
CMCSt	*Cambridge Mediaeval Celtic Studies* (Cambridge 1981-)
CRAI	*Comptes-rendus de l'Académie des inscriptions et belles lettres* (Paris 1857-)
EC	*Etudes celtiques* (Paris 1936-)
Éigse	*Éigse: A Journal of Irish Studies* (Dublin 1939-)
Ériu	*Ériu* (Dublin 1904-)
FBW	*Fundberichte aus Baden-Württemberg* (Stuttgart 1974-)
Gallia	*Gallia: fouilles et monuments archéologiques en France métropolitaine* (Paris 1943-)

Germania	*Germania: Anzeiger der Römisch-Germanischen Kommission des Deutschen Archäologischen Instituts* (Berlin 1917-)
HBA	*Hamburger Beiträge zur Archäologie* (Hamburg 1971-)
ITS	Publications of the Irish Texts Society
JRGZM	*Jahrbuch des Römisch-Germanischen Zentralmuseums Mainz* (Mainz 1954-)
JRSAI	*The Journal of the Royal Society of Antiquaries of Ireland* (Dublin 1849-)
Latomus	*Latomus. Revue d'études latines* (Bruxelles 1937-)
Lochlann	*Lochlann. A Review of Celtic Studies* (Oslo 1958-)
MMIS	Mediaeval and Modern Irish Series
MMWS	Mediaeval and Modern Welsh Series
Ogam	*Ogam. Tradition celtique* (Rennes 1948-)
PBA	*Proceedings of the British Academy* (London 1903-)
Peritia	*Peritia. Journal of the Medieval Academy of Ireland* (Cork 1982-)
PHCC	*Proceedings of the Harvard Celtic Colloquium* (Cambridge, Mass. 1981-)
PRIA	*Proceedings of the Royal Irish Academy* (Dublin 1936-)
RAE	*Revue archéologique de l'Est et du Centre-Est* (Dijon 1950-)
RC	*Revue celtique* (Paris 1870-1934)
RHR	*Revue de l'histoire des religions* (Paris 1880-)
SGS	*Scottish Gaelic Studies* (Aberdeen 1926-)
Sp	*Speculum: A Journal of Mediaeval Studies* (Cambridge, Mass. 1926-)
StC	*Studia Celtica* (Cardiff 1966-)
StHib	*Studia Hibernica* (Dublin 1961-)
Studies	*Studies: an Irish quarterly review of letters, philosophy and science* (Dublin 1912-)
ZCP	*Zeitschrift für celtische Philologie* (Halle/Saale 1897-1943: Tübingen 1954-)

2．出版地

A.	Amsterdam	H.	Hamburg
B.	Berlin	Harm.	Harmondsworth
Bas.	Basel	He.	Helsinki
Be.	Berkeley/California	Hei.	Heidelberg
Bo.	Bonn	Hl.	Halle
Bol.	Bologna	I.	Innsbruck
Bru.	Brüssel	Kö	Köln
C.	Cambridge	L.	Leipzig
Car.	Cardiff	Lei.	Leiden
Ch.	Chicago	Lo.	London
Du.	Dublin	Ly.	Lyon
E.	Edinburgh	Lz.	Luzern
F.	Frankfurt/Main	Ma.	Madrid
Fi.	Firenze	May.	Maynooth
Fr.	Freiburg i. Br.	Mi.	Mailand (Milano)
G.	Genf (Genève)	Mn.	München
Gö.	Göttingen	Mz.	Mainz

NY.	New York	T.	Tübingen
O.	Oxford	Up.	Uppsala
P.	Paris	W.	Wien
R.	Roma	Wi.	Wiesbaden
Sa.	Salzburg	Wo.	Woodbridge/Suffolk
Sal.	Salamanca	Wü.	Würzburg
St.	Stuttgart	Z.	Zürich

鶴岡真弓（つるおか まゆみ）

1952年生。早稲田大学大学院修士課程修了。ダブリン大学トリニティ・カレッジ留学。現在，多摩美術大学名誉教授，同大学芸術人類学研究所所長。ケルト芸術文化・ユーロ＝アジア造形表象研究家。著書『ケルト／装飾的思考』（筑摩書房）『ケルト美術への招待』（ちくま新書）共著『図説ケルトの歴史　文化・美術・神話をよむ』（松村一男，河出書房新社）監修『ケルト──生きている神話』（F. ディレイニー著，創元社）『ケルト人──蘇るヨーロッパ〈幻の民〉』（C. エリュエール著，創元社）翻訳『ケルトの神話・伝説』（F. ディレイニー著，創元社）他。

平島直一郎（ひらしま なおいちろう）

1958年生。早稲田大学卒。フライブルク大学，アイルランド国立大学ゴールウェイ・カレッジ留学。哲学，歴史学，ケルト学専攻。初期アイルランド文学研究者，翻訳業。現在，西南学院大学非常勤講師，日本ケルト学会幹事。

桜内理恵（さくらうち りえ）

1958年生。東海大学大学院博士課程満期退学。西洋古典文学専攻。現在，東海大学，玉川大学等非常勤講師。

小池剛史（こいけ たけし）

1970年生。桜美林大学卒。獨協大学大学院博士課程満期修了退学。エディンバラ大学英語学科で博士号取得（英語史）。古英語，中英語，ウェールズ語専攻。現在，大東文化大学准教授，日本ケルト学会幹事，日本カムリ学会代表幹事。

ケルト事典

2001年9月20日　第1版第1刷発行
2020年5月20日　第1版第3刷発行

著　者──────ベルンハルト・マイヤー
監修者──────鶴岡真弓
訳　者──────平島直一郎
発行者──────矢部敬一
発行所──────株式会社 創元社
〈本　　社〉
〒541-0047 大阪市中央区淡路町4-3-6
TEL.06-6231-9010(代)　FAX.06-6233-3111(代)
〈東京支店〉
〒101-0051 東京都千代田区神田神保町1-2 田辺ビル
TEL.03-6811-0662(代)
https://www.sogensha.co.jp/

印刷所──────株式会社 太洋社

©2001, Printed in Japan
ISBN978-4-422-23004-7　C1522
〈検印廃止〉
落丁・乱丁のときはお取り替えいたします。

JCOPY 〈出版者著作権管理機構 委託出版物〉
本書の無断複製は著作権法上での例外を除き禁じられています。複製される場合は、そのつど事前に、出版者著作権管理機構(電話03-5244-5088、FAX 03-5244-5089、e-mail: info@jcopy.or.jp)の許諾を得てください。

本書の感想をお寄せください
投稿フォームはこちらから ▶▶▶▶